Rosemarie Wrede-Grischkat

# Hohe Schule des guten Benehmens

*Erfolgreich und sicher auf jedem Parkett*

WILHELM HEYNE VERLAG
MÜNCHEN

HEYNE RATGEBER
08/5291

*Umwelthinweis:*
Dieses Buch wurde auf
chlor- und säurefreiem Papier gedruckt.

2. Auflage

Taschenbucherstausgabe 10/99
Copyright © 1995 Augustus Verlag in der Weltbild Verlag GmbH, Augsburg
Wilhelm Heyne Verlag GmbH & Co. KG, München
http://www.heyne.de
Printed in Germany 2000
Umschlaggestaltung: Atelier Bachmann & Seidel, Reischach
Umschlagabbildung: Premium. Stock Photography GmbH/ChromaZone,
Düsseldorf
Satz: Schaber Satz- und Datentechnik, Wels
Druck und Bindung: Presse-Druck Augsburg

ISBN 3-453-15465-7

# Inhalt

**1. Kapitel**
Einführung .................................... 13
Ehrlichkeit contra Höflichkeit? ...................... 13
Haltungen als Ausdruck von Achtung und Respekt ......... 19

**2. Kapitel**
Höflichkeit und korrekte Manieren im täglichen Umgang ..... 23
Rollen- und situationsabhängiges Verhalten .............. 23
Rücksicht auf Schwächere .......................... 27
    Umgang mit alten Leuten ....................... 28
    Unser Verhalten gegenüber Kindern ................ 31
    Höflicher Umgang mit Behinderten ................. 35
(Körper-)Haltungen ............................... 36
Zuhören und ausreden lassen ....................... 39
Sitzplatz anbieten ................................ 40
In den oder aus dem Mantel helfen ................... 41
Tür aufhalten ................................... 42
Der »Ehrenplatz« beim Nebeneinandergehen ............ 43
Das »Gemischte Doppel« auf der Treppe ............... 43
Bitte und Danke ................................. 44
Die Pünktlichkeit ................................ 45
Das Grüßen (nur privat!) ........................... 49
    Die Begrüßung im Vorbeigehen ................... 50
    Grüßen von Fremden ........................... 51
    Der Händedruck .............................. 54
    Der Handkuß ................................ 56
    Wangenküßchen – oder »Bussi-Bussi« ............... 59
Das Vorstellen und das Bekanntmachen ................ 60

Anreden / Titel .................................... 64
   Herr Doktor / Frau Professor .................... 66
Adelstitel ........................................ 67
   Zeitgemäße Anrede von Adligen ................... 68
Das Siezen und das Duzen .......................... 70
Zum Konflikt zwischen Rauchern und Nichtrauchern ..... 73
   Einige Anmerkungen für Raucher ................... 74
   Einige Anmerkungen für Nichtraucher .............. 77
Aufdringlichkeiten und Belästigungen ................ 79
   Belästigung von Frauen .......................... 80
   Belästigung durch Lärm .......................... 81

3. KAPITEL
**Die Frau im Beruf und die Dame in der Gesellschaft** ...... 83

Zur Bezeichnung von Damen ......................... 84
Zur Bezeichnung von Frauen ......................... 86
Die korrekte Anrede ............................... 87
Weibliche Berufsbezeichnungen ..................... 91
Die Frau im Beruf ................................. 93
Was dient und was schadet der Karriere? ............. 94
Eine Dame bleibt eine Dame ......................... 98
Die geschäftsreisende Frau im Ausland ............... 102

4. KAPITEL
**Der äußere Eindruck** ............................. 105

Die persönliche Ausstrahlung ....................... 105
Zur Körperhaltung ................................. 105
Körperpflege ...................................... 112
   Tips für den gepflegten Mann ..................... 112
   Tips für die kultivierte Frau .................... 116
Kleidung und Bekleidungsvorschriften ............... 121
   Bekleidungsstil im Beruf ......................... 123
   Die korrekte Bekleidung der berufstätigen Frau .... 128

Bekleidungsvorschriften bei offiziellen Anlässen ......... 132
  Einige größere private Anlässe ...................... 143
Die unerläßlichen »Kleinigkeiten« ...................... 147
Hut und Handschuhe ............................... 149
Schmuck – für Herren und Damen ................... 151
Freizeitkleidung .................................... 153
Die »ungeschriebenen Gesetze« guten Benehmens ......... 157
Der Umgang mit »Peinlichkeiten« ..................... 160
Wie reagiert man auf eine Beleidigung? ................ 165
Das leidige Toiletten-Thema .......................... 166

5. KAPITEL
**Von Mensch zu Menschen** ............................. 169

Die persönliche Kommunikation ...................... 169
  Sprache der Gewalt .............................. 170
Mietshaus / Nachbarschaft ........................... 173
  Antrittsbesuche ................................. 175
  Die »House warming party« ....................... 176
»Ausländer« in unserer Mitte ......................... 180
Im Krankenhaus .................................... 185
  Krankenbesuche ................................. 187
Beim Arzt ......................................... 189
  Im Wartezimmer ................................. 191
  Im Sprechzimmer ................................ 193
Behörden ......................................... 194
Mittelbare Kommunikation und Korrespondenz ........... 197
Das private Telefonieren ............................. 199
Anrufbeantworter .................................. 204
Briefe ............................................ 206
  Der Briefkopf ................................... 207
  Akademische Titel – Doktorgrade .................. 209
  Adelstitel ...................................... 210
  Anrede und Schlußformeln ....................... 211

## 6. KAPITEL
**Offizielle und private Anlässe für Gastlichkeit** .............. 213

Wir laden ein ........................................ 213
   Die Einladung .................................... 214
Die Tischordnung .................................... 223
Tischkarten ......................................... 226
Gastgeber und Gastgeberin ............................ 228
Die Tischreden ...................................... 230
Small talk .......................................... 232
Wichtige Familienfeste und -feiern .................... 233
   Familienanzeigen ................................. 234
   Verlobung ....................................... 237
   Hochzeit ........................................ 240
   Die Tischordnung für eine Hochzeitstafel ............ 246
   Zum Ablauf der Trauung .......................... 249
   Taufe / Konfirmation / Kommunion ................. 251
   Silberne und goldene Hochzeit ..................... 251
Geburtstage / Jubiläen ............................... 254
Übernachtungsgäste / Logierbesuch .................... 255
Wir sind eingeladen .................................. 259
   Zusagen / Absagen ............................... 259
   Pünktlichkeit – was heißt denn das genau? ........... 261
   Bekleidung ...................................... 264
   Was darf man als Gast? ........................... 265
   Wie man sich bedankt ............................ 269
Geschenke ......................................... 271
Wann schenkt man Blumen? ........................... 274
Der Ball ............................................ 276
Theater / Oper ...................................... 280
Trauerfall / Kondolenz ............................... 283
   Die Trauerfeier .................................. 285
   Kondolenz / Kondolenzbriefe ...................... 287

# Inhalt

## 7. KAPITEL
### Tischsitten und Eßkultur .......................... 289

Die Tischdekoration .............................. 289
   Drei Beispiele für dekorative Servietten-Arrangements .... 291
Tischmanieren und alles, was dazu gehört ............... 292
   Korrekte Haltung und Etikette bei Tisch .............. 294
   Die Handhabung des Gedecks ..................... 297
Wie ißt man was? ................................ 306
Bankett und Büfett ............................... 315
Trinksitten / Alkohol .............................. 318
Im Restaurant ................................... 321
Trinkgelder ..................................... 333
Arbeitsessen und Geschäftsessen ..................... 336
Kantine / Mitarbeiterkasino ......................... 340

## 8. KAPITEL
### Erfolgreiches Verhalten im Beruf ..................... 341

Unternehmenskultur .............................. 341
Über den Umgang mit Vorgesetzten und
MitarbeiterInnen ................................. 343
   Die interne Hierarchie .......................... 345
Pünktlichkeit – oder: Anderer Leute Zeit ................ 347
Das Grüßen .................................... 350
Anrede mit Namen ............................... 353
Empfang von Besuchern ........................... 354
   Der gefällige Arbeitsplatz ........................ 357
   Abholen an der Pforte .......................... 360
Das erfolgreiche Gespräch .......................... 360
Anklopfen ...................................... 363
Rauchen im Betrieb ............................... 365
Korrekt angezogen ins Büro ......................... 367
Telefonieren (beruflich) ............................ 372
Das Handy ..................................... 376

Telefax / Anrufbeantworter .......................... 378
Briefe ............................................. 382
　Anschriften / Anrede ............................. 385
Visitenkarten ...................................... 390
Duzen / Siezen im Betrieb .......................... 393
Vorstellungsgespräch ............................... 394
Bewirtung von Geschäftsbesuchern ................... 401
Diskriminierung von Frauen im Betrieb .............. 403
　Grapscher ........................................ 406
Herabsetzung von Ausländern ........................ 410
Mobbing ............................................ 414


9. Kapitel
**Unterwegs und auf Reisen** .......................... 417

Autofahrer und Autofahrerinnen ..................... 417
Öffentliche Verkehrsmittel ......................... 422
　Die Rolltreppen .................................. 423
　Der tägliche Frust in Bussen und Bahnen .......... 424
　Das Reisen in der Eisenbahn ...................... 425
　Die Schlafwagen-Etikette ......................... 430
Verkehrsmittel Fahrrad ............................. 432
　Das Leiden unter Radfahrern ...................... 433
　Das Leiden der Radfahrer ......................... 434
Höflichkeit als Flugzeugpassagier .................. 435
Im Hotel ........................................... 440
　Als Gast beim Empfang ............................ 444
　Das Hotelpersonal ................................ 447
　Korrektes Verhalten im Hotelzimmer ............... 451
　Im Hotelrestaurant ............................... 455
　Reklamationen und Beschwerde ..................... 458
　Unangenehme Gäste ................................ 462
　Der diebische Gast ............................... 464
Begegnung mit schlecht erzogenen Menschen .......... 466

# Inhalt

**10. KAPITEL**
**Sympathisches Auftreten im Ausland** .................. 471

Achtung vor dem Andersartigen ....................... 471
Tabus anderer Religionen und fremder Kulturen .......... 475
Einschränkungen für Frauen .......................... 475
Notwendiges und Nützliches .......................... 478
   Die politischen Verhältnisse ....................... 479
   Die Sprache .................................... 481
   Höflichkeitsformen und -formeln ................... 483
   Unhöflichkeitsformen: der Diebstahl ................ 484
Trinkgelder im Ausland .............................. 488
Tischmanieren anderer Länder ........................ 492
Fremdartige Speisen ................................ 494
Korrekte Kleidung .................................. 495
Wann und wo trägt man Freizeitkleidung? .............. 498

**Stichwortverzeichnis** ............................. 501

## 1. KAPITEL

# EINFÜHRUNG

### EHRLICHKEIT CONTRA HÖFLICHKEIT?

Wenn ich mich mit jungen Leuten über »gutes« Benehmen unterhalte, bekomme ich oftmals vorgehalten, dieses ganze »Getue« sei erstens unnatürlich und zweitens unehrlich. Außerdem sei es früher ein Herrschaftsinstrument gewesen und habe ganz unbestreitbar zur Unterdrückung von Menschen gedient.
Sicherlich, diese Argumente sind auf der einen Seite völlig zutreffend. – Andererseits jedoch verkennen sie das eigentliche Problem.
Ohne Zweifel gab es jahrhundertelang Zeiten, in denen Gefühle unterdrückt werden mußten, wie auch Ansichten und Meinungen unterdrückt wurden. Die *Form* des Umgangs beherrschte und bestimmte alles andere. Menschen wurden nur auf Grund ihrer Umgangsformen oder der Kenntnis der Etikette zu gewissen Kreisen zugelassen, ganz gleich, ob sie charakterlich etwas zweifelhaft waren oder, als ein degenerierter Sproß einer angesehenen Familie, nicht ganz auf der Höhe der verstandesmäßigen Mindestanforderungen.
Kein vernünftiger Mensch will so etwas ähnliches wieder haben. Ganz klar: heute hat in der Einschätzung eines Menschen der Charakter Vorrang vor aller Form. Aber – und hier kommt sofort die unerläßliche Einschränkung – ein Mensch mit einem »guten« Charakter wird mit Hilfe seiner

**Höflichkeit als Form des Respekts**

Möglichkeiten, die er hat, darauf achten, anderen Menschen Achtung und Respekt zu erweisen. Nicht um irgendwelchen Formen zu genügen, sondern einfach, um sie nicht herabzusetzen. Und *wie* kann er das tun? Ausschließlich durch die Anwendung gewisser Formen, die jeder Mensch in seinem Kulturkreis als Formen des Respekts kennt.

Es ist also ganz unsinnig, so einen Gegensatz künstlich aufzubauen: guter Charakter *oder* höflicher Mensch. Das ist nicht nur sehr ärgerlich für diejenigen, die durch Höflichkeit anderen einfach und uneigennützig Freude machen wollen, sondern gaukelt rücksichtslosen Menschen auch noch vor, ihre mangelnde Höflichkeit sei etwas Positives.

Wenn zum Beispiel ein herzensguter Mensch
– nie zu jemandem danke oder bitte sagt,
– wenn er nicht aufsteht, wenn man ihn begrüßt,
– wenn er sich nicht bedankt, wenn man ihm die Tür aufhält,

dann fällt die landläufige Beurteilung seines Charakters auch nicht so toll aus.

Auf der anderen Seite soll man auch ganz offen zugeben, daß ohne ein gewisses Maß an Begrenzung der Eigeninteressen eines jeden Individuums keine Gesellschaft existieren könnte. Alle Kulturnationen gründen ihre Existenz darauf, daß Menschen sich Zwänge auferlegen und nicht alles das tun, was sie gern tun würden. Stellen wir uns einmal vor, jede/r würde augenblicklich das ausführen, wozu er/sie gerade Lust hat. Stellen wir uns vor, jeder Mensch würde sich spontan zum Schlafen hinlegen, wenn er müde ist, egal ob er als Pilot gerade ein Flugzeug fliegt oder als Koch seit Stunden in der Küche steht.

## Ehrlichkeit contra Höflichkeit?

Nichts ginge mehr, und auf niemanden könnten wir uns verlassen, wenn wir uns nicht gewissen Zwängen unterordneten. Würden wir von den Menschen nicht verlangen, daß sie sich den »Zwang« antun sollen, ihre Triebe zu unterdrücken, so könnte es auch üblich sein, daß jeder Mann sich ohne Umschweife die Frau schnappt, die ihn gerade erregt.

Im Laufe der Jahrhunderte haben wir Menschen – quasi als *Überlebensstrategie* – diese »Zwänge« zur Steuerung unserer Aggressionen und Naturtriebe gefunden und weiterentwickelt. Leider haben wir noch kein Mittel gefunden, das verhindern könnte, daß immer noch Stärkere die Schwächeren unterdrücken können. Eine unverzichtbare Voraussetzung für das Überleben in der Zivilisation ist jedoch, daß sich *nicht das Recht des Stärkeren* durchsetzt. Vielmehr muß die gesamte Gesellschaft darauf achten, dem *Recht der Schwächeren auf Rücksicht* zu größerer Durchsetzungskraft zu verhelfen. Diesem *Schutz der Schwächeren* dienten stets die Höflichkeitsformen. Derjenige, der sich selbst diese Formen am perfektesten auferlegte, seine eigenen Affekte also diesen Formen unterwarf, der gewann damit das höchste Ansehen.

*Höflichkeitsformen zum Schutz des Schwächeren*

Diese Zwänge und Einschränkungen machen den eigentlichen Unterschied zwischen einer Kulturgesellschaft und einer Naturgesellschaft aus. Der einzige Unterschied zu den unmoralischen, unterdrückenden Gesellschaftsformen ist der, daß wir uns diesen Zwängen *freiwillig* unterwerfen. Wir begeben uns gewissermaßen freiwillig in Zusammenhänge, deren Zwänge wir als *Spielregeln* akzeptieren müssen. Und man erwartet von uns, daß wir sie dann auch einhalten.

Alle Gesellschaften haben *Ordnungs- und Orientierungssysteme,* die für sie lebenswichtige Aufgaben zu erfüllen haben. Wir finden sie in unseren Moralgesetzen, und unser ganzes Rechtssystem beruht darauf. Unsere Handlungsorientierungen dienen dem Zweck, uns Muster zur Konfliktbewältigung vorzugeben. Und da sind wir nun wieder bei den Umgangsformen. Es ist unbestritten, daß unser sensibles Gesellschaftssystem bestimmt nicht funktionieren könnte, wenn wir alle unseren Aggressionen freie Bahn ließen und für den Konfliktfall nur uns zu prügeln gelernt hätten. Nach dem Motto: der Stärkere hat recht. Statt dessen haben wir gelernt, unsere Affekte und Aggressionen umzulenken. Der wohlerzogene Mann wird die Kollegin, die ihm wohlgefällig ins Auge sticht, nicht schnappen und in eine Ecke des Büros ziehen, sondern er wird höflich sagen: »Frau Soundso, haben Sie am Wochenende eigentlich schon etwas Unaufschiebbares vor? ...«

Zu unseren Orientierungssystemen gehört auch die ganze *Werteskala* unserer Gesellschaft. Diese Werte können wir unmöglich in jeder Generation neu formulieren, ein Großteil davon ist bereits durch unsere Tradition vorprogrammiert und hinreichend ausprobiert worden. Von den Werten wissen wir, daß sie gut sind (– sonst hießen sie ja auch nicht so!). Was wir aber im allgemeinen nicht wissen, ist die Tatsache, daß auch sie nicht gut wären, *wenn sie nicht begrenzt würden.* So, wie wir keine Rechte mehr haben, die nicht von allen möglichen Seiten begrenzt sind – spätestens dort,

## Ehrlichkeit contra Höflichkeit?

wo sie die Rechte anderer einschränken –, so gibt es auch *keine Werte, die unbegrenzt nicht auch schädlich wären.*

Für uns stellen sich zum Beispiel Freiheit, Gleichheit, Toleranz und auch Höflichkeit als solche Werte dar.

Aber unbegrenzt kann
- Freiheit zum Mißbrauch der Macht des Stärkeren führen;
- Gleichheit zu Gleichmacherei und Unterdrückung des Andersartigen führen;
- Toleranz zur Provozierung absoluter Intoleranz führen;
- Höflichkeit zur Aufgabe eigener Identität führen.

Das bedeutet also, daß auch die Höflichkeitsformen begrenzt werden müssen; und zwar durch unsere *persönliche Souveränität.* Für jeden von uns hört die Höflichkeit auf, wenn uns jemand in menschenunwürdiger Weise behandelt. Bliebe ich jemandem gegenüber, der mich beleidigen oder herabsetzen möchte, höflich wie die berühmte »weiße Salbe« und würde mich nicht wehren, so würde mein Verhalten als kriecherisch und überangepaßt gewertet – heute nennt man das wortmalerisch »schleimen«. *Das ist jedoch mit guten Manieren nicht gemeint.*

Und es ist einleuchtend, daß die Freiräume für den einzelnen kleiner werden, je enger die Menschen aufeinander sitzen. Dazu kommen heute noch gegenseitige Abhängigkeiten, in einem Maß wie man es vorher nie gekannt hatte – jeder Mensch muß sich mehr denn je auf andere verlassen. Und so

**Notwendige Begrenzung von Höflichkeitsformen**

muß man sich auch darauf verlassen, daß der andere die Höflichkeit des einen nicht *für seine eigene Rücksichtslosigkeit ausnutzt.*

Rückkehrend zu der Ausgangsfrage möchte ich noch einmal auf die *Ehrlichkeit* zu sprechen kommen. Zweifellos ist Ehrlichkeit bei uns ein sittlich hochangesehener Begriff mit einem hohen moralischen Wert für die Gesellschaft. Könnten wir uns auf die Ehrlichkeit anderer Menschen nicht mehr verlassen – sei es nun geschäftlich oder privat –, ginge unsere ganze Gesellschaft flöten. Wir müssen uns zum Beispiel darauf verlassen können, daß der Flugzeugmechaniker so ehrlich war, die Teile auch auszutauschen, für die er unterschrieben hat.

Als Kind wird uns schon anerzogen, immer und zuerst die »Wahrheit« zu sagen. Das ist zweifellos eine der wichtigsten Grundlagen menschlichen Umgangs. – So weit, so gut. – Aber als Erwachsener stellt man fest, daß es anscheinend doch *unterschiedliche Arten von Wahrheit* gibt. Man lernt allmählich, mit »Wahrheiten« etwas überlegter umzugehen, und daß es Situationen geben kann, in denen die Wahrheit zu sagen eigenen oder anderer Leute Schaden bedeuten könnte.

Deswegen gibt es nämlich so etwas wie eine »schonende Ehrlichkeit« sich selbst gegenüber, aber auch gegenüber anderen. Ich muß beispielsweise einem sehr dicken Taxifahrer nicht unbedingt sagen, daß er unheimlich fett ist, nur weil mir das gerade auffällt; ich kann ihm statt dessen – und ebenfalls »ehrlicherweise« – sagen, daß er ein sehr schönes Auto hat. Beides ist wahr; nur – die eine Bemerkung macht ihm Freude, die andere würde das wohl nicht.

*Ehrlich, aber nicht taktlos*

Es gibt überhaupt keinen besseren Beweis für die Notwendigkeit höflicher Umgangsformen als den, daß man sie sich einfach einmal wegdenkt.

## HALTUNGEN ALS AUSDRUCK VON ACHTUNG UND RESPEKT

Es gibt eine ganze Reihe von Gesten, Haltungen und Verhaltensformen, die ganz eindeutig auf Respekt und Achtung vor dem anderen Menschen schließen lassen. Im klaren Unterschied dazu gibt es andere Gesten, die wir, ohne nachzudenken, als Gesten der Respektlosigkeit oder des Desinteresses verstehen – also als eine »Herabwürdigung« erkennen. Und auf solche Herabsetzungen reagieren viel mehr Menschen mit Aggressionen, als wir denken – viele zeigen es nur nicht so spontan.

Es kann also durchaus sein, daß andere Leute deswegen so eigenartig ablehnend, kurz angebunden oder unhöflich reagieren, weil man sie respektlos oder herabsetzend behandelt hat. Weil aber viele Menschen gar nicht wissen, was ihr Verhalten gegenüber anderen bedeutet und wie es auf andere wirkt, wundern sie sich oft und denken, der oder die andere »kann sie nicht leiden«.

Heutzutage wird von niemandem mehr verlangt, daß er zu allen und jedem überschwenglich freundlich ist, wenn er/sie etwas gegen diesen Menschen einzuwenden hat. Nur, man sollte eben wissen, was man damit tut, und dieses Mittel der Unhöflichkeit nicht unwissentlich einsetzen. Um Mißverständnisse und Unannehmlichkeiten dieser Art möglichst gering zu halten, wäre es ganz günstig, die nachfolgenden Regeln wenigstens einmal in seine Überlegungen mit einzubeziehen. Wenn jemand beruflich oder privat an seinem Erfolg interessiert ist, kann es ihm gewiß nicht schaden, sich diese Regeln nach Möglichkeit etwas einzuprägen.

Das Ziel sollte dann aber doch sein, daß einem viele dieser Höflichkeitsgesten und Regeln des guten Benehmens sozusagen »in Fleisch und Blut« übergehen. Nur auf diese Weise wirkt das Verhalten echt und authentisch und nicht »aufgesetzt«. Wenn man sich dagegen nur in Situationen, wo es einem wichtig erscheint, einen Ruck geben muß, um gewisse Erfordernisse der Höflichkeit zu erfüllen, dann ist die positive Wirkung schon dadurch sehr gemindert, daß jeder die Absicht merkt.

Zum Beweis meiner Thesen möchte ich jeder Leserin und jedem Leser empfehlen, sich einmal bewußt in der eigenen Umgebung umzusehen. Man wird sicherlich bemerken, daß die wirklich gebildeten Menschen diejenigen sind, die den anderen mit höflichem Respekt begegnen, ohne »Ansehen der Person« oder gar Unterschiede nach Herkommen oder Einkommen zu machen. Die Deutschen sind die Weltmeister im Verreisen und im Besuchen anderer Länder. Eigenartigerweise aber kommen sie nur mit Eindrücken von Land, Wasser und Gebäuden wieder, und vom Essen und Trinken. Selten aber kommen Touristen nach Hause und haben sich etwas von der warmherzigen Höflichkeit anderer Völker abgeguckt.

*Der wichtige Tip*

① Höflichkeitsgesten sind gegenüber allen Menschen und in allen normalen Situationen angebracht.

## Haltungen als Ausdruck von Achtung und Respekt

- Nur Menschen, die es mit einem verdorben haben – das heißt, die uns einen Grund dazu gegeben haben, sie nicht mit der normalen Höflichkeit zu behandeln –, lassen wir es dann auch fühlen.
- Höflichkeit nur als Strategie einzusetzen, es aber nicht wirklich so zu meinen – das ist ein Fehler, der den ganzen Menschen unehrlich erscheinen läßt.
- Wenn jemand nur gegenüber Vorgesetzten oder Leuten, die für ihn wichtig sind, höflich ist, sich gegenüber »unwichtigen« Menschen aber rücksichtslos verhält – dann ist das schlimmer, als wenn er sich durchweg wie ein »Holzklotz« benehmen würde.

*Aber auch das ist wichtig*

- Jede Notsituation oder Gelegenheit, die unsere Hilfe oder Einsatzbereitschaft erforderlich macht, setzt natürlich sofort alle Höflichkeitsformen außer Kraft, die eine akute Hilfe verzögern würden.
- So ist es selbstverständlich, auch dann Menschen zu Hilfe zu kommen, wenn sie einem noch nicht vorgestellt worden – also Fremde – sind.

## 2. KAPITEL

# HÖFLICHKEIT UND KORREKTE MANIEREN IM TÄGLICHEN UMGANG

### ROLLEN- UND SITUATIONSABHÄNGIGES VERHALTEN

Es ist eine durchaus neuzeitliche Entwicklung in dem Wandlungsprozeß unserer Verhaltensnormen, daß wir in dem modernen, technologischen Deutschland zwischen dem Verhalten im Privatleben und dem in der Berufswelt eine sehr auffällige Trennung machen. Eine solche Trennung hat es in früheren Zeiten nicht gegeben.

Bis in die Zeit vor dem Zweiten Weltkrieg bewegte sich der Hausherr der bürgerlichen Familie auch in seinen eigenen vier Wänden stets korrekt angezogen. Er trug normalerweise zwar ein spezielles Hausjackett, die sogenannte Hausjoppe, die jedoch mit korrektem Hemd und Krawatte und den ganz normalen Anzughosen getragen wurde. Keinem wohlerzogenen Mann wäre es eingefallen, nicht korrekt gekleidet zum Essen zu erscheinen.
Die Hausfrau des gutbürgerlichen Hauses war natürlich ebenfalls von morgens bis abends korrekt gekleidet, und zwar von Kopf bis Fuß. Trug sie während der Hausarbeit eine Schürze, so wurde diese Schürze abgelegt, bevor die Dame am Tisch

Platz nahm. Diese Kleidung spiegelte eine Haltung wider; es war eine Haltung des gegenseitigen Respekts und der Achtung vor der Arbeit des anderen. Die Hausfrau war für den Stil des Hauses verantwortlich, der sich nicht (nur) in irgendwelchen Möbelstücken ausdrückte; in den Häusern der geistigen wie der materiellen Führungsschicht bis in die Mittelschicht hinein war es durch und durch ein Stil korrekter Förmlichkeit. Intime Sprache wie auch intime Bekleidung – wie zum Beispiel Hausschuhe oder Morgenmantel bzw. Pantöffelchen und Negligé – waren den Zeiten der Morgen- und Abendtoilette vorbehalten und auch nur den kurzen Wegen zwischen den Schlafräumen und dem Badezimmer.

Heutzutage haben wir eine sichtbare Trennung zwischen dem offiziellen Verhalten einerseits, das im Beruf und bei offiziellen Anlässen gefordert ist, und dem Freizeitverhalten andererseits, das vor allem durch das Fehlen von Förmlichkeiten geprägt ist.

Wir verhalten uns also nicht mehr durchgehend formgerecht – auch Eltern tun dies nicht mehr in Gegenwart ihrer Kinder –, sondern wir differenzieren unser Verhalten nach Situationen und nach den Rollenstandards.

Die modernen Verhaltensnormen unterscheiden sich nach den verschiedenen Rollen, in die wir täglich schlüpfen. Und jedesmal bedeutet dies eine Anpassung an andere Verhaltensnormen, je nach der Rolle, die wir gerade einnehmen. So wird beispielsweise ein und derselbe Mann sich als Familienvater oder Ehepartner ganz anders verhalten, als wenn er als Kollege in seinem Betrieb arbeitet; und wieder anders verhält er sich dann abends, wenn er als Sportler zusammen mit anderen sich sportlich betätigt. Selbstverständlich läuft diese Rollenanpassung für eine berufstätige Frau nach dem gleichen Schema ab.

Eine solche Rollenanpassung vollzieht sich im allgemeinen ziemlich unbewußt. Ohne viel darüber nachzudenken, ist es für jede/n von uns selbstverständlich, daß man sich nicht überall und in jeder Situation so verhalten kann, wie es die offizielle Etikette verlangt. Man kann nicht in der Stammkneipe unter Freunden die Begrüßung protokollgerecht vornehmen oder im Bierzelt beim Volksfest Stoffserviette und Besteck für den Verzehr des Brathähnchens verlangen. Würde man sich nicht auf die Verhaltensnormen der jeweiligen Situation einstellen, wäre das eine sichere Garantie dafür, sich mehrmals täglich lächerlich zu machen.

Wie unterschiedlich die Verhaltensnormen für ein und denselben Begrüßungsvorgang sein können, läßt sich am Beispiel des Handgebens darstellen. So korrekt das Handgeben in unserem Kulturkreis in gesellschaftlichen Situationen ist, in denen man Bekannte begrüßt oder jemandem vorgestellt wird, so verkehrt wäre es im Kaufhaus, jede/n Verkäufer/in mit Handschlag zu begrüßen, oder in der Werkhalle jedem Arbeiter die Hand zu schütteln. Der Händedruck ist an *bestimmte Situationen* gebunden und darüber hinaus an *bestimmte Rollenverteilungen* geknüpft.

*Unterschiedliche Verhaltensnormen für einen Vorgang*

Erst bei Situationen, die nicht zu unserer täglichen Routine gehören – die also »ungewöhnlich« sind, wie zum Beispiel Gelegenheiten, bei denen alles nach den Vorschriften der offiziellen Etikette abläuft –, müssen wir uns bewußt auf die jeweils gültige Verhaltenserwartung einstellen.

Das erste, worauf wir uns bei allen offiziellen Gelegenheiten einzurichten haben, ist die Tatsache, daß wir *stets eine Rangfolge* beachten müssen. Das ist nicht etwa eine der veralteten Formalien, die wir heute vielleicht nicht mehr so ernst zu nehmen hätten – ganz im Gegenteil. Es handelt sich hierbei um eine höchst sensible Angelegenheit, die darüber entscheiden kann, ob man uns für gebildete Menschen oder für ungebildetes Volk hält.

Es ist nämlich nach wie vor so, daß es für jeden Menschen wichtig ist, sich in seinem »Rang«, also in seinem Stellenwert gegenüber anderen, korrekt eingeordnet und respektiert zu sehen. Damit müssen wir in allen formellen Situationen rechnen. Für diese, in unserer Gesellschaft *allgemein gültige Rangfolge* gibt es feste Regeln, die nach wie vor denen unserer herkömmlichen Kulturtradition entsprechen. Diese traditionelle Rangfolge hat bisher einige umwälzende Änderungen erlebt – wie zum Beispiel die Abschaffung des Adels 1918. Die entscheidenden Umwälzungen zugunsten der Verhaltensstandards für Frauen passieren gegenwärtig gerade vor unseren Augen.

**Allgemein gültige Rangfolge**

Die korrekte, nach wie vor verbindliche Rangfolge lautet:

- die Frau/Dame ist stets die Ranghöhere gegenüber dem Mann/Herrn;

- die/der Ältere ist stets ranghöher gegenüber der/dem Jüngeren;

- die/der Fremde ist stets ranghöher gegenüber der/dem Verwandten;

- der/die Ausländer/in rangiert vor dem/der Inländer/in.

In allen *privaten*, gesellschaftlichen Zusammenhängen setzen diese Rangfolgen auch berufliche Hierarchien außer Kraft. Das heißt, wenn man auf einer Privateinladung in Begleitung seiner Frau seinem Vorgesetzten begegnet, so ist die Ehefrau die Ranghöhere gegenüber dem Chef; in dieser Situation zählt nur, daß sie eine Dame und er ein Herr ist. *(Näheres dazu weiter unten.)*

Es werden in diesem Kapitel also zuerst die *gegenwärtig gültigen* Höflichkeitsnormen angesprochen, wie sie im privaten Bereich als gute Manieren definiert sind.

Grundsätzlich gelten sie insoweit *auch für den beruflichen Alltag*, als sie dort angebracht und praktikabel sind. In rein beruflichen bzw. betrieblichen Zusammenhängen wird die Rangfolge von anderen Prioritäten bestimmt. So ist zum Beispiel der gesellschaftliche Vorrang der Frau, den sie als Dame normalerweise in der Gesellschaft genießt, im Berufsleben außer Kraft gesetzt. *(Siehe dazu Kapitel 3)*

## RÜCKSICHT AUF SCHWÄCHERE

Jeder Mensch weiß, daß wir von ihm wie von den anderen Mitgliedern unserer Gesellschaft erwarten, auf Schwächere Rücksicht zu nehmen. Das ist uns von alters her so überliefert und gilt als eine Mindestforderung der Kultur und des Anstands. Wie aber sieht die Wirklichkeit bei uns aus? Wie rücksichtsvoll sind wir denn nun tatsächlich im täglichen Umgang mit Kindern, älteren Menschen oder mit Behinderten? – Ich befürchte, daß wir bei einer Neuvergabe der Bezeichnung »Kulturnation«

große Schwierigkeiten hätten, heutzutage den Titel zu gewinnen ...

Ich bin mir recht sicher, daß ich mich hier nicht mit Beispielen für Rücksichtslosigkeiten im Alltag aufzuhalten brauche. Die kennen wir alle zur Genüge. Vielmehr möchte ich mit den folgenden Beispielen daran erinnern, was *über die allgemeinen Höflichkeitsregeln hinaus* unter dem Stichwort »Rücksicht auf Schwächere« zu verstehen ist.

## Umgang mit alten Leuten

In allen Ländern und allen Winkeln dieser Erde ist es ein Zeichen für die Kultur eines Landes, wie man mit seinen alten Menschen umgeht. Die Beispiele reichen vom Altertum bis in unsere heutige Zeit. Wo immer es sich um eine alte »Kulturnation« handelt, ist der Respekt vor dem Alter ein bezeichnendes Merkmal. Es ist für Menschen mit etwas Kulturempfinden selbstverständlich, sich gegenüber den Menschen dankbar zu zeigen, denen sie sehr viel von dem zu verdanken haben, was sie heute an Annehmlichkeiten oder wirtschaftlichem Fortschritt vorfinden.

Voraussetzung wie gleichzeitig Ausweis für die nationale Kultur ist wohl, daß die Gemeinschaft der Menschen sich mit der Tradition ihres Landes identifizieren kann. Bei fehlender nationaler Identität – zum einen durch eine Vielvölkerkultur oder zum anderen durch einen verdrängten Bruch in der Geschichte des Landes – wird es für die Bewohner schwierig, so etwas wie eine kulturelle Identität zu entwickeln. Das Resultat fehlender Identität ist der mangelnde Respekt vor den Trägern der eigenen Kulturtradition, nämlich den Alten. Als Beispiele für einen Vielvölkerstaat können wir sowohl Australien als auch die USA heranziehen. Als Beispiel für den Bruch in der eigenen Geschichte die Bundesrepublik Deutschland.

In den USA sind augenscheinlich die Menschen nur so viel wert, wie sie augenblicklich an – materiell begründeter – Macht besitzen. Sind die Leute alt und ohne Macht und Einfluß, sind sie in den Augen vieler Amerikaner zu nichts mehr nütze und quasi reif für den Müll.

Sehen wir uns dagegen in den alten Kulturnationen unseres Kontinents um – ganz gleich, ob man Italien, Spanien, Griechenland oder sonst ein Land westlicher Kultur nimmt –, man kann die Identifikation der Menschen mit ihrer Nation sofort daran ablesen, wie selbstverständlich respektvoll sie mit ihren Alten umgehen. Da wird alten Leuten mit Achtung begegnet, und man hört ihnen zu. Bei Familienfesten sind sie selbstverständlich immer dabei, und oftmals werden sie mitgenommen – wie übrigens auch die Kinder –, wenn man mit Freunden essen geht oder sonst etwas feiert. Wehe dem, der eine ungehörige oder lächerlich machende Bemerkung über den Großvater oder die Großmutter eines Freundes macht.

Und wie ist es bei uns? Was zählt bei uns in bezug auf den Wert eines Menschen? Der Umgang mit unseren alten Menschen ist ein untrügliches Zeichen dafür, daß es mit der Kultur dieser alten »Kulturnation« nicht besonders gut bestellt ist. Wie vielfältig die Ursachen für das Umspringen mit alten Leuten auch sein mögen, es ist höchste Zeit, daß wir uns auf eine Basis unserer Kultur besinnen:

daß man das Alter respektieren und achten soll. Wenn wir wieder zu den unverzichtbar notwendigen Vorgaben der Kultur unseres Landes zurückfinden, finden wir auch zu dem Respekt vor alten Menschen zurück.

Dann geht alles andere von allein. Denn jeder jüngere Mensch kann sich denken und darauf achten, was für ältere Menschen in unserer modernen, technisierten und computergesteuerten Welt zu bewältigen schwierig ist. Dafür gibt es eine unendliche Kette von Beispielen, deswegen sollen hier nur einige Anregungen erwähnt werden.

*Zum Beispiel: die öffentlichen Rolltreppen*

Auf allen Rolltreppen in jeglicher Umgebung sollte man nicht zu dicht hinter *ältere Menschen* treten, sondern eine Stufe mehr als sonst üblich freilassen. Es wäre sehr rücksichtsvoll, wenn ältere Leute sich nicht von hinten bedrängt fühlen oder gar Angst haben müssen, geschubst zu werden. Denn bei alten und älteren Menschen geht natürlich auch das von Rolltreppen Heruntergehen nicht mehr so schnell. Hinzu kommt, daß die Gefahr von Knochenbrüchen bei älteren Menschen wesentlich größer ist als bei jüngeren, deswegen ist für sie das Risiko bei einem Sturz auch wesentlich höher.

*Zum Beispiel: die Automaten*

Man kann davon ausgehen, daß die Bedienung von Fahrschein-Automaten, Getränke-Automaten oder auch Kartentelefonen für manche alten Leute schwierig ist. Deswegen ist es höflich, wenn man sie fragt, ob man ihnen behilflich sein kann.

## Rücksicht auf Schwächere

Man darf sich nicht wundern oder gar ärgern, wenn alte Menschen auf die angebotene Hilfe zunächst mißtrauisch reagieren. Leider haben sie ja auch Grund dazu, denn allzu oft werden sie hereingelegt, oder es wird ihnen – unter schamloser Ausnutzung ihrer körperlichen Unterlegenheit – einfach ihr Eigentum entrissen.

Sicherlich ist es weit mehr als eine Frage des guten Benehmens, und deswegen soll es hier auch nur beiläufig erwähnt werden: für jeden Menschen mit Verantwortungsgefühl ist es eine Selbstverständlichkeit, anderen Menschen seine Hilfe anzubieten, sofern er sie – ohne sich selbst einer Gefahr auszusetzen – zu leisten vermag. Und deswegen ist es auch verwerflich, wenn Menschen dabeistehen und einfach zuschauen, obwohl sie helfen könnten. Sei es, daß einer alten Dame die Handtasche entrissen wird, sei es, daß Frauen angepöbelt werden oder daß Ausländer offensichtlich herabwürdigend behandelt oder tätlich angegriffen werden.

*Hilfsbereitschaft*

Für einen Menschen mit Anstand gibt es für den Respekt vor der Würde anderer Menschen keine Ausnahmen des Alters, der Nationalität oder der Hautfarbe.

### Unser Verhalten gegenüber Kindern

Die Maßstäbe, nach der die Erziehung der Kinder erfolgt, sind – und waren stets – ein Spiegelbild der allgemeinen Wertmaßstäbe einer Gesellschaft. Die Erziehung soll Kinder zu nützlichen Gliedern der Gesellschaft machen.

Das heißt mehreres:
- Kinder sollen durch ihre Erziehung in die Lage versetzt werden, unbeschadet und glücklich ihr Leben als Erwachsene selbst zu gestalten.
- Kinder sollen gleichzeitig so erzogen werden, daß sie ihr berechtigtes Streben nach dem eigenen Glück nicht auf Kosten anderer betreiben – auch nicht auf Kosten der Gesellschaft, in der sie leben und deren Erwachsene mehrheitlich diese oder jene Gesellschaftsform gewählt haben. (Bei uns ist es die demokratische Grundordnung mit marktwirtschaftlich-kapitalistischer Wirtschaftsordnung.)
- Kinder sollen also so erzogen werden, daß sie die Rechte anderer als gleichwertig gegenüber ihren eigenen Rechten erkennen und anerkennen lernen. Das heißt: Kinder müssen lernen, Rücksicht auf andere zu nehmen.

Wie aber soll das gehen?
Es gibt auf dem Gebiet der Kindererziehung viele Bücher, kompetente und inkompetente, schlaue und entsetzlich dumme Bücher. Auf jeden Fall lassen sich die gegenwärtigen Maßstäbe und heutigen Erziehungsziele nicht an dieser Stelle und nicht in ein paar Sätzen abhandeln. Deswegen hier nur ein paar Worte zu den Verhaltensanforderungen, die heute an Kinder zu richten sind. Oder, anders gesagt:
*Wie sollen sich Kinder heute benehmen?* – bestimmt nicht wie Erwachsene, auch nicht wie »kleine Erwachsene«!
Von »gut erzogenen Kindern« erwartet man eigentlich nur, daß sie lernen müssen, die Rechte

# Rücksicht auf Schwächere

und Interessen anderer zu respektieren und damit auch andere Menschen zu respektieren. Alles weitere ist eine Frage der Zeit, das heißt, von Lebensjahren: *je jünger* ein Kind, *um so weniger* sollten von ihm Erwachsenenmanieren erwartet werden, *je älter* ein Kind, *um so mehr* wird von ihm erwartet. Zum Beispiel:
- andere Menschen zu grüßen,
- am Tisch so zu essen, daß unbeteiligten Zuschauern nicht schlecht wird.

Erst später werden die Eltern ihre eigenen Vorstellungen von gutem Benehmen auch gegenüber ihren heranwachsenden Sprößlingen durchzusetzen versuchen.

*Der wichtige Tip*

- Kinder brauchen Grenzen und Orientierung, aber keine permanente Gängelung.
- Kinder lernen am meisten durch Nachahmung; das heißt: das Vorbild zählt mehr als alles Reden.

*Der häufigste Fehler*

- Viele Eltern halten Nichts-Sagen für Toleranz. Das ist erwiesenermaßen ein schlimmer Fehler, mit dem sehr häufigen Ergebnis, daß den Eltern »plötzlich der Geduldsfaden reißt«. Wenn Eltern oder Alleinerziehende jahrelang von ihrem »grenzenlosen« Kind terrorisiert worden sind, kann es zu völlig unberechenbaren Überreaktionen kommen.

Offenbar wissen es noch nicht viele unter der erwachsenen Bevölkerung unseres Landes: Es gibt eine »Konvention der Vereinten Nationen über die

Rechte des Kindes«, die auch von Deutschland verbindlich und rechtswirksam anerkannt worden ist. Diese Konvention besagt als eines der wichtigsten Grundrechte, daß ein Kind ein *Subjekt und kein Objekt* ist und daß der Staat dazu verpflichtet ist, die Rechte des Kindes zu schützen. Eines dieser geschützten Rechte des Kindes ist der *Schutz vor Gewalt*.

In der Kinderkonvention der Vereinten Nationen heißt es (Art. 19):

> »Die Vertragsstaaten treffen alle geeigneten Gesetzgebungsmaßnahmen, um das Kind vor jeder Form körperlicher oder geistiger Gewaltanwendung, Schadenszufügung oder Mißhandlung, vor Verwahrlosung oder Vernachlässigung, vor schlechter Behandlung oder Ausbeutung einschließlich des sexuellen Mißbrauchs zu schützen, solange es sich in der Obhut der Eltern oder eines Elternteils, eines Vormundes oder anderen gesetzlichen Vertreters oder einer anderen Person befindet, die das Kind betreut.«

(Seit dem 14. November 1991 hat sich die Bundesrepublik Deutschland dazu verpflichtet, die Bestimmungen der UN-Konvention in nationales Recht umzusetzen.)

Das heißt: Wenn ein Kind geschlagen wird, sollte man nicht so tun, als sei es das gute Recht der Eltern, ihre Kinder zu schlagen. In diesem Augenblick geschieht Unrecht vor unseren Augen, und wir sollten uns darum kümmern, das zu verhindern.

## Höflicher Umgang mit Behinderten

Alles, was wir nicht aus unserer täglichen Routine kennen, stößt zuerst einmal auf Ablehnung. Wir tun uns offenbar schwer damit, auf andere, uns fremde Verhaltensweisen zu reagieren und für unser eigenes Verhalten hinzuzulernen. Ist uns der Umgang mit Behinderten nicht geläufig, versuchen wir erst einmal, der Situation aus dem Weg zu gehen – das heißt also auch, den Behinderten aus dem Weg zu gehen. Das Negative daran ist jedoch, daß das Ausweichen auch ganz anders interpretiert werden kann.

Zum Beispiel: Jemand begrüßt einen Bekannten, der einen Rollstuhl schiebt; und obgleich in diesem Rollstuhl ganz offensichtlich auch jemand ist, wird der- oder diejenige nicht begrüßt. Bei diesem Beispiel ist es nun eine Auslegungsfrage, ob man das für Unsicherheit oder für Herabsetzung halten will. Wie auch immer: der oder die Behinderte empfindet das als Nichtachtung seiner/ihrer Person. Und das ist es ja auch.

Wir sollten uns also ganz einfach daran halten, Behinderte wie Nichtbehinderte zu behandeln, mit etwas mehr Rücksicht sicherlich, aber ohne großes Aufheben. Es entspricht nämlich den ganz normalen Regeln des guten Benehmens, Mitmenschen die Tür aufzuhalten oder ihnen auf andere Weise behilflich zu sein, wo immer jemand einer Hilfestellung bedarf, die wir leisten können. Der kritische Punkt ist wohl eher der, daß wir einfach nicht aufmerksam genug sind, was die Bedürfnisse anderer Menschen angeht. Vielleicht sehen es manche Mitmenschen gar nicht, daß es jemandem schwerfällt,

*Aufmerksamkeit gegenüber notwendiger Hilfestellung*

eine Türklinke zu erreichen oder eine Tür offenzuhalten.

So erfordert die Höflichkeit gegenüber Behinderten weiter nichts als ein wenig mehr Aufmerksamkeit. Und wenn wir dabei auch noch etwas von unserer Fantasie hinzuziehen, die uns sagen könnte, was anderen Menschen vielleicht eine Freude macht – das wäre toll!

## (KÖRPER-)HALTUNGEN

Was, in aller Welt, sollte denn meine eigene Körperhaltung mit Höflichkeit zu tun haben? – Eine ganze Menge! Es ist ganz einfach so, daß wir durch unsere Haltung, die wir in Gegenwart anderer Leute einnehmen, sehr eindeutig und unmißverständlich zum Ausdruck bringen, ob wir so etwas wie Achtung oder Respekt vor dieser Person oder gegenüber mehreren anwesenden Personen empfinden. Diese Körpersprache und entsprechende Verhaltensformen lernen wir als Kind schon sehr früh, indem wir sie von unseren erwachsenen Vorbildern abgucken.

*Interpretation von Körpersprache*

Wenn man während eines Gesprächs jemandem gegenübersitzt, und man »legt« sich in den Sessel hinein, am besten noch mit allen vieren von sich gestreckt, so heißt das ganz eindeutig, daß man diesen Menschen als Persönlichkeit absolut nicht ernst nimmt. Man drückt damit unzweideutig aus, daß der andere nicht im geringsten »respektabel« ist.

Und dann gibt es wiederum Menschen, bei denen es einem leichtfällt, sich etwas »Zwang« anzutun.

## (Körper-)Haltungen

In deren Gegenwart begibt man sich von ganz allein in eine aufrechte Haltung, sitzt gerade und zieht die Füße zu sich heran. Das bedeutet schon vom körpersprachlichen Ausdruck her, daß man sein Gegenüber ernst nimmt.

Alle diese Regeln und Vorschriften haben bei uns schon so eine lange Tradition, daß wir, quasi ohne nachzudenken, solche Gesten interpretieren und verstehen können. Diese Tradition beschränkt sich nun beileibe nicht nur auf die deutsche oder die europäische Geschichte, es handelt sich vielmehr um die Haltungen und Gesten, die in der Geschichte der gesamten abendländischen Zivilisation die gleiche Bedeutung haben. Deswegen ist es auch so schwierig, etwas daran zu verändern. Während der ganzen Epoche der sogenannten antiautoritären Erziehung – in der Zeit etwa von 1968 bis 1984 – wurde von jungen Eltern der Studentengeneration jegliche Erziehung ihrer Kinder nach den überlieferten Mustern verweigert. So auch die Formen, mit denen man jemandem gegenüber höflich ist oder seinen Respekt erweisen kann. Die Folge davon war für die Kinder ziemlich schlimm: sie galten – und gelten heute noch – keinesfalls für besonders progressiv oder gar beispielhaft, sondern schlicht und einfach für »schlecht erzogen«.

Daher sollte man die geltenden Regeln kennen, um sich, je nach Wichtigkeit der Situation oder der Personen, die daran beteiligt sind, dafür entscheiden zu können – oder halt auch dagegen, wenn man nichts Nachteiliges für sich und andere dabei riskiert.

Demgegenüber steht in allen *beruflichen* Zusammenhängen die *Selbstdisziplin* nach wie vor hoch im Kurs. Und als der sichtbare Ausdruck von Selbstdisziplin gilt die Körperbeherrschung. Erst ein größerer Zeitabstand wird zeigen, welcher dieser beiden Werte sich gegen den andern durchgesetzt haben wird. Gegenwärtig deutet alles darauf hin, daß es wieder einmal in Richtung auf Einschränkung der Natur und Auferlegung von Selbstzwängen herausläuft. Zur Zeit jedenfalls kann es aber gar keinen Zweifel daran geben, daß Anpassung und Disziplin im Beruf erwartet und auch wieder durchgesetzt werden.

Eines ist unbestritten: Frauen unterliegen in ihrer Körperhaltung nach wie vor größeren Einschränkungen, und sie werden sehr viel strenger beurteilt als Männer. Dabei geht es nicht nur um den Nachweis von Selbstdisziplin – wie sie für die Beurteilung männlicher Haltung maßgeblich ist –, sondern um traditionelle Interpretationen der Körpersprache. (Zum Beispiel wird eine Frau, die breitbeinig dasitzt, immer noch unbewußt für leichtlebig oder für schlecht erzogen gehalten; *Näheres dazu siehe Kapitel 3.*) In diesem Komplex Änderungen herbeizuführen ist keine Sache, die eine Generation allein leisten könnte. Dazu brauchen wir wesentlich mehr Zeit. Es handelt sich hierbei nämlich um Veränderungen von Einordnungskriterien, die seit langer Zeit in unserem Unterbewußtsein gespeichert sind und nach denen wir die Signale interpretieren. Es kann also nur die Aufgabe von längeren Entwicklungsprozessen sein, das Unterbewußtsein zu verändern. Weil dem so ist, bleibt uns gegenwärtig nur übrig, uns die Interpretation dieser angeblichen körpersprachlichen Signale bewußt zu machen und uns darauf einzustellen.

- Unter einer höflichen Körperhaltung versteht man die kontrollierte Körperbeherrschung *(wie in Kapitel 4 beschrieben)*. Dabei ist die Körperhaltung aufrecht, und die Beine sind beim Sitzen angewinkelt in Körpernähe zu halten und auf keinen Fall von sich zu strecken; auch sollte nicht der eine Fuß auf das Knie des anderen Beines gelegt werden.
- Die Arme sollte man nicht so verschränken, daß beide Hände versteckt sind; eine Hand sollte immer zu sehen sein.
- Selbstverständlich gilt es als nicht besonders respektvoll, wenn man den Kopf mit Hilfe einer Hand aufstützt.
- Eine sehr herabwürdigende Geste ist, bei der Begrüßung oder beim Betreten eines Raumes eine Hand in der Hosentasche zu lassen.
- Es ist auf jeden Fall sehr wichtig zu beachten, daß es für *Frauen/Damen* und *Männer/Herren* unterschiedliche Standards gibt. *(Siehe Kapitel 3 und 4)*

*Der wichtige Tip*

## ZUHÖREN UND AUSREDEN LASSEN

Eins der wichtigsten Elemente des Respekts ist das gegenseitige Zuhören. Es ist eine sowohl alte als auch ganz aktuelle Vorschrift, daß man Menschen ausreden läßt und ihnen auch dann zuhört, wenn man schon genau zu wissen glaubt, was sie sagen wollen. Wenn es eine Situation unvermeidbar erfordert, jemanden zu unterbrechen, so muß man sich stets dafür entschuldigen. Eine Unhöflichkeit erfordert immer eine Entschuldigung, auch wenn sie unvermeidlich ist.

Es ist einfach eine Tatsache, daß man jemanden nicht ernst nimmt, wenn man ihn nicht ausreden läßt oder aber von Anfang an nur sehr gequält und sehr unaufmerksam zuhört. Das Wort eines Menschen nicht ernst zu nehmen bedeutet soviel, wie den ganzen Menschen nicht ernst zu nehmen.

*(Zur Gesprächsführung im Beruf siehe Kapitel 8)*

## SITZPLATZ ANBIETEN

Es gilt nach wie vor als höflich, jemandem einen Sitzplatz anzubieten, wenn nicht – in welcher Situation auch immer – genügend Sitzplätze verfügbar sind. Einige Nuancen haben sich jedoch geändert. War es früher eindeutig eine Frage des Ranges, wer wem einen Sitzplatz anzubieten hatte, so bezieht sich die neuzeitliche Höflichkeit eher auf die persönliche Verfassung eines Menschen. Das bedeutet, daß es heutzutage durchaus als höflich angesehen wird, wenn in einer überfüllten Straßenbahn eine Frau einem ranzenbeladenen Schulkind ihren Sitzplatz anbietet oder jemand einem sichtlich müden Arbeiter Platz macht.

*Der wichtige Tip*

① Selbstverständlich stehen Jüngere immer noch für Ältere auf, jedoch sind die Altersdifferenzen heute größer geworden. Das heißt, daß jemand schon deutlich älter sein muß, bis von einem/einer Jüngeren erwartet wird, daß er oder sie aufsteht und jemandem den eigenen Sitzplatz anbietet.

## IN DEN ODER AUS DEM MANTEL HELFEN

Sicherlich ist es nach wie vor eine freundliche Geste, jemandem in den oder aus dem Mantel zu helfen. Die aktuelle Frage ist nur, ob sie jede/r als freundlich erkennt und sich auch jeder über eine solche Hilfe freut. Darüber bestehen gegenwärtig einige Unsicherheiten. Die meiste Gegenwehr gegen das Aus-dem-Mantel-Helfen kommt von jungen Frauen, die darin eine Geste patriarchalischer Herablassung vermuten. Deswegen lehnen sie es ab, sich helfen zu lassen.

Ich habe dazu eine etwas andere Auffassung, die etwa darauf hinausläuft, daß ich es für wichtiger halte, mich gegen unhöfliche Menschen zu wehren als gegen gutmeinende, höfliche. Auch denke ich, daß diese Verweigerung niemanden auf den Gedanken bringt, ernsthaft über das Defizit in bezug auf die Gleichberechtigung von Frauen nachzudenken. Wenn man aber sichergehen will, nicht mißverstanden zu werden, kann man am besten fragen: »Darf ich Ihnen aus dem Mantel helfen?«
Im Normalfall gelten auch gegenwärtig noch die nachfolgenden, traditionellen Regeln.

- Nach wie vor korrekt ist,
  - daß ein Herr seiner Begleiterin aus dem Mantel oder in den Mantel hilft;
  - daß Kollegen und Kolleginnen – ohne Unterschied nach Geschlecht – sich gegenseitig behilflich sind;

*Der wichtige Tip*

- wenn man selbst Wildfremden dabei behilflich ist, sobald man bemerkt, daß sie beim Mantelablegen oder -anziehen Schwierigkeiten haben. Das gilt übrigens für beide Geschlechter.

⏺ Nach traditioneller Etikette überläßt es ein Herr nie fremdem Personal, seiner Begleiterin aus dem oder in den Mantel zu helfen. So wird er, in einem Restaurant zum Beispiel, dem Kellner mit einem freundlichen Dank den Mantel seiner Frau aus der Hand nehmen, um ihr selbst behilflich zu sein.

## TÜR AUFHALTEN

Diese Höflichkeitsgeste gilt schon seit Urzeiten als menschenfreundlich. An dieser Stelle sollte nur noch einmal auf zweierlei hingewiesen werden.

*Der wichtige Tip*

⏺ Jemandem die Tür aufzuhalten gilt nach wie vor als ein Zeichen guter Erziehung.

⏺ Es ist selbstverständlich, daß man sich für diese höfliche Geste bedankt (sollte man in einem Kaufhaus oder am Bahnhof mal nicht die Tür vor der Nase zugeschmissen bekommen haben).

Bedanken muß man sich natürlich auch für alle anderen Zuvorkommenheiten, die jemand einem erweist. Es ist ein sicherer Beleg für schlechte Manieren, wenn sich jemand für eine aufgehaltene Tür nicht bedankt und statt dessen so tut, als sei diese Dienstleistung selbstverständlich zu erwarten.

## DER »EHRENPLATZ« BEIM NEBENEINANDERGEHEN

Der Herr geht in der Regel links von der Dame. Das entspricht gleichzeitig der alten Tradition, in der *die rechte Seite der Ehrenplatz* für den Gast ist. Das gleiche gilt, wenn man jemandem den »Ehrenplatz« anbieten will. Dann läßt der oder die Rangniedere den Ranghöheren gleichen Geschlechts auch an seiner/ihrer rechten Seite gehen. Relativ neu ist bei uns die nachfolgende Regel, die aus dem angelsächsischen Raum stammt.

- Bei Gefahr durch Straßenverkehr geht der Herr an der gefährlicheren Seite und überläßt der Dame bzw. dem Gast die dem Verkehr abgewandte Seite.

*Der wichtige Tip*

## DAS »GEMISCHTE DOPPEL« AUF DER TREPPE

Im Gegensatz zu früheren Zeiten, geht heute die Dame vor dem Herrn die Treppe herauf und hinter dem Herrn die Treppe herunter. Das gilt natürlich nur für Treppen, die es nicht zulassen, daß beide bequem nebeneinander gehen.
Im offiziellen Fall – das heißt, wenn die Begleitung nicht die eigene, sondern eine fremde Frau ist oder wenn es sich um ein hochoffizielles Defilee handelt – geht sie rechts, er links, herauf wie herunter. Dazu ist zu sagen, daß im Normalfall die Seite, an der die eigene Partnerin geht, den Leuten heutzutage völlig zur eigenen Entscheidung überlassen bleibt.

Allerdings haben auch wir, verbunden mit dem Treppensteigen, noch eine moderne Höflichkeitsregel, die mehr der Zweckmäßigkeit als anderen Gründen entspringt.

**Der wichtige Tip**

- Wenn eine Dame lange Abendgarderobe trägt, sollte der Herr sie leicht am Ellenbogen stützen, weil sie mit beiden Händen ihr Kleid raffen muß, um nicht draufzutreten.
- Es ist nämlich ausgesprochen schwierig bis unmöglich, sich gleichzeitig an einem Geländer zu halten und das Kleid zu raffen.

## BITTE UND DANKE

Genau diese beiden Worte sind es, die die Menschen in zwei Gruppen unterteilen: in solche, die mit Respekt behandelt werden, und jene, die man als eine Art seelenlose Ausführende irgendeiner Funktion oder einer Arbeit betrachtet. Mit Sicherheit wäre es ziemlich unsinnig, sich bei einem Roboter zu bedanken, dessen Dienste man gebraucht hat. Sich jedoch bei einem Menschen zu bedanken, heißt, daß man ihn/sie als Person wahrnimmt und be-»achtet«. Deswegen sollte es selbstverständlich sein, von einer Person mit einem »Bitte« einen Dienst oder eine Gefälligkeit zu verlangen, und »Danke« zu sagen, nachdem man diese Bitte erfüllt bekommen hat. – Jemanden um etwas zu »bitten« hat auch nicht das geringste mit Bittstellerei oder Unterwürfigkeit oder ähnlichem zu tun – ganz im Gegenteil: es ist ein unverwechselbarer *Ausdruck von persönlicher Souveränität.*

- Wo immer man eine Handreichung oder eine Dienstleistung anfordert, ist es höflich, dies mit einem »Bitte« zu verbinden – dies gilt privat wie beruflich.
- Wann immer man eine Handreichung oder Dienstleistung entgegenimmt, quittiert man das mit einem »Danke«.
- Bei einer ununterbrochenen Reihe aufeinanderfolgender Handreichungen bedankt man sich natürlich nicht permanent, sondern erst am Schluß ein für alle Male.

*Der wichtige Tip*

## DIE PÜNKTLICHKEIT

Oftmals kann man Dinge, die man erklären möchte, viel besser an ihrem Gegenteil verdeutlichen. So ist es zum Beispiel mit der Pünktlichkeit, die ich deswegen an der ärgerlichen Erscheinung der Unpünktlichkeit erläutern möchte.

Wie man weiß, gibt es notorisch unpünktliche Menschen. Dann gibt es solche, die nur pünktlich sind, wenn sie es für sich selbst für wichtig halten und sie das Gefühl haben, daß Unpünktlichkeit ihnen persönlich – fühlbar – schaden würde.

Wenn man diese erste Kategorie der notorisch unpünktlichen Leute etwas genauer beobachtet, so kann man feststellen, daß es unter ihnen viele gibt, die nicht in der Lage sind, überhaupt irgend etwas in ihrem Leben organisatorisch in den Griff zu kriegen. Diese Menschen schaffen es offensichtlich nicht, den Zeitaufwand, den sie für bestimmte, immer wiederkehrende Tätigkeiten brauchen, im voraus realistisch zu kalkulieren. Meiner Erfahrung nach liegt es daran, daß sie nicht in der Lage sind, ein-, zweimal mit Hilfe ihrer Uhr festzustellen, wieviel Zeit dieser oder jener Vorgang normalerweise benötigt. Es wäre dann nur noch eine Frage des Gedächtnisses, sich diese Zeit zu merken. Statt dessen gehen sie ein Leben lang von völlig falschen Zeitvorstellungen zum Beispiel darüber aus, wie lange sie fürs normale Duschen, fürs Haarewaschen, zum Anziehen, für ihr Make-up usw. oder auch für den Weg bis zur Garage brauchen. – Und deshalb kommen sie zeitlebens zu spät.

***Zwei Kategorien von Unpünktlichkeit***

Eine zweite Kategorie von Ewig-Unpünktlichen sind die, welche glauben, sie hätten es nicht nötig, so pünktlich wie andere Leute zu sein. Sie halten sich anscheinend für unwahrscheinliche Ausnahmemenschen, denn sie glauben wohl, daß alle Leute allein schon deswegen überglücklich sein müßten, sie überhaupt noch begrüßen zu können.

Daß Unpünktlichkeit – aufgrund welcher Ursachen auch immer – auf andere Menschen unbeschreiblich frustrierend wirkt, ist eine Tatsache, die offenbar nicht allen Unpünktlichen bewußt ist. Denn wo immer die Gründe auch liegen, das Resultat ist in zweierlei Hinsicht äußerst ärgerlich:

Erstens: *Unpünktlichkeit verletzt das Gefühl für Anstand.*

Es ist ein gravierender Verstoß gegen die Vorschriften der guten Manieren, andere Leute auf sich warten zu lassen. Das setzt eine herabwürdigende Haltung voraus, die besagt, daß der Unpünktliche es nicht nötig hat, sich den Regeln anzupassen, wie sie allgemein üblich sind. Ganz selbstverständlich rechnet er damit, daß diese Zeit-

## Die Pünktlichkeit

verabredungen für alle anderen zu gelten haben, nur nicht für ihn selbst. Diese Arroganz wird privat sehr übel genommen und als eine Mißachtung der anderen interpretiert.
Beruflich schadet Unpünktlichkeit ganz ungemein. Denn im beruflichen Zusammenhang kommt noch ein Faktor hinzu: der wirtschaftliche.

Zweitens: *Unpünktlichkeit im Beruf kostet sehr viel Geld.*
Heutzutage wird in einer Reihe von Unternehmen bereits nachgerechnet, wieviel Kosten durch Unpünktlichkeit verursacht werden. Sei es, daß Konferenzen verspätet anfangen und deswegen länger dauern, das heißt, mehr Arbeitszeit als notwendig verbrauchen. Sei es, daß Vorstandsmitglieder Führungskräfte warten lassen, wobei dann noch mehr Geld nutzlos herumsitzt. In jedem dieser und ähnlich gelagerter Fälle sind grundsätzlich die beiden oben genannten Hauptgründe die Ursache für Unpünktlichkeit.
Natürlich können immer auch nichtvorhersehbare Gründe auftreten, das sind – ganz selbstverständlich zu entschuldigende – Ausnahmen.

***Der wichtige Tip***

- Pünktlichkeit bedeutet *Achtung vor den Planungen anderer* und ist gleichbedeutend mit der Einhaltung von Vereinbarungen.
- Bei allen Verabredungen zu einem Essen, sei es innerhalb der eigenen Familie oder mit Freunden, Verwandten oder auch beruflich, wird auf Pünktlichkeit sehr streng geachtet.
- Selbst wenn man einen Termin nicht persönlich vereinbart hat, gilt der Termin als akzeptiert, sobald man nicht vorher widersprochen hat.

- Wenn man im vorhinein weiß, daß man einen bestimmten Termin nicht einhalten kann – oder auch nur *möglicherweise* nicht einhalten kann – entschuldigt man sich im voraus.
- Bei Anreisen mit dem PKW zu einem bestimmten Termin sollte man sich eine *Sicherheitszeit* einplanen, die in etwa der *Hälfte der normalen Fahrzeit* entspricht.
- Jedes unpünktliche Erscheinen bedarf einer Entschuldigung.
- Unpünktliches Erscheinen zu einer Einladung mit einem »gesetzten« Essen (mit Tischordnung) gilt als Zeichen besonders schlechter Erziehung.

*Die häufigsten Fehler*

- Zu einem »gesetzten« Essen zu spät zu kommen – ganz gleich, ob bei Freunden oder Verwandten, innerhalb der eigenen Familie oder geschäftlich – gilt immer als eine eindeutige Mißachtung der- oder desjenigen, der das Essen gekocht hat.
- In sehr vielen Familien wird die Geringschätzung der Arbeit der Mutter – die in den meisten Fällen diejenige ist, die das Essen zubereitet hat – durch unpünktliches Erscheinen zum Essen dokumentiert.
- Eltern verlangen Pünktlichkeit von ihren Kindern, gehen selbst aber mit schlechtem Beispiel voran und werden dadurch unglaubwürdig.
- Vorgesetzte verlangen Pünktlichkeit von MitarbeiterInnen, sind aber selbst unpünktlich. Das kann nicht gutgehen.

*(Zu »Pünktlichkeit im Beruf« siehe Kapitel 8; zu »Pünktlichkeit bei offiziellen Anlässen« siehe Kapitel 6)*

# DAS GRÜSSEN (NUR PRIVAT!)

Jemanden zu grüßen oder nicht zu grüßen macht einen großen Unterschied aus. Das ist in allen Kulturen und allen Regionen der Erde so. Es ist für jeden Menschen von Bedeutung, ob er von anderen gegrüßt wird oder ob er »geschnitten«, das heißt nicht gegrüßt wird. Auch spielt es eine erhebliche Rolle, ob ein freundlicher Gruß erwidert wird oder ob man den Gruß ignoriert oder mißachtet.

Gesten der Begrüßung sind noch nicht einmal eine Erfindung der Zivilisation des Menschen, sondern bei vielen Tierarten ebenfalls anzutreffen. Nun, da ich mich bei dem Begrüßungsverhalten von Tieren nicht besonders gut auskenne, kann ich im einzelnen ihre Rituale auch nicht einwandfrei interpretieren. Dagegen kann ich etwas über die Begrüßungsrituale von uns Menschen sagen und über die ritualisierten Gesten, die in unserem Kulturkreis von Bedeutung sind.

*Begrüßung als Geste des Respekts*

Bei der Begrüßung handelt es sich grundsätzlich um symbolische Gesten des Respekts, die man gegenseitig austauscht. Unter Leuten gleichen Alters oder unter Freunden geht es bei der Begrüßung aber auch einfach um eine knappe Geste der Verständigung. Wie diese Gesten aussehen oder welche Geste man nun wählt, darüber gibt es in allen Zivilisationen eine große Vielfalt an Möglichkeiten. Wichtig ist, daß man diese Gesten kennt und weiß, welche Rituale in welchen Zusammenhängen üblich sind. Dann kann man nicht so leicht mißverstanden werden.

Das ist der eigentliche Grund dafür, warum es

auch bei uns wichtig ist, die jeweils »richtigen« Begrüßungsgesten zu kennen und korrekt anzuwenden.

*(Hinweis: Zu »Grüßen im Betrieb« siehe Kapitel 8; zu »Grüßen bei offiziellen Anlässen« siehe Kapitel 6)*

**Die Begrüßung im Vorbeigehen**

Wenn man Bekannte oder Menschen, die man vom Sehen kennt, im Vorbeigehen sieht, erfordert es die Höflichkeit, diese/n Menschen zu grüßen. Heutzutage grüßt derjenige zuerst, der den anderen zuerst sieht – die Frage des Ranges spielt also hier keine Rolle. Wenn man an guten Bekannten vorbeigeht, kann man sich auch ruhig für das informelle »Hallo« entscheiden, es muß nicht immer das förmliche »Guten Tag« usw. sein.

Allerdings sollte man wissen, daß der Gruß eines anderen grundsätzlich erwidert werden sollte – es sei denn, man will ihm gegenüber zum Ausdruck bringen, daß man keinen besonderen Wert darauf legt, von dem- oder derjenigen noch einmal gegrüßt zu werden. Einen Gruß nicht zu erwidern, gilt von alters her als unmißverständlicher Ausdruck dafür, jemandem seine Mißachtung zum Ausdruck zu bringen. Deshalb sollte man nie aus Achtlosigkeit einen Gruß unerwidert lassen, sondern sich stets über die Bedeutung der Nichterwiderung im klaren sein – und das *gilt auch für den beruflichen Bereich!*

Jedem/r von uns ist es schon passiert, daß wir in Gedanken versunken mal an jemandem vorbeigegangen sind und erst nach weiteren fünf Schritten bemerkten, daß uns gerade jemand gegrüßt

**Das Grüßen (nur privat!)**

hatte. Und da das jedem Menschen schon so ergangen ist, braucht man darin auch keine Katastrophe zu sehen. Wichtig ist nur, daß man *bei der nächsten Begegnung* mit demselben Menschen betont freundlich und *am besten zuerst grüßt,* um deutlich zu machen, daß es sich nicht um eine zum Ausdruck gebrachte Mißachtung gehandelt hat.

- Andere Menschen zuerst zu grüßen ist ein Zeichen von Souveränität, keineswegs von Unterwürfigkeit.
- Man »wartet« nicht auf den Gruß eines anderen, sondern grüßt – unabhängig vom Rang.
- Der Gruß erfolgt im allgemeinen durch Kopfnicken und »Guten-Tag«-, »Grüß-Gott«-Sagen – oder was sonst als Gruß noch regional üblich ist.
- Herren, die einen Hut tragen, sollten dabei den Hut kurz »lüften«.
- Der Gruß eines anderen sollte grundsätzlich erwidert werden – es sei denn, man hat persönliche Gründe dafür, das nicht zu tun.

*Der wichtige Tip*

- Abzuwarten, bis der andere zuerst gegrüßt hat; das wird heutzutage als mangelndes Selbstbewußtsein interpretiert.
- Einen Gruß nicht zu erwidern, ohne jemanden bewußt herabsetzen oder beleidigen zu wollen.

*Die häufigsten Fehler*

### Grüßen von Fremden

In bestimmten Situationen grüßt man sogar völlig fremde Leute. Das ist ein uraltes Ritual der Menschen; denn sie mußten sich seit Urzeiten immer erst einmal vergewissern, ob der Fremde, der einem begegnet, sich als Feind oder in harmloser Absicht nähert. Jemand Fremdes zu grüßen bedeutet also so viel wie: »Ich tue dir nichts, wenn du mir auch nichts tust«. – Daß der andere seinerseits nichts Böses im Schilde führt, kann er dann dadurch klarmachen, daß er zurückgrüßt, also den Gruß erwidert.

Dieses instinktive Verhalten ist heute bei uns immer noch wirksam. Deswegen geht es bei den meisten Menschen, auch ohne nachzudenken – also »instinktiv« – folgendermaßen: sobald wir zu Fremden in eine gewisse körperliche Nähe geraten, möchten wir signalisieren, daß wir ihnen nicht als Feind gegenübertreten. Deswegen der kurze Gruß auch beim Spaziergang gegenüber Wildfremden.

Dieser Gruß bedeutet keineswegs, daß man mit dem oder den Fremden ins Gespräch kommen möchte, ganz und gar nicht; dazu bedarf es wesentlich massiverer Signale. Das einzige, was andere Menschen aus so einem unverbindlich-freundlichen Gruß schließen können, ist, daß es sich offensichtlich um einen Menschen mit guten Manieren handelt. Das ist alles.

Welches sind nun die Situationen, in denen erwartet wird, daß man auch Fremde grüßt?

***Einige wichtige Tips***

❶ Man wünscht als erste/r die Tageszeit (»Guten Morgen«, »Guten Tag«, »Guten Abend«) oder »Grüß Gott« usw.
  – beim Betreten eines Abteils in der Eisenbahn,
  – beim Verlassen des Abteils,

- dem unmittelbaren Nachbarn im Großraumwagen,
- beim Betreten einer nicht zu vollen Straßenbahn, desgleichen im Bus,
- beim Einsteigen ins Flugzeug den Flugbegleitern (Stewards und Stewardessen)
- und dem oder den unmittelbaren Nachbarn,
- beim Spazierengehen in Kleinstädten und Dörfern jedem, an dem man in kurzem Abstand vorbeigeht und dessen Blick man auffängt,
- beim Betreten eines Geschäfts,
- beim Betreten eines Lokals.

① »Auf Wiedersehen« sagt man grundsätzlich nur dann, wenn das als eine realistische Einschätzung angesehen werden kann, wenn es also sein kann, daß man diese/n Menschen mal wiedersieht; so zum Beispiel
- beim Verlassen des Flugzeugs,
- beim Verlassen eines Geschäfts oder kleineren Lokals.

① Manche Menschen glauben, Grüßen würde für eine Anbiederung gehalten oder gar als ein Zeichen dafür, daß man mit den anderen ein Gespräch anfangen möchte – das ist ein Irrtum.

*Die häufigsten Fehler*

① Viele Menschen wissen nicht, daß es das einfachste Mittel und zugleich die glaubwürdigste Art und Weise ist, seine Achtung vor der Würde des anderen zu bekunden, indem man einfach »Guten Tag« sagt – das ist alles.

① Es gibt in Deutschland auffallend viele Leute, die zu Tieren freundlicher sind als zu Kindern.

## Der Händedruck

Auf dem europäischen Festland wird der Händedruck nach wie vor als *Ausdruck von Höflichkeit* verstanden, weil er ein größeres persönliches Interesse am anderen signalisiert als das distanzierte Sich-Gegenüberstehen. Durch das Handgeben erfahren wir ja sofort einiges über unser Gegenüber: wie er oder sie sich anfühlt, wie hart oder weich der Händedruck ist – falls man überhaupt von »Druck« sprechen kann. All diese Informationen speichern wir in unserem Unterbewußtsein, und die helfen uns dann – zusammen mit den Informationen, die wir über Kleidung, Haltung, äußere Erscheinung, Stimme, Sprache usw. erhalten –, das Gegenüber einzuordnen. Das Handgeben dient uns also zur Orientierung darüber, mit wem wir es zu tun haben.

*Händedruck als Ausdruck der Gesprächsbereitschaft*

Rein formal versteht man das Handgeben als eine Erklärung zur grundsätzlichen *Gesprächsbereitschaft* unter Erwachsenen. Deshalb entfällt der Händedruck stets in den Fällen, in denen man es für ein Gespräch zu eilig oder dazu keine Lust hat. Und junge Leute haben keine Lust zum Handgeben, deshalb entfällt es dort auch. Der Händedruck markiert Anfang und Ende eines Gesprächs. Jemandem die Hand zu geben bedeutet also, daß man bereit ist, mit dem/derjenigen (mindestens) ein paar Worte zu wechseln.

Wichtig ist allerdings, daß man in formellen Situationen das Ritual korrekt einhält. Offiziell wird die Hand zum Gruß grundsätzlich *vom Ranghöheren dem/der Rangniederen* gereicht. Es wäre also falsch, wenn ein Herr einer Dame die Hand zum Gruß hinstreckt; er muß warten, bis sie ihm die

### Das Grüßen (nur privat!)

Hand gibt. In jedem Fall blickt man sich beim Handschlag gegenseitig in die Augen – und nicht auf das Ohr des anderen oder zum Beispiel auf dessen Krawatte. Bei einer Begrüßung nimmt jeder Mensch selbstverständlich die linke Hand aus der Hosentasche.

- Herren werden bei jeder Begrüßung grundsätzlich *vor jeder und jedem* aufstehen. Und sie werden dabei mit einem »automatischen« Griff den Jackettknopf schließen (bei einem Zweireiher sind es zwei: der innere und der äußere Knopf).
- Eine Dame steht in privater Gesellschaft zur Begrüßung *nur in Ausnahmefällen* auf. Für sie gilt dies als eine Geste besonderer Ehrerbietung, sich vor jemandem zu erheben – so zum Beispiel gegenüber älteren Damen oder besonders schätzenswerten, älteren Herren.
- Bei der Begrüßung im beruflichen Zusammenhang werden auch Damen/Frauen vor Höherrangigen und Gästen aufstehen müssen.
- Personal wird *nicht* mit Handschlag begrüßt; das bezieht sich sowohl auf Hauspersonal als auch auf fast alle anderen Zusammenhänge unmittelbarer persönlicher Dienstleistung, wie für Kellner/innen, Verkäufer/innen, Hotelpersonal etc.

*Der wichtige Tip*

- Ganz schlimm: Bei einer Begrüßung die linke Hand in der Hosentasche zu lassen.
- Sein Gegenüber nicht anzusehen, sondern den Blick in die Gegend zu richten – oder gar jemand anderes anzusehen.

*Die häufigsten Fehler*

ⓒ Die Hand des anderen mehrere Sekunden lang festzuhalten oder zu schütteln.
ⓓ Als Herr den Hut oder eine andere Kopfbedeckung bei einer Begrüßung aufzubehalten.

### Der Handkuß

Früher galt der Handkuß als Ausdruck besonderer Wertschätzung gegenüber »ehrwürdigen« Damen. Das ist auch der Grund dafür, daß ein Herr nur einer verheirateten Frau die Hand küssen sollte. Und dies auch nur in geschlossenen Räumen; ein Handkuß in der Öffentlichkeit oder unter freiem Himmel war damals absolut tabu.

*Einüben des Handkusses*

Da bei einem korrekten Handkuß darüber hinaus weitere, traditionelle Regeln zu beachten sind, sollte der Handkuß auf jeden Fall eingeübt worden sein, bevor man ihn an irgend jemandem ausprobiert, sonst wirkt er peinlich oder komisch oder beides zugleich. Das Üben betrifft nun nicht nur die Herren, sondern gilt in gleicher Weise für die Damen. In alten Zeiten – das war gar keine Frage – wurde der weibliche Part des Handkusses als selbstverständlicher Bestandteil der Erziehung »Höherer Töchter« ausgiebig eingeübt. Um die Einübung der männlichen Handkußaktivitäten kümmerten sich die Offiziersschulen und Studentenverbindungen.

Regelkenntnis und Übung sind nach wie vor die Voraussetzungen für einen *stilgerechten Handkuß*. *(Siehe »Der wichtige Tip«)*

Wie bereits angedeutet, paßt diese *Geste der Ehrerbietung* nicht mehr in den heutigen Alltag der selbstbewußten Frauen. Ich will gar nicht bestrei-

**Das Grüßen (nur privat!)** 57

ten, daß bei einem älteren »Kavalier alter Schule« das Handkußgeben noch authentisch und gekonnt wirkt. Da stimmen die sonstigen Umgangsformen und die Haltung gegenüber Damen noch überein, und deswegen stimmt auch die Geste des Handkusses.

In einigen europäischen Ländern ist die Handkußtradition noch ungebrochen, weil sie dort eine ganz andere, in allen Schichten bekannte Gepflogenheit war, wie zum Beispiel in Österreich. Und in einigen anderen Ländern hat sie sogar das kommunistische Gesellschaftssystem überlebt – wie in Polen und Ungarn. Dort war der Handkuß seit eh und je ein Begrüßungsritual breiter Volksschichten und nicht, wie bei uns, an die strenge Etikette der sogenannten »guten Gesellschaft« gebunden.

Bei uns wirkt diese ehrerbietige Gepflogenheit aus alter Zeit daher äußerst problematisch, auch weil die Bedingungen nicht mehr »stimmen«. Die neuzeitliche Handküsserei auf Tennis- und Parkplätzen gehört daher heutzutage in die Kategorie der größeren Peinlichkeiten.

*Heutzutage eher problematisch*

Wird der Handkuß von dem sprichwörtlichen »Kavalier alter Schule« in einer festlichen Atmosphäre gekonnt zelebriert und ist er glaubwürdig als Zeichen besonderer Wertschätzung zu verstehen, dann handelt es sich nach wie vor um eine sehr schöne Geste. Bei anderen Gelegenheiten jedoch, bei denen zum Beispiel Frauen eher an beruflicher Akzeptanz als an ehrerbietigen Gesten interessiert sind, paßt der Handkuß nicht mehr in unsere Zeit.

**Der wichtige Tip**

- 🕯 Es ist immer besser, gar keinen Handkuß zu verteilen als einen nicht korrekten.
- 🕯 Für einen Herrn sind bei einem Handkuß folgende Regeln zu beachten:
  Der zum Handkuß entschlossene Herr muß
  - die Hand der Dame nur an den Fingerspitzen ergreifen,
  - sodann diese Hand nur ein wenig zu sich heraufziehen,
  - seine Lippen mit einer formvollendeten Verbeugung dem Handrücken der Dame nähern,
  - dann in einem Abstand von 1 bis 2 cm zur Handoberfläche seinen Atem auf den Handrücken der Dame hauchen.
- 🕯 Seine Lippen dürfen ihren Handrücken selbstverständlich *nicht berühren.*
  Vorsicht: Gefahr von Kinnhaken durch ungeübte Damen!

Für eine Dame sind bei einem Handkuß folgende Regeln zu beachten:

- 🕯 Sie soll dem handkußverdächtigen Herrn
  - ihre rechte, schlaffe Hand reichen,
  - sodann ihre entspannten Fingerspitzen überlassen.
- 🕯 Keinesfalls sollte sie seine Hand drücken oder gar schütteln!

- 🕯 Wenn ein Herr Damen mit Handkuß begrüßt, so darf er dabei *keine* der anwesenden Damen auslassen – schon gar nicht ältere –, das wäre ein schlimmer Fauxpas.

## Das Grüßen (nur privat!)

❿ Der Handkuß wird in nicht korrekter Form ausgeführt.

❿ Handküsse, die im Freien zelebriert werden.

❿ Es werden »selektive« Handküsse verteilt – nicht alle anwesenden, sondern nur eine oder einige Dame/n werden mit Handkuß begrüßt.

*Die häufigsten Fehler*

### Wangenküßchen – oder »Bussi-Bussi«

Diese Art der Begrüßung ist in den letzten Jahren bei uns als Begrüßungsritual zwischen Freunden in Mode gekommen. Das ist um so erstaunlicher, als es eigentlich gar nicht »unsere Art« ist, bei der Begrüßung an Menschen, die nicht zur Familie gehören, so dicht heranzugehen.

Für das Wangenküßchen gibt es bei uns noch keine festen Regeln, weil diese Begrüßungsgeste nicht aus unserer Kulturtradition kommt, sondern aus dem südlicheren Europa. Dort geht man an andere Menschen wesentlich näher heran als bei uns. Während wir bei der Begrüßung gern die Hand des anderen berühren, um auf diese Weise einige gefühlsmäßige Informationen über den anderen zu erhalten, so will man in anderen Kulturkreisen auch noch den Geruch des anderen aufnehmen, um ihn emotional einzuordnen.

Als einzige Regeln, die gegenwärtig bei uns für Wangenküßchen gelten, sollte man folgendes beachten:

❶ Auch bei diesen Begrüßungen ist die Rangfolge zu beachten, das heißt:
Die/der Ranghöhere bzw. Ältere signalisiert zuerst, ob jetzt Wangenküßchen angesagt sind;

*Der wichtige Tip*

- Man küßt – normalerweise – zuerst die linke Wange, dann die rechte seines Gegenübers; es gibt jedoch keine offiziell festgelegte Reihenfolge.
- Die Zahl der Wangenküsse ist Temperamentsache und eine Frage der Vertrautheit:
- Bei uns liegt die Zahl der Wangenküsse zwischen eins und zwei.

*Der häufigste Fehler*

- Die/der Rangniedere bzw. Jüngere ergreift die Initiative und fängt mit der Küsserei an; damit erdreistet er/sie sich ein Privileg, das nur einem/r Ranghöheren zusteht.

## DAS VORSTELLEN UND DAS BEKANNTMACHEN

Bevor ich die – ungerechtfertigterweise oftmals hochgespielten – Vorstellungsregeln erläutere, ist folgendes festzuhalten:

Die Etikettevorschriften zur Vorstellung haben *nur in offiziellen Zusammenhängen* eine Bedeutung, in Situationen also, in denen die *Beachtung einer vorgegebenen Rangfolge* wichtig ist.

Sollte man bei hochoffiziellen Anlässen gegen diese Vorschriften verstoßen, dann könnte das eventuell peinlich werden. Solche Situationen sind im privaten Umgang von »normalen« Menschen jedoch recht selten und rechtfertigen in keiner Weise das Aufheben, das manchmal um diese Vorstellungsregeln gemacht wird. In Situationen »normalen« gesellschaftlichen Umgangs ist es daher auch empfehlenswerter, nicht den Begriff »Vorstellen« zu gebrauchen, sondern eher den Ausdruck »Bekanntmachen«.

Denn das Vorstellen ist immer mit der Rangfrage verknüpft: jemand wird jemandem »vorgestellt« *(Näheres siehe weiter unten).* Den gleichen Begriff finden wir ja dann auch in dem Wort »Vorstellungsgespräch«, und auch da gibt es eindeutige Klarheit darüber, wer sich wem vorstellt.

Wegen dieser bei jeder »Vorstellung« im Vordergrund stehenden Rangfrage ist es oftmals klüger, für die Begegnungen in privaten und weniger gewichtigen Zusammenhängen den Begriff und das Ritual des »Bekanntmachens« zu verwenden.

**Rangfrage**

Das gegenseitige Bekanntmachen ist ein »demokratisches« Verfahren, das ohne vorherige Klärung einer Rangpriorität auskommt. Man sagt:

- »Ich möchte Sie gern miteinander bekannt machen ...«
- »Darf ich Sie miteinander bekannt machen?«
- »Wir sollten uns vielleicht miteinander bekannt machen ...«

Dabei ist die *Reihenfolge,* in der die Namen genannt werden, völlig *beliebig.* Mit diesen Formeln kommt man wirklich in den meisten Fällen aus.

In offiziellen und in beruflichen Zusammenhängen dagegen ist die Kenntnis der korrekten Vorstellungsregeln von Vorteil.

Deshalb nun die Regeln für das formgerechte Vorstellen:

- Die oder der Ranghöhere *erfährt* stets *zuerst* den Namen der oder des Rangniederen, das heißt, der/dem Ranghöheren wird der/die andere zuerst vorgestellt.

- In offizieller Gesellschaft gelten die Damen nach wie vor als die Ranghöheren, also wird *ein Herr immer einer Dame vorgestellt;* das heißt, die Dame erfährt den Namen des Unbekannten zuerst.

- Bei zwei oder mehreren Damen wird der Rang nach dem – augenscheinlichen – Alter bestimmt: die ältere Dame hat vor der jüngeren Dame den höheren Rang. Das gleiche gilt für mehrere Herren unter sich.

- Bei einer *Selbstvorstellung,* wenn man also nicht durch Dritte vorgestellt werden kann, nennt der Herr/der Rangniedere seinen Namen zuerst und erwartet dann, daß sein Gegenüber ebenfalls seinen Namen sagt und ihm die Hand reicht.

- Wenn man *durch Dritte* vorgestellt wird, sagt man einfach »Guten Tag« oder »Guten Abend«, je nach Tageszeit – oder verschenkt sein schönstes Lächeln.

- *Begrüßungsfloskeln* wie zum Beispiel »sehr angenehm!« sind heute völlig »out«!

- Sollte es zutreffen, kann man bei einer Vorstellung sagen, »ich freue mich, Sie kennenzulernen, ich habe schon viel von Ihnen gehört« oder ähnliches – aber nur unter der Bedingung, daß es auch zutrifft. Als leere Floskel sollte man das nicht sagen; zum Beispiel dann nicht, wenn man von diesem Menschen noch nie etwas gehört hat oder absolut keinen Wert auf seine Bekanntschaft legt.

- Ein weiteres *Tabu:* seinen Mann als »mein Gatte« vorzustellen – es heißt: »mein Mann«.

## Das Vorstellen und das Bekanntmachen

- Selbstverständlich spricht ein Mann von seiner »Frau«, und nicht von seiner »Gattin«.
  (Wenn man von »Gatten« oder »Gattin« spricht, dann stets nur bezogen auf den Ehepartner des/r anderen – und das auch nur in offiziellen Situationen oder gegenüber Höherrangigen.)
- Will man seinen Begleiter oder Partner nicht mit einem »besitzanzeigenden« Fürwort versehen, wie zum Beispiel: »Das ist *mein* Partner, Herr ...«, dann kann man ganz einfach dessen Namen sagen, was heutzutage durchaus in Ordnung geht. Zum Beispiel: »Ich möchte Sie gern miteinander bekannt machen, das ist Herr ...«
- Bei *jüngeren* Leuten ist es üblich – unter Weglassung des »Herr« bzw. »Frau« – nur Vor- und Zunamen zu nennen.

*Der wichtige Tip*

- Bei beruflichen und offiziellen Gelegenheiten des Vorstellens ist es nützlich,
  1. die Rangfrage für sich schnell zu entscheiden und
  2. sich zu überlegen, wer dem oder den Ranghöchsten die Vorstellung zu vermitteln hat,
  3. wer dann als nächster zu »bedienen« ist.
- Falls einem beim offiziellen Vorstellen ein Fehler unterlaufen ist, sollte man einfach darüber hinweggehen. Kein Mensch denkt zehn Sekunden später noch an dieses belanglose Ereignis – wenn man nicht selbst »darauf herumreitet«.
- Bei nichtoffiziellen Gelegenheiten ist es wesentlich hilfreicher, den Begriff Bekanntmachen zu verwenden, um Frustrationen zu vermeiden.

**Der häufigste Fehler**

④ Es hat beim Vorstellen nicht so ganz nach »Vorschrift« geklappt, und nun macht der Vorstellende selbst darauf aufmerksam, daß er das falsch gemacht habe. Niemanden interessiert das wirklich – und nur das nachträgliche Aufhebens ist dann erst richtig peinlich.

## ANREDEN / TITEL

Die persönliche Anrede lebt von Namen! Namen! Namen!
Es ist eine altbekannte Tatsache, daß das liebste Wort eines Menschen sein eigener Name ist.

- Deshalb sollte man stets versuchen, sich den Namen zu merken, den man bei der Vorstellung erfahren hat, um sein Gegenüber damit anreden zu können.
- Hat man den Namen bei der Vorstellung nicht verstanden oder nicht behalten, so *fragt man noch einmal nach;* man sagt zum Beispiel, »würden Sie bitte Ihren Namen nochmals wiederholen, ich habe ihn eben nicht verstanden«. Das ist absolut korrekt und macht einen souveränen Eindruck.
- *Doppelnamen* werden bei der offiziellen Anrede stets in voller Länge genannt. Bei weiteren Anreden kann man den/die Namensträger/in von *sehr langen* Doppelnamen höflich fragen, ob man auch eine Kurzform der Anrede verwenden dürfe und welche das sei. Ohne zu fragen darf man den Doppelnamen anderer Menschen nicht willkürlich in der Anrede verkürzen.

## Anreden / Titel

- *Titel* soll man in der Anrede stets in unmittelbarem Zusammenhang mit dem Namen gebrauchen, zum Beispiel »Frau Professor Schmidt«, »Herr Doktor Müller« – der »Herr Doktor« (ohne die Erwähnung seines Namens) ist ausschließlich Arzt! *(Siehe anschließenden Abschnitt)*
- *Alle volljährigen Frauen* (das heißt also ab 18) werden heute selbstverständlich mit »Frau« angeredet und vorgestellt. – Die Anrede »Fräulein« ist »out«. *(Siehe dazu Kapitel 3)*

  Die Anrede »Fräulein« kann man nur noch auf *ausdrücklichen Wunsch* der Angesprochenen verwenden. Dies ist hier und da noch bei etwas älteren ledigen Frauen der Fall, die diese Anrede seit langer Zeit gewöhnt sind und die ihnen deshalb vertraut ist. In diesen Fällen sollte man deren Wunsch auch respektieren. In allen anderen Fällen gilt »Fräulein« – also die Verkleinerungsform von Frau für unverheiratete Frauen – als Herabsetzung.

- Für die Anrede »Gnädige Frau« trifft einiges von dem zu, was ich bereits unter dem Stichwort »Handkuß« erläutert habe. Das »Gnädige Frau« *kann* durchaus höflich sein und angemessen klingen, wenn es als *Ausdruck besonderer Wertschätzung* verstanden werden kann. Es sollte sich bei der Angesprochenen aber doch um eine schon »ehr-würdige«, nicht mehr allzu junge Dame handeln.

  Wenn die Anrede »Gnädige Frau« aber aus Gründen der Anbiederung oder auch aus reiner Nachlässigkeit verwendet wird – etwa weil Mann kein Interesse daran hat, sich auch von

*»Fräulein« ist »out«*

Frauen den Namen zu merken –, so ist dies ein Verstoß gegen die Etikette und gewiß keine Höflichkeitsgeste. Also auch bei der »Gnädigen Frau« kommt es ganz darauf an, daß die Anrede paßt und die Situation »stimmt«.

- Titel ihrer Ehemänner werden heutzutage nicht mehr auf die Anrede der Ehefrauen übertragen, wie es früher üblich war. Die Frau Doktor Schmidt hat selbstverständlich selbst promoviert und ist nicht die Ehefrau des Herrn Doktor Schmidt.

*Die häufigsten Fehler*

- Der promovierte Jurist oder Chemiker wird mit »Herr Doktor« angesprochen und deshalb von Fremden für einen Arzt gehalten.
- Sichtbar erwachsene Frauen werden mit »Fräulein« angeredet – das ist schon so lange falsch, daß es heutzutage peinlich wirkt.
- Gegenüber Trägern oder Trägerinnen von Doppelnamen wird in lautes Lamento über diese »neumodische Unsitte« verfallen.

### Herr Doktor / Frau Professor

*Akademische Titel* werden bei der Vorstellung durch andere stets zusammen mit dem Namen genannt.
Stellt eine Frau Professorin oder eine Frau Doktor sich selbst vor, so nennt sie ihre/n Titel nicht. Das gilt in gleicher Weise natürlich auch für promovierte oder habilitierte Männer.
Bei Trägern mehrerer akademischer Titel, zum Beispiel bei einem Herrn Prof. Dr. Dr. Meier, verwendet man in der Anrede nur den ersten Titel: »Herr Professor Meier«.

Auf *ausdrücklichen Wunsch des oder der Anzuredenden*, den Titel wegzulassen, sollte man das auch tun und nicht auf der Anrede mit Titel beharren. Besonders jüngere Akademiker/innen möchten heute nicht mehr permanent mit ihrem Titel angesprochen werden.

Wenn die oder der Promovierte allerdings nicht die Erlaubnis dazu erteilt hat, wäre es sehr unhöflich, den Titel bei der Anrede unaufgefordert wegzulassen.

## ADELSTITEL

Eigenartigerweise ist die Tatsache in Deutschland sehr wenig bekannt, daß sowohl die früheren Standesrechte des Adels als auch die Adelsprädikate bereits 1919 durch die Reichsverfassung (Art. 109 Abs. 3) abgeschafft worden sind. Seit dieser Zeit gelten Adelsbezeichnungen als Bestandteil des Namens. Auf die Titulierung mit den alten Adelsprädikaten und entsprechende höfische Anreden, wie Prinz/Prinzessin, Herzog/in, Fürst/in, Graf/Gräfin, Freiherr/Freifrau, Baron/in besteht also seit 75 Jahren kein Rechtsanspruch mehr.

Trotz alledem bedienen sich die Vertreter der traditionsverhafteten Etikette nach wie vor der Adelstitel und befinden sich damit in schöner Eintracht mit den Verkaufsrepräsentanten aller möglicher Branchen und der »Regenbogenpresse«. Wohl aus demselben Grund, weswegen auch kein Massenblatt darauf verzichten mag, endlose Klatschgeschichten über Adelshäuser zu berichten: weil das Volk immer noch eine heimliche Sehnsucht nach den alten aristokratischen Obrigkeiten hat. In bezug auf die Vorschriften der Etikette kommt selbstverständlich noch hinzu, daß der Adel sowohl traditionell als auch aktuell ein ungebrochen einflußreiches Verhältnis zu der heutigen Führungsschicht hat – und sie stellt den Konsens darüber her, was gegenwärtig dem guten Ton entspricht und was nicht.

### Zeitgemäße Anrede von Adligen

Die Frage nach der richtigen Anrede für Adlige muß korrekterweise in zweifacher Form beantwortet werden.

*Rechtlich korrekte Anrede*

1. Richtig ist die rechtlich korrekte Anrede, weil sie unserer verfassungsmäßigen Rechtsordnung entspricht.
   Dieser Anredeform bedienen sich selbstbewußte bürgerliche Demokraten auch in der »Guten Gesellschaft« und zu offiziellen Gelegenheiten. Auch für das offizielle Protokoll unserer Republik hat der Adel keinen protokollarischen Rang. Dieser Adelsrang mit seinen Abstufungen zählt nur zwischen Adligen unter sich.

*Die geltende Regel lautet:*

- Da der vormalige Adelstitel wie ein Namensbestandteil zu behandeln ist, kann
   - entweder der Adelstitel – jeweils nach dem Vornamen – als Herzog, Fürst, Prinz, Graf oder Baron dem Familiennamen *vorangestellt* werden – zum Beispiel: Bodo Graf Springinsfeld/Liselotte Gräfin Springinsfeld.

**Adelstitel**

Bei dieser Version entfallen die Höflichkeitsformeln »Herr« oder »Frau«, weil diese Form der Anrede früher nur von den Bediensteten gegenüber ihrer Herrschaft zu benutzen war. Und soweit will man heutzutage dann doch nicht mehr gehen;
- *oder,* anstelle des Adelstitels, ein »von« vor den Familiennamen gestellt werden – ebenfalls nach dem Vornamen – zum Beispiel:
Herr Bodo von Springinsfeld/Frau Liselotte von Springinsfeld.

2. Die auf die *vorweimarische Zeit* (vor 1919) zurückgehende Anrede ist ebenfalls korrekt, weil sie höflich ist. Sie wird vorzugsweise dann benutzt, wenn man den Herrschaften durch höfliche Zuvorkommenheit eine Freude machen will.
Auch in gutbürgerlichen Kreisen kann man bei einer offiziellen Vorstellung von Mitgliedern eines vormals hohen Adelsgeschlechtes – aus Gründen der Höflichkeit – auf die »vorweimarische« Anrede zurückgreifen.

*»Vorweimarische« Anrede*

Deshalb hier ein paar Beispiele:
- Markgrafen und Herzöge resp. Markgräfinnen und Herzoginnen werden danach mit (Königliche) Hoheit angesprochen;
- Fürsten resp. Fürstinnen werden mit Hoheit oder Fürst ... bzw. Fürstin ... angesprochen;
- Prinzen resp. Prinzessinnen werden mit (Königliche) Hoheit angesprochen;
- Grafen resp. Gräfinnen (von niederem Adel) werden mit Graf ... /Gräfin ... angesprochen.

Bis hierher entfällt jeweils *das »Herr«* bzw. *»Frau«* in der Anrede.

- Freiherrn resp. Freifrauen und Barone resp. Baroninnen werden mit
Herr von ... / Frau von ... angesprochen;
- Ritter – die gibt es nur männlich – und Adlige ohne Titel werden mit
Herr von ... /bzw. Frau von ... angesprochen.

*(Zur schriftlichen Anrede siehe Kapitel 5)*

## DAS SIEZEN UND DAS DUZEN

In unserer Sprache haben wir es nun leider mit den vertrackten Unterschieden der Anredeform zu tun, nämlich dem Du und dem Sie. Komplizierter als es in manch anderen Sprachen und vielen anderen Kulturkreisen geregelt ist, reden wir Fremde anders an als Freunde und Vertraute. Das ist noch eine Errungenschaft des im Mittelalter aufstrebenden Bürgertums. Das wollte sich sowohl von der Anrede in der dritten Person, die der Adel dem Personal gegenüber pflegte, absetzen (»Gustav, sattele Er unsere Stute, wir gedenken auszureiten ...«) als auch von der Anrede der Bauern und der niederen Schichten, die sich untereinander duzten.

Heute gebrauchen wir das »Sie« für die Anrede von Menschen, zu denen wir eine größere Distanz haben oder die uns fremd sind. Menschen, die uns näherstehen – Familie, Verwandte, Freunde – werden dagegen geduzt. Wir duzen auch mal Fremde, wenn wir dadurch ausdrücken wollen,

## Das Siezen und das Duzen

daß wir uns auf irgendeine Weise verbunden oder solidarisch mit ihnen fühlen (zum Beispiel Gewerkschafter, Studenten, Arbeiter duzen sich untereinander.)

Natürlich gibt es viele Gründe und noch mehr Anlässe im Leben, von der distanzierteren Anredeform des »Sie« auf das intimere, freundschaftliche »Du« überzugehen. Dieser Übergang war früher mit einigen symbolischen Gesten verbunden, wie den gegenseitig verkringelten Armen, mit denen man dann ein Glas Wein oder ähnliches trinken mußte. Diese Sitte ist nun völlig out.

Für den Übergang vom »Sie« zum »Du« sind nur noch folgende Regeln geblieben:

- Das »Du« wird grundsätzlich von der/dem Ranghöheren dem Rangniederen »angeboten«; das heißt: immer von der Dame einem Herrn, da sie in privater Gesellschaft stets die Ranghöhere ist.
- Als Geste der Verbrüderung reicht es aus, mit einem Getränk anzustoßen, es muß heute keineswegs mehr zwingend ein alkoholisches Getränk sein.
- Der »Bruderkuß« ist heutzutage nur noch eine Sache des persönlichen Geschmacks, die nicht mehr durch die Etikette zu rechtfertigen ist.
- Zur Besiegelung der Freundschaft genügt es im allgemeinen, sich die Hand zu reichen – falls man überhaupt solche Gesten braucht.
- Das eindeutig väterliche/mütterliche Du gegenüber deutlich Jüngeren, das auf Grund der Personen und der Situation nicht als Diskriminierung mißverstanden werden kann, braucht keine Gesten oder ähnliches.

*Der wichtige Tip*

- Wenn einem das »Du« von jemandem aufgedrängt wird, mit dem man sich nun wirklich nicht duzen möchte, kann man nur sein gesamtes Fantasieaufgebot zu Hilfe nehmen, um da rauszukommen. Zum Beispiel:
Wenn er sagt: »... ich bin der Herbert!« – kann sie antworten: »und ich bin die Frau Schmidt!« Das hilft (– manchmal)!
- Eine offizielle Vorschrift für eine solche Situation gibt es nämlich nicht, weil so etwas – nach der Etikette – nicht vorkommen »darf«.
- Wenn man jemanden nicht mehr duzen möchte, weil der-/diejenige sich unfair oder sonstwie ärgerlich benommen hat, kann man das ganz einfach und ohne besondere Geste tun. Man siezt denjenigen oder diejenige fortan.

***Die häufigsten Fehler***

- Das »Bruderschaft-Trinken«, mit den gegenseitig verschlungenen Armen während des Trinkens oder anderem Brimbamborium wird heutzutage eher als peinlich empfunden.
- Jemand Höherrangiges will eine/n andere/n unbedingt dazu veranlassen, ihn/sie zu duzen. Aus so einer unangenehmen Situation kann man sich nur herauszulavieren versuchen.
- *Tabu* ist heute ohne Zweifel: das Du »von oben herab«, das heißt, das einseitige Duzen der Rangniederen, zum Beispiel gegenüber Untergebenen oder Auszubildenden, ebenso das diskriminierende Duzen von Ausländern.

*(Zum »Duzen und Siezen im Betrieb« siehe Kapitel 8)*

## ZUM KONFLIKT ZWISCHEN RAUCHERN UND NICHTRAUCHERN

Heute haben sich Raucher an sehr strenge Regeln zu halten, damit sie nicht zum Ärgernis werden – oder Ärger kriegen. Als Raucher/in sollte man/frau sich bewußt machen, daß es viele Menschen gibt, die sich durch das Rauchen anderer wirklich belästigt oder sogar gesundheitlich gefährdet fühlen.

Eigentlich müßte der Kontakt zwischen Rauchern und Nichtrauchern völlig problemlos ablaufen können, denn für einen höflichen Menschen versteht es sich von selbst, Rücksicht auf andere zu nehmen; das heißt, er wird natürlich alles vermeiden, was andere Menschen behelligen könnte. Und das gilt nicht nur für Raucher. Denn unter den Nichtrauchern gibt es einige Zeitgenossen, die ihren Prestigevorteil gegenüber den Rauchern auf eine ungemein intolerante Weise nutzen.

Daß Raucher und Nichtraucher gegenwärtig noch häufig zusammentreffen, läßt sich weder in privater Gesellschaft noch in der Öffentlichkeit noch im Beruf immer ganz vermeiden. So gut es in der Eisenbahn und in Flugzeugen gelingt, Raucher von Nichtrauchern zu trennen, so schwierig ist es noch immer in den meisten Gaststätten und Restaurants, Raucher nicht in die Nähe von Nichtrauchern kommen zu lassen und umgekehrt. Das hängt natürlich in erster Linie damit zusammen, daß nach sehr alter Tradition nach dem Essen ausgiebig geraucht wurde. Das Rauchen stand also – etwa wie der Nachtisch – in einem unmittelbaren Zusammenhang zum Essen.

Erst in allerjüngster Zeit ist das Rauchen derart in Verruf geraten, daß viele Menschen auch nach Tisch Rauch nicht in ihrer Nase dulden möchten. Und die sitzen nun in unmittelbarer Nähe zu denjenigen, denen es nach wie vor einen Hochgenuß bedeutet, nach einem gepflegten Essen eine Zigarette oder Zigarre zu rauchen. In solchen Situationen baut sich also ein richtiger Interessenkonflikt auf.

*Größtmögliche Toleranz*

Jedoch kann das Rezept für diese Fälle auch nicht anders lauten als für alle anderen Konflikte: unsere Gesellschaft ist darauf angewiesen, daß Menschen mit entgegengesetzten Interessen einen Interessenausgleich finden, der in erster Linie von gegenseitigem Respekt und von größtmöglicher Toleranz gegenüber dem anderen geprägt sein sollte. Das bedeutet ganz eindeutig aber auch, daß eine Seite nicht darauf aus sein darf, die andere Seite zu unterdrücken – wer auch immer das »Recht« oder die Moral auf seiner Seite zu haben glaubt.

Im Klartext heißt das:

- Wenn Raucher und Nichtraucher durch übergeordnete Gepflogenheiten nicht voneinander zu trennen sind, so bestimmen die Gesetze der gegenseitigen Rücksicht und der Toleranz gegenüber Andersdenkenden die Regeln des Verfahrens.

### Einige Anmerkungen für Raucher

Neben diesen allgemeingültigen Regeln des guten Benehmens gibt es noch eine Reihe von Vorschriften und Verboten, die Raucher zu beachten haben.

## Zum Konflikt zwischen Rauchern und Nichtrauchern

**Rauchen in der Öffentlichkeit**

*Uneingeschränktes Rauchverbot* gilt
- in Krankenhäusern – auch und vor allem für Besucher,
- in Wartezimmern sämtlicher Ärzte,
- in Räumen, in denen sich Kinder aufhalten,
- in Büros mit Publikumsverkehr,
- in Aufzügen,
- in Straßenbahnen und Bussen,
- in Parkhäusern,
- an Tankstellen u. a. m.

Darüber hinaus gilt es nach wie vor als äußerst unfein, wenn
- jemand auf der Straße raucht;
- jemand mit brennender Zigarette oder Zigarre ein Gebäude betritt;
- wenn jemand mit brennender Zigarette ein Lokal verläßt.

**Rauchen in Gesellschaft**

Als oberstes Gebot gilt heute die Frage: *»Stört es Sie, wenn ich rauche?«* Für einen höflichen Menschen ist diese Frage heute selbstverständlich, wann immer man in Gegenwart anderer rauchen möchte. Das gilt selbstverständlich auch dann, wenn Aschenbecher dastehen. Und das gilt für gutzerzogene Menschen selbst dann, wenn sie sich als Gastgeber/in in ihren eigenen vier Wänden oder im eigenen Büro befinden.

Diesem Höflichkeitsgebot nachgeordnet gelten für das Rauchen heute allgemein folgende Regeln:

- Ist man bei Rauchern zu Besuch, wartet man höflich, bis man etwas zu rauchen angeboten bekommt oder man gefragt wird, ob man rauchen möchte. Sollte man, trotz mehrerer sichtbarer Aschenbecher und leicht rauchgeschwängerter Luft, nicht entsprechend gefragt worden sein, könnte man – frühestens nach einer Stunde! – die höfliche Frage wagen, ob man hier rauchen dürfe.

- Ist man bei Nichtrauchern zu Besuch, gibt es absolut keine – höfliche – Möglichkeit, dort zu rauchen, falls man nicht nachdrücklich dazu ermutigt wurde. Sollte man trotzdem nicht mehr ohne Rauch auskommen, so bleibt einem nur übrig, mit einer entsprechenden kurzen Entschuldigung für einige Minuten an die frische Luft zu gehen.

- Ist man mit mehreren Leuten eingeladen, so kann man in der Regel davon ausgehen, daß nichtrauchende Gastgeber sich darauf einstellen, am nächsten Tag gut durchlüften zu müssen, wenn sie Raucher eingeladen haben. Es sei denn, die Gastgeber haben bereits mit der Einladung mitgeteilt, daß in ihrem Haus nicht geraucht werden darf. Es gibt heute immer mehr »rauchfreie Häuser«; darauf sollte man sich dann auch einstellen oder lieber nicht hingehen.

- Bei größeren Gesellschaften ist es bisher noch üblich, daß – nach bestimmten Regeln der Etikette – geraucht werden darf.

- Bei Einladungen zum Essen kann üblicherweise zum Aperitif geraucht werden. Am angenehmsten ist es, wenn man sich dafür noch nicht zu

*»Rauchfreie Häuser«*

## Zum Konflikt zwischen Raruchern und Nichtrauchern

Tisch gesetzt hat, sondern sich in einem anderen Raum aufhält.

- Bei Tisch darf *zwischen den Gängen keinesfalls geraucht* werden (obwohl gegen diese Regel häufig verstoßen wird). – Selbst Franzosen empfinden das als Sünde gegen das »durchkomponierte« Menü! Der früheste Zeitpunkt zum Rauchen ist gekommen, wenn alle Gäste am Tisch mit dem Dessert fertig sind. Aber auch dann sollte man seinen Tischnachbarn die oben zitierte, höfliche Frage stellen, bevor man raucht.

- Sollte sich jemand durch das Rauchen gestört fühlen, bleibt nur übrig, sich nach draußen zu begeben.

👎 Jemand denkt, daß man, ohne zu fragen, rauchen darf, weil da Aschenbecher herumstehen. Das ist eine grobe Fehleinschätzung – weil Aschenbecher

*Der häufigste Fehler*

1. heutzutage auch für den kleinen Tischabfall gedacht sein können; und
2. in der Regel vom Personal aufgestellt werden, das über Rauchen oder Nichtrauchen gar nicht zu befinden hat.

*(Zu »Rauchen im Betrieb« siehe Kapitel 8)*

### Einige Anmerkungen für Nichtraucher

Manchen Nichtraucher/innen fällt es recht schwer, in jedem Raucher nicht gleich den bösen Feind zu vermuten, der einem nach dem Leben trachtet. Das ist bestimmt nicht dessen Absicht. Selbstverständlich gelten auch Rauchern gegenüber die allgemeinen Regeln der Höflichkeit. Das heißt, daß man sein gutes Recht, sich durch Zigarettenrauch nicht behelligen zu lassen, mit der gebotenen Höflichkeit vertreten sollte. Es ist zum Beispiel immer korrekt, zu sagen: »Wären Sie bitte so freundlich, hier nicht zu rauchen?« Oder: »Entschuldigen Sie bitte, aber ich kann Rauch nicht vertragen.«

Schwieriger wird es schon, wenn man Gäste zu sich einlädt, die Raucher sind. Dann kommt man in den Konflikt, einerseits keinen Rauch in seinem Haus haben zu wollen, und andererseits als Gastgeber/in alles Erdenkliche tun zu wollen, damit die Gäste sich wohl fühlen. Und zum Wohlbefinden eines Rauchers/einer Raucherin gehört nun einmal, in anregender Gesellschaft auch zu rauchen.

Um diesen Konflikt zu lösen, ist es vielleicht eine Hilfe, den obenstehenden Abschnitt für die Raucher zu lesen. Keinesfalls sollte man jedoch von der unrealistischen Hoffnung ausgehen, daß ein Raucher, just an dem Abend, da er bei Nichtrauchern zu Gast ist, sich das Rauchen seinen Gastgebern zuliebe abgewöhnen wird – und sich dann auch noch bei ihnen wohl fühlt.

*Die häufigsten Fehler*

- Raucher, die sich als rücksichtslose Zeitgenossen entpuppen, weil sie denken, daß andere gefälligst ihren Qualm zu ertragen hätten.
- Gastgeber, die Raucher-Gäste zu sich einladen, um sie dann ins Freie zu schicken.
- Gastgeber, die glauben, ungefragt »erzieherisch« wirken zu müssen, und ihren (Raucher-) Gästen damit unheimlich auf den Geist gehen.

Wenn man etwas über bestimmte Menschen erfahren möchte, braucht man nur einmal zu beobachten, wie sie als Raucher und als Nichtraucher miteinander umgehen. Mit absoluter Sicherheit kann man aus ihrem Verhalten in so einer Situation erkennen, wer ein toleranter und rücksichtsvoller Mensch ist und wer intolerant und rücksichtslos ist.

## AUFDRINGLICHKEITEN UND BELÄSTIGUNGEN

Selbstverständlich gehört es zu den größeren Ungezogenheiten, andere Leute an der eigenen Bedürfnisbefriedigung teilhaben zu lassen, ohne deren Erlaubnis und auch ohne Rücksicht auf deren eigene Bedürfnisse. Der Punkt ist der, daß es eine Frage des ganz selbstverständlichen Respekts vor anderen ist, ob man überhaupt in Betracht zieht, daß andere Leute vielleicht ganz andere Bedürfnisse und auch einen ganz anderen Geschmack haben.

Das ist eigentlich schon das ganze Geheimnis: Gebildete Menschen gehen selbstverständlich davon aus, daß das gleiche Recht, das sie für sich in Anspruch nehmen, auch jedem anderen Menschen zusteht. Dieser Satz ist so einfach – und doch haben viele Leute mit seiner Befolgung offenkundig größere Schwierigkeiten. Unglücklicherweise gibt es bei uns eine zunehmende Anzahl von Menschen, die sich für die Bedürfnisse anderer noch nicht einmal interessieren, geschweige denn bereit sind, darauf Rücksicht zu nehmen.

### Belästigung von Frauen

Noch bis vor wenigen Jahrzehnten war die Menschenwürde jedes/jeder einzelnen allein durch die Kultur und die Gemeinschaft geschützt. Wenn jemand die Würde eines anderen verletzte, mußte er sich vor allen anderen schämen. In dem Maße, in dem das bürgerliche Recht und seine Gesetze diesen Schutz übernommen haben, indem sie diese Rechte für den einzelnen einklagbar machten, ging – Zug um Zug – der Schutz durch die Gemeinschaft verloren.

Als eine der übelsten Formen von Mißachtung der Menschenwürde gilt die Belästigung von Frauen. Das wird schon allein deswegen als verachtenswert angesehen, weil es sich in den üblichen Fällen um eine eindeutig *ungleiche Verteilung der Kräfteverhältnisse* handelt. Das bezieht sich nicht nur auf die ungleichen Körperkräfte, wodurch der Mann sein persönliches Risiko als ziemlich gering ansetzen kann. Das bezieht sich leider auch auf die beruflichen Konstellationen, in denen der Vorgesetzte und der Kollege ebenfalls die Stärkeren sind. Deswegen bedeutet es für sie kein besonders hohes Risiko, wenn sie Frauen an ihrem Arbeitsplatz belästigen – wenn's rauskommt, kündigt in den allermeisten Fällen die Frau. *(Siehe dazu auch Kapitel 8)*

*Auch am Arbeitsplatz*

Da es allgemein bekannt ist, daß die persönliche Belästigung jedwedes Menschen – ob Mann, ob Frau, ob Ausländer, ob Andersdenkender oder Andersaussehender – sich keinesfalls mit gutem Benehmen vereinbaren läßt, muß hier auch nicht näher darauf eingegangen werden. Es mußte nur in diesem Zusammenhang erwähnt werden.

## Aufdringlichkeiten und Belästigungen

### Belästigung durch Lärm

Hier haben wir das Beispiel für die häufigste Form der Belästigung, die von Männern und Frauen in gleicher Weise als unerträglich empfunden wird.
Es ist gewiß eine Tatsache, daß die schädlichsten Belastungen durch den Lärm von Maschinen im Betrieb, vom Straßenlärm und vom Luftverkehr produziert werden; oder er wird von anderen Errungenschaften der Technik verursacht, wie zum Beispiel Kompressoren mit Preßlufthämmern. Diese Lärmbelästigungen gelten als unausweichlich und werden deswegen gern mit »unvermeidbar« oder »zumutbar« bezeichnet.
Es ist weiterhin bekannt, daß Lärm nicht nur das Gehör von Menschen schädigt. Lange bevor das geschieht, macht Lärm das sensible Nervensystem kaputt. Um so verständnisloser stehen aufgeklärte Menschen dann heutzutage vor der Tatsache, daß es – dessen ungeachtet – Leute gibt, die noch zusätzlichen Lärm aufsuchen, wie den in den Diskos. Und dann gibt es noch Mitmenschen, die Lärm gern selbst produzieren, etwa durch Radio-Verstärker in Autos oder zu Hause.
Aber dies hier ist kein Gesundheitsratgeber. Deswegen sind die erwähnten Beispiele nur insofern von Belang, als durch die eigenen Lärmgewohnheiten andere Menschen belästigt werden. Und so etwas tut man nicht!
Denn diese Lärmbelästigungen – seien sie nun aus Unachtsamkeit oder aus bewußter Rücksichtslosigkeit hervorgerufen –, mißachten und verletzen oftmals sogar ganz elementare Bedürfnisse des Menschen. Zum Beispiel:

- das Schlafbedürfnis,
- das Ruhebedürfnis,
- das Bedürfnis, konzentriert arbeiten zu können,
- das Bedürfnis, Musik nach dem eigenen Geschmack zu hören und nicht nach dem Geschmack des Nachbarn.

Darüber hinaus verletzen die Verursacher von Lärmbelästigung durch das Gesetz geschützte Rechte der Bürger/innen unseres Landes – aber das ist hier ebenfalls nicht das Thema.

Sicherlich gibt es noch eine ganze Reihe weiterer Belästigungen durch unsere Mitmenschen, und zwar solche, die nicht notwendigerweise entstehen, sondern allein aus dem Grund, weil sich die einen nicht um die Bedürfnisse der anderen kümmern.

Dieses Buch wendet sich jedoch nicht an diese Leute, denn diese Zeitgenossen, die sich bewußt auf Kosten anderer ausbreiten, lesen sowieso nicht solche Bücher. Vielmehr sehe ich meine Aufgabe darin, denjenigen, die nicht aus Absicht, sondern eher aus Gedankenlosigkeit andere Menschen belästigen, diesen oder jenen Hinweis zu geben.

3. KAPITEL

# DIE FRAU IM BERUF UND DIE DAME IN DER GESELLSCHAFT

In keiner Generation vorher haben sich die Verhaltensnormen für Frauen so rasant verändert wie für die Frauen unserer Zeit. Diese unübersehbaren Veränderungen kommen von der radikal veränderten Rolle der Frau in unserer Gesellschaft. Es ist hauptsächlich die berufstätige Frau, die das Bild der neuen Frauengeneration prägt. Möglich geworden ist dieses andere Frauenbild jedoch erst durch die Befreiung der Frau von den permanenten Schwangerschaftsängsten – das heißt, durch die Erfindung der Pille. Seit dieser Zeit ist auch für Frauen – wie es für Männer seit jeher eine Selbstverständlichkeit war – eine berufliche Karriere planbar geworden, weil sie ihren Kindersegen planen können.

*Verändertes Frauenbild*

Heutzutage spiegeln die weiblichen Verhaltensmuster ihre Selbständigkeit, vor allem aber die wirtschaftliche Unabhängigkeit moderner Frauen wider. Aber auch deswegen sind diese Veränderungen zuerst in den beruflichen Zusammenhängen eingetreten, weil dort die Frauen – entsprechend ihrer beruflichen Stellung – ihr Verhalten dem der Männer anzugleichen hatten.

Der Bereich der *traditionellen Frauenrolle* – die der familientätigen Haus- und Ehefrau – ist dagegen von diesen Veränderungen noch weitgehend unberührt geblieben. Die Folge davon ist, daß wir es gegenwärtig mit *zwei unterschiedlichen Verhaltensnormen* für Frauen zu tun haben.

Und so kommt es jeweils ganz präzise darauf an, *in welcher Rolle und in welcher Situation* eine Frau sich gerade befindet; danach hat sie ihr Verhalten auszurichten. Es ist erstaunlich, wie problemlos die meisten Frauen diese Aufgabe meistern, in einer Art »Eiertanz« die jeweils gerade herrschenden Verhaltenserwartungen zu erfüllen:

- Wird hier das Benehmen einer Dame erwartet?
- Oder ist gerade das Verhalten der kompetenten Frau im Beruf gefragt?

## ZUR BEZEICHNUNG VON DAMEN

Es fängt schon damit an, daß man in der Unterscheidung zwischen Dame und Frau sehr unsicher geworden ist.
In früheren Zeiten war die Bezeichnung *»Dame«* der Titel für die Ehefrau eines Herrn der Oberschicht oder für dessen Witwe. So war es auch selbstverständlich, daß eine Dame nur an der Seite ihres Ehemannes öffentlich in Erscheinung trat und nie allein ausging. Eine Frau ohne die Begleitung ihres »Gatten« war eben keine Dame – höchstens eine »sogenannte Dame«. So einfach war das.
Tatsache ist, daß die Verhaltensmaßstäbe für Damen in der Öffentlichkeit und auf Gesellschaften also ausschließlich von dieser Frauenrolle – der »Frau an seiner Seite« – geprägt wurden. Für Wit-

## Zur Bezeichnung von Damen

wen galt zwar auch die Bezeichnung »Dame«, aber das Gesellschaftsleben war für sie im allgemeinen vorbei. Sie durften allenfalls noch bei Gesellschaftsabenden im Familienkreis oder im eigenen Haus in Erscheinung treten – zum Beispiel als Mutter oder Schwiegermutter, als verwitwete Schwester oder Schwägerin. Jedoch wurden Witwen nirgendwohin mehr eingeladen, und wenn doch, wäre es nicht schicklich gewesen, so eine Einladung anzunehmen.

Jeder Herr trat der Dame in der Gesellschaft stets ehrerbietig gegenüber, und sie hatte generell den höheren Rang gegenüber jedem Herrn/Mann. Das ist heute nach wie vor so, sobald eine Frau/Dame nicht beruflich, sondern privat auftritt. *(Ausführliches dazu weiter unten)*

*Höherer Rang der Frau*

Sprachlich wurde damals klar unterschieden: Die Frauen der oberen Schichten waren also mit »Dame« zu bezeichnen – auch das unverheiratete Fräulein aus diesen Kreisen war die »Junge Dame«. Die Bezeichnung »Frau« war dagegen für die Frauen der unteren Schichten reserviert. Zur Beachtung dieses sprachlichen Unterschieds wurde man schon von klein auf erzogen; griffen Kinder mit der Bezeichnung einmal daneben, wurden sie augenblicklich korrigiert. Denn eine falsche Titulierung galt in jedem Fall als unhöflich: Die Dame hätte sich durch die Bezeichnung »Frau« herabgestuft gefühlt, und die Frau hätte sich durch die Titulierung als Dame auf den Arm genommen geglaubt.

Heute hat sich diese Sprachnorm nicht nur geändert, sie hat sich in weiten Bereichen sogar ins Gegenteil gewendet.

## ZUR BEZEICHNUNG VON FRAUEN

**Aufwertung der Bezeichnung »Frau«**

Die Bezeichnung *Frau* hat durch die Emanzipationsbewegung eine enorme Aufwertung erfahren und gilt vielen berufstätigen und den meisten intellektuellen Frauen als eine Art Ehrenbezeichnung. Diesen Frauen gegenüber wäre es heutzutage unhöflich, die Bezeichnung »Dame« zu verwenden, weil sich damit nicht eine Anerkenntnis von beruflicher Leistung verbinden läßt, sondern eher deren Minderung. So ist auch aus unseren Universitäten die Bezeichnung der Studentinnen als »Damen« schon lange verschwunden, sie lebt nur noch in manchen TV-Serien aus dem Bayerischen Fernsehen und in Groschenromanen fort – wie auch die Titulierung von erwachsenen Frauen mit »Fräulein«.

Eine besondere Schwierigkeit ergibt sich allerdings daraus, daß sowohl der Begriff »Frau/en« wie auch der Begriff »Dame/n« gleichzeitig noch in ihrem ursprünglichen Verständnis existieren. So haben wir es heute auch mit jeweils zwei Definitionen dieser Begriffe zu tun – wie eben auch mit zwei unterschiedlichen Verhaltensstandards. Will man sich gegenwärtig vollkommen korrekt ausdrücken, so muß man schon eine ganze Portion Einfühlungsvermögen mitbringen.

Hierbei können vielleicht einige – wenn auch vereinfachende – Regeln hilfreich sein. Zum besseren Verständnis will ich hier zweierlei trennen:

1. die Bezeichnung für Frauen,
2. die Anrede von Frauen.

- Die Bezeichnung »Frau« ist im Umgang mit jüngeren, berufstätigen Frauen immer richtig und durchaus auch ehrenvoll. Das sind die »Frauen« des Labors, die »Frauen« des Fremdsprachendienstes – und nicht die »Damen«.
- Die Bezeichnung »Dame« ist privat und für alle denkbaren gesellschaftlichen Zusammenhänge gebräuchlich. Das gilt heute für alle Schichten.
- Beruflich wird der Begriff »Dame« nur noch für ältere Frauen und von ausgesprochen konservativen Menschen verwandt. So wird er auch nicht mißverständlich oder unangebracht wirken.
- In allen Situationen, die nicht eindeutig auf den gesellschaftlichen Rang der Dame/n Bezug nehmen, sollte man lieber von »Frau/en« sprechen.
- Jede volljährige Frau wird mit »Frau ...« bezeichnet. Die Verkleinerungsform von Frau – also »Frau-lein« – als Bezeichnung für erwachsene Frauen gilt heute als Herabsetzung.

## DIE KORREKTE ANREDE

- Korrekt ist die Anrede »Dame/n« in der unpersönlichen Anrede in der Mehrzahl, zum Beispiel
  mündlich: »Meine Damen und Herren«,
  schriftlich: »Sehr geehrte Damen und Herren«;
  bei der Anrede mehrerer Frauen gleichzeitig, wie zum Beispiel:
  »Ich begrüße die Damen (und Herren) Abgeordneten des Deutschen Bundestages« usw.
- Die korrekte, unpersönliche Anrede in der Einzahl heißt – nach wie vor: »Gnädige Frau« oder

»Sehr geehrte gnädige Frau« – dafür gibt es noch nichts anderes.

- Nicht korrekt ist die Anrede in der Einzahl, etwa »Sehr geehrte Dame«, wie man es manchmal auf einer bestimmten Sorte von Reklamebriefen findet.
  Das hört sich zwar sehr nach einem »alten Zopf« an, und das ist es auch; aber die Verwendung der Anrede »sehr geehrte Dame«, oder »liebe Dame« ist solchermaßen *tabu,* daß der Gebrauch dieser Redewendung einen unbeschreiblichen Negativ-Effekt hat.
  Das hat, wie vieles, geschichtliche Gründe. Die Singular-Dame in der Anrede war stets nur die »Halbweltdame«, die »sogenannte Dame«. Eine Dame der Oberschicht wäre nur in beleidigender Absicht mit »sehr geehrte Dame« oder so ähnlich angesprochen worden, weil jedermann wußte, daß für eine »wirkliche Dame« nur die Anrede »Gnädige Frau« in Frage kam. Und so wirkt die »sehr geehrte Dame« auf die gut erzogene Frau von heute nach wie vor *wie eine Ohrfeige.* – Das sind so die sprachlichen Feinheiten – und Fettnäpfchen!

- Korrekt ist die Anrede »Frau ...« für jede volljährige Frau.

*»Fräulein« ist kaum noch üblich*

- Nicht korrekt ist die Anrede »Fräulein« für erwachsene Frauen – ganz gleich, ob sie verheiratet oder unverheiratet sind.

- Korrekt ist die Anrede »Fräulein« nur noch bei jungen Mädchen oder wenn Frauen – meist sind dies ältere Damen – es *ausdrücklich wünschen,* so angeredet werden wollen.

## Die korrekte Anrede

Dieser »alte Zopf«, der Frauen schon in der Anrede als verheiratet oder »noch zu haben« auszuweisen hatte, ist nun wirklich abgeschnitten. Da heutzutage Millionen erwachsener Frauen unverheiratet und/oder in Partnerschaften leben, ist die sprachliche Verkleinerung lediger Frauen in »Fräuleins« geradezu absurd geworden.

Da gibt es nur noch den Sonderfall: *Kellnerin.*

In Ermangelung einer zeitgemäßen, höflicheren Anrede, ist für eine Kellnerin nach wie vor das »Fräulein« im Umlauf. Da aber allen Menschen mit Stil und guten Manieren die Anrede einer erwachsenen Frau mit »Fräulein« peinlich ist, werden gegenwärtig alle möglichen Kommunikationsformen ausprobiert, um nicht »Fräulein« durch ein Lokal zu rufen. Zum Beispiel wird mit dem Kopf gewinkt und den Armen gewedelt, oder es werden die Wünsche direkt artikuliert, ohne die Kellnerin anzureden:

»Darf ich Sie um noch etwas Sauce – Wein – Brot ... bitten?«

»Die Rechnung bitte!«

»Wir möchten bitte zahlen!« ... und ähnliches mehr. Es wäre nichts dagegen einzuwenden, wenn sich ganz einfach die weibliche Form von »Herr Ober«, nämlich »Frau Ober« einbürgerte.

*Anrede der Kellnerin*

Die Gesetze der Höflichkeit – und die der Fairness – gebieten es, Frauen in der Mehrzahl ebenfalls mit der weiblichen Sprachform anzusprechen und zu benennen. Darüber besteht zwar schon seit längerem allgemeine Übereinstimmung, und trotzdem hinkt der tägliche Sprachgebrauch dieser Selbstverständlichkeit immer noch nach.

Folgende *Formulierungen der Mehrzahl* sind also sowohl korrekt als auch erforderlich:
- Bürger und Bürger*innen*,
- Mitarbeiter und Mitarbeiter*innen*,
- Ingenieur*innen*, Hausbesitzer*innen*, Unternehmer*innen* usw.

Die Berücksichtigung der Frauen in der weiblichen Sprachform ist – zugegebenermaßen – etwas kompliziert; das sollte jedoch kein Hinderungsgrund für Höflichkeit sein.

*Gutes Benehmen ist immer etwas »komplizierter« als schlechte Manieren.*

Zweifellos gebieten es die korrekten Umgangsformen und die Höflichkeit ebenso, Frauen als Frauen zu bezeichnen und nicht als Männer. Dennoch wird dieses Gebot noch oft verletzt – und dies sowohl von Männern als auch von Frauen selbst. Alle Veränderungen der Sprache gehen erst einmal von einer Minderheit aus. Mit der Zeit führen sie aber dazu, daß die Verwendung alter, abgelegter Formen als *peinlich* angesehen wird. Das heißt für diesen Fall, daß jemand, der noch auf der alten Sprachform beharrt und Frauen mit einer männlichen Anrede tituliert, als zumindest nicht mehr auf der Höhe der Zeit gilt.

**Vereinfachung der Schreibweise des weiblichen Plurals**

Schon seit einiger Zeit gibt es Bestrebungen, die Schreibweise des weiblichen Plurals im Zusammenhang mit dem männlichen zu vereinfachen. Für die sogenannte »Sparschreibung« werden gegenwärtig noch verschiedene Schreibweisen verwendet. Man kann sich natürlich auch für die völlig risikolose und platzintensive Beidnennung von Männern und

Frauen entscheiden. Generell ist in dieser Frage noch nichts entschieden. Das ist nun auch nicht die Aufgabe irgendeiner Institution – oder gar einer Dudenredaktion –, sondern die Sache unserer »Sprachgemeinschaft« – und die braucht noch ein bißchen Zeit.
Gegenwärtig gelten folgende Varianten der Sparschreibung als korrekt:
- MitarbeiterInnen, IngenieurInnen
- Mitarbeiter/innen.

Man kann auch dem – etwas radikalen – Vorschlag folgen und nur diese Schreibweise anwenden:
- Ingenieurinnen, Bürgerinnen, Mitarbeiterinnen usw.

In dieser Schreibweise ist die männliche Form mitenthalten; das ist – ehrlicherweise muß man das zugeben – etwas höflicher als die jahrelange Übung, daß Frauen mit der männlichen Anrede »mitgemeint« wären.

Nicht mehr korrekt ist die Schreibweise:
- Mitarbeiter(innen), Bürger(innen),

weil hierbei die Frauen in unfreundliche Klammern gesetzt werden. Und alles, was man in Klammern setzt, ist eigentlich *unwichtig*.

## WEIBLICHE BERUFSBEZEICHNUNGEN

Eindeutig geklärt und auch schon wesentlich weiter verbreitet ist das Gebot, Berufsbezeichnungen für Frauen in der weiblichen Form auszudrücken. Wenngleich auch diese neue Sprachnorm erst in den oberen Gesellschaftsschichten richtig geläufig ist. Wegen des *europäischen Diskriminierungsverbots* verlangt die Justiz, daß Stellenanzeigen nicht an nur ein Geschlecht gerichtet werden dürfen. Kein Geschlecht darf sprachlich von Bewerbungen ausgeschlossen werden, wenn die Tätigkeit an sich grundsätzlich von beiden Geschlechtern ausgeübt werden kann (§ 611b BGB).

Sprachwissenschaftlerinnen richten an selbstbewußte Frauen die »Mindestforderung«:

- »Eine Sprecherin bezeichnet niemals sich selbst mit einem Maskulinum«, das heißt, mit einer *männlichen* Berufsbezeichnung.

Das hat sich soweit durchgesetzt, daß die Verletzung dieser Regel peinlich wirkt; sie ist also zum *Tabu* geworden.

*Der wichtige Tip*

☝ Korrekte weibliche Berufsbezeichnungen lauten: Kauffrau, Industriekauffrau, Bankkauffrau, Amtfrau, Oberamtfrau, Kamerafrau, Ingenieurin, Chemikerin, Modelltischlerin, Ärztin, Oberärztin, Lehrstuhlinhaberin, Ministerin, Staatssekretärin, Ministerialrätin, Betriebsrätin, Ombudsfrau, Amtsrätin, Professorin, Anwältin ...

☝ Man sollte sich bei personengebundenen Bezeichnungen sprachlich für ein Geschlecht entscheiden.

*Die häufigsten Fehler*

☟ Falsch sind zum Beispiel *Sprachvergewaltigungen,* die mit Krampf versuchen, die weibliche Sprachform zu umgehen.

- Sprachlich und sachlich falsch sind alle Versuche mit der Endung »...männin«, genauso wie es keinen »Frauerich« gibt.
- Das gleiche gilt für die immer noch anzutreffende Formulierung »weiblicher ...-mann«.
- Die Bezeichnung als »weiblicher Mann« oder »Männin« wirkt albern und diskriminierend.

Falsch ist: »Amtsmännin«
*korrekt* ist: *Amtsfrau*
Falsch ist: »Landsmännin«
*korrekt* ist: *Landsfrau*
Falsch ist: »weiblicher Bankkaufmann«
*korrekt* ist: *Bankkauffrau.*

## DIE FRAU IM BERUF

Hier geht es also speziell um Verhaltensnormen für Frauen in einem Bereich, der nach wie vor männlich dominiert und geprägt ist. Insbesondere Frauen in gehobenen Positionen wird heutzutage eine weit höhere Anpassungsleistung an die Normen beruflicher Etikette abverlangt als den Männern auf der gleichen Ebene. Denn der berufliche Verhaltenskodex entspricht eben immer noch weitgehend der männlichen Erziehungstradition, keineswegs der weiblichen Veranlagung. Frauen, die Karriere machen wollen, bleibt zum jetzigen Zeitpunkt gar nichts anderes übrig, als sich den »männlichen« Berufsanforderungen anzupassen. Das bezieht sich auch auf die familienfeindlichen Arbeitszeiten.

Wo Frauen sich jedoch nicht zu sehr anpassen dürfen, das ist der gesamte Bereich ihres Äußeren und

*Anpassung an »männliche« Berufsanforderungen*

ihres Auftretens. Denn nichts wäre schlimmer, als wenn Frauen versuchten, männliche Verhaltensweisen zu imitieren. Das war bei den ersten Frauen in den technisch-naturwissenschaftlichen Berufen sicherlich noch der Fall. Dafür hat es ihnen dann oftmals die hämische Bezeichnung »Mannweiber« eingetragen. *(Näheres dazu in Kapitel 4 und weiter unten)*

**Betriebliche Rangordnung**
Im beruflichen Zusammenhang wird durch die betriebliche Rangordnung der gesellschaftliche Rang einer Dame außer Kraft gesetzt. Frauen haben in ihrem Unternehmen genau den gleichen Rang wie ihre männlichen Kollegen gleicher Stufe. Je weiter eine Frau jedoch auf der Karriereleiter nach oben kommt, desto mehr wird sich ihr Verhalten wieder dem der Dame der Gesellschaft nähern. Einfach deshalb, weil sie gegenüber anderen dann die Ranghöhere ist – wie im Privatbereich auch.

## WAS DIENT UND WAS SCHADET DER KARRIERE?

Grundsätzlich kommt es sehr darauf an, welches Verhältnis die Managerin/Sekretärin zu ihren Kollegen und Kolleginnen, Mitarbeitern und Mitarbeiterinnen hat. Wenn es ein recht gutes Verhältnis ist und sie sich respektiert weiß, dann braucht sie nicht permanent und vor allen auf der Hut zu sein. Wenn sie aber in einem schlechten Betriebsklima zu arbeiten hat, wird die exponierte Frau schon eher damit zu rechnen haben, daß sie mit Argusaugen beobachtet wird. Je weiter eine Frau jedoch in der betrieblichen Hierarchie aufsteigt, desto mehr ist sie Vorurteilen ausgesetzt, mit denen sie zurechtkommen muß. Das eigentlich Traurige an dieser Tatsache ist, daß die Hauptbeteiligten an der unverhohlenen Kritik noch nicht einmal Männer, sondern besonders Frauen sind, die dazu oftmals recht verletzend sein können. – Diejenigen, die eine gute Führungsfrau oder die Chef-Büromanagerin so richtig fertigmachen können, sind meist die Kolleginnen. Dieses unsolidarische Verhalten von Frauen ist mit ein Grund dafür, daß es immer noch sehr langsam vorangeht mit der Frauenkarriere. Denn diese Frauen betreiben das Geschäft der Männer im Abwehrgefecht gegen gute Frauen. Sie werden zu deren willigen »Mittäterinnen« gegen kompetente Frauen, deren Konkurrenz Männer oftmals fürchten und die sie deshalb diffamieren.

Jede berufsorientierte Frau sollte sich darüber hinaus im klaren sein, daß ihr *Äußeres* wesentlich mehr im Blickpunkt des Interesses steht als das ihrer (männlichen) Kollegen. Da gibt es gar nichts dran zu deuten. Ob Männer Frauen überhaupt zuhören *können,* hängt entscheidend davon ab, welche äußeren Signale die Frau aussendet. Sendet sie zu weiblich-erotische Signale aus, so fällt es jedem normalen Mann erst einmal schwer, ihr zuzuhören. Und um sich ausschließlich auf den gesprochenen Text zu konzentrieren, muß er sich ganz schön anstrengen. Tritt sie dagegen betont männlich auf, so ist die Kommunikation ebenso gestört. Denn diese Frau weicht zu sehr von der Erwartung ab, die jeder Mann vom »normalen« weiblichen Auftreten hat.

Nicht nur das Aussehen muß »stimmen«, andere

*Wichtigkeit des weiblichen Äußeren*

Faktoren spielen ebenfalls noch eine gewichtige Rolle: zum Beispiel *die Stimme*. Je tiefer eine Frauenstimme klingt, um so mehr Fachkompetenz wird ihr zugebilligt; und je höher ihre Stimme ist, um so schneller wird sie für inkompetent gehalten.

Da es besser ist, diese Zusammenhänge zu kennen und sich darauf einzustellen, als sie zu ignorieren, folgen hier

*10 wichtige Tips zur Karriereförderung*

👉 Eine an ihrer Karriere interessierte Frau sollte
1. sich attraktiv, elegant kleiden und großen Wert auf ein gepflegtes Äußeres legen. *(Siehe dazu Kapitel 4)*
2. selbst in angespannten Situationen oder gegenüber unsympathischen Leuten immer versuchen, charmant zu bleiben. Weiblicher Charme ist auch im Beruf sehr gefragt und der Karriere absolut förderlich.
3. vor allem bei Kontroversen mit ihrem größtmöglichen Charme zu Werke gehen und versuchen – wenn's irgend geht – mit Humor die Situation zu entschärfen. Humor zu haben wird einer Frau ganz besonders als persönliche Souveränität gutgeschrieben.
4. Selbstbewußtsein zeigen! Dies ist Voraussetzung für jede Karriere.
5. sachlich und locker auch über die eigenen Fähigkeiten sprechen und verdiente Anerkennung verlangen.
6. kollegial und kooperativ sein, aber etwas Distanz zwischen sich und ihren Mitarbeitern lassen.

## Was dient und was schadet der Karriere?

7. den Mund aufmachen, um sich durchsetzen.
8. mit »charmanter Sachlichkeit« ihre Rechte verteidigen.
9. ihre Autorität ausüben und – freundlich formulierte – Anweisungen geben.
10. bei sich selbst auch kleine Fortschritte bemerken und anerkennen.

◐ Die an ihrer Karriere interessierte Frau sollte nicht

1. Männer in deren Auftreten, der Art des Umgangstons oder in der äußeren Erscheinung nachzuahmen versuchen. Das könnte ihr als Versuch ausgelegt werden, mangelndes Selbstbewußtsein zu kompensieren. In jedem Fall würde es ihr als »unweiblich« angekreidet, wenn nicht gar als Anbiederung an die männlichen Vorgesetzten.
2. sich unattraktiv oder sehr männlich kleiden, aber auch nicht zu weiblich. Nichts würde einer Frau mehr schaden, als wenn sie auf ihr Äußeres keinen besonderen Wert legte. »Häßliche Entlein« werden besonders kritisch betrachtet und müssen doppelt soviel leisten.
3. charmante und korrekte Umgangsformen im Beruf für überflüssig halten. Wenn eine Frau uncharmant und schroff ist, wird ihr das sofort als unweiblich und unsicher angekreidet.
4. völlig humorlos sein. Humorlose Frauen werden schnell zur »Emanze« erklärt, und dann haben sie es von vornherein noch schwerer. Genauso verkehrt wäre es,

*10 der häufigsten Fehler*

Humor mit Albernheiten zu verwechseln oder sich zu den ewigen »Witzereißern« zu gesellen.
5. unkollegial und unkooperativ sein. Jedoch sollte sie es vermeiden, sich mit zu vielen Leuten zu duzen. Das kann Gerede geben.
6. sich irgendeine Form von Diskriminierung gefallen lassen, auch nicht die gedankenloseste. Sie braucht zwar nicht zu schroff zu reagieren, sie sollte aber keinen Zweifel darüber aufkommen lassen, daß sie sich keinesfalls herabsetzen lassen würde.
7. und nimmer brüsk, unbeherrscht oder unüberlegt emotional reagieren. Damit würde sie nur wieder die uralten Vorurteile gegenüber Frauen bestätigen.
8. mangelndes Selbstbewußtsein zur Schau tragen. Das wird nämlich als »typisch« weibliche Schwäche ausgelegt und schadet einer Karriere enorm.
9. eigene Erfolge für glückliche Zufälle, eigene Mißerfolge aber für Unfähigkeit halten. Sonst darf sie sich nicht wundern, wenn andere das mit der Zeit auch so sehen.
10. die eigenen Schwächen betonen. Das wäre schlicht Dummheit.

## Eine Dame bleibt eine Dame

Wie bereits erläutert, erlebt die Bezeichnung »Dame« gegenwärtig zwar einen Bedeutungswandel, andererseits besagt »Dame« aber auch noch immer das gleiche wie zu früheren Zeiten. Ich will

## Eine Dame bleibt eine Dame

zu erläutern versuchen, was man gegenwärtig unter einer »Dame« versteht.

- *Dame* ist der ehrenvolle Begriff für eine Frau mit Stil, korrektem Auftreten und gepflegten Manieren.
- Die Dame ist nach wie vor die Ranghöchste in einer privaten Gesellschaft oder zu offiziellen Anlässen gesellschaftlicher Art.
- Die Dame genießt traditionell eine Reihe von Privilegien im gesellschaftlichen Umgang – die alle nichts kosten –, die sie von Anfang an darüber hinwegtrösten sollten, daß sie keinerlei Macht und wenig Rechte besaß.
- Der entscheidende Unterschied zwischen einer Dame und einer »Nicht-Dame« besteht nur in ihrem eigenen Verhalten.

Aus diesem Grund erscheint es angebracht, auf die wichtigsten gesellschaftlichen Regeln für das Benehmen einer Dame hinzuweisen:

- Eine Dame ist stets die Ranghöhere gegenüber jedem Herrn.
- Eine ältere Dame ist ranghöher als eine jüngere.

Daraus ergeben sich folgende Regeln:

- Die Dame bleibt bei jeder Begrüßung sitzen, sofern sie bereits Platz genommen hatte.
- Sie steht höchstens vor bedeutenden Persönlichkeiten oder älteren Damen auf, wenn sie denjenigen eine besondere Ehre erweisen möchte.
- Der Dame werden Fremde zuerst vorgestellt.

*Der wichtige Tip*

- Es ist die Dame, die zuerst anderen die Hand zum Gruß reicht.
- Es ist ebenfalls sie, die einem Herrn ihre Hand zum Handkuß reicht – je nachdem, ob sie das möchte.
- Wenn sie jemanden nicht mit Handschlag begrüßen will, dann darf derjenige sich nicht erdreisten, die Hand der Dame von sich aus zu ergreifen.
- Einer Dame werden – laut Etikette und vorausgesetzt, daß entsprechend gut erzogene Männer in der Nähe sind – nach wie vor folgende »Wohltaten« zuteil:
  - Ihr wird die Tür aufgehalten.
  - Ihr wird bei Tisch der Stuhl herangeschoben, wenn sie sich setzt, und etwas weggerückt, wenn sie aufstehen möchte (nicht umgekehrt!).
  - Ihr wird eventuell die Hand geküßt (falls sie darauf steht).
  - Ihr wird zuerst etwas angeboten.
  - Ihr wird (manchmal) die Autotür aufgehalten.
  - Ihr wird – noch immer – Feuer gereicht, wenn sie rauchen möchte.

Dafür darf eine *Dame* aber auch noch heute folgendes *nicht:*

- Eine Dame darf nicht breitbeinig dasitzen.
- Eine Dame darf nicht im Freien rauchen (zum Beispiel an der Bushaltestelle oder während sie auf ein Taxi wartet).
- Eine Dame darf nicht zu laut sprechen oder sich sonstwie auffällig benehmen.

### Eine Dame bleibt eine Dame

- Eine Dame darf keine Kraftausdrücke gebrauchen.
- Eine Dame darf sich nicht auffällig kleiden oder auffällig schminken. Das gilt als ordinär und nicht »damenhaft«.

Die Emanzipation berufstätiger Frauen hat aber nun doch schon zu einigen Änderungen der Verhaltensvorschriften für Damen geführt, die zum Teil frühere Vorschriften völlig auf den Kopf gestellt haben. Sicherlich kann man einer modernen Frau – sei sie nun berufs- oder familientätig –, die mit ihrer eigenen Kreditkarte oder dem eigenen Scheckbuch unterwegs ist, nicht mit den alten Verhaltensweisen begegnen, ohne daß es heute zu Absurditäten führte.

Hierzu die wichtigsten Beispiele für ein korrektes Verhalten:

- Damen/Frauen können allein in ein Restaurant gehen, dort selbst bestellen und selbst zahlen, ohne damit rechnen zu müssen, »komisch« angesehen zu werden.
- Damen/Frauen dürfen bei allen Anlässen öffentlich reden; damit ist das biblische Gebot: »Die Frau schweige in der Gemeinde« nach fast zweitausend Jahren aufgehoben. Die einzige Schwierigkeit, auf die Frauen dabei immer noch häufig stoßen, ist die, daß es Männern im allgemeinen schwerfällt, Frauen zuzuhören.
- Damen/Frauen können sich selbst vorstellen; wobei es vielleicht zu empfehlen ist, daß sie dabei nicht nur ihren Namen sagen, wie es die männliche Art des Vorstellens ist, sondern ihn

*Korrektes Verhalten*

etwas »einkleiden«, zum Beispiel: »Guten Tag, ich bin Frau ...« oder »Guten Tag, ich heiße ...« (eventuell mit Vor- und Nachnamen) oder ähnliches.

Das »Einkleiden« des Namens bei der Selbstvorstellung hat mindestens zwei Vorteile: Zum einen klingt der Name nicht so »männlich« knapp und militärisch; zum anderen kann sich das Gegenüber den Namen auf diese Weise viel besser merken. Denn diese »Verpackung« verhilft dazu, daß man sich auf den dann folgenden Namen viel besser konzentrieren kann, weil er nicht mehr als bloßer »Zuruf« ans Ohr dringt.

## DIE GESCHÄFTSREISENDE FRAU IM AUSLAND

*Kulturtraditionen und religiöse Vorschriften*

Natürlich sollte sich eine Frau vor Auslandsreisen nicht nur über die dort herrschenden Verkehrsregeln informieren, sondern gleichermaßen über Kulturtraditionen und religiöse Vorschriften, die das öffentliche Leben bestimmen. Das sind für Frauen grundlegende Voraussetzungen dafür, daß sie nicht sofort in alle »Fettnäpfchen« treten. Denn gerade im Hinblick auf die traditionellen Einschränkungen für Frauen muß sie viel Fingerspitzengefühl walten lassen, um nicht alte Tabus zu verletzen, die man bei uns hie oder da nicht erwartet.
In bezug auf die Verhaltensnormen für Frauen in der Öffentlichkeit haben wir es in Europa mit einer Entwicklung zu tun, die ein deutliches Nord-Süd-Gefälle aufweist. Am selbstverständlichsten kann

sich die Skandinavierin in der Öffentlichkeit bewegen, und am meisten eingeschränkt ist die Frau in Süd-Europa. Ganz zu schweigen von den arabischen Ländern, wo die Verbote und Tabus für das Verhalten von Frauen in der Öffentlichkeit uns geradezu mittelalterlich erscheinen.

Sicherlich hat sich eine deutsche Frau nicht allen diesen Einschränkungen zu unterwerfen, wenn sie als Touristin in den Süden reist – und schon gar nicht, wenn sie aus geschäftlichen Gründen in diesen Ländern zu tun hat. Es ist aber eine Frage des Taktes, ob frau sich offensichtlich provozierend verhalten will oder – so weit möglich – die Sitten des Landes respektiert. Das soll nicht heißen, daß sich, zum Beispiel, die Europäerin in den arabischen Ländern verschleiern sollte. Aber sie sollte vielleicht auf das Tragen von Miniröcken verzichten.

So selbstverständlich mann/frau auf nationale Eigenheiten Rücksicht nehmen sollte, so wenig ist es jedoch richtig, seine eigene nationale Identität zu verleugnen. Es ist keineswegs erforderlich, auf seine eigene Eßkultur zu verzichten und sich beispielsweise mit Stäbchen abzumühen oder das amerikanische Wechselspiel von Messer, Gabel und der Hand unter dem Tisch nachzuahmen. Die Beibehaltung der eigenen Tischkultur hat nichts mit Mißachtung anderer Kulturen zu tun, sondern zeugt von eigenem Kulturbewußtsein, und dies wird auf der ganzen Welt von gebildeten Menschen akzeptiert.

Auf jeden Fall sollte eine Frau sich über die landesüblichen Bekleidungsvorschriften informieren und sie beachten; dies gilt insbesondere

*Keine Verleugnung der eigenen nationalen Identität*

- für Abendessen,
- für private Einladungen,
- für Besuche von Kirchen oder sakralen Stätten,
- für Geschäftsbesprechungen und -konferenzen.

Ebenfalls unerläßlich ist die Beachtung und Respektierung der *offiziellen Etikette* und des *Begrüßungsprotokolls.*

## 4. KAPITEL

# DER ÄUSSERE EINDRUCK

## DIE PERSÖNLICHE AUSSTRAHLUNG

Zum erfolgreichen Auftreten gehören nicht nur die guten Manieren, sondern ganz gewiß auch die persönliche Ausstrahlung eines Menschen. Und so wie das gute Benehmen von einer Reihe bestimmter Handlungen entscheidend geprägt wird, so wird das ganze Erscheinungsbild eines Menschen wesentlich von weiteren *äußerlichen Faktoren* beeinflußt; das sind: eine gute Körperhaltung und das gepflegte Aussehen. Alles, was zu diesem Themenkreis gerechnet wird, soll nun in diesem Kapitel zur Sprache kommen.

*Gute Körperhaltung und gepflegtes Aussehen*

## ZUR KÖRPERHALTUNG

Für die Körperhaltung gilt immer noch das gleiche wie für alle anderen Einschränkungen des »natürlichen« Verhaltens von Menschen: je mehr die Natur ge-»form«t wird, also das natürliche Verhalten *korrigiert* worden ist, um so höher ist das Ansehen des »gut erzogenen« Menschen. Früher kriegten bereits die kleinen Kinder beigebracht, wie »man« zu sitzen und zu stehen habe, so daß ihnen die anerzogene Körperhaltung wie eine natürliche Haltung vorkam.

Heute ist eine derart drangsalierende Erziehung verpönt. Die Korrektur an der Körperhaltung wird zwar immer noch angestrebt, jedoch soll das Ganze nicht zu unnatürlich oder gar gekünstelt wirken. Wie in anderen Zusammenhängen in diesem Buch bereits angesprochen, ergibt sich auch im Zusammenhang mit der Körperhaltung eine *Zweiteilung der Verhaltensnormen:* in allen offiziellen und vielen beruflichen Zusammenhängen ist die offizielle Haltung gefragt; in der Freizeit – und meist auch zu Hause – geht es dann eher leger und lässig zu. Wenn man sich mal seine Zeitgenossen und -genossinnen etwas genauer ansieht, so wird man feststellen, daß viele Menschen – auch junge Leute – sich mit rundem Rücken und hängenden Schultern an uns vorbei »schleppen«.

*Körperhaltung in Beruf und Freizeit*

Viele Menschen sind sich dessen gar nicht bewußt, daß der erste Eindruck, den sie vermitteln, ganz von Äußerlichkeiten bestimmt ist. Es ist aber eine Tatsache, daß wir von Fremden zuallererst danach beurteilt werden, *was* wir anhaben und *wie* wir unsere Kleidung tragen. Und wir beurteilen unsererseits andere zuerst nach den gleichen Gesichtspunkten. Dabei ist die gute Körperhaltung absolut maßgebend.

Was versteht man nun unter einer guten Körperhaltung?

- Der Oberkörper wird aufrecht gehalten, wobei die Schulterblätter etwas zusammengezogen werden.
- Die Haltung der Beine, Arme und Hände sollte sowohl im Stehen als auch im Sitzen kontrolliert

werden; dabei gibt es für Männer/Herren und für Frauen/Damen zum Teil unterschiedliche Vorschriften.

**Die wichtigsten Haltungsregeln für Männer**

*Im Stehen*
- sollte ein Herr sich möglichst aufrecht halten mit ziemlich geradem Rücken.

Die Beine kann er ruhig etwas auseinander stellen, aber nicht ganz so breitbeinig wie damals Napoleon.

Arme und Hände kann man an sich herabhängen lassen; als Wechselhaltung(!) können die Arme auch mal verschränkt werden, wobei es freundlicher und offener wirkt, wenn beide Hände sichtbar bleiben.

Man sollte darauf achten, daß die Hände keinen verkrampften Eindruck machen, also nicht zu angespannt wirken. *Eine*(!) Hand darf auch für kurze Zeit mal in einer Hosen- oder Jackentasche verschwinden – allerdings *nie,* wenn die andere Hand gerade jemanden begrüßt!

*Männer sollten nicht*
- mit hängenden Schultern stehen,
- die Arme hinter dem Rücken zusammenlegen,
- die Hände in einer »Fußball-Mauer«-Haltung vor sich halten,
- beide Hände gleichzeitig in die Taschen stecken,
- während des Redens dauernd gestikulieren, vor allem nicht mit offensichtlich eingeübten Gesten,
- permanent mit einem Gegenstand spielen,
- während sie jemanden begrüßen, eine Hand in eine Jacken- oder Hosentasche stecken.

*Im Sitzen*

- sollte ein Herr möglichst versuchen, sich aufrecht zu halten und nicht in sich zusammensacken. (Verkürzt gesagt hieß das früher: »Brust raus!«)

Die Haltung seiner Beine sollte ein Mann in offiziellen Situationen auch kontrollieren. Er sollte nicht zu breitbeinig dasitzen und die Beine nicht von sich strecken. Männer dürfen selbstverständlich die Beine übereinanderschlagen, aber nicht einen Fuß auf das andere Knie legen. Diese Haltung wird in privatem Kreis und unter jungen Leuten heutzutage voll akzeptiert; in förmlichen Zusammenhängen gilt sie jedoch immer noch als Zeichen fehlenden Respekts vor dem Gegenüber.

Die Arme sollten nie als Kopfstütze verwendet werden.

Die Hände sollte man im Sitzen noch mehr kontrollieren als im Stehen, weil die Hände sehr verräterisch auch heimliche Gedanken durch Körpersprache vermitteln.

**Dem Gesprächspartner möglichst einen Platz anbieten**

Man sollte seinen Gesprächspartnern nach Möglichkeit immer schon deshalb einen Platz anbieten und ihn bitten, sich zu setzen, damit man nicht über längere Zeit zu jemandem hochsehen muß (und die/der andere nicht dauernd auf einen selbst runterschauen kann).

Auf jeden Fall sollte man auch im Sitzen seinem Gegenüber in die Augen sehen.

*Männer sollten nicht*

- mit verschränkten Armen dasitzen,
- die Arme aufstützen, um sie als Kopf-, Kinn- oder Ohrenstütze zu verwenden,

## Zur Körperhaltung

- ihre Rede mit einem drohenden Zeigefinger unterstützen,
- die Beine von sich strecken oder einen Fuß auf das andere Knie legen.

### Die wichtigsten Haltungsregeln für Frauen

Es ist eine oft beklagte Tatsache, daß Frauen in ihrer Körperhaltung nach wie vor größeren Einschränkungen unterliegen und sehr viel strenger beurteilt werden als Männer. Die traditionellen Interpretationen der Körpersprache sitzen so tief auch noch im modernen Menschen drin, daß selbst in den letzten 50 Jahren sich offenbar nicht viel verändert hat oder verändert werden konnte.

In diesem Zusammenhang wirkliche Änderungen herbeizuführen, kann nicht von einer Generation allein geleistet werden, dazu braucht es mehr Zeit. Denn es handelt sich hierbei um ganz langwierige Veränderungen des Unterbewußtseins, das die körpersprachlichen Signale interpretiert, ohne uns die Einzelheiten jeweils zu »melden«. Und solche Veränderungen brauchen halt sehr, sehr lange.

Weil das nun mal so ist, rate ich jungen Frauen gegenwärtig, sich auf die möglichen Interpretationen ihrer Haltungen einzustellen.

Die notwendigen Bewußtseinsänderungen der Menschen kann auf keinen Fall diese oder jene Frau allein bewirken. Wenn sie das als einzelne tut, kann sie sich eventuell in einer für sie wichtigen Situation unheimlich schaden. Die überfälligen Veränderungen können Frauen nur gemeinschaftlich bewirken. Deswegen ist es wichtig, daß eine Frau diese Regeln kennt – ob sie sie dann überall anwendet, ist ihre eigene Entscheidung.

*Im Stehen*

– sollte eine Dame sich aufrecht halten und die Schulterblätter etwas zusammenziehen.

Die Beine sollte sie nicht so weit auseinander stellen, wie es einem Mann erlaubt ist, sondern so eng wie möglich.

Wenn sie direkt von vorn fotografiert oder gefilmt wird, ist es ratsam, einen Fuß etwas vor den anderen zu stellen; denn selbst die geradesten Beine wirken auf Fotos wie O-Beine, wenn sie völlig parallel stehen.

Arme und Hände kann frau ruhig an sich hängen lassen; als Wechselhaltung(!) können die Arme auch mal verschränkt werden, wobei es freundlicher (und auch weiblicher) wirkt, wenn immer *beide Hände zu sehen* sind.

Sie sollte darauf achten, daß die Hände nicht zu angespannt und verkrampft wirken. *Eine*(!) Hand darf auch für kurze Zeit mal in einer Hosen- oder Rocktasche verschwinden – allerdings *nie* während einer Begrüßung!

*Frauen sollten nicht*

– die Schulterblätter hängen lassen,
– die Arme hinter dem Rücken zusammenlegen,
– die Hände vor dem Bauch oder noch tiefer falten,
– während des Redens andauernd die Hände ringen,

## Zur Körperhaltung

- eine Hand in eine Rock-, Jacken- oder Hosentasche stecken, während sie gerade jemanden begrüßen,
- beide Hände gleichzeitig in irgendwelchen Taschen stecken haben.

*Im Sitzen*

- sollte eine Dame sich ebenfalls möglichst aufrecht halten mit einem geraden Rücken.

Die Haltung ihrer Beine sollte sie unbedingt kontrollieren, denn die Knie sollten immer geschlossen gehalten werden. Sie »darf« dabei ihre Beine übereinanderschlagen und alle gut aussehenden Stellungen einnehmen, solange sie ihre Beine parallel hält.

*Beine übereinanderschlagen ist erlaubt*

Im Sitzen sollte eine Frau ihre Hände schon etwas mehr kontrollieren als im Stehen, weil die Hände viel dummes Zeug anrichten können, wenn man nicht auf sie aufpaßt.

Sie sollte ihren Gesprächspartnern nach Möglichkeit immer schon deshalb einen Platz anbieten, damit sie nicht über längere Zeit zu jemandem hochsehen muß (und die/der andere nicht dauernd auf sie runterschauen kann).

Es ist durchaus richtig und höflich, seinem Gegenüber in die Augen zu sehen; das gilt im christlichen Europa selbstverständlich auch für Frauen!

*Frauen sollten nicht*

- die Arme aufstützen, um sie als Kopf-, Kinn- oder Ohrenstütze zu verwenden,
- unablässig mit den Händen »ringen«,
- mit geöffneten Knien sitzen oder die Beine von sich strecken.

Wenn Frauen mit geöffneten Knien dasitzen, oder wenn sie sehr breitbeinig stehen, werden sie – ganz ohne weiteres Zutun – für moralisch leichtfertig gehalten. Diese Haltung gilt als uraltes körpersprachliches Signal und wird von Männern ganz unbewußt als einladend interpretiert. Für traditionell erzogene Frauen/Damen gilt eine solche Beinhaltung schlicht und ergreifend als ordinär.

## KÖRPERPFLEGE

Eine sorgfältige Körperpflege ist heute ein unverzichtbarer Bestandteil eines gepflegten Erscheinungsbildes. Das hat weniger bis überhaupt nichts mit Eitelkeit zu tun, sondern sehr viel mit dem Hygienebedürfnis moderner Menschen und mit der Notwendigkeit, auch auf diejenigen Leute angenehm zu wirken, mit denen man es im Laufe eines Tages zu tun hat. Die Körperpflege ist natürlich auch Ausdruck für den persönlichen Stil eines Menschen. Und ganz zweifellos ist sie Voraussetzung für eine gehobene berufliche Position.

*Voraussetzung für eine gehobene berufliche Position*

### Tips für den gepflegten Mann

➊ An erster Stelle steht die *Körperhygiene:* ob in der Dusche oder in der Badewanne, die Ganzkörperwaschung ist maßgebend für die Gründlichkeit des Waschens; wichtig ist außerdem, daß es täglich passiert. Seife oder Duschgel tun dabei dieselben Dienste, so daß es nur eine Frage der persönlichen Entscheidung ist, welches von beidem man vorzieht. Waschen ist

## Körperpflege

zwar unverzichtbar, nur reicht es bei den meisten Menschen für einen angenehmen Körpergeruch während eines langen Arbeitstages nicht aus.

- Der angenehme *Körperduft* ist für Männer heute genauso selbstverständlich wie für Frauen, deshalb ist das *Deodorant* mittlerweile auch für Herren unentbehrlich.
- Das täglich mehrfache *Zähneputzen* – morgens und abends ist das absolute Minimum – dient nicht nur dazu, daß die Zähne schön weiß bleiben, sondern auch, daß der Atem frisch und frei von Mundgeruch ist. Normalerweise sollte man sich *nach jeder Mahlzeit* die Zähne putzen, nur läßt sich das noch nicht überall durchhalten. Es wäre aber oft nur eine Kleinigkeit für Arbeitgeber, ihre Naßräume so einzurichten, daß zumindest die Möglichkeit zum Zähneputzen bestünde.
- Wenn man von Familienmitgliedern auf einen eigenartigen *Mundgeruch* aufmerksam gemacht wird, ist es höchste Zeit, etwas dagegen zu tun. Aber auch ohne Hinweise von außen liegt es nahe, daß man nach dem Verzehr bestimmter Speisen oder auch bei Problemen mit seinen Zähnen oder dem Magen zu Mundgeruch neigt. Wenn man sicher gehen will, sollte man mit *Lutschpastillen oder Sprays* etwas zur Vermeidung von Mundgeruch unternehmen.
- Die *Hände und Fingernägel* müssen einen gepflegten Eindruck machen. Auch Herren müssen täglich eine Handcreme benutzen, wenn ihre Haut spröde ist. Es gibt sehr viele Leute, die anderen Menschen zuerst auf die Hände sehen, um sie zu beurteilen. Auf jeden Fall wirkt

*Vermeidung von Mundgeruch*

ein Händedruck unangenehm, wenn die fremde Hand rauh und spröde ist.

- Ein Hauch von *Eau de Cologne* bei Männern wird heutzutage mindestens als angenehm, wenn nicht sogar als anziehend empfunden. Der »natürliche« Körpergeruch wirkt auf andere äußerst unangenehm und deshalb als Zumutung.
- Moderne Männer verwenden ebenso eine leichte *Feuchtigkeitscreme* gegen die hautzerstörenden Umwelteinflüsse oder die ozonhaltige Luft. Der Sonnenschutz gegen die aggressiven ultravioletten Strahlen ist kaum mehr eine kosmetische Frage, sondern eine medizinische Notwendigkeit.
- Die *Haare* sollten stets einen frisch gewaschenen Eindruck machen; und bei Herren, die morgens im Anzug mit Krawatte ins Büro müssen, sollten die Haare auch den ursprünglichen Schnitt noch erkennen lassen. Lange Haare – zusammengefaßt oder offen getragen – werden noch nicht in allen Berufssparten geduldet. Ein Mann mit Zopf hat zum Beispiel ganz schlechte Erfolgsaussichten, wenn er sich für einen Abteilungsleiterposten bei einer Bank bewirbt.
- Ein gepflegter *Bart* wird heute allgemein akzeptiert – das gilt natürlich ausschließlich für Männer/Herren.

**Die häufigsten Fehler**

- Jemand riecht nach Schweiß,
    - entweder, weil er sich für die morgendliche Körperpflege nicht genug Zeit genommen hat, oder

## Körperpflege

– das Deodorant hält der Belastung des Arbeitstages nicht stand und versagt.
- Der Kollege ist so stark parfümiert, daß es allen anderen den Atem verschlägt, wenn sie mit ihm ein Büro teilen müssen oder zusammen in einem Lift fahren.
- Der Freund gesunder Kost hat sich am Wochenende (oder sogar während der Woche!) Knoblauch einverleibt und belästigt am nächsten Tag alle anderen am Arbeitsplatz mit den entsprechenden Gerüchen.
- Der sonst gepflegte Mann hat vergessen, seinen Fingernägeln genügend Aufmerksamkeit zu widmen, so daß sie zu lang oder zu schmutzig oder beides sind.
- Die Frisur macht einen ungepflegten Eindruck und beschädigt dadurch das gesamte Erscheinungsbild.

Das unangenehmste an den Fehlern aus dem Bereich des Körperlichen ist, daß andere Leute sie eher bemerken als man selbst. Die Folge davon ist dann, daß sie sich davon zwar belästigt fühlen, jedoch eher hinter dem Rücken des Betroffenen die Nase rümpfen, als ihm selbst etwas davon zu sagen. Deswegen werden Fehler in dieser Beziehung für alle Beteiligten so peinlich.
Gerade in diesem Zusammenhang kommt immer wieder die Frage auf, was man mit den Leuten machen soll, die solche Regeln nicht kennen oder mißachten und deshalb eine andauernde Zumutung für ihre Umgebung sind. *(Näheres dazu weiter unten)*

## Tips für die kultivierte Frau

Für die erfolgreiche Frau gehören Körperpflege und Kosmetik unverzichtbar zum gepflegten Erscheinungsbild. Ihr geht es nicht mehr um das »Ob«, sondern nur noch um das »Wieviel«. Etwas Kosmetik gehört meistens zur kleinen »Korrektur der Natur« dazu. Der Maßstab für das »Wieviel« ist hier eher das Lebensalter: je jünger eine Frau ist, um so mehr wird sie durch die Natur »verschönt«; je älter sie ist, um so mehr sollte eine Frau der Natur etwas auf die Sprünge helfen.

*Lebensalter als Maßstab*

Von entscheidender Bedeutung ist aber die Frage, um welchen Typ Frau es sich handelt. Frauen, die Wert auf natürliches Aussehen legen, werden sich mehr an solche Produkte halten, die die Haut pflegen und vor schädlichen Umwelteinflüssen schützen sollen. Elegante Frauen werden ihr Erscheinungsbild auch durch solche Kosmetika zu verbessern suchen, die der Faltenbildung vorbeugen oder sie verdecken sollen.

- Selbstverständlich steht für sie wie für ihn an erster Stelle die *Körperhygiene:* ob Dusche oder Badewanne, ob unter Verwendung von Seife oder von Duschgel, das ist in das persönliche Belieben gelegt – nur daß jeder Mensch sich *täglich* gründlich waschen muß, das steht fest.
- Den täglichen Gebrauch eines *Deodorants* stellt heutzutage keine kultivierte Frau mehr Frage. Sie sollte aber darauf achten, daß sie ein Deodorant auswählt, das den Anforderungen ihres Arbeitstages gewachsen ist. Denn nichts wird von der Umgebung peinlicher empfunden als eine Frau mit Körpergeruch.

**Körperpflege**

- Im Hinblick auf die Hautverträglichkeit haben die Hersteller in den letzten Jahren viele Fortschritte gemacht; am verträglichsten sind wohl die Roll-ons und eine Reihe von Deo-Cremes für die empfindliche Haut.
- Wenn jemand unter starkem Schwitzen leidet, empfiehlt sich die Verwendung eines *Antitranspirants*. Der ist zwar schärfer, soll aber insgesamt hemmend auf die Schweißentwicklung wirken. Zweifellos empfiehlt es sich, bei solchen Gelegenheiten auf ein Antitranspirant zurückzugreifen, wenn frau – sei es beruflich oder privat – etwas Besonderes vorhat und die Gefahr besteht, daß sie unter Streß etwas ins Schwitzen kommt. Auf jeden Fall empfiehlt es sich, bereits beim Kauf sehr darauf zu achten, daß dieser Antitranspirant auch an empfindlichen Stoffen keinen Schaden anrichtet.
- Eine Frau mit Stil verwendet tagsüber nur *Eau de Cologne, Eau de Toilette* bzw. *Eau de Parfum*. Das Parfum selbst ist erst für den Abend gedacht. Eine Dame sollte jedenfalls bedenken, daß der persönliche Duft etwas Intimes ist und erst ab einer unmittelbaren (intimen) Körperentfernung von anderen Menschen wahrgenommen werden dürfte.
- Damit sie selbst noch das Maß für ihren Duft behält, wird die gepflegte Frau die Marke ihres Eau de Parfum öfter mal wechseln. Denn nach einer Weile der Gewöhnung kann niemand mehr sich selbst objektiv riechen, und das kann dann dazu verführen, zu viel zu nehmen. Moderne Frauen wechseln sogar mehrmals täglich zwischen mehreren Duftnoten und auch der

***Parfum-Marke gelegentlich wechseln***

Konzentration des Duftes; für den Beruf wählen sie zum Beispiel ein anderes Eau de Cologne als für den Sport – und für den Abend entscheiden sie sich dann für den etwas schwereren Duft.

- Sicherlich gilt für Frauen in gleicher Weise wie für Männer, daß sie darauf achten sollten, daß der *Atem* frisch und frei von Mundgeruch ist. Falls das täglich mehrmalige Zähneputzen nicht ausreicht, kann frau es mit Lutschpastillen oder Sprays zur Vermeidung von Mundgeruch versuchen.
- Abhängig vom Typ sollte diejenige Frau, die weniger auf das natürliche als auf das kultivierte Aussehen Wert legt, auf den Wuchs ihrer *Körperhaare* achten. Es widerspricht immer noch dem Idealbild einer kultivierten Frau, wenn ihre Beine dunkel behaart sind oder Haare unter der Achsel herausschauen. Blonde Frauen haben es in diesem Punkt etwas besser, ganz erübrigt sich das Problem für sie aber auch nicht.
- Nicht nur für Auslandsreisende ist es sicherlich nicht ganz ohne Belang, zu wissen, daß für manche Kulturvölker – vor allem für Nordamerikaner – der Anblick von weiblichen Körperhaaren geradezu als vulgär gilt und deswegen Peinlichkeit erregt.
- Die *Hände und Fingernägel* sollten auf jeden Fall einen gepflegten Eindruck machen. Wie oft täglich eine Handcreme zu benutzen ist, hängt sehr von der ausgeübten Tätigkeit ab: eine familientätige Frau, die permanent mit Wasser in Berührung kommt, wird sicherlich nach jedem Händewaschen Handcreme benutzen müssen, damit ihre Haut nicht spröde wird. Oft ist es

# Körperpflege

aber auch die Büroluft, die die Hände unheimlich austrocknet.

- *Nagellack* sieht immer schön aus, wenn er einwandfrei neu erscheint; abgeplatzter Nagellack ist weniger ästhetisch. Nagellack kann verschönen, er muß aber nicht unbedingt sein.

- Das *Make-up* sollte bei Tageslicht sehr dezent und der Hautfarbe angepaßt sein. Selbstverständlich sollte es das »kleine« Make-up sein, so daß für den Abend noch Steigerungsmöglichkeiten bleiben.

**Dezentes Make-up**

- Eine Frau sollte in der dunklen Jahreszeit darauf achten, sich morgens bei möglichst hellem Licht zurechtzumachen. Denn eine zu schwache Beleuchtung kann die wirklichen Farben unheimlich verfälschen. Und dann kann sie später bei Tageslicht eine ziemlich peinliche Überraschung erleben, wenn sie alle dunklen Streifen und Flecken und die abrupten Farbabstufungen endlich entdeckt.

- Die *Frisur* verlangt ebenfalls täglich unsere kritische Aufmerksamkeit. Eine gepflegte Frau sollte ab und zu den Spiegel einmal kritisch befragen, ob ihre Frisur noch in die Zeit und zu ihrem sonstigen Stil paßt.

- Das *Deodorant* hält der Belastung des Arbeitstages nicht stand und – *versagt* ... Wenn frau selbst zu den zu Körpergeruch neigenden Menschen gehört, sollte sie auf kleinste Andeutungen – sie bekommt ein Stück Seife geschenkt, oder ein Prospekt über Pflegeprodukte liegt plötzlich auf dem Schreibtisch usw. – aus der Umgebung sofort reagieren.

**Die häufigsten Fehler**

- Die Kollegin ist so stark parfümiert, daß es allen anderen bereits im Lift den Atem verschlägt. Wer sich in eine solche *Duftwolke* hüllt, daß fremde Menschen sich dadurch belästigt fühlen müssen, zählt auf jeden Fall nicht mehr zu den feineren Frauen.
- Die Freundin orientalischer Gewürze hat sich am Wochenende (oder sogar während der Woche!) reichlich *Knoblauch* einverleibt und belästigt am nächsten Tag alle anderen am Arbeitsplatz mit den entsprechenden Gerüchen.
- *Fingernägel in Überlänge* sind nicht nur aus Geschmacksgründen problematisch – das gilt übrigens für Damen wie für Herren. Die ganz langen künstlichen Fingernägel bei berufstätigen Frauen sind in den meisten Fällen auch aus praktischen Erwägungen unangemessen.
- Die *Frisur* ist »lieblos« und das Stiefkind der ganzen Erscheinung; das beeinflußt natürlich das Gesamtbild unvorteilhaft.

Grundsätzlich werden in bezug auf die Körperpflege in etwa die gleichen Fehler gemacht wie von den Herren *(siehe oben)*. Ein wesentlicher Unterschied besteht nur darin, daß die Leute über Frauen noch schneller die Nase rümpfen, sich aber eher die Zunge abbeißen würden, als sie direkt darauf anzusprechen.

Gerade in diesem Zusammenhang kommt immer wieder die Frage auf, was man mit denjenigen Menschen machen soll, die solche Regeln nicht kennen oder mißachten und die deshalb eine andauernde Zumutung für ihre Umgebung sind.

# Kleidung und Bekleidungsvorschriften

Es war eigentlich noch nie seine »Privatsache«, was ein Mensch als Bekleidung auf seinem Körper trug. Sobald er seine Höhle oder Hütte, seine Wohnung oder sein Schloß verließ, war seine Kleidung ein Erkennungszeichen und ein wichtiger Hinweis für andere. Und in diesem Sinn dient Kleidung nach wie vor dazu, fremde Menschen einzuordnen.

*Kleidung als Hinweis für andere*

In früheren Zeiten war es eher wichtig, Unterschiede in der Schichtzugehörigkeit äußerlich sichtbar zu machen. Es gibt eine Menge Aufzeichnungen darüber, welche Art von Bekleidung die Angehörigen der unterschiedlichen Schichten tragen durften und welche nicht. Heute dient Kleidung eigentlich eher dazu, Menschen einer bestimmten Tätigkeit zuzuordnen – oder auch bestimmten Kulturkreisen.

Im privaten Bereich haben wir ein fast unübersehbares Angebot von Freizeitbekleidung für die verschiedensten Sportarten und andere Freizeitbeschäftigungen. Fast ebenso differenziert ist die gegenwärtige Kleiderordnung für offizielle Veranstaltungen aller Art. Nur in beruflichen Zusammenhängen sieht es fast danach aus, als wären Beschäftigte einer Branche und/oder einer bestimmten Ebene geradezu uniformiert – wenn zum Beispiel alle Vorstandsherren im dunkelblauen Business-Anzug rumlaufen. *(Ausführliches dazu weiter unten)*

Unterschiede zwischen den einzelnen Gesellschaftsschichten werden heutzutage durch Kleidung eher verwischt. Zum Beispiel gibt es immer noch einige reiche Leute, denen es Freude bereitet, sich mit Hilfe blauer Arbeitshosen (Jeans) zu verkleiden. Daraufhin sind dann andere wiederum auf die Idee verfallen, sie würden vielleicht für reich gehalten, wenn auch sie sich blaue Jeans anziehen. Diese Rechnung geht natürlich nicht auf, sondern diese Leute sehen – ohne weitere Statussymbole – eben nur wie verkleidete Arbeiter aus.

Ganz erhebliche Stilunterschiede in der Kleiderfrage finden wir dagegen in den verschiedenen Altersgruppen vor. Jede Generation hat ihre eigenen Regeln und eigenen Bekleidungsvorschriften. Junge Leute drücken durch ihre Kleidung ein bestimmtes Lebensgefühl aus, und dadurch ergibt sich für sie auch eine Art Gruppenzugehörigkeit zu Gleichgesinnten. Mit Hilfe der Kleidung ordnen sie sich also gegenseitig bestimmten Lebensauffassungen zu und erkennen sich untereinander – ob es sich nun um Yuppies oder Ökos, oder auch Punks, Rocker u. a. m. handelt. Daher ist es auch so total danebengegriffen, wenn Angehörige der Elterngeneration den Kleidungsstil junger Leute zu imitieren versuchen. Das Ergebnis wirkt dann oft recht peinlich.

***Altersgemäße Erscheinung***

Abgesehen von dieser Spielart von Kleidungsdifferenzierung war es schon immer eine eiserne Regel des guten Geschmacks, sich altersgemäß zu kleiden. Erst *innerhalb einer Altersschicht,* und unter Beachtung der besonderen Umgebung und des Anlasses, bestimmen letztlich der persönliche Geschmack und die Mode den Stil der Kleidung.

Weil Kleidung also eine wichtige Einordnungsfunktion hat, ist es immer überlegenswert, was man anzieht, wenn man seine eigenen vier Wände verläßt. Mit diesem Augenblick wird unsere Bekleidung öffentlich und bildet einen Bestandteil der Kultur unseres Landes. Die Kleidung der Menschen ist also noch nie ihre Privatsache gewesen, sondern immer auch ein wichtiger Bestandteil der Kulturepoche, in der sie lebten. Wie alle anderen Elemente von Kultur, sind natürlich auch die Bekleidungsstile dem Wandel der Kultur unterworfen. Wie schnell sich unsere »Mode« wandelt, können wir alle miterleben.

### Bekleidungsstil im Beruf

Manche traditionelle Berufskleidung, die einst von den mittelalterlichen Zünften als Erkennungsmerkmal für ihren Berufsstand festgelegt wurde, ist uns bis heute überliefert, so zum Beispiel die originelle Zimmermannskleidung oder die Pepita-Hosen der Bäcker und die hohen Mützen der Köche – die, nebenbei bemerkt, auch noch eine hygienische Funktion erfüllen.

Auch heutzutage sind für bestimmte, sogar ganz moderne Berufe einheitliche Formen von Bekleidung – also »Uniformen« – vorgeschrieben, wie zum Beispiel bei Luftverkehrsgesellschaften. Jedoch sind es nicht nur Uniformen im herkömmlichen Sinn, mit denen wir es heute zu tun haben. Jede Berufssparte, jede Branche hat so eine Art von Uniformität in der Bekleidung. Wir können feststellen, daß Bankangestellte sich anders kleiden als Journalisten, und diese wiederum anders als Leute aus der Modebranche oder als die aus dem High-Tech-Business.

Dagegen ist es eher erstaunlich, daß die Führungskräfte nicht nur aller Branchen und Institu-

*Uniformität in der Bekleidung*

tionen, sondern auch aller Nationen, einen einheitlichen Stil bevorzugen. Sie tragen die sogenannte »formelle« Kleidung, die man international mit »business suit« (= Geschäftsanzug) bezeichnet. Man wird diesen Herren im dunklen Anzug mit weißem oder pastellfarbenem Hemd und mit Krawatte auf allen Chefetagen der Welt begegnen. Übrigens gibt es einen vergleichbaren, internationalen Stil auch für Managerinnen: es ist in aller Regel ein Kostüm in einer Variante des »Chanel-Kostüms«, das sehr elegant (und teuer) und dezent ist.

Welcher Bekleidungsstil nun für die Mitarbeiter/innen eines Unternehmens verbindlich zu sein hat, ist in aller Regel schon durch die Bekleidungsgepflogenheiten der jeweiligen Branche vorgegeben. Darüber hinaus darf die jeweilige Geschäftsleitung festlegen, in welcher Art sie ihre Mitarbeiter und Mitarbeiterinnen gekleidet zu sehen wünscht. Solche Vorschriften befinden sich übrigens im Einklang mit unserem geltenden Arbeitsrecht. Die Nichteinhaltung solcher Bekleidungsvorschriften gilt als Kündigungsgrund. Wenn zum Beispiel ein Mitarbeiter sich weigert, eine Krawatte zu tragen, oder eine Mitarbeiterin nicht darauf verzichten will, mit Jeans ins Büro zu kommen, können sie allein aus diesem Grund entlassen werden (falls die Firma ihrerseits nachweisen kann, daß formelle Kleidung für ihr Unternehmen wettbewerbsrelevant ist).

*Festlegung der Bekleidung durch die Geschäftsführung*

Allgemeine Standards für eine betriebliche Kleiderordnung müßten eigentlich – über einige Grundregeln hinaus – für alle erdenklichen Branchen getrennt aufgeführt werden, denn zu unterschiedlich

# Kleidung und Bekleidungsvorschriften

*Zusammenlegen eines Oberhemds*

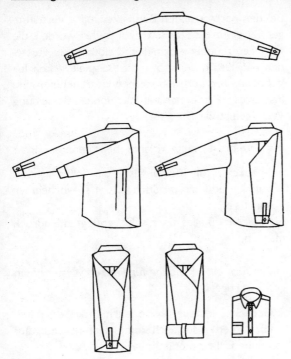

ist der Stil (und der Kundenkreis) der verschiedenen Wirtschaftszweige. So gibt es Berufszweige, in denen man sich betont modisch kleidet, in anderen gibt man sich leger, und wieder andere legen besonderen Wert auf eine korrekte, konservative Kleidung. Dazu kommen natürlich noch Unterschiede aus den verschiedenen Beschäftigungsebenen. Ganz abgesehen davon, daß sich selbstverständlich niemand dafür interessiert, was man denn zur Zeit so im Produktionsbetrieb oder in der Montagehalle trägt.

Bei den nachfolgenden Beispielen sollen vernünftigerweise nur die Standards aufgeführt werden, die man heute unter »formeller Kleidung« zu verstehen hat. Das heißt also, diese Beispiele gelten für *gehobene Positionen* in solchen Unternehmen und Institutionen, in denen auf traditionelle Bekleidung Wert gelegt wird.

Als Grundregel sollte »Mann« beachten:

- Je dezenter die Kleidung ist – das heißt: nicht zu auffällig oder zu modisch –, um so vornehmer wirkt sie.

Natürlich muß alles einen sehr gepflegten Eindruck machen.

Unter *formeller Kleidung für Herren* versteht man gegenwärtig:

- Gedeckter Anzug (keine leuchtenden oder hellen Farben) oder auch kombinierter Anzug, auf keinen Fall zu modisch;
- Oberhemd mit Kragen und Manschetten; Doppelmanschetten trägt man heutzutage seltener, sie gelten aber nach wie vor als sehr elegant;
- Schmuck-Manschettenknöpfe können, müssen heute aber nicht mehr sein *(Näheres zu Schmuck siehe weiter unten);*
- Krawatte, die nicht zu »laut« sein sollte, eventuell auch Einstecktuch, das immer mal wieder in Mode kommt;
- Dunkle Socken, passend zum Anzug (weiße Socken gehören nicht zur formellen Kleidung);
- Saubere, blank geputzte, dunkle Schuhe, passend zum Anzug;

# Kleidung und Bekleidungsvorschriften

hellere Schuhe sind höchstens zu einem hellen Sommeranzug während des Tages erlaubt;
- Am Abend trägt ein Herr offiziell nur schwarze Schuhe.

☝ Das ästhetisch aussehende Stofftaschentuch gehört nach wie vor zur korrekten Herrenausstattung.

☝ Papiertaschentücher sind nur zusätzliche Utensilien für allerlei praktische Zwecke *(siehe Abschnitt ›Die unerläßlichen »Kleinigkeiten«‹).*

☝ Zu Hause sollten Schuhspanner benutzt werden, damit die Schuhe keine »Sorgenfalten« bekommen.

☝ Die Krawatte resp. Schleife (= Fliege) muß täglich neu gebunden werden, weil ihr Aussehen sonst dramatisch leidet.
*(Siehe dazu Abbildungen Seite 147/148)*

☝ Eine teure Krawatte sollte mindestens 36 Stunden ruhen dürfen, bevor sie wieder gebunden wird.

**Der wichtige Tip**

👎 Wenn Freizeitkleidung mit offizieller Bekleidung verwechselt oder kombiniert wird. Ausschließlich in den Freizeitbereich bzw. in den Produktionsbetrieb gehören zum Beispiel:
- Jeans,
- Tennisschuhe und Sandalen,
- Schuhe mit dicken Kreppsohlen.

👎 Peinlich sind:
- weiße Socken zum Anzug,
- schmutzige oder staubige Schuhe.

👎 In einer nichtprivaten Umgebung die Krawatte zu lockern und den Kragenknopf zu öffnen

**Die häufigsten Fehler**

oder sonstige »Erleichterungen« in Anspruch zu nehmen. Das gilt als ein »Fauxpas«! (Bei *extrem hohen* Temperaturen können zwischen den Anwesenden Sonderregelungen vereinbart werden.)

☹ In Gegenwart fremder Frauen/Damen – auch Kolleginnen sind damit gemeint! – das Jackett abzulegen. Das ist ein eindeutiges Zeichen dafür, daß man diese Frauen/Damen nicht besonders respektiert.

In unkorrekter, legerer Aufmachung vor seinen Chef oder seine Chefin zu treten; das wird er oder sie als eine unmißverständliche persönliche Mißachtung verstehen.

Wenn bei Konferenzen oder Besprechungen Damen anwesend sind, ist es ein Gebot der Höflichkeit, die anwesende/n Dame/n um Erlaubnis zu bitten, das Jackett ablegen zu dürfen. Dieses Thema ist aber so heikel, daß es stets *dem Ranghöchsten* vorbehalten ist, diese Frage zu stellen oder als erster das Zeichen dafür zu geben, daß eine legere Kleiderordnung angesagt ist.

### Die korrekte Bekleidung der berufstätigen Frau

Für Frauen mit Stil ist es selbstverständlich, daß sie sich im beruflichen Alltag nicht in der gleichen Weise kleiden oder zurechtmachen, wie sie es in ihrer Freizeit tun oder wenn sie abends ausgehen. Das bedeutet, daß sie stets darauf achten sollten, daß ihre berufliche Kleidung auch der Art ihrer Tätigkeit angepaßt ist. Es gilt als Ausdruck schlech-

## Kleidung und Bekleidungsvorschriften

ten Geschmacks, wenn eine Frau im beruflichen Alltag mit ihrer Bekleidung besonderen Wert auf die *Betonung ihrer körperlichen Reize* legt. Andererseits ist damit keineswegs gemeint, daß sie sich in Sack und Asche hüllen muß, um ins Büro zu gehen. Eine erfolgreiche Frau wird erst abends ausgesprochen weiblich wirken wollen, während sie im Berufsalltag für ihre Kleidung lieber einen etwas neutraleren Stil wählt.

*Neutraler Stil für den Berufsalltag*

Um es auf einen kurzen Nenner zu bringen:
- Eine Frau soll ruhig attraktiv angezogen ins Büro gehen, aber sie sollte sich *nicht zu auffallend* weiblich kleiden.

Für erfolgreiche Frauen gilt die Grundregel, daß ihre Bekleidung stets dezent und nicht *zu* auffallend weiblich oder *zu* modisch sein muß. Und natürlich soll alles einen sehr gepflegten Eindruck machen.

*Korrekt angezogen* ist die erfolgreiche Berufstätige immer mit
- einem Kostüm,
- einem dezenten Kleid oder
- mit einem gutsitzenden Hosenanzug.

Vorsichtshalber möchte ich jedoch darauf hinweisen, daß es heutzutage grundsätzlich keinen Unterschied im Bekleidungsstil bedeutet, ob eine Frau zu einem Blazer oder einer Kostümjacke eine Hose oder einen Rock trägt. Der Stil wird durch ganz andere Faktoren bestimmt. Dafür sind zum Beispiel die Qualität des Stoffes, der Schnitt und die Verarbeitung ausschlaggebend. Auch macht es einen großen Unterschied, ob es sich um einen sportlichen, einen eleganten, einen sehr femininen Look oder einen alternativen Naturlook handelt. Ebenso ist es für den Stil viel entscheidender, ob ein Rock lang oder ganz kurz ist und wie er verarbeitet wurde. Um den Unterschied zwischen einem Kostümrock und einer Anzughose festzustellen, muß man schon sehr genau hinsehen. – Das heißt: Ein Chef kann *nicht aus Gründen des Stils* von seiner Sekretärin verlangen, daß sie stets Röcke trägt – wenn er es doch verlangt, so hat das ganz andere Gründe.

Unter *formeller Kleidung für Frauen/Damen* versteht man gegenwärtig:

- Die Schultern sollen bedeckt sein. Das bedeutet: stets – auch im Hochsommer – mindestens kleine Ärmel.
- Das Kleid oder das Kostüm sollte in Schnitt und Aufmachung der Position entsprechen. Wenn die beruflichen Aufgaben mit Repräsentationspflichten oder Kundenkontakten usw. verbunden sind, kann es für das Image des Unternehmens sehr wichtig sein, daß auch die Büromanagerin/Chefsekretärin schon auf Grund ihrer Kleidung seriös und kultiviert wirkt.
- Und auch das muß sein: ungeachtet der Außen- oder Innentemperaturen sind Strümpfe (resp. Strumpfhosen) für die korrekte Bekleidung einer Frau unerläßlich. (Leider selbst bei 33 Grad im Schatten!)
- Frauen in Führungspositionen kleiden sich nach wie vor betont formell; das heißt Kostüm, Jakkenkleid oder ähnliches.

## Kleidung und Bekleidungsvorschriften

*Die häufigsten Fehler*

- Im Grunde ist die Ursache vieler »Mißgriffe« die gleiche wie bei den Herren: es wird Freizeitkleidung mit offizieller Bekleidung verwechselt oder kombiniert.
- Ausschließlich in den Freizeitbereich bzw. in den Produktionsbetrieb gehören zum Beispiel:
  - Mini-mini-Röcke,
  - Kleider mit großem Dekolleté,
  - auffallend durchsichtige oder ausgesprochen wallende Kleider,
  - knirsch-enge Röcke oder Hosen (die spannende Frage heißt: halten die Nähte das Hinsetzen noch einmal aus oder krachen sie jetzt gleich?),
  - Spaghetti-Träger und enge T-Shirts,
  - aufreizende oder andere Freizeitkleidung,
  - Jeans – und Leggings(!),
  - nackte Beine und – logischerweise – nackte Füße.
- Im Beruf nicht angebracht ist ebenfalls eine mitgeführte Sammlung von Armreifen und Armbändern.

- Peinlich sind:
  - nackte Beine im Büro,
  - unordentlicher Rocksaum,
  - Laufmaschen,
  - ungepflegte oder nichtgeputzte Schuhe,
  - schiefgetretene Absätze.

*Der wichtige Tip*

- Bei sehr hohen Temperaturen erteilen gewitzte Kolleginnen von sich aus ihren männlichen Kollegen die Erlaubnis zum Ablegen der Jacketts, bevor sie darum gebeten werden.

## Bekleidungsvorschriften bei offiziellen Anlässen

Mit bestimmten gesellschaftlichen Veranstaltungen sind auch ganz feste Vorstellungen darüber verbunden, welche Kleidung zu dieser oder jener Gelegenheit zu tragen ist. An diesem Thema entzünden sich jedoch häufig heiße Diskussionen, etwa über die Fragen:

- Weshalb soll man zu einer Einladung oder einer offiziellen Veranstaltung nicht einfach das anziehen können, was man/frau will?
- Ist es denn nicht allein eine Frage des persönlichen Geschmacks, was man wohin anzieht?
- Wen außer einem selbst geht es überhaupt etwas an, was jemand an Kleidung trägt?
- Wie soll man denn überhaupt wissen, was von einem an Aufmachung erwartet wird, wenn man zu dieser oder jener offiziellen oder größeren privaten Veranstaltung eingeladen worden ist?

Über dieses Bündel von Fragen, das einem immer wieder entgegengehalten wird, sollten noch einige Sätze verloren werden.
Es ist eine einleuchtende Feststellung, daß jeder Gastgeber jedweder Veranstaltung das Recht hat, den Stil seiner Veranstaltung festzulegen. Gastgeber geben den Rahmen vor, sie bestimmen darüber, wer eingeladen wird und wer nicht, und sie machen sich Gedanken darüber, wer zu wem »paßt« und was gegessen und getrunken werden soll. Bei großen berufsorientierten Veranstaltungen planen die Gastgeber nicht nur den Inhalt des Kongresses oder des Festakts, auch hier spielt der Rah-

## Kleidung und Bekleidungsvorschriften

men, in welchem das alles stattfinden soll, eine entscheidende Rolle. *(Näheres hierzu in Kapitel 6)*
Eigenartigerweise denkt man bei dem Begriff »Rahmen« eher an die Räumlichkeiten, den Blumenschmuck und die Raum- und Tischdekoration – vor allem aber an das Essen. Jedoch das wichtigste Element eines gesellschaftlichen Rahmens wird oft vergessen: das ist die Kleidung der Teilnehmer/innen bzw. der Gäste. Man stelle sich doch einmal ein großes Bankett vor: es gibt eine sehr schön dekorierte Tafel, eingedeckt mit kostbarem Kristall und Tafelsilber, es gibt wunderschöne Blumenarrangements auf den Tischen und mehrarmige Kerzenleuchter aus schwerem Silber – und dann kommen die Gäste. Sie kommen in Jeans und T-Shirts, alles leicht verschwitzt, an den Füßen staubige Schuhe, die Haare ungekämmt, der Teint der Damen glänzt wie Speckschwarte. Wem würde da noch einfallen, daß es sich um einen festlichen Rahmen handelt?

*Kleidung der Gäste als wichtigstes Element eines gesellschaftlichen Rahmens*

Es sind ohne Frage stets die Gäste, die durch den Stil ihres Auftretens und ihrer Kleidung eine Veranstaltung prägen. Und weil das so ist, ist es auch das gute Recht der Gastgeber, in bezug auf die Kleidung der Gäste Wünsche zu äußern, damit alles zueinander paßt. Denn

- das Outfit der Gäste ist ein wichtiger Bestandteil des Stils einer Veranstaltung, den jeder Gastgeber bestimmen darf.

Wenn man also eine Einladung zu einer gesellschaftlichen Veranstaltung erhält, auf der ein Bekleidungsvorschlag vermerkt ist, so muß man diesen »Vorschlag« als bindend betrachten. Er findet sich entweder als *Bekleidungsvermerk* schriftlich auf den Einladungen, oder er kann auch mündlich geäußert werden. Sollte man/frau wirklich nicht das Entsprechende anzuziehen haben, so sagt man höflich ab. Etwas anderes anzuziehen, kommt nicht in Frage.

Denn verletzte man diesen geplanten Stil oder mißachtete ihn einfach, so würde das als eine grobe Unhöflichkeit gegenüber den Gastgebern verstanden – eben als sehr schlechtes Benehmen.

*Weder »overdressed« noch »underdressed«!*

Dabei ist es gleich schlimm, ob man »overdressed« hingeht – das heißt, man zieht sich eleganter an als die übrigen Gäste; dadurch deklassiert man die anderen, die sich an den Bekleidungsvorschlag gehalten haben. Ist man dagegen »underdressed«, das heißt, für den Anlaß zu schlicht oder zu einfach gekleidet, bringt man dadurch seine Mißachtung gegenüber den Gastgebern zum Ausdruck; denn man würdigt ihre Einladung herab. Daß normale Gastgeber weder von dem einen noch von dem anderen Verhalten begeistert sein können, liegt auf der Hand. Aber noch »unangenehmer« als die Gastgeber reagieren die anderen Gäste, die sich an den Wunsch der Gastgeber oder an die allgemeine Kleiderordnung gehalten haben: die fühlen sich nämlich ver ... ulkt!

Mit den meisten gesellschaftlichen Veranstaltungen sind bereits bestimmte Vorstellungen darüber verbunden, welche Kleidung zu dieser oder jener Gelegenheit zu tragen ist (siehe weiter unten). Oder es gibt einen *Bekleidungsvermerk* auf der schriftlichen Einladung. Im privaten Rahmen kann der Bekleidungswunsch der Gastgeber auch mündlich geäußert werden. Nochmals:

## Kleidung und Bekleidungsvorschriften

- Diesen Bekleidungsvermerk muß man als *bindend* betrachten.

Alle *offiziellen Bekleidungsvorschriften* beziehen sich stets nur auf die Herrenbekleidung; man geht davon aus, daß die Dame dann schon das »Entsprechende« anzuziehen weiß. Hier gibt es einen Hauch von individueller Freiheit für die Frau!

Die *offiziellen Bekleidungsvermerke* können lauten:

- Straßenanzug oder Business suit = Geschäftsanzug,
- dunkler Anzug,
- Stresemann = kleiner Gesellschaftsanzug (am Tag),
- Cut/Cutaway,
- Smoking = Abendanzug = Dinnerjacket = cravate noire = black tie = kleiner Gesellschaftsanzug (am Abend),
- großer Gesellschaftsanzug = Frack = cravate blanche = white tie.

Bei *größeren Privateinladungen* kann es heißen:

- leger,
- sommerlich,
- festlich,
- Abendanzug = Smoking.

Für einige *offizielle Veranstaltungen* gibt es eine durch Tradition festgelegte Kleiderordnung, dadurch erübrigt sich oft ein Bekleidungsvermerk. Die nachfolgenden Beispiele sollen zur Orientierung in den Fällen dienen, in denen eine offizielle Einladung keinen entsprechenden Bekleidungsver-

merk enthält. Über den Anzug hinaus werden auch noch weitere, sichtbare Bestandteile der Bekleidung angesprochen werden.
Und hier werden auch Beispiele für die offizielle Bekleidung der Damen genannt.

## Was ist die offizielle Bekleidung zu welcher Gelegenheit?

|  | für ihn | für sie |
|---|---|---|
| Akademische Feier Festakt | Stresemann/Cut weißes Hemd Krawatte grau oder silbergrau schwarze Kniestrümpfe schwarze Schuhe | elegantes Kostüm in gedeckten Farben *immer:* Strümpfe (bzw. Strumpfhose) |
| Vormittags-Empfang | schwarzer Anzug oder dunkler Anzug weißes Hemd, Krawatte, silber bzw. gedeckte Farben dunkle Socken oder Kniestrümpfe schwarze Schuhe | Kostüm oder elegantes Jackenkleid *immer:* Strümpfe |
| Lunch/Brunch | normaler Business-Anzug Krawatte Socken dunkler als der Anzug | elegantes Tageskleid je nach Jahreszeit *immer:* Strümpfe |
| Cocktailparty | gedeckter Straßenanzug oder dunkler Anzug, Krawatte dunkle Kniestrümpfe schwarze Schuhe | Nachmittagskleid oder Cocktailkleid *immer:* Strümpfe |

# Kleidung und Bekleidungsvorschriften

## Abendeinladungen

Bei Abendeinladungen gilt stets die Kleidervorschrift, die auf der Einladung vermerkt ist. Fehlt ein Vermerk, sollte man sich vorher – am besten bei den Gastgebern selbst – erkundigen, was »man« denn an dem Abend trägt.

Allgemein gelten folgende Regeln:

|  | *für ihn* | *für sie* |
|---|---|---|
| *Ball* | Smoking<br>Smokinghemd, weiß oder pastell<br>Kummerbund oder Weste<br>Fliege/schwarz oder farbig<br>schwarze Kniestrümpfe<br>schwarze Schuhe oder Lackschuhe | Abendkleid, kurz oder lang – je nach Mode, Typ und Alter oder Abendanzug<br>*immer:* Strümpfe |
| *Bankett/Diner (Dinner)* | Smoking<br>Smokinghemd weiß oder pastell<br>evtl. Weste mit passender Fliege<br>im Sommer: Dinnerjacket<br>Smokinghemd weiß oder pastell<br>Fliege/schwarz<br>schwarze Kniestrümpfe<br>schwarze Schuhe oder Lackschuhe | Abendkleid, vorzugsweise mit bedeckten Schultern, bei einem großen Dekolleté ist ein Cape oder eine Stola zum Bedecken der Schultern zweckmäßig<br>*immer* Strümpfe |

Dazu noch einige *Erläuterungen*:

Der *Smoking* ist *der* klassische *Abendanzug*. Er besteht aus einer Hose ohne Aufschlag mit Seidengalons (= aufgesetzte Längsstreifen an den Außenseiten der Hose), einem Jackett mit einem seidenen (Satin-)Schalkragen oder Satinrevers und entweder seidener Weste mit Schleife (Fliege) aus dem gleichen Stoff oder mit »Kummerbund« und (schwarzer) Fliege. Dazu trägt man ein weißes Hemd mit allen erdenklichen Verzierungen wie Rüschen, Biesen oder Spitzen. Die Hemdenknöpfe lassen der Fantasie ebenfalls freien Lauf, sie dürfen auch gern aus reinen Brillanten bestehen (Bodyguard nicht vergessen!). Der elegante Smoking ist einreihig und schwarz, es gibt ihn aber auch in verschiedenen dunklen Farben und auch als Zweireiher.

Im Sommer, auf einer Gartenparty oder auf einer Schiffsreise kann der Smoking mit einem hellen, fast weißen Jackett zur normalen Smokinghose getragen werden – das ist bei uns das eigentliche *Dinnerjacket* – dazu trägt man ein weißes oder pastellfarbenes Smokinghemd mit dunkler Schleife.

*Smoking nicht vor 19 Uhr!*

Der Smoking unterliegt einem alten, nach wie vor gültigem *Tabu*, gegen das man nicht verstoßen sollte: er darf das Tageslicht *nicht vor 19 Uhr* erblicken!

Der *Stresemann* ist ein Gesellschaftsanzug, der zu offiziellen oder festlichen Gelegenheiten *während des Tages* getragen werden kann. Er besteht aus einer schwarz-grau gestreiften Hose mit einreihigem, schwarzem Jackett. Dazu trägt

## Kleidung und Bekleidungsvorschriften

man ein weißes Hemd mit grauer Weste und grauer oder silbergrauer Krawatte. Eine Krawattennadel ist beim Stresemann das »Tüpfelchen auf dem i«.

Der *Cut* – oder voll ausgeschrieben: *Cutaway* – ist der hochoffizielle *Gesellschaftsanzug für den Tag*. Er ist so etwas wie der große Bruder des Stresemann und wird auch gern »Frack des Tages« genannt (und heutzutage ebenso selten gebraucht). Er hat die gleiche schwarz-grau gestreifte Hose wie der Stresemann, dazu gehört dann ein einreihiges, schwarzes Jackett, das, von vorne nach hinten abgeschrägt, in lange Schöße übergeht. (Der Anblick von hinten erinnert lebhaft an einen Pinguin.) Dazu trägt der Herr normalerweise eine graue Weste – für Trauerfeiern ist die Weste aus dem gleichen Stoff wie das Jackett – und ein weißes Hemd, dazu entweder ein Plastron, das mit einer Krawattennadel geschmückt wird, oder eine Krawatte in Silbergrau oder Weiß gemustert. Zum Cut gehören stets edle Manschettenknöpfe.

Der Cut gilt heutzutage als ein eher altertümliches Kleidungsstück, das nur noch bei hochoffiziellen Gelegenheiten, wie Staatsempfängen und Staatsbegräbnissen getragen wird, oder auch bei allerlei Anlässen, auf denen sich der europäische Adel selbst feiert, wie zum Beispiel Fürstenhochzeiten oder Gartenpartys der englischen Königin. Wenn man in diesen Kreisen nicht allzu oft verkehrt, braucht man sich in unserer Zeit über die Anschaffung eines Cut eigentlich keine großen Gedanken zu machen.

**Der wichtige Tip**

① Es gilt als äußerst unfein, zu einer Einladung oder Veranstaltung »unpassend« gekleidet zu erscheinen.

*Unpassende Kleidung* nennt man zum Beispiel:

- wenn jemand für den Anlaß falsch gekleidet ist, das heißt
  - wenn man/frau »overdressed« – also für den Anlaß zu chic
  - oder »underdressed« – also für den Anlaß zu einfach gekleidet – zu einer Einladung geht.

- wenn jemand *zu auffällig* angezogen ist, das heißt, er/sie trägt ein Kleidungsstück, das eigentlich nur für den Laufsteg entworfen wurde. Die wahre Eleganz fällt durch ihre unaufdringliche Schlichtheit ins Auge.

- wenn eine Dame für ihr Alter *zu aufreizend* gekleidet ist. Das großzügige Dekolleté, die superkurze Rocklänge wirken nur bei jüngeren Frauen anziehend.

- wenn die Bekleidung für die *Tageszeit* zu aufwendig ist. Ein teures Modellkleid trägt man zum Beispiel erst ab dem Nachmittag.
  Gegen »Understatement« ist nichts einzuwenden, wenn beispielsweise sehr teure Stoffe in einem schlichten Stil verarbeitet worden sind u. ä.

- Auf jeden Fall sollte man/frau beachten, daß es nicht erlaubt ist, sich in Gegenwart anderer Gäste in bezug auf seine Bekleidung irgendwelche Erleichterungen zu verschaffen. Eine feine

## Kleidung und Bekleidungsvorschriften

Gesellschaft ist immer eine »zugeknöpfte« Gesellschaft.

- Der Anstand und der Respekt vor den anderen verbietet es sowohl *Gästen wie Gastgebern,*
  - die Krawatte zu lockern,
  - den obersten Hemdenknopf zu öffnen,
  - Rock- oder Hosenbund zu öffnen,
  - enge Schuhe unter dem Tisch auszuziehen
  - und Herren, das Jackett abzulegen.

- Wenn man mit dem Bekleidungswunsch »Festliche Kleidung« eingeladen hat oder eingeladen wurde und an dem Abend der Veranstaltung herrschen plötzlich Temperaturen von über 25 Grad, dann gibt es nur einen anständigen Weg zur Rettung des Abends:

- Die Gastgeber können gleich *beim Eintreffen* der Gäste alle Herren auffordern, ihre Jacketts in die Garderobe zu hängen.
  Dadurch besteht die reelle Chance, daß die Oberhemden noch ein frisches Aussehen haben und der erfreuliche Anblick der Herren gerettet wird.
  Wenn es sich aber um eine offizielle Veranstaltung handelt, dann gibt es *keinen Weg*, die oben beschriebenen Vorschriften zu unterlaufen.

- Die eiserne Regel der Herrenbekleidung lautet nach wie vor: *Stresemann und Smoking dürfen sich nie begegnen.*

⓭ Jemand erscheint auf einer Veranstaltung und ist für den Anlaß völlig falsch gekleidet (Fehlerquellen: siehe oben).

*Die häufigsten Fehler*

- Es existiert leider ein weitverbreiteter Irrtum, daß im Laufe eines Festes oder einer gesellschaftlichen Veranstaltung der Hausherr das Zeichen für das *Ablegen der Jacketts* geben solle. Wenn es sich nicht gerade um ein sehr familiäres Fest oder um eine recht lockere Veranstaltung handelt, ist das in jedem anderen Fall ein *Verstoß gegen die Etikette!*
- Herren legen in Gegenwart fremder Frauen/ Damen ihr Jackett ab. Das ist ein eindeutiges Zeichen dafür, daß sie diese Frauen nicht als Damen respektieren – das gilt selbstverständlich auch in bezug auf Kolleginnen in den Führungsetagen des Betriebes.
- Manche Frauen gehen so auffällig angezogen zu einer Veranstaltung, daß sich die anderen Gäste als Zuschauer einer Modenschau mißbraucht fühlen.
- Es gibt immer wieder ältere Damen, die sich für ihr Alter zu jugendlich kleiden. Das wirkt immer und überall nur peinlich.
- Oft ist die Bekleidung für die Tageszeit zu aufwendig gewählt. Ein teures Kleid trägt man zum Beispiel erst ab dem Nachmittag.
- Herren öffnen in einer *nichtprivaten Umgebung* den Kragenknopf oder nehmen sonstige »Erleichterungen« in Anspruch.
- *Peinlich* sind:
  Bei Herren
  - durchgeschwitzte Hemden in Gegenwart fremder Damen,
  - Smoking am Tag,
  - der Anblick von Hosenträgern,
  - braune Schuhe am Abend,

- der Anblick von nackten Männerwaden unter einem Abendanzug,
- weiße Strümpfe zu beruflichen oder offiziellen Anlässen,
- weiße Socken unter Anzugshosen,
- ungeputzte Schuhe,
- abgetretene Absätze.

Bei Damen
- nackte Beine und – logischerweise – nackte Füße bei offizieller Kleidung,
- Laufmaschen,
- schlampiger Rocksaum,
- ungepflegte Schuhe,
- schiefgetretene Absätze.

### Einige größere private Anlässe

*Zum Beispiel* **Hochzeiten**

Die Farbe Weiß bleibt *ausschließlich der Braut* vorbehalten, ganz gleich, ob die Braut ein weißes Kleid trägt oder ein andersfarbiges.

**Auf keinen Fall weiß!**

Das Brautpaar gibt den Stil der Bekleidung vor, der auch von den Gästen eingehalten werden sollte. Das heißt, kein Gast sollte die Brautleute an Eleganz übertrumpfen wollen.

Für weibliche Hochzeitsgäste gibt es keine allgemeinen Vorschriften außer der, sich nach dem Stil der Braut zu richten. Damit ist die Frage, ob eine Dame zu einem Hochzeitsfest ein kurzes oder ein langes Kleid tragen sollte, auch beantwortet.

Geht die Braut in langem Kleid zur Trauung, *können* die weiblichen Gäste auch im langen Kleid erscheinen (sie müssen aber nicht, falls es nicht ausdrücklich gewünscht wird).

Trägt die Braut ein kurzes Kleid, ist es für die weiblichen Gäste eine Frage des guten Stils, ebenfalls kurz zu tragen. Ausnahmen sind eigentlich nur älteren Damen erlaubt – und natürlich der Erbtante ...

Der Bräutigam kann in allen denkbaren Arten Fantasie-Anzüge tragen, das ist letztendlich eine Frage des persönlichen Geschmacks – nur *ein Smoking darf es (am Tag) nicht sein!*

Am geeignetsten ist sowohl für den Bräutigam als auch für die männlichen Gäste immer noch ein schwarzer Anzug. Ganz abgesehen davon, daß der schwarze Anzug ein elegantes Kleidungsstück ist; man kann ihn später bei vielen Gelegenheiten tragen.

Selbstverständlich gibt es nach wie vor den »Stresemann« als den korrekten *Tagesanzug* für festliche Gelegenheiten. Der Stresemann *(Näheres dazu siehe oben)* darf nur am Tag getragen werden.

Als Konsequenz aus dieser Regel gehen gewiefte Herren im Stresemann zur Kirche und zur Hochzeitsfeier während des Tages; zum Abend ersetzen sie die gestreifte Hose durch eine schwarze. Damit sind sie während des gesamten Festes jederzeit tiptop gekleidet.

Für hochoffizielle Trauungen und Adelshochzeiten wird immer eine Kleiderordnung herausgegeben, nach der sich selbstverständlich jeder Gast richten wird – oder er geht nicht hin.

*Der peinlichste Fehler*

⊖ Es kommt immer wieder vor, daß der Bräutigam oder einer der Gäste im Smoking zur Trauung erscheint. *Der Smoking ist ausschließlich ein Anzug für Abendgesellschaften* und wirkt in einer Kirche äußerst peinlich.

# Kleidung und Bekleidungsvorschriften

## *Zum Beispiel* **Beerdigungen**

Für Beerdigungen und Trauerfeiern gibt es in unserem Land wesentlich mehr »ungeschriebene Gesetze« als handfeste Vorschriften. Einige dieser »ungeschriebenen Gesetze« lauten:

Je enger die Beziehung oder der Verwandtschaftsgrad zu dem/der Verstorbenen, um so dunkler sollte die Bekleidung der Trauergäste sein.

Für Beerdigungen in ländlichen Gegenden – im gewissen Umfang gilt das aber auch für die Städte – ist es wichtig, die *regionalen, traditionsgeprägten Gepflogenheiten* zu kennen, nach denen sich jedermann zu richten hat.

**Regionale Gepflogenheiten beachten**

Unter Beachtung dieser Grundregeln kann man sich dann nach folgenden allgemeinen Bekleidungsgepflogenheiten richten:

Herren tragen einen sehr dunklen oder schwarzen Anzug mit schwarzer Krawatte, schwarzen Strümpfen und Schuhen.

Damen tragen ebenfalls schwarze oder dunkle Kleidung mit langem Arm – am besten ein Kostüm –, dunkle Strümpfe, schwarze Schuhe, schwarzen Hut und äußerst sparsamen Schmuck.

Bei hochoffiziellen Beisetzungen, Staatsbegräbnissen u. ä. tragen die Herren Cut oder Stresemann, einen schwarzen Zylinder mit Trauerflor und schwarze Handschuhe. Damen tragen ein schwarzes Kostüm mit schwarzem Hut und schwarze Handschuhe.

☹ Über eine schwarze Trauerkleidung wird ein heller Mantel angezogen, so daß der Gesamteindruck während der Beerdigungszeremonie hübsch, hell und fröhlich ist.

**Die häufigsten Fehler**

*Zum Beispiel Theater- und Opernpremieren*

Die ganz große Abendgarderobe – wie Frack und schwarzer Mantel mit weißem Seidenschal für den Herrn, und das große Abendkleid mit langem Abendmantel für die Dame – ist eigentlich nur noch bei Gala-Premieren und bei Premieren an großen Festspielorten üblich.
Zu »normalen« Opernpremieren können der gesetztere Herr Smoking und die Dame ein Abendkleid tragen.
Es ist durchaus korrekt, zu einer normalen Opernpremiere einen dunklen Anzug beziehungsweise ein etwas festlicheres Kleid zu tragen.
Bei Schauspielpremieren ist die Kleidung im allgemeinen weniger förmlich.

Zu einem »normalen« Theater- oder Opernbesuch machen sich heutzutage meist nur noch die Damen und Herren der Elterngeneration schick. Das hat nichts damit zu tun, daß sie sich unbedingt für andere Leute »feinmachen« würden, wie ihnen oft unterstellt wird. Vielmehr gehörte es früher selbstverständlich zur guten Erziehung, durch das Besondere der eigenen Kleidung die Künstler zu ehren. Damit zollte man seinen Respekt vor der »besonderen« Leistung der Künstler und der kunstvollen Umgebung.
Gegenwärtig achten die jüngeren und jungen Leute eigentlich nur noch darauf, daß bei Theaterbesuchen ihre Kleidung sauber und ganz ist. Ansonsten ist eigentlich alles erlaubt, was nicht unangenehm auffällt.

## DIE UNERLÄSSLICHEN »KLEINIGKEITEN«

Die *Krawatte* ist – immer noch – für alle offiziellen und viele berufliche Gelegenheiten ein unerläßliches Accessoire. Gegenwärtig sind es ca. 600 Millionen Männer, die sich weltweit täglich damit abplagen müssen.

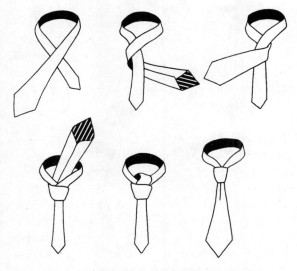

*Der asymmetrische, einfache Four-in-Hand-Knoten*

In unserer Kultur signalisiert die Krawatte, daß ihr Träger über Kompetenz und Macht verfügt. Das gilt natürlich mit den – oben erwähnten – Einschränkungen für bestimmte Branchen und privat nur für bestimmte Gelegenheiten.

In anderen Kulturen bedeutet die Krawatte, daß ihr Träger zur Oberschicht gehört. Das ist insbesondere dort wichtig zu wissen, wo in gepflegten

*Der asymmetrische, einfache Windsorknoten*

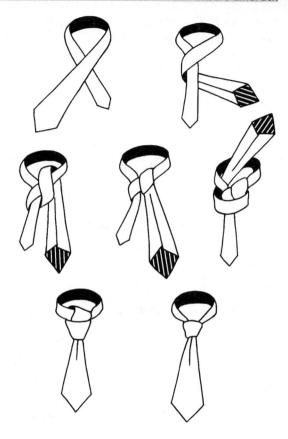

Restaurants, Hotelbars oder auch Kinos für Angehörige der Unterschicht der Zutritt verboten ist. Das heißt konsequenterweise oftmals: entweder Krawatte oder draußen bleiben.

**Der wichtige Tip**

🛈 Nie sollte eine (teure) Krawatte unaufgeknotet abgelegt oder gar längere Zeit so hängen gelassen werden.

Eine ebenso wichtige, unerläßliche Kleinigkeit ist das *Stofftaschentuch,* das als Kulturgegenstand nach wie vor als Accessoire der Bekleidung zu jedem korrekten Anzug bzw. in jede Damenhandtasche gehört.
*Papiertaschentücher* haben dagegen nur einen rein funktionalen Charakter. Sie sind angebracht bei

- Schnupfen – aus hygienischen Gründen,
- verschüttetem Kaffee zur schnellen Schadensbegrenzung,
- regenbesprenkelten Beinen als Reinigungstuch,
- notwendigem Schuhputz im Fahrstuhl und
- allen Gelegenheiten, wo sie sehr vermißt werden, wenn mal keine »Tempos« da sind.

## HUT UND HANDSCHUHE

Einen *Hut* zu tragen war schon immer eine Frage der Mode; und so ist es auch noch heute. Zur Zeit erleben wir gerade eine Epoche, in der das Huttragen wieder etwas in Mode zu kommen scheint. Jede/r kann – muß aber nicht – grundsätzlich einen Hut tragen. Selbstverständlich gibt es Situationen, zu denen überhaupt kein Hut paßt, wie zum Beispiel ein Theaterbesuch. Und auf der anderen Seite gibt es auch solche – stets nur offizielle – Gelegenheiten, bei denen es üblich ist, einen Hut zu tragen.

*Ein Hut ist kein »Muß«*

Falls ein *Herr* einen Hut trägt, gelten für ihn einige alte Vorschriften:

- Auf der Straße sollte ein Herr den Hut etwas »lüften«, wenn er jemanden grüßt.

- Wenn er ein Gebäude oder einen Raum betritt, so muß er den Hut sofort abnehmen.
- Nur für gläubige Juden besteht das Gebot, ihre Kopfbedeckung niemals abzulegen.

Wenn eine *Dame* einen Hut aufsetzt, dann sind dafür ebenfalls bestimmte Regeln zu beachten:

- Im allgemeinen werden Hüte im Freien getragen, und zwar als
  - Kopfbedeckung gegen Sonne oder Luftfeuchtigkeit;
  - Kopfputz, weil ein Hut dekorativ aussieht;
  - Bestandteil offizieller Bekleidung.
- Eine Dame kann ihren Hut auch in geschlossenen Räumen aufbehalten, wenn sie es will – und wenn sie anderen Leuten dadurch nicht die Sicht verbaut.
- Mützen, Schals, Kopftücher usw. sollen in unserer Kulturtradition allerdings nur im Freien getragen werden.

(Andere Kulturvölker haben andere Vorschriften für das Tragen von Tüchern und Schals, wo die Frauen auf Grund religiöser Vorschriften die Haare oder gar das Gesicht verdecken müssen.)

Bei uns gibt es aber auch einige Gelegenheiten, für die es so eine Art »Hutzwang« gibt. Es handelt sich hierbei um offizielle Anlässe, bei denen es die Etikette verlangt, daß Damen einen Hut tragen.

Das sind zum Beispiel:
- offizielle Trauerfeiern und Beerdigungen,
- hochoffizielle Hochzeiten
- und vornehme Veranstaltungen wie Pferderennen u. ä.

Das Tragen von *Handschuhen* ist heutzutage mehr von Zweckmäßigkeit bestimmt und weniger eine Frage der Etikette, wie es früher der Fall war. Damals durften die Herren nur mit weißen Zwirnhandschuhen zum Ball, um beim Tanzen nicht mit ihrem Handschweiß den Stoff des Ballkleides der Dame zu beschädigen. Mit der Erfindung unempfindlicher Stoffe ist auch der Herrenhandschuh von den Bällen verschwunden.

Gegenwärtig gibt es nur noch die Trauerfeier, zu der der *schwarze Handschuh* gehört.

*Weiße Handschuhe* zur Hochzeit sind zwar nicht mehr üblich, aber auch nicht völlig out.

Sonst gibt es nur noch die Regel für das Ablegen bzw. das Anbehalten der Handschuhe.

- ☝ Innerhalb von Räumen wird bei einer Begrüßung der rechte Handschuh abgelegt.
- ☝ Auf der Straße werden im Winter bei einer Begrüßung beide Handschuhe anbehalten.

*Der wichtige Tip*

## SCHMUCK – FÜR HERREN UND DAMEN

Auch das Tragen von Schmuck unterliegt natürlich der Mode und den veränderbaren Maßstäben des »guten« Geschmacks. Dazu kommen noch regionale Unterschiede in der grundsätzlichen Beurteilung des guten Geschmacks. So gibt es in bezug auf das Tragen von Schmuck ein unübersehbares Nord-Süd-Gefälle in Europa, das auch in der Bundesrepublik deutlich wird:

- je mehr nach Norden, desto weniger Schmuck ist am Tag »erlaubt«;
- je mehr nach Süden, um so mehr »schmückt« man sich schon tagsüber.

Unabhängig vom gegenwärtigen Geschmack kann man für Herren und Damen in gleicher Weise feststellen:

- Es wird immer als vornehmer angesehen, weniger Schmuck zu tragen als zuviel; es heißt also immer noch: *weniger ist mehr!*
- Nach dem guten Geschmack wird Schmuck im allgemeinen morgens sparsam und – falls erforderlich – bis zum Abend hin zunehmend angelegt.

Auch beim *Schmuck für Herren* gilt, daß alle Regeln dem ständigen Wandel des Geschmacks unterworfen sind. Deswegen kann man nur von gegenwärtigen Vorgaben des guten Geschmacks für das Tragen von Schmuck sprechen.

Danach gelten für *Herren* derzeit folgende Schmuckstücke als »akzeptabel«:

- eine Uhr – entweder Armband- oder Taschenuhr;
- für jüngere Männer maximal zwei Ringe, wenn einer davon der Ehering ist;
- bei älteren Herren wird auch ein Brillantring akzeptiert;
- Krawattennadel oder -spange, je nach Mode;
- Manschettenknöpfe können – müssen aber nicht überall sein.

- Bei *Uhren* ist noch anzumerken, daß es nicht dem guten Geschmack entspricht, zum Sport eine Uhr zu tragen (es sei denn, man wird dafür extra bezahlt, daß man seine »gesponserte« Uhr anbehält).
- *Armbänder* gelten in traditionalistischen Kreisen noch als problematisch; meiner Auffassung nach sollte das Herrenarmband in jedem Fall zum Typ des Trägers passen.
- *Halsketten* können von Herren zu jeder Gelegenheit, in jeder Ausführung und beliebiger Anzahl umgehängt werden – solange der Kragen geschlossen ist und die Krawatte davorhängt, braucht der Schmuck darunter niemanden zu interessieren.

Noch problematisch sind
– Ohrringe oder Ohrstecker und
– der Nasenflügelbrillant.

Bei den *Damen* entspricht folgendes derzeit dem guten Geschmack:
- Schmuck sollte morgens sparsam angelegt werden.
- Im Beruf sollte der Schmuck niemals während der Arbeit hinderlich sein oder gar stören.
- Eine größere Juwelensammlung wird eigentlich erst am Abend angelegt.

## FREIZEITKLEIDUNG

Die Freizeitkleidung ist die wohl jüngste Branche innerhalb der Bekleidungsindustrie; sie ist eigentlich ein Kind der Sportbekleidung.

Vor nicht allzuweit zurückliegender Zeit zog man/frau zu Hause oder im Garten einfach »etwas Altes« an. Die Zeiten sind im Westen Deutschlands nun schon seit Jahren vorbei. Als ein sehr expansionsfreudiges Kind der Freizeitindustrie hat sich im Westen die Bekleidungsbranche über alle nur erdenklichen Freizeitbeschäftigungen hergemacht. Ich glaube, nur noch Schrebergärtner/innen und Modelleisenbahner/innen sind bisher von besonderen »Freizeit-Uniformen« verschont geblieben – sie können noch ohne Imageverlust die vorher erwähnten »alten Sachen« anziehen – oder einfach das tragen, wozu sie Lust haben.

Kaum hat jemand eine neue Sportart erfunden oder ist auf die Idee gekommen, einer alten Sportart ein neues Image zu geben, schon gibt es eine ganz spezielle Sportkleidung für diese Betätigung. Denken wir an die Von-Kopf-bis-Fuß-Ausstattung zum Joggen (früher: Dauerlauf) oder an die Leggings und fußlosen Socks (= Strickstrümpfe), die man für Aerobic (früher: Gymnastik) braucht. Kein Radfahrer, der etwas auf sich hält, wird in flatternden Hosen fahren – man braucht die Radlerhose. Und die wird dann – weil es angeblich sportlicher aussieht als normale lange Unterhosen – auch als wärmende Herrenunterwäsche von Fußballern oder Tennisspielern getragen. (Tennisspielerinnen habe ich so etwas noch nicht tragen sehen – oder?)

Viele dieser Neuheiten verdanken wir den USA. Dort sitzen praktischerweise auch gleich die entsprechenden Sportartikelfirmen, die dann das gewinnversprechende Outfit mittels eines enormen

## Freizeitkleidung

Werbeaufwandes massenhaft auf den Markt bringen können.

Nun muß man ja offen zugeben, daß nicht jede Sportkleidung automatisch auch zu einem Massen-Verkaufsschlager wird. Hier kann man als Beispiel die Bekleidung der Eishockey-Spieler, der Eiskunstläuferinnen oder der Skispringer nennen. Andere Sportkleidung, wie die der Jogger, der Radfahrer oder Golfer/innen beispielsweise, wird auch außerhalb der Wettkampfstätten getragen.

Der größte Hit der Freizeitbekleidung kommt allerdings nicht aus der Sportmode, sondern aus der Arbeitswelt. Der »Blaumann« der Amerikaner, der als Gegensatz zur europäischen Arbeitshose vor über 100 Jahren von der Firma Levis & Son ohne Latz konzipiert wurde, schlägt weltweit alle Verkaufsrekorde. Die Jeans aus grober Baumwolle haben sich als einzige Arbeitskleidung der Welt in der Zwischenzeit in alle Winkel der Erde verbreitet.

*Jeans – der »Blaumann« aus den USA*

Selbstverständlich wollten und wollen an so einem beliebten Kleidungsstück viele verdienen. Und da es nichts gibt, was man reichen Leuten nicht verkaufen könnte – vorausgesetzt, es ist recht teuer –, haben sich auch die Modemacher dieser Arbeitshose angenommen. Mit der schlichten Idee, diese Hose als »Edel-Jeans« unter die Geldleute zu bringen, hatten sie ihre Goldgrube entdeckt. Obwohl in den wirklich feinen Kreisen niemand auf die Idee käme, sich mit blauen Baumwollhosen unter gut angezogene Leute zu mischen – zum Beispiel darf man mit Jeans auf englischen Golfplätzen noch nicht einmal den Platz, geschweige denn das Clubhaus betreten –, versucht die Modebranche nach wie vor, diese einmalige Verdienstspanne möglichst lange am Leben zu erhalten. Deswegen werden Jeans immer wieder neu propagiert.

Zeitweise war es ja gelungen, Jeans – getragen mit einem Kragenhemd, Krawatte und Sakko – als sportliche Eleganz zu verkaufen. Diese Zeiten sind aber schon einige Jahre vorbei. Nun wartet man darauf, daß jemand zum Beispiel den sündhaft teuren Designer-Küchenkittel mit Goldtressen erfindet. Jedoch würde auch für diesen Fall eines schon feststehen: Küchenschürze bleibt Küchenschürze!

**Keine Jeans im Büro!**

Jeans sind für Männer und Frauen, für Kinder und Alte, für Arme und Reiche ein wunderbares Freizeit- und ein sehr praktisches, strapazierfähiges Arbeitskleidungsstück. Aber weder am Abend noch bei gehobenen Berufen im Büro hat diese Hose etwas zu suchen.

Das eigentliche Problem ist damit aber bereits angesprochen; es entsteht erst dort, wo Menschen glauben,

- Sport- oder Freizeitkleidung könne auch außerhalb der sportlichen Betätigung oder gar außerhalb der Freizeit – nämlich im Beruf – getragen werden.

Niemand hat ernsthaft etwas dagegen, wenn sich jemand für jede einzelne Sportart oder Freizeitbetätigung eine speziell dafür entwickelte Bekleidung anzieht. Ein Problem entsteht erst dann, wenn zum einen Er oder Sie sich nicht nach diesen eng definierten Zweckbestimmungen richtet und das Falsche am falschen Ort trägt. Dann kann es sein, daß Er oder Sie sich blamiert.

Noch unangenehmer aber ist zum anderen, wenn unsere Landsleute im Urlaub in fremden Ländern im Jogginganzug in ein Restaurant gehen oder gar eine sakrale Stätte besichtigen. Dann blamieren sie sich nicht nur selbst, sondern unsere ganze Nation. *(Dazu Näheres im Kapitel 10)*

Nicht nur in Deutschland, nicht nur im gesamten Europa, sondern selbstverständlich in der gesamten übrigen Welt gilt das gleiche *Grundgesetz des guten Geschmacks:*

- Freizeitkleidung ist *Freizeit*kleidung.

Das Tragen dieser besonderen Kleidung ist deswegen auch nur an die (Freizeit-)Sportstätten oder Freizeitgelände gebunden.

*Die häufigsten Fehler*

- von *Herren*
  - im Jogginganzug zum Stadteinkauf zu gehen;
  - Tennissocken zum Straßenanzug;
  - im Sommer mit kurzen Hosen zur Arbeit zu gehen;
  - mit Jeans im Büro zu erscheinen.
- von *Damen*
  - Radlerhosen oder Leggings im Beruf;
  - Jeans im Büro.
- von *beiden*
  - das Auftreten in Restaurants in kurzen Hosen oder anderer Freizeitkleidung.

## DIE »UNGESCHRIEBENEN GESETZE« GUTEN BENEHMENS

Es gibt eine Reihe von Vorschriften für unser Benehmen, die uns schon von klein auf so beigebracht werden, daß uns diese Regeln wie völlig selbstverständlich vorkommen. Sobald wir dann selbst Eltern sind, geben wir genau dieselben Vorschriften wieder an unsere Kinder weiter. Solche ungeschriebenen Regeln sind zum Beispiel, daß wir beim Handgeben die rechte Hand reichen, es sei denn, jemand ist aus besonderen Gründen daran gehindert, die Rechte zu geben. Schon als Kind werden wir dazu angehalten: »Gib das schöne Händchen!«

Dieses ist ein typisches Beispiel für ein »ungeschriebenes Gesetz«, gegen das eigentlich fast nie verstoßen wird. Und zwar deswegen nicht, weil in diesem Fall weder unsere Bequemlichkeit noch unsere Faulheit dagegenstehen; wenn man schon jemandem die Hand geben muß, dann bedeutet es im Normalfall auch keinen zusätzlichen Aufwand, demjenigen halt die rechte Hand anstatt der linken zu reichen. Deswegen läuft damit normalerweise auch nichts schief.

*Ganz* anders verhält es sich mit den Vorschriften, die wir zwar auch von klein auf kennen, die aber entweder Einschränkungen bedeuten, das Ertragen von Unbequemlichkeiten oder uns gar einen Energieaufwand abverlangen. Da liegt es dann schon recht nahe, daß man sich vor diesem Aufwand zu drücken versucht – zumindest dann, wenn man allein ist. Dafür hat man heutzutage ja auch Verständnis – ganz im Gegensatz zu früher, wo die Selbstdisziplin bis in die Einsamkeit des stillen Kämmerleins zu reichen hatte.

Kritisch wird es im Hinblick auf die »ungeschriebenen Gesetze« aber nicht erst dann, wenn man in der Öffentlichkeit steht. Schon im Beruf unter Kol-

## Die »ungeschriebenen Gesetze« guten Benehmens

legen/innen oder auch unter Freunden werden Verstöße dagegen von anderen meist als *peinlich* empfunden.

Hierfür einige Beispiele:

- In Gegenwart anderer sollte man sich nie am eigenen Körper ausgiebig anfassen, zum Beispiel hingebungsvoll kratzen, kraulen oder streicheln.
- Desgleichen ist es natürlich verpönt, sich in Gegenwart anderer Leute in der Nase zu bohren oder die Fingernägel zu säubern oder sonstwie zu »behandeln«.
- Ebenso gilt es als äußerst unfein, in offiziellen Situationen – zum Beispiel auf einem Empfang, in einer Konferenz oder in einem eleganten Restaurant – laute Geräusche von sich geben. Da sollte man weder zu laut *lachen* noch geräuschvoll *gähnen*. (Geübte können völlig geräuschlos durch die Nase gähnen.) Sofern unvermeidbar, sollte man geräuschlos gähnen und sich die Hand vor den Mund halten.
- Das gleiche gilt auch für das *Husten* oder *Niesen;* hierbei empfiehlt es sich – wann immer die Zeit dazu noch reicht – ein Taschentuch vor den Mund bzw. vor Mund und Nase zu halten.
- Als ganz peinlich wird der natürliche Körpergeruch anderer Leute empfunden. Das darf heutzutage eigentlich niemandem mehr passieren, denn dagegen hält die Kosmetikbranche für alle erdenklichen Hauttypen das entsprechende Mittel bereit.
- In Gegenwart anderer *Kaugummi* zu kauen ist bei uns absolut verpönt. Es gilt gleichfalls als ungehörig, irgend etwas zu lutschen oder zu kauen, während man mit anderen spricht.

*Auf keinen Fall zu laut lachen oder gähnen*

## DER UMGANG MIT »PEINLICHKEITEN«

Es wäre ziemlich realitätsfern, wenn ich so täte, als ginge es überall nur höflich und manierlich zu und als wären wir alle nur von gut erzogenen Menschen umgeben. Dem ist natürlich nicht so.

Also erheben sich die berechtigten Fragen:

Was tut man,
1. – wenn sich jemand *in unserer Gegenwart* »vorbeibenimmt«?
   Wie reagiert man denn als jemand, der entweder von der Unhöflichkeit anderer *direkt betroffen* ist? Oder
   – wenn man als Anwesender nur ein *unbeteiligter Zuschauer* schlechten Benehmens ist?

2. – wenn man *selbst der »Unglücksrabe«* ist, also der- oder diejenige, dem/der gerade etwas Ungehöriges »passiert« ist?

Zum ersten:

Wenn man mit schlechten Manieren direkt konfrontiert wird, erfordert es die Selbstachtung, daß man diese Situation so schnell wie möglich beendet.

- Sei es, daß man es mit einem Menschen zu tun hat, der in provozierender Weise unhöflich, ja unverschämt ist.

In solchen Fällen läßt man denjenigen einfach stehen oder bittet ihn, den Raum zu verlassen. Die gute Kinderstube erlaubt keine andere Möglich-

## Der Umgang mit »Peinlichkeiten« 161

keit, und schon gar nicht die, sich auf die gleiche Ebene zu begeben und Unverschämtheiter auszutauschen.

- Sei es, daß man in unerträglicher Weise von anderer Leute Körpergeruch belästigt wird.

Es ist keine Frage, daß man jemanden auf dessen Nachlässigkeit aufmerksam machen *darf*. Man kann denjenigen zum Beispiel höflich auf die Tatsache hinweisen, daß das benutzte Deodorant wohl nicht ganz ausreicht und leider sein Körpergeruch für andere eine Zumutung ist. Die Frage ist nur, ob man sich das zu sagen traut. Denn ob das *dadurch* erst zu einer Riesenpeinlichkeit oder ein voller Erfolg wird, hängt von ungeheuer vielen Faktoren ab, wie zum Beispiel auch davon, wie gut man sich kennt.

Das Dumme ist doch, daß es uns peinlich ist, den anderen auf dessen Peinlichkeiten aufmerksam zu machen. Und leider gibt es dafür auch keine allgemeingültigen Antworten *(Begründung: siehe Absatz »Zum zweiten«).*

Manchmal kann man mit Humor eine solche Situation retten. Das kommt aber ganz auf den Typ an, denn in erster Linie hängt alles von den beteiligten Personen ab, wie unangenehm eine solche Bemerkung wird. Meistens traut man sich aber nicht, und vor Peinlichkeit bleibt einem jede Bemerkung im Hals stecken.

Ist man dagegen nur unbeteiligter Zuschauer eines peinlichen Geschehens oder Benehmens, dann erfordert es die gute Erziehung, daß man das prinzipiell *nicht zur Kenntnis* nimmt. Man tut einfach so, als sei überhaupt nichts geschehen. Und das bezieht sich auf alle Arten von »unfeinen« Verhal-

*Jemanden auf seine Nachlässigkeit aufmerksam machen*

ten – sofern man nicht unmittelbar davon betroffen ist *(wie oben beschrieben).*

- So wird man weder von einem umgeworfenen Glas noch von lautem Streiten oder sonstigen auffallenden Dingen Notiz nehmen.
- Überhaupt nimmt man von Leuten mit schlechtem oder auffallendem Benehmen keinerlei Notiz.

In Schwierigkeiten gerät man allerdings dann, wenn man jemanden, den man gut kennt, auf eine von ihm verursachte Peinlichkeit aufmerksam machen möchte, um ihm zu helfen.

- In diese Kategorie der Peinlichkeiten gehört, wenn jemand in beruflichen oder in solchen gesellschaftlichen Situationen, die korrekte Bekleidung erfordern, »hemdsärmelig« auftritt, etwa
  - in Anwesenheit von Damen oder Vorgesetzten sein Jackett ablegt oder
  - mit *geöffnetem Jackett* und/oder einer Hand oder sogar zwei *Händen in der Hosentasche* einen Raum zu betreten pflegt.

*Keine allgemeingültigen Regeln*

Ob man es demjenigen »schonend beibringt«, oder ob man es bei dessen Blamage beläßt, ist ebenfalls eine von Situation und Person abhängige Entscheidung der Betroffenen selbst. Es gibt für diese Fälle keine allgemeingültigen Faustregeln (weil es diese Fälle *eigentlich* nicht gibt).

- Wenn jemand in Gegenwart anderer einen Walkman auf den Ohren hat, bedeutet das, daß er/sie auf deren Gesellschaft keinerlei Wert legt. Das ist pubertär und – je nach Alter des/der Betreffenden – peinlich bis blamabel.

## Der Umgang mit »Peinlichkeiten« 163

Zum zweiten:

Je nach dem *Gewicht des Verstoßes* – das heißt, ob es sich um einen kleinen, relativ leicht entschuldbaren Fauxpas handelt oder um einen schon etwas auffälligeren »Fettnapf« – verfügen wir über eine ganze Palette abgestufter Reaktionsmöglichkeiten.

- Wenn man zum Beispiel jemandem die Tür vor der Nase zufallen läßt oder jemanden anstößt, reicht eine *einfache Entschuldigung* – und die Sache ist vergessen.

- »Entschuldigung« zu sagen ist allgemein angebracht,
  - wenn man laut geniest oder gehustet hat,
  - wenn man jemanden beim Sprechen unterbrochen hat,
  - wenn man jemanden behindert, getreten, angestoßen oder sonstwie ungewollt berührt hat,
  - bei allen Verstößen gegen die guten Manieren.

- Wenn man zum Beispiel ein Glas umgeworfen hat, sollte man nicht zusätzlich auch noch sich selbst beschimpfen; da reicht normalerweise eine kurze Entschuldigung.

- Hat man bei gleicher Gelegenheit jedoch jemand anderen »getroffen«, sollte man – ohne Hektik zu verbreiten – sich um die vorläufige Behebung des Schadens mitbemühen. Dabei wäre es natürlich völlig verkehrt, bei dem anderen selbst Hand anzulegen. Man kann ihm aber seine Serviette reichen und – selbstverständlich – anbie-

*Sich nicht selbst beschimpfen bei einem Mißgeschick*

ten, für die Reinigungskosten aufzukommen. (Dann aber nicht erschrecken, wenn der/die andere tatsächlich die Rechnung schickt.)

- Bei Verstößen gegen das gute Benehmen in einer Situation, in der unkorrekte Manieren besonders ins Gewicht fallen, kann die eigene Reaktion von Peinlichkeit bis zu Scham reichen.

  Sicherlich ist es einem peinlich, wenn man in irgendeiner Form gegen die guten Manieren verstoßen hat – ganz verkehrt wäre es jedoch, noch *zusätzlich Aufhebens davon zu machen.* Die eigene Reaktion sollte schon dem Anlaß entsprechend differenziert sein, jedoch nie ein Auffallen noch verstärken.

- »Gesundheit« zu sagen, wenn ein Fremder niest, ist zu familiär und wirkt in offiziellen Zusammenhängen peinlich.

- Das gleiche gilt für »Prost« und »Mahlzeit«, die heute völlig out sind.

Wenn man aber einmal richtig in einen »Fettnapf« getreten ist, sich also einen schon etwas gröberen Verstoß gegen die guten Manieren geleistet hat, sollte man am besten gar nichts sagen. Das klassische Beispiel dafür ist, daß man die etwas jugendlichere Begleiterin eines Herrn als dessen Tochter anspricht. Eine ausführliche Entschuldigung würde in solchen Fällen die Peinlichkeit noch verstärken. (Vorsicht: Heutzutage ist nicht jeder junge Mann, der eine reifere Frau begleitet, automatisch ihr Sohn!)

## WIE REAGIERT MAN AUF EINE BELEIDIGUNG?

Es ist eine Tatsache, daß es nichts mehr mit gutem Benehmen zu tun hat, andere Leute zu beleidigen. Deswegen braucht hier auch nicht näher darauf eingegangen zu werden, ob man vielleicht doch in dieser oder jener Situation andere Leute beleidigen darf. Man darf nicht!
Andererseits ist es ebenfalls eine Tatsache, daß es einem schon einmal passieren kann, daß man von anderen beleidigt wird oder sich beleidigt »fühlt« – das reicht ja schon.

Es ist also eine relevante Frage:
*Wie verhält man sich, wenn man beleidigt wird?*

Im strengen Sinne der traditionellen Erziehung hat man solche Menschen, die eklatant schlechte Manieren haben, fortan zu meiden. Nur läßt sich das in der Lebenswirklichkeit oftmals nicht durchführen. Entweder ist der Vorgesetzte das Ekel, oder es ist ein Mitmensch, den man braucht, oder ein Nachbar, wegen dem man nun doch nicht wegziehen will. Deswegen kann man schon einmal gezwungen sein, sich auf das Minimum der Selbstachtung zurückzuziehen.

*Minimum der Selbstachtung*

Auf Beleidigungen kann man folgendermaßen reagieren:

- Man kann sagen
  - »Ich bin es nicht gewöhnt, auf dieser Ebene mich mit jemandem auseinanderzusetzen«;

- oder: »Leider erlaubt es mir meine Erziehung nicht, Ihnen/dir angemessen zu antworten« – oder ähnliches.
- Man kann den anderen dazu veranlassen, sofort den Raum zu verlassen (auf deutsch: man kann ihn/sie »rausschmeißen«).
- Man kann seinerseits, ohne weitere Erklärungen, den Raum verlassen.

Keinesfalls sollte man sich vom »Volksmund« verführen lassen, durch Sprüche wie:
- »mit gleicher Münze heimzahlen« oder
- »auf einen groben Klotz gehört ein grober Keil« usw.

*Der wichtige Tip*

⓵ Wenn man sich mit schlecht erzogenen Menschen erst einmal auf deren Ebene begibt, zieht man meist den kürzeren, denn die sind normalerweise in bezug auf Schlammschlachten geübter.

## DAS LEIDIGE TOILETTEN-THEMA

Die Sauberkeit, die jemand nach der Toilettenbenutzung hinterläßt, wird von anderen Menschen stärker beachtet, als man so gemeinhin glaubt. Es ist für den Eindruck, den man auf seine Mitmenschen macht, von nicht unwesentlicher Bedeutung. Sollte jemand das »Stille Örtchen« nicht in korrekter Ordnung verlassen, so wird das von dem Nächsten sofort als eine Zumutung angesehen; und das führt ganz automatisch zu einer Abwertung des persönlichen Eindrucks.

## Das leidige Toiletten-Thema

Deswegen hier ein paar »*Toiletten*«-*Regeln guten Benehmens*

- Es ist für einen gut erzogenen Menschen eine Selbstverständlichkeit, die Toilette für den/die Nachfolgende/n so sauber zu hinterlassen, daß sich niemand ekelt.
- Ein ebenso ärgerliches wie ekelerregendes Problem ist die Tatsache, daß viele Menschen anscheinend glauben, eine *Toilettenbürste* sei nur für den Gebrauch durch das Reinigungspersonal bestimmt. Auch das ist ein blamabler Irrtum.
Die Toilettenbürste ist zur Handhabung durch jeden gedacht, der die Toilette benutzt hat. Es ist offenbar nötig, das mal klar anzusprechen: Die Toilettenbürste soll jeder benutzen, bei dem nach der Wasserspülung noch Spuren in der Toilettenschüssel zu sehen sind; diese Spuren sollte jeder selbst beseitigen.
*Ausnahme:* Toiletten, die ständig gewartet werden und wo nur die Toilettenfrau bzw. der Toilettenmann über Toilettenbürsten verfügt.
- Ein *Toilettendeckel* ist dazu da, den Anblick der Toilette zu entschärfen. In Privathäusern sollte man den Deckel stets schließen, bevor man das »Örtchen« verläßt. Als Gast den Toilettendeckel offenstehen zu lassen, ist ein Fauxpas, der auf die Gastgeber sehr peinlich wirkt. Und auch im Betrieb ist das Schließen des Deckels ein absolutes Muß.
- Im Betrieb, in Gaststätten, Restaurants usw. oder an anderen Orten, wo die Toiletten von vielen Menschen frequentiert werden, ist es ratsam, den Toilettendeckel besser nicht mit blo-

*Stets den Toilettendeckel schließen*

ßer Hand anzufassen. Bei solchen öffentlichen Einrichtungen sollte man generell so wenig wie möglich anfassen. Ganz besonders *Türklinken* sind von Krankheitserregern aller erdenklichen Arten übersät.

- Für *Herren* gilt insbesondere, daß sie sich mit dem Zielen soviel Mühe geben sollten, wie sie es als kleine Jungen gelernt haben.

  Der Zustand der Herrentoiletten ist in vielen Unternehmen ein stetiger Stein des Anstoßes und Anlaß zu permanentem Ärger. Und natürlich ist es mit der Zeit bekannt, nach wem man am besten nicht mehr dorthin geht. Sicherlich ist das dann keine Empfehlung für den Betroffenen.

- Aber auch bei den *Damen* sieht es nicht immer beispielhaft aus. Abgesehen von der auch hier oft anzutreffenden Unsauberkeit, wird häufig der Toilettendeckel offengelassen, so daß die Nachfolgende sofort in den offenen »Abgrund« blickt.

- *Händewaschen* nach jeder Toilettenbenutzung gehört nicht nur zum guten Ton, sondern ist auch ein *Erfordernis der Hygiene* und damit der Gesundheitsvorsorge.

5. KAPITEL

# VON MENSCH ZU MENSCHEN

## DIE PERSÖNLICHE KOMMUNIKATION

Bis hierher war hauptsächlich von Gesten, Formen und äußerem Erscheinungsbild die Rede – alles sind wichtige Mittel der Kommunikation und Verständigung. Nun scheint es mir aber an der Zeit, ein weiteres Verständigungsmittel anzusprechen: die *Sprache*.
Wir kennen das unsäglich unangenehme Gefühl, wenn wir uns jemandem verständlich machen wollen, dessen Sprache wir nicht beherrschen. Viele Menschen beschränken sich allein deswegen darauf, auch ihren Urlaub inmitten von Zusammenrottungen eigener Landsleute zu verbringen, weil sie die Sprache des Landes nicht verstehen, in dem sie zu Gast sind. Wegen der Unmöglichkeit, sich mit Hilfe der Sprache verständlich zu machen, fürchten sie, die Urlauber-Gettos zu verlassen, um das Gastland wirklich kennenzulernen. Also: *Sprache verbindet.*
Im Gegensatz zur Körpersprache, die wir nicht bewußt steuern, wenn wir nicht darauf geschult sind, ist das gesprochene Wort allein unserem Willen unterworfen. Wir sagen, was wir wollen, und wenn wir es nicht wollen, sagen wir etwas nicht. (Und dann gibt es noch die Ausnahme, bei der uns etwas

»herausrutscht«, aber das ist eben die berühmte Ausnahme, die zu jeder Regel gehört.)
Die Sprache ist unser Hauptverständigungs- oder sagen wir: Kommunikationsmittel. Und zwar ist es nicht nur die Wahl der Worte, die wir zur Verständigung mit anderen Menschen brauchen und gebrauchen, es sind zum Beispiel auch der Tonfall, die Lautstärke, die Klangfarbe, die Atemtechnik und vieles andere mehr, was wir einsetzen, um dem gesprochenen Wort einen bestimmten Sinn zu geben, der sich von einem möglichen anderen Sinn unterscheidet. Diesen Umgang mit dem gesprochenen Wort lernen wir bereits von klein auf, einmal durch das Vorbild der Eltern, dann aber auch durch persönliche »Versuchsreihen«, durch die ein Kind ganz schnell herausbekommt, mit welchem Tonfall bzw. Lautstärke es am meisten erreicht oder wodurch es sich Nachteile einhandelt.

*Nuancen unseres Sprechens*

Über diese Nuancen unseres Sprechens hinaus geht es vor allem um die Wahl unserer Worte, die wir für diesen oder jenen Zusammenhang verwenden. Eigenartigerweise meint das Sprichwort: »Der Ton macht die Musik« weniger den Tonfall als vielmehr die *Wortwahl* – und manchmal auch die Stellung eines Wortes innerhalb eines Satzes.

### Sprache der Gewalt

Es gibt unzählige wissenschaftliche Untersuchungen über unseren Umgang mit der Sprache. Dabei geht es den Sprachforschern nicht nur um unsere Sprache als wichtigstes Mittel der Kommunikation. Viel interessanter ist für sie, auf welche Weise Sprache als wichtigstes Instrument der Macht und des Durchsetzungsvermögens funktioniert. Die Erkenntnisse der Sprachforschung haben das erschreckende Ergebnis zu Tage gefördert, daß die »Sprache der Gewalt« nicht nur ein wesentliches Element nationalsozialistischer Sprachregelungen war; auch in unsere heutige Alltagssprache hat sie schon weitgehend Eingang gefunden.

Mit Hilfe ihrer Wortwahl können Menschen schon im Privaten ungemein verletzen, herabwürdigen, und beleidigen. Im öffentlichen wie im beruflichen Bereich dient die Sprache tagtäglich dazu, andere zu unterdrücken oder zu diskriminieren. Politiker beschönigen gern unangenehme Tatsachen durch die Wahl ihrer die Gewalt verschleiernden Worte. Zum Beispiel bedeutet »Arbeitskräfte freisetzen« nichts anderes als Menschen entlassen, oder – wie es früher hieß – sie »um Lohn und Brot bringen«. Es ist also ebenfalls eine Tatsache: *Sprache trennt.*

Es gibt viele Menschen, die die Sprache der Gewalt verwenden, ohne sich dessen bewußt zu sein. Viele verwenden solche Worte auch fahrlässig oder aus Unachtsamkeit. Es ist ein untrüglicher Maßstab für eine gute Erziehung, wenn jemand gelernt hat, anderen Menschen mit Respekt zu begegnen und deren Würde nicht zu verletzen. Und zwar *ohne die Vorbedingung,* daß die anderen

- die gleiche Lebensform gewählt haben wie wir,
- der gleichen sozialen Schicht angehören wie wir,
- der gleichen Altersgruppe angehören wie wir,
- die gleiche Hautfarbe haben wie wir,
- die gleiche Muttersprache haben wie wir,
- die gleiche Religion haben wie wir,
- die gleiche Vorstellung von Ordnung haben wie wir,

- die gleichen Vorlieben haben wie wir,
- den gleichen Fußballverein toll finden wie wir,
- das gleiche Geschlecht haben wie alle Männer, die sich die Macht bei uns teilen.

**Sorgfältige Wortwahl**

Menschen, die mit bestimmten Wörtern andere Menschen herabsetzen, herabwürdigen oder verletzen, üben damit Gewalt gegen andere aus.

- Das Wort »Randgruppen« bedeutet, daß wir diese Menschen nicht mehr als unserer Gesamtgesellschaft zugehörig ansehen, sondern sie an den Rand drängen möchten.
- Das Wort »Neger« ist heutzutage ganz klar als Ausdruck des Rassismus definiert.
- Die Wörter »Kanaken« und »Proleten« sind ganz klar abwertend gemeint und werden selten aus Versehen gebraucht.
- Das Wort »Asylant« hat ebenfalls einen dramatischen Bedeutungswandel zum diskriminierenden Wort durchgemacht.
- Die Bezeichnungen »Weiber« – »Fräulein« – »weiblicher Kauf*mann*« – falls sich diese Berufsbezeichnung auf eine Frau bezieht – »Emanze« – »Tussi« – »Miezen« usw., usw. sind eindeutig Bezeichnungen, die Frauen herabwürdigen sollen.

Dieses sind nur ein paar Beispiel für Worte, die man/frau nicht unachtsam oder fahrlässig verwenden sollte.

Denjenigen, die die Würde anderer Menschen mit voller Absicht verletzen wollen, ist mit Appellen an ihre Vernunft oder gar gutes Benehmen sowieso nicht beizukommen. Und dann gibt es noch Leute, die aus Dummheit die Begriffe der Gewalt verwenden.

Ein anderes altes Sprichwort lautet:
»Gegen Dummheit ist kein Kraut gewachsen.«

## MIETSHAUS / NACHBARSCHAFT

Es ist so einfach – und alte Sprichwörter wollen es uns lehren:
»Wie man in den Wald hineinruft, so schallt es heraus«,
und doch scheint es so vielen Menschen unheimlich schwerzufallen, dieses Sprichwort einmal auf seinen Wahrheitsgehalt zu überprüfen.
Vieles an Unbill, Ärger und manches Leid wäre schon dadurch zu vermeiden, daß man etwas mehr die direkte Kommunikation – das heißt, das persönliche Gespräch mit seinen Mitmenschen suchte. Ich bin sogar überzeugt davon, daß der allermeiste Ärger unter Nachbarn vermeidbar wäre, wenn Nachbarn sich untereinander besser kennen, oftmals sogar überhaupt kennen würden. So könnte man sich mit den Nachbarn darüber verständigen, ob bestimmte Geräusche so laut rüberkommen, daß sie als störend empfunden werden. Und wenn das tatsächlich der Fall ist, dann sollte man sich darauf einstellen und zu vermeiden suchen, daß man die Nachbarn gerade zu Ruhezeiten behelligt.

*Das persönliche Gespräch suchen*

Als Ruhezeiten gelten
– morgens bis 8 Uhr,
– mittags zwischen 13 und 15 Uhr,
– abends ab 20 Uhr.

Auf einige Störfaktoren sollte man besonders achten, weil sie am häufigsten zum Zankapfel unter Nachbarn werden; das sind folgende Aktivitäten:
- alle Musik und musikähnliche Geräusche,
- Duschen,
- Waschmaschinen,
- Klavier und sonstige Instrumente, auf denen einer übt,
- hohe Absätze auf teppichlosen Böden,
- Heimwerkergeräusche aller Art.

In großen Mietshäusern sind alle diese Aktivitäten per *Hausordnung* bereits zeitlich eingeschränkt. Das macht dann natürlich weniger Spaß, als wenn man mit Nachbarn auf freiwilliger Basis zu etwa gleichen Vereinbarungen gekommen ist – es schließt Verabredungen unter Nachbarn aber auch nicht aus!

Dann gibt es noch die *gesetzlichen Verbote*. Die beziehen sich auf bestimmte Aktivitäten, die auf Grund gesetzlicher Bestimmungen zu gewissen Zeiten einfach verboten sind. Die gesetzlichen Ruhezeiten sind bereits oben aufgeführt. Innerhalb dieser Zeiträume darf man zum Beispiel
- nicht Rasen mähen,
- nicht Nägel in die Wand schlagen oder
- Löcher in die Wand bohren,
- nicht sein Moped, Mofa oder Motorrad probelaufen lassen.

Wenn man jedoch einen einleuchtenden Ausnahmegrund dafür hat oder es unvermeidlich ist, diese Arbeiten genau zu dieser Zeit zu machen, kann man sich natürlich freundlich mit seinen Nachbarn verständigen, ob sie ausnahmsweise ein Auge zudrücken könnten. Eine solche Ausnahme ist zum Beispiel immer ein Umzug oder Renovierungsarbeiten, die von einer Firma durchgeführt werden.

## Antrittsbesuche

Es war gar nicht so unvernünftig, wie es noch vor einer Generation eine ganz selbstverständliche Forderung des guten Benehmens war, daß neu Zugezogene einen Antrittsbesuch bei ihren Nachbarn zu absolvieren hatten – früher sogar bei den Honoratioren der Stadt oder des Dorfes. Diese vorteilhafte Gepflogenheit war lange Zeit aus der Mode gekommen. Gegenwärtig wird schon auffallend oft wieder Wert darauf gelegt, daß neu eingezogene Hausbewohner sich bei den vorgefundenen Familien vorstellen. Denn das ist das wirklich beste Instrument gegen den täglichen Kleinkrieg in manchen Mietshäusern und – was vielleicht noch wichtiger ist – gegen die Isolation vieler Menschen inmitten von vielen Menschen. Dabei hat ein Antrittsbesuch dann noch einen angenehmen Nebeneffekt: Nachbarn, die sich auf solche Art respektiert sehen, sind natürlich wesentlich motivierter, bei Abwesenheit der Bewohner ein aufmerksames Auge auf das Nachbarhaus oder die Wohnung nebenan zu haben. Und das ist – erwiesenermaßen – das wirksamste Mittel gegen Wohnungseinbrüche.

*Der wichtige Tip*

- Der Antrittsbesuch sollte am besten am Samstag nachmittag oder auch am Sonntag gegen Abend stattfinden.
- In keinem Fall sollte man zu den Zeiten unangemeldet zu Nachbarn gehen, die weiter unten als

*Tabuzeiten* für das private Telefonieren angegeben sind. Zusätzlich ist es ratsam, die Zeiten der wichtigsten Fernseh-Sportreportagen vom Wochenende für einen ersten Besuch zu vermeiden.

- Dieser Antrittsbesuch sollte nicht länger als eine halbe Stunde dauern, weil man ja unangemeldet gekommen ist.
- Normalerweise sagt man: »Guten Tag, wir sind Anna und Otto Lehmann, wir sind Ihre neuen Nachbarn. Wir wollten uns nur kurz vorstellen. Dann haben wir noch Kinder, das sind der Tim, die Jessica und der Pascal.«
- Man sollte unbedingt auch die Namen der Kinder nennen und wie alt sie sind. Auch Kinder sind Nachbarn.
- Es kommt immer gut an, wenn man die Nachbarn bittet, bei Störungen, Lärm oder sonstigen nervtötenden Einflüssen sofort Bescheid zu sagen – man wolle sich dann umgehend darum kümmern.

***Der schlimmste Fehler***

- Wenn ein Schöngeist – ganz gleich, ob männlich oder weiblich – keine Ahnung hat, um wieviel Uhr am Wochenende die Fußballnation vor dem Fernseher sitzt – und genau zu dieser Zeit bei seinem neuen Nachbarn klingelt. Na, dann viel Spaß!

### Die »House warming party«

Das heißt zwar auf deutsch: ein »Fest zum Hausanwärmen«, die Idee läßt sich aber auf jede noch so kleine Wohnung übertragen. Es geht einfach

## Mietshaus / Nachbarschaft

darum, seinen Freunden und Bekannten, Kollegen und Geschäftspartnern sein neues Domizil vorzuführen und die neuen Vier-Wände zünftig einzuweihen. Das ist gleichzeitig eine sehr geeignete Gelegenheit, die neuen Nachbarn miteinzubeziehen, indem man sie ebenfalls einlädt.

Die Einladung zur »House warming party« kann recht kurzfristig erfolgen, man sollte zumindest schon damit rechnen können, daß einem für den geplanten Termin zumindest die Handwerker keinen Strich mehr durch die Rechnung machen werden. Allerdings sollte man auch nicht zu lange damit warten, so daß dann niemand mehr auf die nun nicht mehr so neue Wohnung neugierig ist. Falls dagegen noch nicht alles so perfekt klappt, nimmt das bestimmt niemand übel: das ist die einzige Einladung, bei der die Gäste sogar mit Improvisationen rechnen.

*Nicht zu lange damit warten*

An leiblichen Genüssen kann man seinen Gästen generell alles Eß- und Trinkbare anbieten. Dabei kommt es allein auf den Geldbeutel der Gastgeber an. Niemand erwartet zu so einem Anlaß eine ausgesuchte Küche. Es wird normalerweise etwas geboten, was man *im Stehen essen* kann, weil damit zu rechnen ist, daß mehr Leute als Stühle da sein werden. Zum Beispiel:

- Salate aller Art, Brötchen, Brezeln und geschnittene Baguettes (= französisches Weißbrot), Wurst, Käse zum Selbst-Abschneiden, marinierten sowie geräucherten Fisch *in Stückchen,* Butter und verschiedene Senfarten. Salz und eine Pfeffermühle nicht vergessen.

- Zu Trinken ist Faßbier sehr beliebt; diese Partyfäßchen gibt es in (fast) allen Brauereien, im

Getränke-Großhandel und in einigen Supermärkten; dazu reichlich Mineralwasser. (Das Mineralwasser wird nicht schlecht – schlecht kann es höchstens einigen Gästen werden, wenn nicht genügend Mineralwasser da war.) Einige Flaschen Wein sollte man vorrätig haben. Sekt und Schnaps erwartet niemand. Kaffee dagegen ist bei vielen vor dem Heimweg sehr beliebt.

Es gibt auch Einweihungspartys, zu denen die Gäste selbst etwas zu trinken und die Salate mitbringen. Bei jüngeren Leuten geht das durchaus in Ordnung.

**Der wichtige Tip**

- Da eine »House warming party« nicht zu den offiziellen Veranstaltungen gerechnet wird, braucht man auch die meisten Vorschriften für sonstige Einladungen nicht übermäßig zu beachten.
- Diese Einladung kann auf jeden Fall sowohl telefonisch als auch per Fax erfolgen, es muß nicht – es kann natürlich – eine schriftliche Einladung sein.
- Ebenfalls informell ist die Gästeliste, bei dieser Party sind die Nachbarn allerdings die VIPs, um die man sich besonders bemühen sollte.
- Der Hausherr oder die Hausfrau sollten eine kleine Begrüßungsrede an die Gäste richten.
- Zu einer »House warming party« bringen die Gäste normalerweise ein Geschenk mit. In diesem Fall dürfen es durchaus nützliche Dinge sein, die zu offiziellen Gelegenheiten als Geschenk nicht in Frage kommen würden.

## Mietshaus / Nachbarschaft

- Es ist auch erlaubt, daß die Gastgeber ein paar Hinweise darauf geben, was sie gut gebrauchen könnten; zum Beispiel:
  - Blumentöpfe oder Topfpflanzen,
  - Handwerkszeug,
  - Küchendekorationsteile,
  - Gewürztöpfe oder -gläschen,
  - alle möglichen Kleingeräte für den neuen Garten,
  - Spielsachen für drinnen und draußen, falls Kinder zur Familie gehören.
- Falls sich einige der zu erwartenden Gäste untereinander schon vorher kennen (Freunde, Sportvereinskameraden/innen, Kollegen/innen), sollten die sich untereinander absprechen, wer die traditionell *obligatorischen Glücksbringer für eine neue Wohnung* – nämlich *Brot und Salz* – mitbringt. Das darf eigentlich nicht fehlen. Und es ist keinesfalls schlimm, wenn das ein »Mehrfachgeschenk« werden sollte; Brot und Salz kann jeder gebrauchen.

*Der häufigste Fehler*

- Manche Leute glauben, sie könnten erst dann zu einer Einweihungsparty Gäste einladen, wenn alles fertig und perfekt ist. Das kann bei dem Bezug eines Neubaus so ca. ein Jahr dauern.
Es ist schlimmer, so eine Party zu perfekt zu organisieren als ein bißchen zu improvisieren. Genau das macht das Außergewöhnliche einer solchen Party aus, und das macht Spaß!

## »Ausländer« in unserer Mitte

Das ist schon wieder so ein Wort der Gewalt: die Bezeichnung »Ausländer« ist falsch, denn wir meinen damit eigentlich »Inländer«, die im Ausland beheimatet sind. Im Gegensatz zu anderen Sprachen, die von »Fremden« oder von »Leuten fremder Herkunft« sprechen, nennen wir nichtdeutschstämmige Menschen, die oftmals schon lange bei uns leben – manche schon in der dritten Generation – »*Aus*länder«. »Ich bin In-... – du bist Aus-...«. Der Frage, warum wir diesen Begriff verwenden, kann hier nicht länger nachgegangen werden – natürlich gibt es dafür umfangreiche, bedeutungsvolle Antworten.

Ich nenne diese Mitbürger/innen, die aus einem fremden Land stammen:

*»Fremdländische Inländer«,*

denn das ist eine korrektere Bezeichnung.

*Unbehagen gegenüber allem Fremden*

Die Probleme, die wir immer wieder mit den fremdländischen Inländern haben, speisen sich zumeist aus der altbekannten Quelle: Menschen fühlen ein Unbehagen gegenüber allem Fremden. Wir fürchten uns oftmals doch schon vor dem dunklen Aussehen anderer Menschen.

Dieselbe Quelle der Unkenntnis diente schon in den dreißiger Jahren zur üblen Massenmanipulation. Denn es ist eine Tatsache, daß die christlichen Deutschen zu wenig Ahnung davon hatten, wodurch sich denn die jüdischen Deutschen von ihnen unterschieden. Es wurden von den Nazis unbeschreiblich dumpfe, grauenerregende Geschichten darüber verbreitet, was Juden alles mit Christenkindern anstellen würden. Und die ungebildete

Masse der Deutschen, die so wenig Ahnung wie Schulbildung hatten, glaubten diesen bizarren Unfug. Unter der breiten Bevölkerung wirkten solche Horrorgeschichten weit mehr als die von dem angeblichen kapitalfressenden »Weltjudentum«, was die Leute nicht besonders interessierte; sie hatten sowieso kein Geld.

*Unkenntnis macht Angst* – das ist eine alte Binsenweisheit –, und manche Menschen macht sie aggressiv. Schon deswegen ist die Kenntnis der Religionsvorschriften anderer Kulturen so wichtig. Wie auch im christlich geprägten Europa sind das die Urgründe der meisten Benimm- und Verhaltensregeln, nach denen sich die fremdländischen Inländer – mehr oder weniger – richten.

Was also ist denn das angstmachende Andersartige bei den *Muslimen,* von denen mindestens 3 Millionen – die meisten davon Türken – bei uns leben? Vorweg muß man gerechterweise sagen, daß nur wenige der Türken und Kurden, der Marokkaner und Iraner, der Syrer und Libanesen, der Pakistani und herzegowinischen Moslems bei uns wirklich konsequent ihrem Glauben gemäß leben. Man hat sich angewöhnt, die kleine Gruppe derjenigen, die streng nach dem Islam leben, »Fundamentalisten« zu nennen.

Bei den Juden, von denen relativ weit weniger streng nach ihren Glaubensvorschriften leben, nennt man die Strenggläubigen: *orthodoxe Juden.*

*Orthodoxe Christen* wiederum sind eine Richtung und kein Fundamentalismus: Orthodoxe Christen sind Anhänger der griechisch-orthodoxen oder der russisch-orthodoxen Kirche, die sich von der römisch-katholischen Kirche abgespalten hatte – oder die sich von denen?

Hier einige Beispiele zu den Verhaltensregeln der Muslime:

**Verhaltensregeln der Muslime**

Nach den Vorschriften des Koran, der »Bibel« der Muslime, *darf* ein gläubiger *Mann*
- keinen Alkohol trinken,
- kein Schweinefleisch essen,
- bis zu vier Frauen heiraten – vorausgesetzt, er kann standesgemäß für sie sorgen,
- seinen Gebetsraum nicht mit Schuhen betreten,
- und er *muß* viermal am Tag beten.

Von außen gesehen, dürfen *Frauen* zuerst einmal gar nichts außer Kinderkriegen. Sie sind als dem Mann völlig untergeben geplant. Frauen sind den Muslimen »unrein« und wohl ziemlich unangenehm, weil wahnsinnig verführerisch. Deswegen

- sollen Frauen ihr Gesicht mit dem »Schador« (dem schwarzen großen Kopftuch, das Haare und Mund bedeckt) verhüllen;
- dürfen Männer einer Frau nicht direkt in die Augen sehen, einer Frau die Hand geben oder sich in Gesellschaft neben eine »anständige« Frau setzen – sie würde dadurch entehrt.

Allerdings wurde in den basis-muslimischen Ländern der Schador nicht allen Frauen von den Männern wieder aufgezwungen. Viele von ihnen haben ihn freiwillig wieder angelegt; als Zeichen einer eigenen, islamischen Identität, die – wie zum Beispiel im Iran in den Jahren des westlich orientierten Schah-Regimes – lange Zeit diskriminiert wurde. Nun soll diese Identität wieder selbstbewußt gezeigt werden.

Aber auch *Asiaten,* die hier leben, müssen uns fremd erscheinen.

Bezeichnenderweise werden Asiaten im Westen der Republik weit weniger als ein Problem empfunden als in den östlichen Teilen unseres Landes. Im Westen ist man seit langem die Begegnung mit Japanern gewöhnt. Das sind in der Regel gebildete und präzise auf unsere Benimm- und Verhaltensformen geschulte Geschäftsleute. Sie kommen in Schlips und Kragen zu uns und verfügen über genügend Geld, um in den teuersten Restaurants zu essen und eigene Golfclubs bei uns zu gründen. Sie sind nicht nur ordentlich gekleidet, sondern wirken überhaupt sehr sauber – und das ist doch das Entscheidende für einen Deutschen!

Ganz anders die Erfahrungen der Menschen in den östlichen Bundesländern. Die kennen Asiaten zumeist als vietnamesische Hilfsarbeiter, die nicht besonders gut angezogen und – als größter »Makel« – auch noch arm sind. Ist es vielleicht doch eine Sache des Geldes, ob wir Menschen aus fremden Ländern bei uns akzeptieren oder nicht?

Es ist hier nicht der Ort, auf die Grundsätze des Schintoismus, des Hinduismus, des Buddhismus oder anderer Religionen Asiens einzugehen. Tatsache ist, daß das alles viel, viel ältere Religionen sind als das Christentum, und die meisten Länder gründen sich auch auf viel, viel ältere Kulturen. Deswegen hier nur ein paar Beispiele für die andersartigen Verhaltensregeln asiatischer Völker:

- Für einen Japaner ist eine Frau eine Art unvermeidliche Hilfskraft mit dem denkbar niedrigsten Status. Allerdings fällt diese Haltung hier nicht so sehr ins Gewicht, weil die japanischen Geschäftsleute darauf geschult sind, europäische und amerikanische Frauen höflich zur Kenntnis zu nehmen, wenn sie in westlichen Ländern etwas erreichen wollen.

**Verhaltensregeln asiatischer Völker**

- Asiaten legen weit größeren Wert als wir darauf, ihr Gesicht nicht zu verlieren. Während jemand aus unserem Kulturkreis erst bei einem sehr groben Fehler – und auch nur dann, wenn dieser Fehler zur Sprache kommt – einen Gesichtsverlust zu befürchten hat, ist es für einen Asiaten schon gesichtsbedrohend, wenn er eine Auskunft nicht geben kann oder etwas zu tun nicht in der Lage ist. (Wenn zum Beispiel ein chinesischer Ministerpäsident in Deutschland Demonstranten nicht einfach erschießen lassen kann wie zu Hause, sondern ihren Protest zur Kenntnis nehmen muß.)

Es ist eine Forderung *unseres guten Benehmens*, den Gesichtsverlust eines anderen möglichst zu vermeiden.

An die Mit-Europäer, die Amerikaner (im Westen) und die Russen (im Osten) haben wir uns nun schon so lange gewöhnen können, daß wir sie kaum noch als Fremdlinge empfinden. Und das bestätigt meine Ausgangsthese: Viele Probleme sind allein durch besseres Kennenlernen zu vermeiden.

Zum Abschluß des Themas »Fremdländische Inländer« kann man folgende Regeln guten Benehmens aufstellen:

**Der wichtige Tip**

- Die einfachste Regel ist die: man trete fremdländisch aussehenden oder sprechenden Menschen doch ganz einfach so gegenüber, als wären es Einheimische.
- Für uns ist es ja ganz angenehm, die wir diese Art von Ordnung, Sauberkeit und Pünktlichkeit gewöhnt sind, wenn auch andere Leute, mit denen wir es zu tun haben, in gleicher Weise ordentlich, sauber und pünktlich sind – und es entspricht durchaus unseren Höflichkeitsregeln. Aber sollten wir das in gleicher Weise von Menschen verlangen, die eine Erziehung mit ganz anderen Prioritäten genossen haben? Ganz klar: nein!
- Es ist stets eine Frage der guten Erziehung, sich anderen Gebräuchen gegenüber möglichst aufgeschlossen und tolerant zu zeigen. Das heißt in diesem Zusammenhang auch, daß man sich einmal fragt, ob denn alle diese ordentlichen, sauberen und pünktlichen Deutschen schon allein dadurch auch den besseren Charakter haben?
- Es ist eine Frage der persönlichen Souveränität, Menschen aus anderen Kulturen nicht die eigene Kultur aufzuzwingen.

## IM KRANKENHAUS

Wenn man nun schon in so ein Krankenhaus muß, soll man sich dann vielleicht auch noch erzählen lassen, wie man sich zu benehmen hat? Sicherlich nicht – sofern und solange man schwer krank ist.
Es ist keine Frage, daß alles das, was zur Genesung oder zum Erhalt der Gesundheit eines Menschen

beiträgt, Vorrang vor den Regeln höflicher Umgangsformen hat. Aber dann kommt doch eine Zeit im Genesungsprozeß, wo man die Ausnahmesituation des/der Schwerkranken nicht mehr für sich beanspruchen sollte. Das ist die Zeit, wo man »zur Zivilisation« zurückkehrt. Und von nun an spielt das gute Benehmen eine ganz gewaltige Rolle.

Aus der Fülle der Möglichkeiten, sich von einem »Pflegegegenstand« in einen Menschen zu verwandeln, mit dem sowohl Personal als auch Mitpatienten es gern zu tun haben, hier ein paar Beispiele:

**Der wichtige Tip**

- Patienten erleben in den meisten Fällen die Verwirklichung des alten Sprichworts: »Wie man in den Wald hineinruft, so schallt es heraus.« Das soll heißen, daß es in der Regel von Vorteil ist, wenn man zum Pflegepersonal so höflich ist, wie man selbst gern behandelt werden möchte.
- Niemals – natürlich vorausgesetzt, man kann überhaupt sprechen – sollte man vergessen »bitte« und »danke« zu sagen.
- Wenn man durch sein eigenes korrektes und höfliches Verhalten sich als jemand mit guten Umgangsformen erweist, wird man im Normalfall auch so behandelt.
- Kein noch so gestreßtes Personal hat das Recht, einem Patienten oder einer Patientin die Würde zu nehmen. Deswegen sollte man auf Diskretion bei gewissen Verrichtungen und unangenehmen Behandlungen bestehen.

- Zur Würde des Patienten gehört auch, sich nicht der Öffentlichkeit ausgesetzt zu sehen, indem das Reinigungs- oder Pflegepersonal die Tür zum Gang offenstehen läßt. Man kann in so einem Fall höflich darauf bestehen, daß auf das Bedürfnis nach Diskretion Rücksicht zu nehmen sei.
- Selbstverständlich wird man die Dienste des Pflegepersonals nicht unnötig anfordern und ohne dringenden Grund klingeln.
- Zu dem guten Benehmen gehört natürlich auch, daß man sich den Mitpatienten gegenüber diskret verhält und möglichst alles vermeidet, was den oder die andere/n stört; zum Beispiel:
  - das Radio nicht so laut aufdrehen, daß Zimmergenossen zum Mithören gezwungen werden – das gleiche gilt für den Fernseher;
  - wenn Besuch kommt, sollte man sich ebenfalls jederzeit rücksichtsvoll den Mitpatienten gegenüber verhalten.

### Krankenbesuche

Besuche im Krankenhaus haben eigentlich den Sinn, dem Patienten oder der Patientin eine Freude zu machen und damit zur Genesung beizutragen. Oder aber man will nach der Geburt eines Kindes den stolzen Eltern seine Mitfreude ausdrücken.

In der alltäglichen Wirklichkeit ist das Resultat solch freundlicher Bemühungen oftmals ein ganz anderes. Da werden Kranke durch Besucher gestört, genervt und behelligt, sie werden am Schlafen gehindert, ihnen werden deprimierende Krankengeschichten erzählt, oder sie werden sonstwie in ihrem Gesundheitszustand zurückgeworfen.

In aller Regel rührt der krasse Gegensatz zwischen freundlichem Vorhaben und unfreundlicher Wirkung aus dem Umstand, daß Besucher nicht genügend auf die völlig veränderten Bedingungen achten, unter denen der Krankenhausalltag funktioniert. Gerade hier ist rücksichtsvolles Verhalten äußerst angebracht.

***Der wichtige Tip***

➀ Besucher sollten
- sich bei den Angehörigen des Patienten oder der Patientin vorher erkundigen, ob ein Besuch zu diesem Zeitpunkt überhaupt erwünscht ist.
- falls keine Angehörigen gefragt werden können, sich im Krankenhaus nach den Besuchszeiten und dem für den Patienten geeigneten Zeitpunkt erkundigen. Oftmals kommen Besucher viel zu früh nach einer Operation oder einem ähnlichen gravierenden Ereignis.
- sich nach den Zeiten erkundigen, in denen die Patienten schlafen, um keinesfalls in dieser Zeit zu stören. Die *Schlafenszeiten*, die den Patienten vom Krankenhaus eingeräumt werden, sind sehr knapp bemessen und für die Genesung äußerst wichtig.
Im allgemeinen liegen die *Ruhezeiten zwischen 11.30 und 14.00 Uhr.*
- grundsätzlich damit rechnen, daß der/diejenige, den sie besuchen wollen, nicht allein im Zimmer liegt. Daraus ergibt sich die selbstverständliche Notwendigkeit, auf Mitpatienten Rücksicht zu nehmen.

- sich gegenüber fremden Patienten taktvoll und zurückhaltend geben.

④ Besucher sollten nicht
- zu *Schlafenszeiten* ins Krankenhaus gehen oder zu dieser Zeit *(siehe oben)* telefonieren.
- ihren Besuch zu lang ausdehnen.
- stark riechende Blumen mitbringen oder auch selbst zu stark parfümiert erscheinen.
- etwas zu essen oder alkoholische Getränke mitbringen.
- so laut sprechen, daß der Bettnachbar/die Bettnachbarin dem Gesprächsinhalt nicht entrinnen kann.
- gleich mit Bettnachbarn Kontakt aufnehmen und danach fragen, was er oder sie »hat«.
- ausgerechnet auch noch von Krankheiten oder von sonstigen Mißhelligkeiten erzählen.
- im Krankenhaus rauchen – auch nicht auf dem Balkon.

④ Selbstverständlich sollte bei Krankenbesuchen bei jemandem zu Hause auch nicht geraucht werden!

*Die häufigsten Fehler*

# BEIM ARZT

Es soll ja auch Leute geben, die es wunderschön finden, zum Arzt zu gehen, die sich dort gern ins Wartezimmer setzen, Illustrierte lesen und ein Schwätzchen mit anderen Patienten halten. Auch das ist eine Art Therapie, die zweifellos manchem einsamen Menschen helfen kann. Das ist aber eher die Ausnahme.

In der Regel geht man zum Arzt aus einem unangenehmen Grund und zu einem äußerst unangenehmen Zeitpunkt. Denn die meisten Arztbesuche sind nicht planbar, sie kommen einem einfach dazwischen. So kommt also der Normalpatient, schon genervt von der unnötigen Arbeitsunterbrechung, oftmals auch noch besorgt wegen der medizinischen Unbill, die ihm widerfahren ist. Und dann wird er als erstes ins Wartezimmer geschickt.

*Ein wichtiger Tip für Ärzte*

① Durch ärztliche Organisationsmängel entsteht in Deutschland ein volkswirtschaftlicher Schaden von jährlich vielen hundert Millionen Mark. Es wäre äußerst rücksichtsvoll gegenüber der Gesamtgesellschaft, wenn Ärzte bei der Vergabe der Patiententermine nach Maßgabe der optimalen Zeitersparnis für Arzt und Patienten verfahren würden. Gegenwärtig ist es noch gang und gäbe, daß ein permanent volles Wartezimmer dem Image des Arztes dienen soll.

Der Trend läuft aber bereits unübersehbar in die andere Richtung: diejenigen Ärzte und Ärztinnen sind besonders gefragt, die mit der Zeit der Patienten – seien sie nun freiberuflich oder als Angestellte tätig – nicht mehr so rücksichtslos umgehen, sondern *korrekt kalkulierte Termine mit äußerst geringer Wartezeit* vergeben und diese dann – nach Möglichkeit – auch *einhalten*. Dieser Punkt spielt bei jeder Empfehlung von Patient zu Patient gegenwärtig eine wesentliche Rolle.

Jeder Patient hat Verständnis dafür, daß ein unvorhergesehener Abruf des Arztes Verzögerungen mit sich bringen muß. Daß er aber nur herumsitzen muß, weil ein Arzt auch nach 20jähriger Praxis nicht zu wissen scheint, wieviel Zeit er für eine Grunduntersuchung, für entzündete Mandeln oder Bauchschmerzen bei einem Kind braucht, ist nicht einzusehen.

Die alternative Begründung für die mangelhafte Organisation wäre nur noch: zynischer Umgang mit den Berufsinteressen – und damit meist der materiellen Basis – anderer Menschen.

- Das einzige, was nötig wäre, ist die Frage nach der Art der Beschwerden schon bei der Anmeldung, um dann die entsprechende Zeit planen zu können.

## Im Wartezimmer

Ein gewohntes Bild: ein genervter Patient tritt ins Wartezimmer und schaut die Wartenden so an, als seien dies alles Menschen, die offenbar nichts anderes zu tun haben, als in Wartezimmern von Ärzten herumzusitzen. Also schnellt er zurück zur Arzthelferin und macht ihr klar, daß er sein Geld nicht mit Herumsitzen verdient, und so müsse sie doch einsehen, daß er schnellstens den anderen Wartezimmerbesetzern vorzuziehen sei. Auf die Idee, daß die anderen in diesem Moment vielleicht das gleiche durchmachen wie er, kommt er erst gar nicht.

Hier, im Wartezimmer der Ärzte, wird das rücksichtsvolle Miteinander-Umgehen oftmals auf eine harte Probe gestellt. Deswegen ist das auch eine der Situationen, in denen die wahre Haltung der

Menschen gegenüber ihren Mitmenschen zutage tritt. Hier entpuppen sich sowohl Arroganz und Egoismus als auch bescheidene Höflichkeit in ihrer reinsten Form. Und zwar von beiden Seiten: sowohl von denen, die es eilig haben, wie auch von denen, die massenhaft Zeit haben und trotzdem nicht daran denken, jemand anderem mal den Vortritt zu lassen. Sie sagen dann: »aus Prinzip« – und schämen sich noch nicht einmal dafür, daß sie so menschenfeindliche Prinzipien pflegen.

***Der wichtige Tip***

- Zuallererst sagt man »Guten Tag« oder »Grüß Gott«, wenn man ein Wartezimmer betritt.
- Irgend jemand der Anwesenden sollte – gewissermaßen für alle – den Gruß erwidern. Es ist nicht nötig, daß alle Anwesenden zurückgrüßen, aber es wäre auch keineswegs verkehrt.
- Es ist nicht nur eine sehr höfliche, sondern auch eine souveräne Geste, wenn jemand, der sich gerade nicht oder generell nicht mehr im Arbeitsprozeß befindet, jemand anderem mal den Vortritt ließe, der – offenbar und ehrlicherweise – sich beruflich den Arzttermin gar nicht leisten kann.
- Der- oder diejenige, der/die wirklich zeitlich in Schwierigkeiten steckt, sollte ganz höflich mit den anderen Wartenden Kontakt aufnehmen und sein/ihr Problem schildern. Dann wird sich mit hoher Wahrscheinlichkeit jemand finden, der ihm oder ihr mal eben den Vortritt läßt.
- Falls man sich im Wartezimmer mit jemandem unterhält, so sollte das Gespräch so leise sein, daß unbeteiligte Dritte nicht zum Zuhören gezwungen werden.

## Beim Arzt

### Im Sprechzimmer

Eine Kommunikation ganz eigener Art ist die zwischen Arzt und Patient. Sie fordert uns die Überwindung einer ganzen Reihe von Tabus ab, die wir sonst gegenüber anderen Menschen nie verletzen würden. So wird von uns erwartet, daß wir uns mit intimsten körperlichen oder psychischen Problemen einem Fremden anvertrauen. Dabei müssen wir unsere normale Zurückhaltung gegenüber Fremden und unser anerzogenes Schamgefühl überwinden. Das allein ist schon eine schwierige Situation. Dazu kommt dann in vielen Fällen noch die Angst, eine »schlimme« Krankheit zu haben oder zumindest etwas ganz Unangenehmes. Die Kommunikation ist also von seiten des Patienten/der Patientin ungeheuer belastet. Und wenn der Arzt oder die Ärztin es nicht versteht, diese Situation aufzulösen und von sich aus Vertrauen zu schaffen, geht manch eine/r wieder nach Hause, ohne daß ihm/ihr geholfen werden konnte.

*Belastete Kommunikation*

Mit aus diesem Grund ist die Einrichtung des »Hausarztes/der Hausärztin« so wichtig, weil man erst nach und nach wirklich Vertrauen zu einem Arzt/einer Ärztin herstellen kann. Vertrauen muß wachsen können. Der andere Vorteil ist ganz zweifellos der, daß der Hausarzt seinerseits die Patienten länger und deshalb besser kennt. Auf dem Land kennt der Arzt/die Ärztin eine Familie oftmals schon über mehrere Generationen. Das erleichtert häufig eine Diagnose ganz enorm, weil so viele Krankheiten familiär bedingt sind.

**Der wichtige Tip**

- Es ist ein fortwährendes Ärgernis für den Arzt und die im Wartezimmer sitzenden Patienten, wenn ein Patient nur deswegen so viel Zeit beansprucht, weil er/sie bei der Aufnahme der medizinischen Vorgeschichte so lange überlegen muß.
- Wenn man/frau zum ersten Mal zu einem Arzt kommt, sollte man seine medizinische Vorgeschichte kennen, denn man wird mit Sicherheit danach gefragt werden.
- Ganz schnell geht diese »Anamnese« (das Festhalten der medizinischen Vorgeschichte), wenn man wichtige Daten auf einem Zettel mitbringt.
- Für den Arzt sind bei bestimmten Erkrankungen auch Krankheiten oder Veranlagungen zu Krankheiten von Familienmitgliedern wichtig, zum Beispiel von Eltern und Geschwistern.
- Frauen sollten immer *genau* wissen, wann sie ihre letzte Periode hatten (am besten Kalender mitbringen).

# BEHÖRDEN

Es ist kein Scherz: Es gibt Leute, die gehen wesentlich lieber zum Arzt als zu einem Amt! Und das bei uns, mit lebenslang auf die Gesellschaft vereidigten Beamten ...

Sachlich gesprochen: der öffentliche Dienst ist eines der größten Dienstleistungsunternehmen der Welt und unbestritten das größte in Deutschland – trotz mancher Privatisierungen der letzten Zeit. Das Heer der Beamten und Angestellten von Behörden, Ämtern und staatlichen Institutionen ist

## Behörden

nicht auf irgendeinen Herrscher oder eine Regierung verpflichtet. Die Beamten haben einen Eid darauf abgelegt, dem *Souverän der Bundesrepublik Deutschland* zu dienen, und das sind wir – das Volk.

Nun gibt es Menschen, die glauben, das Volk wohnt nur in den neuen Bundesländern, weil die Leute 1989 das dort immer gerufen haben. Das ist nicht richtig: das Volk sind *alle* in der Bundesrepublik Deutschland lebenden Menschen. Nur haben es die untereinander die Macht sich zuteilenden Berufspolitiker nicht gern, wenn das Volk das sagt. Wie auch die Berufsbeamten es nicht gern hören, wenn man ihnen sagt, daß sie dem Volk zu dienen haben. Aber es ist so.

Das Traurige ist, daß es die machttragenden Männer aus der Politik, die fast alle – mit geringen Ausnahmen – selbst auch Beamte sind, verstanden haben, die Maßstäbe von korrekt und unkorrekt, von gehörig und ungehörig, von ehrlich und unehrlich erheblich zu ihren Gunsten zu verschieben. Das einzige, was noch nicht in breiter Front gelungen scheint, ist Unrecht zu Recht zu verdrehen – trotz vielfacher Versuche aus Politik und Wirtschaft.

Die Schwierigkeit bei dem Thema »Behörde« liegt darin, daß es so unendlich viele Behörden und ebenso viele unterschiedliche Ebenen und Stufen von Beamten gibt. Und dann gibt es gegenwärtig auch noch fast so viele Angestellte des öffentlichen Dienstes wie Beamte. In den meisten Fällen hat es der Normalbürger oder die Normalbürgerin in seinem/ihrem Leben mit vielleicht zwei bis drei Behörden zu tun: das sind in der Regel

- die Gemeindeverwaltung bzw. Stadtverwaltung am Wohnsitz des Bürgers/der Bürgerin, das »zuständige« Finanzamt, die KFZ-Zulassungsstelle.

In letzter Zeit haben viele Leute auch noch andere Behörden kennengelernt, zum Beispiel das Arbeitsamt und das Sozialamt.

*Der wichtige Tip*

- 🕐 Wenn man zu einem Amt/einer Behörde gehen muß, sollte man sich vorher nach den Sprechzeiten erkundigen, die auf mehrere Arten veröffentlicht werden, zum Beispiel
  - als ständige Rubrik in der örtlichen Tageszeitung;
  - an der Tür des entsprechenden Gebäudes stehen die Sprechzeiten angeschrieben;
  - man kann selbstverständlich dort anrufen, die Zentralvermittlung kann auch über die Sprechstunden Auskunft geben.
- 🕐 Es ist nicht ganz richtig zu behaupten, daß *immer* »zu« sei – nur meistens.
- 🕐 Im Normalfall klopft man an der Tür des entsprechenden Büros an, bevor man eintritt.
- 🕐 Man braucht nicht vor der Türe stehen zu bleiben und auf ein »Herein« zu warten; vielmehr steckt man den Kopf durch die Tür und vergewissert sich, ob man eintreten kann.
- 🕐 Falls der Beamte/die Beamtin noch mit anderen Leuten beschäftigt ist, wartet man auf jeden Fall draußen ab, bis diese Kundschaft herausgekommen ist.
- 🕐 Es gibt allerdings Behörden, da werden die Bürger per Aushang gebeten, nach dem Anklopfen draußen zu warten, bis man sie hereinbittet.

🕐 Falls man Behördenleiter sprechen möchte oder muß, sollte man sich vorher im Vorzimmer anmelden. Die Sekretärin wird dann Bescheid sagen, wann man eintreten soll.

## MITTELBARE KOMMUNIKATION UND KORRESPONDENZ

Ganz anders als bei den normalen Höflichkeitsformen des persönlichen Umgangs gibt es bei der *mittelbaren* Kommunikation – das heißt, in all den Fällen, in denen wir den Gesprächspartner nicht unmittelbar vor uns haben – ganz erhebliche Unterschiede zwischen privat und geschäftlich. In diesem Abschnitt wird zunächst nur der *private Bereich* beschrieben. (Das Gebiet der beruflichen Kommunikation wird in Kapitel 8 ausführlich behandelt.)

Bei jeder *mittelbaren Verbindung,* die wir zu anderen Menschen aufnehmen, liegt das Hauptgewicht der Kommunikation auf der Sprache. Andere Mittel der Verständigung, die uns bei einer persönlichen Begegnung zur Verfügung stehen, wie zum Beispiel

*Hauptgewicht der Kommunikation auf der Sprache*

– Kleidung, Aussehen, Umgangsformen,
– Gestik, Lächeln, die gesamte Haltung usw.

entfallen beim mittelbaren Kontakt. Es ist gut, wenn man sich das zuerst einmal bewußt macht.

Alles, was der Kommunikationspartner zur Beurteilung des anderen zur Verfügung hat, sind – über die Worte, die er hört oder liest, hinaus –

- beim Telefon:
  Stimmlage, Akzent und die Sprechgeschwindigkeit;

- beim Brief:
  eventuell Handschrift, Unterschrift, Papierqualität, Stil und Layout des Briefkopfes, ordentliches oder weniger ordentlich gefaltetes Papier.

Insgesamt sind das also sehr wenige Einordnungskriterien, die wir an die Hand bekommen, um uns über den unbekannten Gesprächs- oder Briefpartner ein sicheres Bild machen zu können.

Während uns bei dem Verfassen eines Briefes wesentlich bewußter ist, daß wir auf die äußere Aufmachung wie auf den fehlerfreien Text zu achten haben, verhalten wir uns am Telefon oftmals eher fahrlässig. Das mag daher kommen, daß wir vom ersten Schultag an darauf hingewiesen werden, fehlerfrei zu schreiben und auch ja keine »Eselsohren« zu machen. Daß wir am Telefon ebenfalls auf wichtige Dinge zu achten haben, kommt dagegen in unserer Schulausbildung überhaupt nicht vor – ganz gleich, wieviel Jahre man persönlich der Schule dafür Zeit gibt.

Es versteht sich von selbst, daß bei einem Telefongespräch jedem einzelnen gesprochenen Wort ein wesentlich größeres Gewicht beizumessen ist – und beigemessen wird – als bei einem persönlichen Gespräch. Aus diesem Grund sollte man seiner Wortwahl besondere Aufmerksamkeit widmen. Höflichkeitsgesten müssen verbal ausgedrückt werden, um verstanden zu werden. Während man flapsige Bemerkungen bei einem persönlichen Kontakt mit einem Lächeln sofort entschärfen kann, bleiben sie bei einem Telefongespräch stehen. So viele »Mißverständnisse« wären zu vermeiden, wenn man sofort eine

*Sorgfalt bei der Wortwahl*

Korrektur oder Interpretation nachschieben würde, vorausgesetzt man hätte sehen können, daß das Gegenüber die Bemerkung gerade in den falschen Hals bekommen hat.

## DAS PRIVATE TELEFONIEREN

Das Telefongespräch ersetzt in unserer Zeit einen Großteil persönlicher Kommunikation; für viele ist es überhaupt die einzige Verbindung zu anderen Menschen. Ganze Lebensbereiche sind vom Telefon abhängig; sämtlich Termine bei Ärzten und beim Friseur, alle privaten Verabredungen zum Kino wie zum Tennisspiel erfolgen telefonisch. Bewußt wird uns die Bedeutung des Telefons für unser tägliches Kommunikationsbedürfnis erst, wenn es einmal außer Betrieb ist. Dann gerät das ganze engmaschige Netz privater Lebensorganisation völlig durcheinander. Die Betroffenen fühlen sich von der Umwelt isoliert und abgeschnitten – und oftmals sind sie es sogar.
Für andere wiederum ist das Telefon eine enorme Belastung – sofern sie im Westen dieses Landes wohnen und falls sie Kinder haben. Die junge Generation ist eine Generation der unablässigen Telefonierer, und Legionen von Eltern kommen sich in vielfacher Weise terrorisiert vor.

- Einmal steht die Anzahl der Anrufe fast in einem entgegengesetzten Verhältnis zum Lebensalter: je jünger, um so telefon-aktiver ist der Nachwuchs.
- Zum anderen steht die Benutzung des Telefons im entgegengesetzten Verhältnis zu der Möglichkeit, die Rechnung zu bezahlen.

Geplagte Eltern erleben erst in dem Augenblick Entlastung, sobald sie die lieben Kleinen dazu gebracht haben, ihre Telefonrechnung selbst zu bezahlen. Und diesen Moment versuchen Eltern heute möglichst weit nach vorn zu verlegen. Sobald die Kinder über ein normales Taschengeld verfügen, bekommen sie einen Telefonanschluß mit eigener Rechnung. Das ist dann der Zeitpunkt, an dem Kinder wieder anfangen, ihre beste Freundin oder den besten Freund zu besuchen, anstatt stundenlang mit ihr/ihm zu telefonieren.

Ehrlicherweise muß jedoch hinzugefügt werden, daß diese Art der fernmündlichen Kommunikation natürlich kein Gebaren ist, auf das ausschließlich Kinder und Jugendliche verfallen. Gewiß ist es das nicht. Sehen wir uns doch in der Welt der Erwachsenen einmal um: Kaum ein Mensch besucht noch jemanden zu einem kleinen Schwätzchen, schon gar nicht, um dadurch etwas Neues zu erfahren. Selbst die unmittelbare Nachbarin, der die Kaffeefilter ausgegangen sind, ruft vorher an, ob sie jetzt kommen könne, sich einen Kaffeefilter zu leihen. Keineswegs würde sie einfach nebenan klingeln.

*Telefonisches Ankündigen von Besuchen*

Läutet es tatsächlich einmal an der Haustür, ist man zuallererst höchst unangenehm berührt. Kein Mensch geht heute mehr in einer Stimmung freudiger Erwartung an die Tür – denn ein Besuch hätte sich ja telefonisch angemeldet. Im Zuge dieser Entwicklung haben sich die Vorschriften der Gastfreundschaft früherer Zeiten völlig verändert. Die früheren Vorschriften über »Besuchszeiten« können fast vollständig auf die heutigen Gepflogenheiten des Telefonierens übertragen werden.

## Das private Telefonieren

Wegen des Überhandnehmens der Telefonanrufe, die das Privatleben zum Teil erheblich stören, wird heutzutage wieder wesentlich mehr Wert auf den *Schutz der Privatsphäre* und des Erholungsbedürfnisses von Menschen in ihren eigenen vier Wänden gelegt. Und so gibt es heute eine Reihe von Höflichkeitsformen für das *private* Telefonat, die man beachten sollte, damit man nicht für ungehobelt und schlecht erzogen gehalten wird. Dabei muß ich nochmals hervorheben, daß es sich bei den nachfolgend beschriebenen Regeln ausschließlich um das *Telefonieren im privaten Bereich* handelt.

*Der wichtige Tip*

- Man besucht heute niemanden mehr, ohne sich vorher telefonisch angemeldet zu haben.
- Die Tageszeiten, zu denen man jemanden *unverabredet* anrufen kann, entsprechen immer noch genau den früheren Besuchszeiten.
- Festgelegte, allgemein bekannte Besuchszeiten, zu denen man *unangemeldet* kommen könnte, gibt es nicht mehr.

Als *Anrufer/in*
– sagt man immer seinen *Namen* und »*Guten Tag*« oder »*Grüß Gott*« (je nach Tageszeit und Landsmannschaft), sobald die Verbindung hergestellt ist.

- In den Fällen, in denen man jemand anderen sprechen möchte als denjenigen, der gerade am anderen Ende den Hörer abgenommen hat, sagt man stets: »Entschuldigen Sie bitte die Störung, kann ich bitte ... sprechen«?

- Bei einer falschen Verbindung sollte man nicht vergessen, »Entschuldigung« zu sagen.
- Unbedingt die *korrekten Telefonzeiten* bei Anrufen in Privathaushalte beachten! Die sind:
  sonntags von 11.00 bis 13.00 Uhr,
  werktags von 9.00 bis 13.00 und von 15.00 bis 19.00 Uhr,
  im Sommer bis 21.30 Uhr.

*Tabu-Zeiten* – das sind Tageszeiten, zu denen man auf keinen Fall ohne dringenden Grund bei fremden Leuten anrufen sollte – sind:
- täglich zwischen 13.00 und 15.00 Uhr;
- die Hauptnachrichten-Zeiten des öffentlich-rechtlichen Fernsehens zwischen 19.00 und 19.20 Uhr (ZDF) und 20.00 und 20.15 Uhr (ARD).
- Wenn man die Lebensgewohnheiten desjenigen gut kennt, den man anrufen möchte, kann man selbstverständlich von dieser Zeitregel abweichen. Hauptsache, man ist sicher, nicht zu stören.
- Ein weiterer Grund für die Nichteinhaltung der Telefonzeiten ist dann gegeben, wenn man ausdrücklich einen Anruf für eine bestimmte Zeit vereinbart hat.

Als *Angerufene/r*
- ist die Nennung des eigenen Namens sofort nach dem Abheben des Hörers *keinesfalls erforderlich.*
- *Privat* kann man sich am Telefon also mit
  - »ja bitte«
  - »bitte?«
  - »ich höre, wer ist da bitte?« oder ähnlichem melden.

**Das private Telefonieren**

- Bei einer falschen Verbindung sollte die Entschuldigung auch mit einem »Bitte!« angenommen werden.

Viele Leute glauben, es sei ihre Pflicht, permanent für alle Anrufer verfügbar zu sein und jedem Fremden sofort und ungefragt anzuvertrauen, wer da nun am anderen Ende des Telefons ist. *Das ist falsch.* Man gibt heute dem Respekt vor der Privatsphäre anderer Menschen wieder wesentlich mehr Gewicht. Deshalb haben die Privatsphäre und das Recht auf Selbstbestimmung – ich darf nämlich wirklich selbst bestimmen, mit wem ich sprechen möchte und mit wem nicht – Vorrang gegenüber einem schnellen Informationsbedürfnis eines Anrufers. Das ist eigentlich nichts Neues.

*Respekt vor der Privatsphäre anderer Menschen*

Das Neue daran ist nur, daß dieses Recht heutzutage *allen* Menschen gleichermaßen zugebilligt wird. Denn in den »feinen Kreisen« war es schon immer selbstverständlich, daß grundsätzlich erst einmal das Personal ans Telefon ging, um festzustellen, ob »die Herrschaften zu sprechen sind«. Für die oberen Kreise kam es sowieso nie in Frage, den Telefonhörer abzuheben und den eigenen Namen in den Äther zu rufen ...

Eine permanente Verfügbarkeit für jedweden Menschen verstieß früher und verstößt nach wie vor gegen die gute Erziehung. Für die ist es selbstverständlich, daß man über seine Gesprächspartner selbst bestimmt. Jeder Mensch hat deshalb auch am Telefon das Recht, nicht von jedwedem zu einem Gespräch gezwungen zu werden, also auch von solchen Leuten, die man nun wirklich nicht sprechen will. Gibt man sich aber bereits mit sei-

nem Namen zu erkennen, ist die Gesprächsverweigerung mit vielen Unannehmlichkeiten und Rechtfertigungszwängen verbunden, die in einzelnen Fällen eine Zumutung darstellen können.
Nebenbei bemerkt: Deutschland ist fast das einzige Land der Welt, wo von Menschen verlangt wird, daß sie – wie beim Militär üblich – sofort jedwedem ihren Namen anzuvertrauen hätten, ohne zu wissen, mit wem sie es zu tun haben. Ziemlich überall auf der Welt meldet sich der/die Angerufene mit einem unverbindlichen Allerweltszuruf:

- »Hallo«, »yes!«, »oui allô!«, »j'écoute!«, »pronto!«, »si!« »diga!«, »sim!« – und deutsch: ... ein ganzer, privater Name.

Daß man auch beim Klingeln an der Haustür die Tür aufmachen und sofort seinen Namen ins Freie rufen soll, wurde bisher noch nicht gefordert. Obwohl – es hält einen Hausierer immer etwas auf, wenn er erst fragen muß: Sind Sie die Hausfrau? Es wäre für ihn viel zeitsparender, wenn die Hausfrau dazu gebracht werden könnte, beim Türaufmachen bereits ihren Namen auszurufen. Wie beim Telefon.

## ANRUFBEANTWORTER

Für mich ist es noch gar nicht ganz entschieden, ob es sich bei dem Anrufbeantworter um einen Segen oder einen Fluch für die Menschheit handelt. Mit einiger Sicherheit kann man sagen, daß der Anrufbeantworter für den Besitzer – vom Geschäftsbereich mal ganz abgesehen – in vielerlei Hinsicht

## Anrufbeantworter

recht segensreich ist. Vor allem anderen ist er für Frauen ein unentbehrlicher Schutzschild. Bei denjenigen nämlich, die diese ekelerregende Sorte von Anrufen bekommen – allein auf Grund dessen, daß sie im Telefonbuch als Frau erkennbar sind –, ist der Anrufbeantworter immer an. Es müßte schon ein ziemlich unheilbarer Idiot sein, der seinen Schweinkram einem Anrufbeantworter anvertrauen würde. Denn bei dem heutigen Stand der Technik ist eine Stimme genauso leicht zu indentifizieren wie ein Fingerabdruck. Eine Klage auf Schmerzensgeld wäre noch die harmloseste Folge.

Abgesehen von dieser Variante der Selbstverteidigung, halte ich es für ziemlich menschenverachtend, mehr oder weniger flüssig gesprochene Botschaften mitzuhören, während man daneben sitzt. In völlig unbegründeten Fällen jemandem vorzugaukeln, man sei nicht da, nur um sich über dessen Gestammel zu amüsieren, gehört nicht zur vornehmen Art des Umgangs mit Menschen.

Was soll man denn auf das Tonband des eigenen Anrufbeantworters sprechen?

Im Gegensatz zur Post, die in ihren bürokratischen Monopolzeiten auch diesen Text vorzuschreiben gedachte, bin ich der Meinung, daß man auf diesem Gebiet nun wirklich nicht standardisieren sollte. Es wäre doch wunderbar, wenn man bei uns – wie überall auf der Welt – den Leuten etwas Raum für ihre Phantasie ließe. In der Wirklichkeit gibt es das natürlich auch schon bei uns, wenngleich noch nicht so ganz offiziell. Die Zeitspanne des selbst zu sprechenden Erkennungstextes ist ja normalerweise bereits vom Hersteller des Anrufbeantworters vorgegeben.

Ich bin also dafür, daß jede/r das auf sein Tonband sprechen soll, was er oder sie für besonders charakteristisch, für amüsant oder sonstwie geeignet hält, dem Anrufer eine Botschaft zu entlocken. Wohlgemerkt: Es handelt sich hier ausschließlich um die *private Nutzung des Anrufbeantworters*, nicht um die geschäftliche *(dazu siehe Kapitel 8).*

## BRIEFE

Wer schreibt heutzutage überhaupt noch Briefe? Mehr Leute, als man glaubt! Erstaunlicherweise schreiben mehr jüngere Leute Briefe als die Generation ihrer Eltern. Aber es geht in diesem Abschnitt natürlich nicht um Briefe zwischen Freunden, da sind, Gott sei Dank, der Individualität des einzelnen noch keine Grenzen gesetzt. Die einzige Form, an die sich nun doch alle halten sollten, ist die von der Post vorgeschriebene Form der Anschrift – ihr geht es um die Maschinenlesbarkeit der Anschriften *(mehr dazu weiter unten).*
Schwerpunktthema dieses Abschnittes ist jedoch *der private Brief mit offiziellerem Charakter.* Das heißt, man hat einen Brief an jemanden zu schreiben, der einen nicht oder nicht gut kennt, und man möchte einen möglichst guten Eindruck machen.

***Der wichtige Tip***

- ❶ Bereits das Briefpapier ist ein äußerliches Kommunikationsmittel; es sagt dem Empfänger viel über den bevorzugten Stil des Absenders.
- ❶ Gegen weißes Briefpapier ist eigentlich nichts einzuwenden; farbiges Papier kann eventuell etwas problematisch sein, denn man ist dann

schon wieder sehr abhängig vom persönlichen Geschmack des Empfängers.
- Wenn man Briefpapier aus einem Block verwendet, sollte man bei Briefen an fremde Leute gut darauf achten, daß die Blätter einwandfrei und ohne Beschädigung herausgerissen worden sind.
- Reste der Gummierung sollte man genauso ordentlich entfernen wie Perforationsränder von Computer-Endlos-Papier.

- Leicht bis stark geknittertes Papier läßt auf Wurschtigkeit schließen; das gleiche gilt für Durchgestrichenes oder sichtbare Verbesserungen.

*Der häufigste Fehler*

## Der Briefkopf

Der gesamte Briefbogen – also Briefkopf zusammen mit dem Briefpapier – hat zur Einordnung des Briefschreibers für den Empfänger eine wichtige Funktion zu erfüllen. Der Briefbogen gibt ihm eindeutige Hinweise auf die Persönlichkeit des Absenders. Deswegen sollte man sich damit etwas Mühe geben, wenn man auf jemanden einen guten Eindruck machen möchte.

Sicherlich spielt die Wahl des Papiers auch eine Rolle, wenngleich die Qualität eines guten Papiers heutzutage als viel nebensächlicher angesehen wird als zu früheren Zeiten. Da ging mal gar nichts unter handgeschöpftem Bütten. Heute wird exklusives Büttenpapier eigentlich nur noch für handgeschriebene Briefe benutzt, allein schon deswegen, weil dieses Papier weder für den Heimdrucker noch für den Kopierer geeignet ist. Das gleiche gilt für das gehämmerte Briefpapier.

Exklusivität des Drucks kann man gegenwärtig nur noch mit Stahlstichdruck aus der Druckerei herstellen.

Für den Gesamteindruck eines Briefes – Papier sowie Briefkopf – gilt als guter Stil – wie überall: je weniger, um so feiner;

- je unauffälliger das Briefpapier, um so größer die Wirkung;
- je weniger Text, um so vornehmer;
- je schlichter der Druck, um so schöner;
- je unaufdringlicher der Briefkopf wirkt, um so stilvoller ist der Gesamteindruck.

Ein stilvoller Briefkopf kann heute – für jeden Zweck gesondert – von jedem PC-Besitzer auf seinem hauseigenen Drucker hergestellt werden. Vorbei sind die Zeiten, als man wegen jeder Änderung im Briefkopf zur Druckerei gehen mußte.

**Der wichtige Tip für den privaten Briefkopf**

- ✇ Soll nur der Name auf den Briefkopf, dann werden *Vor- und Nachname links* oben plaziert, ca. 2 cm von dem linken und dem oberen Blattrand entfernt. Der Abstand zu links und zu oben sollte gleich sein.
- ✇ Wenn man einen akademischen Grad besitzt, schreibt man den Doktortitel
  - entweder abgekürzt vor den Namen, zum Beispiel: Dr. Christine Eisenhut;
  - oder den Doktorgrad unter den Namen; für diesen Zweck ist es üblich, die gängigen Abkürzungen zu benutzen *(siehe nächster Abschnitt).*

- Verwendet man sein Briefpapier ausschließlich für private Briefe, läßt man die Anschrift weg und beläßt es beim Namen; das gleiche gilt auch für gedruckte Briefkarten.
- Will man sein Briefpapier auch für halb-private oder halb-offizielle Korrespondenz verwenden, ist es üblich, die *Anschrift rechts* zu plazieren.
- Der Abstand vom rechten und vom oberen Rand sollte der gleiche sein wie der Abstand links.
- Bei der Anschrift setzt man die Straße auf die gleiche Höhe wie den Namen, darunter kommen – linksbündig zum ersten Buchstaben der Straße – Postleitzahl und Ort.
- Ob man noch seine Telefonnummer daruntersetzen will, ist eine Geschmacksfrage *(siehe oben).*

*(Zur Anschrift und zur schriftlichen Anrede siehe Kapitel 8)*

## Akademische Titel – Doktorgrade

Der Doktorgrad ist ein geschützter Titel, der in der Regel vor den Namen gesetzt wird. Man muß eine Promotion – die Verleihung der Doktorwürde – also schon selbst hinter sich gebracht haben, um Anspruch auf den Doktortitel zu haben. Das heißt: der Doktorgrad kann weder ererbt noch erheiratet werden. Selbstverständlich hat eine heutige Frau Doktor selbst promoviert.

Einige der gebräuchlichsten Doktorgrade sind:

- Dr. e. h. = Dr. h. c. (honoris causa) — ehrenhalber
- Dr. Ing. — Ingenieurwesen
- Dr. jur./iur. — Rechtswissenschaft
- Dr. med. — Heilkunde
- Dr. med. dent. — Zahnheilkunde
- Dr. med. vet. — Tierheilkunde
- Dr. oec. — Betriebswirtschaft
- Dr. phil. — Philosophie
- Dr. phil. nat. = Dr. rer. nat. — Naturwissenschaften
- Dr. rer. oec. — Wirtschaftswissenschaften
- Dr. rer. pol. — Staatswissenschaften
- Dr. theol. — Theologie

**Adelstitel**

Wie bereits in Kapitel 2 ausführlich erläutert, gibt es zwar keinen Rechtsanspruch auf die vollständige Erwähnung einer Adelsbezeichnung. Trotzdem gilt es immer noch als höflich, eine/n Adlige/n mit der ererbten, erheirateten oder adoptierten Adelsbezeichnung anzureden und anzuschreiben.

Deshalb hier ein paar Beispiele:

- Bei Prinzen, Herzogen, Fürsten und Grafen resp. ihren Ehefrauen entfällt jeweils das »Herr« bzw. »Frau« in der Anrede (und oft auch in der Anschrift), zum Beispiel:
*Anschrift:* Frau Julia Gräfin von der Schulenburg
*schriftliche Anrede:* »Sehr geehrte Gräfin Schulenburg«.

- Bei Freiherren und Freifrauen, Baronen und Baroninnen, Edlen von ..., Rittern von ... schreibt man: »Sehr geehrte Frau von ..., Sehr geehrter Herr von ...«
- Jedes »von« ist in der Tat Bestandteil des Namens und muß stets mitgenannt werden.

Bei hochoffiziellen Veranstaltungen sollte man immer nach dem offiziellen Protokoll unseres Landes verfahren. Deswegen ist es empfehlenswert, sich in bezug auf Adelsbezeichnungen, -anschriften und -anreden im »Genealogischen Handbuch des Deutschen Adels« (vormals: »Gotha«) kundig zu machen. Das kann man sich in allen größeren Bibliotheken ausleihen oder beim »Deutschen Adelsarchiv«, Marburg, bestellen.

### Anrede und Schlußformeln

Im privaten Brief ist die Anrede gegenüber Fremden:

- Sehr geehrter Herr Schneider,
- Sehr geehrte Frau Becker.

Für Leute, die man schon etwas besser kennt, kann man folgende Anrede verwenden:

- Lieber Herr Schuhmacher,
- Liebe Frau Müller,

das klingt nicht so förmlich wie das »Sehr geehrte ...« und ist trotzdem noch etwas distanziert.

Eine vertraulichere Anrede ist dann

- Mein lieber Kurt,
- Meine liebe Therese.

Für die Anrede von Freunden sind der Phantasie keine Grenzen gesetzt.

Das früher übliche Ausrufezeichen nach der Anrede ist einem schlichten Komma gewichen, so daß man die erste Zeile des Brieftextes mit einem kleinen Buchstaben anfängt.

Folgende Anreden sind im privaten Briefverkehr *nicht mehr gebräuchlich:*

- Werter Herr .../Werte Frau ...

Als *Schlußformel* hat sich heute allgemein eingebürgert:

- Mit freundlichen Grüßen ...

Für *sehr kurze* Mitteilungen kann man dann die Abkürzung

- MfG

verwenden. Aber schön ist das nicht, es ist nur besser als gar kein Gruß.

Folgende Schlußformeln klingen heute *veraltet:*

- Hochachtungsvoll;
- Mit vorzüglicher Hochachtung und ähnliches.

## 6. KAPITEL

# OFFIZIELLE UND PRIVATE ANLÄSSE FÜR GASTLICHKEIT

## WIR LADEN EIN

Eigentlich braucht man gar keinen Anlaß, um mit Freunden ein schönes Fest zu feiern. Aber an Anlässen selbst gibt es auch unendlich viele. Deswegen soll hier gar nicht der Versuch gemacht werden, Anlässe für Feste und Feierlichkeiten aufzuführen. Das ist auch selten ein Problem.

Meistens entstehen die Fragen an folgenden Punkten:
- Was muß man bei der Planung und Organisation bedenken?
- Wie schreibt man eine Einladung?
- Wie macht man eine richtige Tischordnung bei großen Familienfeiern?

Auf diese und viele weitere Fragen in diesem Zusammenhang soll in diesem Kapitel eine Antwort gegeben werden.

Bei jeder Art von Einladung ist vorher zu bedenken, ob es sich um ein lustiges, informelles Fest handeln soll, bei dem es keine Tischordnung gibt und keine sonstigen Regeln der formalen Etikette zu beachten sind. Oder ob eine Einladung mit einem etwas förmlicheren Charakter geplant ist, bei der dann auch traditionelle Regeln mit hineinspielen.

Während man eine Einladung zu einer »Lust-Veranstaltung« auf irgendeinem Weg bekanntgeben kann – zum Beispiel per Telefon, Telefax, brieflich oder mit einem reitenden Boten –, folgen formellere Einladungen gewissen Regeln. Zweifellos hat eine schriftliche Einladung mehr Gewicht als eine mündliche.

### Die Einladung

Für Einladungen an Freunde und gute Bekannte zu einem privaten Fest oder sonst einem privaten Anlaß sind der Phantasie der Gastgeber eigentlich keine Grenzen gesetzt. Voraussetzung ist, daß der Einladung alle *notwendigen Informationen* zu entnehmen sind.

*Der wichtige Tip*

⏺ Aus der *ganz privaten* Einladung sollte zu entnehmen sein,
- wer wen einlädt;
- was gefeiert wird;
- wann's losgeht;
- wo das stattfindet;
- falls es ein größeres Fest ist: was die Leute anziehen sollen;
- bis wann man Bescheid sagen muß, ob man kommt;
- falls nötig: wie man da hinkommt.

Eine *formgerechte* Einladung sollte folgende zehn Punkte enthalten:
1. Name/n des/der Einladenden,
2. Anrede (ggf. Titel) und Namen der/des Eingeladenen,

3. Anlaß der Einladung,
4. Datum und Zeitpunkt der Veranstaltung,
5. Veranstaltungsort,
6. Bekleidungsvermerk,
7. »Um Antwort wird gebeten bis ...«
8. Lageplan oder Fahrtroutenbeschreibung,
9. Parkmöglichkeiten,
10. Haltestelle der öffentlichen Verkehrsmittel.

Zu 1.) *Name/n des/der Einladenden*

Zum Beispiel:
Gerd Müller und Marion Müller freuen sich, ...
Ursula und Peter Kaufmann geben sich die Ehre, ...
Klaus Kramer und Beate Klinge laden ...

Zu 2.) *Anrede (ggf. Titel) und Namen der/des Eingeladenen*

Dabei gibt es neuerdings viele Möglichkeiten, »Paare« einzuladen.

Zum Beispiel:
- Für *Ehepaare:*
  Herrn Peter Meyer und Frau Ursula Meyer;
  Herrn Doktor Hans Krüger und Frau Ingeborg Krüger;
  Herrn Paul Hase und Frau Gemahlin (für den Fall, daß man ihren Vornamen nicht kennt);
  Herrn Sven Pfeiffer u. Frau Lea Schmidt-Pfeiffer;
  Herrn Franz Kaufmann und Frau Renate John (nach neuem Recht ist auch das richtig).
  *Nicht möglich bis peinlich:*
  Herrn Gustav Kleider und Frau;
  Frau Therese Müller und Mann;
  Herrn Philipp Hirsch und Gattin.

## Offizielle und private Anlässe für Gastlichkeit

- Für *Lebensgefährten = »eheähnliche« Paare:*
  Herrn Bernd Schmidt und Frau Mechthild Ostertag;
  Herrn Bernd Schmidt und Partnerin (für den Fall, daß man ihren Namen nicht kennt).
  *Nicht möglich bis peinlich:*
  Herrn Bernd Schmidt und Freundin;
  Frau Mechthild Ostertag und Freund;
  Herrn Bernd Schmidt und Frau.
- Für *Einzelgäste, die »jemand« mitbringen können:*
  Herrn Karl Wesel und Begleitung;
  Frau Doktor Ute Schröder und Begleitung.
  *Peinlich:*
  Herrn Mark Schäfer und Dame;
  Frau Gerda Wild und Herr.

Außer bei alten Freunden oder alten Paaren – wo normalerweise der Mann als erster genannt wird –, schreibt man heute den Namen des- oder derjenigen zuerst, für den die Einladung hauptsächlich gedacht ist.

Zu 3.) *Anlaß der Einladung*

Zum Beispiel:
- 40./50./60./70./80. Geburtstag
- Silberne Hochzeit usw.
- Gartenfest ohne besonderen Grund

Zu 4.) *Datum und Zeitpunkt der Veranstaltung*

Normalerweise ist es Brauch, Wochentag und Datum anzugeben, zum Beispiel: am Dienstag, dem 22. November 1994, um 19.30 Uhr.

## Wir laden ein

Es ist ratsam, bei langfristigen Einladungen besonders darauf zu achten, daß der angegebene *Wochentag* auch wirklich *zu dem Datum* gehört. Es kommt nämlich relativ häufig vor, daß sich dabei ein Flüchtigkeitsfehler einschleicht und der Wochentag nicht mit dem Datum übereinstimmt. Dann wäre der ganze Aufwand umsonst. Um solch einen Fehler auszuschließen, kann man den Wochentag auch ganz weglassen, also nur schreiben:
- am 22. November 1994 um 19.30 Uhr.

Sollte es sich um eine Festveranstaltung handeln, die zu einer bestimmten Zeit *pünktlich* anfangen soll, dann muß man das besonders vermerken. Früher bediente man sich der lateinischen Abkürzungen wie c. t. (= cum tempore), das heißt: mit mindestens einer Viertelstunde Zeitpuffer, den man für sich in Anspruch nehmen kann. Oder es hieß s. t. (= sine tempore) das heißt: ohne jegliche Zeitverzögerung – also *auf die Minute* pünktlich. Heute kann man nicht voraussetzen, daß alle Leute mit c. t. und s. t. noch irgend etwas anfangen können, also muß man das anders ausdrücken.

*Der wichtige Tip*

🕐 Bei Veranstaltungen oder Einladungen, bei denen die Gäste *nicht auf die Minute* pünktlich zu sein brauchen, schreibt man nur die Uhrzeit ohne Zusatz, wie oben
 - am 22. November 1994 um 19.30 Uhr;
 - 23. November, 18. 30 Uhr;
 - am Freitag, dem 26. November, Beginn 20.00 Uhr;
 - Samstag, 26. November, 11.00 Uhr.

- ❶ Wenn man bei offiziellen Veranstaltungen, zum Beispiel bei einem Festakt oder einer akademischen Feier, für einen *pünktlichen* Anfang sorgen will, dann muß man bereits mit der Einladung deutlich darauf hinweisen, daß die Leute nicht nur pünktlich zu erscheinen, sondern bereits dazusitzen haben.
  - Beginn des Festaktes: 11.00 Uhr (s. t.);
  - Beginn der Veranstaltung: pünktlich um 11.00 Uhr;
  - Beginn 11.30 Uhr – wir bitten um pünktliches Erscheinen.
- ❶ Das *Ende einer offiziellen Veranstaltung* kann man eventuell angeben, wenn dafür *besondere* Gründe sprechen.
- ❶ Das Ende einer Feier oder eines privaten Empfangs schon in der Einladung anzugeben, ist sehr schlechter Stil. Das müssen Gäste so verstehen, daß man voraussetzt, sie wüßten nicht, wann sie zu gehen haben.

Zu 5.) *Veranstaltungsort*

Dabei ist eigentlich alles klar:
- Ort und Straße mit Hausnummer, oder
- Straße mit Hausnummer und Name der Gaststätte.

Zu 6.) *Bekleidungsvermerk*

Bei offiziellen Veranstaltungen oder größeren privaten Festen werden den Gästen bereits mit der Einladung Anhaltspunkte gegeben, in welchem Rahmen der Abend oder die Veranstaltung geplant ist *(siehe dazu auch Kapitel 4)*. Menschen mit

**Wir laden ein**

guten Manieren möchten sowieso gern wissen, was für eine Art der Bekleidung von ihnen erwartet wird. Und wenn es bereits in der Einladung steht, brauchen sie nicht rumzutelefonieren.

Es gibt die ganz *hochoffiziellen Bekleidungsvorschriften,* und die beziehen sich stets nur auf die *Herrenbekleidung* – man geht davon aus, daß die Dame dann schon das »Entsprechende« anzuziehen weiß.

Diese Bekleidungsvermerke können zum Beispiel lauten:
- Straßenanzug,
- dunkler Anzug,
- Stresemann = kleiner Gesellschaftsanzug (am Tag),
- Cut,
- kleiner Gesellschaftsanzug = Smoking = Dinnerjacket = cravate noire = black tie = Abendanzug,
- großer Gesellschaftsanzug = Frack = cravate blanche = white tie.

*(Näheres dazu siehe Kapitel 4)*

Bei größeren *Privateinladungen* schreibt man zum Beispiel:

leger oder festlich,
sommerlich oder Abendanzug.

Zu 7.) »Um Antwort wird gebeten bis ...«

Das »U.A.w.g.« – so lautet die geläufige Abkürzung für »Um Antwort wird gebeten« – darf nun wirklich auf keiner Einladung fehlen, denn es erfüllt mehrere Zwecke:

- Erst das angegebene Datum ermöglicht eine sinnvolle Planung, denn man darf nicht erwarten, daß alle Leute so rücksichtsvoll sind und so schnell wie möglich zu- oder absagen.

Das Datum sollte möglichst so festgesetzt werden, daß man noch ca. eine Woche Zeit für die Nachzügler hat.

- Nach dem Datum kommt die *Anschrift,* an die die Antwort geschickt werden soll. Die *Form,* in der die Anschrift angegeben wird, bestimmt auch die Form, in der die Antworten eintreffen sollen. Zum Beispiel:

*»Um Antwort wird gebeten«*

»U.A.w.g.« bis 18. November 1994 an:
Fa. Rummel, Hasenpfad 14, 64295 Darmstadt,
Fax. 06151/471113;
hiermit wird also angezeigt, daß *nur schriftliche* Antworten erbeten sind – entweder per Antwortkarte oder per Fax.

Oder
»U.A.w.g.« bis 18. November 1994 an:
Gerda und Karlheinz Rummel,
Tel: 06151/471112 oder Fax: 06151/471113;
das heißt, in diesem Fall kann man anrufen oder per Fax antworten.

Oder
»U.A.w.g.« bis 18. November 1994 an:
Gerda und Karlheinz Rummel, Tel: 06151/471112;
In diesem Fall ist es klar, daß die Gastgeber nur angerufen werden möchten.

Es gehört nämlich zum guten Ton, daß man sich an diese ungeschriebenen Gesetze hält und nicht etwa im Telefonbuch die Nummer aufsucht, um dann doch dort anzurufen, obwohl nur Anschrift und Fax-Nummer angegeben waren.

Bei *offiziellen Veranstaltungen* jeglicher Art werden meist *vorgedruckte Antwortkarten* der Einladung beigefügt. Hierbei ist auf zweierlei zu achten:

1. Man sollte nicht übersehen, daß der einzuladende Gast eine Dame sein kann und die entsprechende Form als anzukreuzende Alternative vorsehen.

   Es wirkt nämlich auf Managerinnen nicht gerade »einladend«, wenn sie auf einer Antwortkarte nur ankreuzen können, ob sie »allein« oder »mit Partnerin« kommen möchten. Ich habe es auch nie besonders witzig gefunden, wenn ich per Einladung höflich aufgefordert wurde, meine »Gattin« irgendwohin mitzubringen. (Ganz abgesehen davon, daß es jedesmal schwieriger wird, meinen Mann dazu zu bringen, als meine Gattin aufzutreten.)

2. Die der Einladung beigelegte Antwortkarte sollte für die anzukreuzende Antwort *keine mißverständlichen Formulierungen* verwenden, also *nicht:* »Ich komme mit ... Personen«
   Schreibe ich da beispielsweise die Zahl 2 hinein, kann eigentlich niemand mit Bestimmtheit sagen, wie viele Gäste wir sein werden – zwei oder drei Personen? Und nun braucht man sich diese Unklarheit nur mit – sagen wir mal – 78 solcher Rückantworten zu multiplizieren ... Na, dann herzlichen Glückwunsch für die Veranstaltungsplanung!
   Mein Vorschlag für eine aussagekräftige Rückantwort lautet:

*Unmißverständliche Formulierungen*

»Ich komme allein«;
»Ich komme in Begleitung von ... Person/en«;
»Ich komme nicht«.

Auch das gegenwärtig häufig anzutreffende, bereits vorgedruckte Bedauern »Ich kann leider nicht kommen« finde ich äußerst albern und unpassend. Wenn jemand es wirklich bedauert, nicht kommen zu können, so kann er das jederzeit handschriftlich hinzufügen. Das wirkt wesentlich persönlicher – und ehrlicher.

### Zu 8.) *Lageplan oder Fahrtroutenbeschreibung*

Das betrifft natürlich nur auswärtige Gäste, die noch nie bei den jetzigen Gastgebern zu Besuch waren. Man kopiert für diesen Zweck den entsprechenden Ausschnitt aus einer guten Generalkarte und/oder dem Stadtplan und markiert eventuell noch den besten Weg mit einem Highlighter.

### Zu 9.) *Parkmöglichkeiten*

Dazu sind genaue – und möglichst realistische – Angaben sehr willkommen.

### Zu 10.) *Günstigste Verbindung und Haltestelle der öffentlichen Verkehrsmittel*

Das ist eine fortschrittliche Einladung, die mehr und mehr geschätzt wird! Denn die bekannten Gründe
- Alkoholgenuß,
- unberechenbare Fahrtzeiten,
- Parkprobleme,
- Umweltschädigungen

sprechen immer mehr dafür, ohne eigenen Wagen zu einer Einladung zu fahren. Und ein Taxi kann man sich zur Not immer noch für die Heimfahrt nehmen.

In welche *Form* man diesen Inhalt bringt, bleibt dem Geschmack eines jeden überlassen. Bei Geschäftseinladungen oder Einladung zu offiziellen Veranstaltungen sollte man auf den Stil der äußeren Form großen Wert legen. Dabei spielen dann nicht nur die Wahl des Papiers, sondern auch die Art des Drucks eine Rolle.

## DIE TISCHORDNUNG

Bei allen *offiziellen oder großen privaten Feiern* gibt es für Gastgeber mit Stil keinen Weg, sich aus der Verantwortung für die Tischordnung zu stehlen. So mühevoll es manches Mal auch sein mag, es lohnt sich immer, der Tischordnung größte Aufmerksamkeit zu schenken. Selbst wenn man es heute nicht mehr ganz einsehen will, daß ausgerechnet bei Tisch eine Rangordnung der Gäste zu beachten ist, es wäre ein zu großes Risiko, diese Rangordnung völlig zu ignorieren. Denn falls sich auch nur ein einziger Gast falsch plaziert – sich *»herabgesetzt«* – fühlte, könnte dies recht unangenehme Folgen haben. Das günstigste, was den Gastgebern in so einem Fall passieren könnte, wäre die Feststellung, sie wüßten eben nicht, »was sich gehört«. Es ist also schon besser, man gibt sich mit der Tischordnung etwas Mühe.

*Tischordnung nicht unterschätzen*

Anhand der Gästeliste sollte man zuerst für sich alle Gäste in eine Art Rangfolge zueinander bringen. Dazu kann es ganz hilfreich sein, wenn man folgende *Regeln für eine protokollgerechte Tischordnung* beachtet.

Das Ordnungsprinzip der protokollarischen Rangfolge lautet:

- Ausländer vor Inländern gleichen Ranges,
- Damen vor Herren (nicht bezogen auf Ehefrauen, die in ihrer Rangfolge dem Rang des Ehemannes zugeordnet werden),
- ältere Gäste vor jüngeren Gästen,
- Fremde vor Angehörigen gleichen Ranges.

*Tischordnung*

*Tischordnung für kleine Tische*

## Die Tischordnung

*Der wichtige Tip*

- Der Ehrenplatz ist bei uns für den ranghöchsten Herrn stets *links von der Gastgeberin,* das heißt, der Ehrengast oder der ranghöchste Herr ist der Tischherr der Gastgeberin.
- Der Ehrenplatz für einen weiblichen Ehrengast ist stets an der *rechten Seite des Gastgebers,* das heißt, der Gastgeber ist ihr Tischherr.
- Ehefrauen und Lebensgefährtinnen/Partnerinnen nehmen generell den Rang ihres Mannes ein, wenn sie als seine Begleitung miteingeladen worden sind.
- Das gleiche gilt für Ehemänner und Lebensgefährten/Partner derjenigen weiblichen Gäste, denen *eigentlich* die Einladung gilt. Zum Beispiel wird der Ehemann einer Apothekerin in ihren Rang eingeordnet, selbst wenn er Konsul in Nigeria sein sollte, die Einladung aber zunächst ihr gegolten hat.
- An einer offiziellen Tafel ist die *»bunte Reihe«* absolut obligatorisch; das heißt: eine Dame sitzt stets zwischen zwei Herren, und ein Herr stets zwischen zwei Damen.
- Ehepaare und ähnliche *Paare* – also Paare, die miteinander gekommen sind und im Normalfall auch wieder miteinander nach Hause gehen – sind an der Tafel *stets getrennt* zu setzen (das gilt auch für *private Einladungen*). Jedoch sollte man sie nicht allzu weit voneinander entfernen, so daß sie noch miteinander sprechen können.
- An einem langen Tisch sitzen sie sich meist schräg gegenüber; bei runden Tischen werden Paare an den gleichen Tisch plaziert, aber *nicht nebeneinander.*
- Der »amtierende« Tischherr sitzt stets links von seiner Tischdame.

*Tabu-Regel:* (dies ist wirklich ein »alter Zopf«, aber er gilt noch immer)

- Damen sollten *nicht ohne Tischherrn* zusammen sitzen.

Daher müssen in Fällen von »Damenüberschuß« zusätzlich einzelne Herren in entsprechender Anzahl eingeladen werden.

(Herren ohne Tischdamen dürfen in unbegrenzter Zahl nebeneinander sitzen.)

*Die häufigsten Fehler*

- Es werden zusammengehörige Paare auch bei Tisch nebeneinander gesetzt (damit sie sich vielleicht noch bei anderen Leuten über die häuslichen Probleme unterhalten oder auch streiten können).
- Es werden ältere Familienmitglieder herabgestuft, indem man sie zu weit nach »unten« plaziert.

*(Für Hochzeiten und andere Familienfeiern gilt eine andere Tischordnung. Näheres dazu weiter unten.)*

## TISCHKARTEN

Tischkarten sind bei größeren Gesellschaften nun wirklich *unentbehrlich*.

*Der wichtige Tip*

- Auf die einzelne Tischkarte werden heute *nur Vor- und Zuname* des Gastes geschrieben.

(Bei offiziellen Veranstaltungen wird der Titel des Gastes auf dem Aushang der Tischordnung – dem Placement [siehe unten] – bereits mitgenannt.)

## Tischkarten

- Akademische Titel sind auf Tischkarten nicht besonders fein; besser sind sie auf dem »Sitzplan« unterzubringen.
- Nur wenn es kein Placement gibt, dann sollten akademische Titel auf der Tischkarte erscheinen.
- Anstelle der gesonderten Tischkarten kann man auch die Menü-Karten mit den Namen der Gäste versehen.

Wie bereits erwähnt, wird bei *offiziellen Anlässen* die Tischordnung mit einem Aushang allen Gästen bekannt gemacht; diesen Aushang bezeichnet die althergebrachter Etikette mit dem französischen Wort *Placement*. Für größere Gesellschaften ist dieser Aushang ebenso notwendig wie die Tischkarten. Denn nur mit Hilfe dieses »Sitzplanes« kann man vermeiden, daß die Gäste – mit ihrer Brille in der Hand – von Tisch zu Tisch gehen müssen, um sich ihren Platz zu suchen. (»Hallo, Käthe, dich hab' ich schon, du sitzt hier!«)

- Bei *kleineren und privaten Gesellschaften* hält ein für die Organisation des Festes zuständiges Familienmitglied – oder auch der Gastgeber oder die Gastgeberin selbst – die Tischordnung in der Hand und bittet die Gäste einzeln an ihren Platz.
- Bei offiziellen Banketts wird das Placement als Aushang im Vorraum gut sichtbar angebracht oder auf einem Tisch ausgelegt.
- Dieses Placement dient dort nicht nur dem Zweck, daß man sich darüber orientieren kann, *wo* man sitzen wird und *mit wem* man

*Der wichtige Tip*

den Abend verbringen soll. Vor allen Dingen ersehen die Herren daraus, wer ihre *Tischdame* ist, die sie – eigentlich – zu Tisch zu führen haben. In der Praxis wird diese Etiketteregel allerdings kaum mehr so streng gehandhabt.

## GASTGEBER UND GASTGEBERIN

Die Gastgeberrolle ist bei uns im *offiziellen* gesellschaftlichen Umgang im Normalfall an zwei Personen gebunden: an den Gastgeber und die Gastgeberin. Von dieser Regel wird bisher nur in Ausnahmefällen abgewichen, das sind zum Beispiel alle Arbeitsessen oder ausgesprochene Herrenessen.

Zu den anderen Gelegenheiten »mit Damen« – wie es immer noch heißt – tritt die Frau eines Geschäftsinhabers, Unternehmers oder Vereinsvorsitzenden auch dann als Gastgeberin auf, wenn sie damit eigentlich gar nicht zu tun hat; also auch bei Veranstaltungen in einer Gaststätte oder einem Bürgerhaus oder ähnlichem.

Die umgekehrte Rollenbesetzung, bei der der Ehemann/Partner einer Ortsvereinsvorsitzenden an ihrer Seite die Rolle des Gastgebers übernimmt, ist noch sehr selten.

Die offizielle Etikette besteht jedoch nach wie vor auf folgender *Regel:*

- Ein festliches Essen erfordert *Gastgeber und Gastgeberin.*

## Gastgeber und Gastgeberin

- Beide Gastgeber müssen zusammen die Gäste begrüßen; dabei sollten sie sich so aufstellen, daß jeder Gast *zuerst der Gastgeberin* und dann dem Gastgeber die Hand reichen kann.
- Daher ist es wichtig, daß sich die Gastgeber nicht in der hintersten Ecke des Raumes aufstellen, weil die Gäste ihrerseits verpflichtet sind, die Gastgeber vor allen anderen zu begrüßen.
- Die Gäste sind untereinander bekannt zu machen; wobei sie möglichst nach Anknüpfungspunkten für eine Unterhaltung der Gäste miteinander suchen sollten.
- Sie müssen sich mit *allen* Gästen – zumindest kurz – unterhalten; es wäre ein grober Verstoß gegen die guten Manieren, wenn ein Gast nicht Gelegenheit bekommen hätte, mit mindestens einem der Gastgeber zu sprechen.
- Sie müssen dafür Sorge tragen, daß der gute Stil auch zu vorgerückter Stunde noch erhalten bleibt.
- Das kann natürlich auch heißen, einem guten Freund einmal zu sagen: Du kriegst nichts mehr! – Dessen dankbare Reaktion darf man dann nicht sofort, sondern frühestens am nächsten Tag erwarten.
- Sie sind auch verantwortlich dafür, daß Gäste nicht allzu heftig in kontroverse Diskussionen geraten – zum Beispiel über Politik.

*Der wichtige Tip zu den Pflichten beider Gastgeber*

Darüber hinaus gibt es dann noch die getrennten Verantwortungsbereiche nach der traditionellen Rollenaufteilung.

**Der wichtige Tip zu den Pflichten des Gastgebers**

🛈 Der Gastgeber ist nach alter Sitte verantwortlich für
- die gesamte Organisation der Veranstaltung,
- die Tischordnung,
- die offizielle Begrüßungsrede,
- die Rednerliste,
- die Getränke. – Er erhebt zuerst sein Glas zum Begrüßungsschluck.

**Der wichtige Tip zu den Pflichten der Gastgeberin**

🛈 Traditionell ist die Gastgeberin verantwortlich für
- den Stil der Veranstaltung, das Ambiente, die Dekoration,
- die Zusammenstellung des Menüs,
- den reibungslosen Ablauf des Essens.

🛈 Sie gibt das Zeichen zum Essensbeginn, indem sie zum Besteck greift.

🛈 Sie hebt die Tafel auf, das heißt: sie steht auf und verläßt – begleitet von ihrem Tischherrn – als erste den Tisch.

**Die häufigsten Fehler**

🛈 Die Gäste gehen händeschüttelnd durch die Reihen ihrer Freunde und Bekannten, bis sie endlich zu den Gastgebern vordringen – nur weil die sich in der hintersten Ecke des Raumes aufgebaut haben.

*(Alles weitere zu Tischkultur und Tischsitten in Kapitel 7)*

## DIE TISCHREDEN

Bei einer offiziellen Einladung oder einem großen Fest gibt es auch immer einen Anlaß für eine Tischrede. Und so unendlich unterschiedlich die Anlässe

## Die Tischreden

für ein Fest sind, so unterschiedlich kann der Stil sein, der zu diesem oder jenem Anlaß paßt.

In einer ländlichen Umgebung wird der Stil der Tischreden etwas deftiger sein als bei einer gesellschaftlichen Veranstaltung in der Stadt. Bei einem stilvollen Fest wird sich der gleiche Stil – sei er nun ländlich-deftig, unkompliziert-natürlich oder elegant-förmlich – immer auch in der Wahl der Räumlichkeiten, in der Garderobe der Gäste, in der Dekoration der Tafel, den Speisen und Getränken bis zu den Tischreden wiederfinden.

- Je offizieller eine Veranstaltung, um so wichtiger sind der gewählte *Zeitpunkt* und die *Reihenfolge* der Tischreden.
- Die erste, kurze Begrüßungsrede durch den Gastgeber (bei Privatfesten ggf. auch durch die Gastgeberin) sollte schon beim Aperitif erfolgen, bevor man zu Tisch geht.
- Kurze Begrüßungsworte können auch noch nach der Suppe an die Gäste oder den Ehrengast gerichtet werden.
- Wenn mehrere Redner vorgesehen sind, kann man jeweils eine Tischrede zwischen die einzelnen Gänge des Menüs plazieren.
- Den Hauptredner sollte man seine Tischrede am besten erst nach dem Dessert halten lassen; aus praktischen Gründen, damit das Essen genießbar bleibt.
- Bei mehreren Rednern ist es notwendig, eine *Rednerliste* zu erstellen; für deren Reihenfolge gilt die gleiche Rangordnung wie für die Tischordnung: der/die Ranghöchste darf zuerst sprechen. Es ist notwendig, jedem Redner *vor dem Essen*

*Der wichtige Tip*

bereits genau zu sagen, nach wem er sprechen soll oder ggf. nach welchem Gang des Menüs. Auf jeden Fall sollte man die einzelnen Redner/innen – mit dem Hinweis darauf, daß man sich mit der gleichen Bitte an alle Redner wendet (wichtig!) – darum bitten, soundsoviel Minuten Redezeit nach Möglichkeit einzuhalten. Das gehört zu einer verantwortlichen Planung und wird von niemandem übelgenommen – sofern man auf Beleidigungen verzichtet. (»Onkel Ernst, du wartest mit deinem Geschwafel am besten bis zum Abendessen«– *wird nicht empfohlen.*)

**Der häufigste Fehler**

🍷 Die sogenannten *»Damenreden«* wirken heutzutage fast immer peinlich. Sollte ein begnadeter Redner eine solche Damenrede zum Anlaß nehmen, um daraus eine witzige Unterhaltung zu machen, so ist dagegen natürlich nichts einzuwenden. Aber die traditionellen Lobeshymnen auf die duldsame, im Hintergrund unermüdlich wirkende Gattin – die sind wirklich *out!!!*

Die »Damenreden« stammen noch aus der Zeit, wo die Frauen still im Hintergrund zu arbeiten und in der Öffentlichkeit die Klappe zu halten hatten. Grundsätzlich reden Frauen heute lieber selbst.

## SMALL TALK

Es scheint mir ein besonders betrübliches Zeichen der Zeit zu sein, daß ich so oft danach gefragt werde, worüber man sich denn mit einem völlig fremden Tischnachbarn oder der Tischnachbarin unterhalten solle. Vielleicht ist das ein Problem von fehlender Phantasie der Menschen. Mit Sicherheit ist es aber ein Problem mangelnder Übung im Umgang mit Menschen.

Jeder Mensch, der sich etwas für andere Menschen interessiert, kann ein vollendeter Unterhalter sein. Wer sich in einer solchen gesellschaftlichen Situation dafür interessiert, wer denn da neben ihm sitzt, kann mit taktvollen Fragen unheimlich viel Interessantes erfahren.

Für diejenigen, die darin noch nicht so viel Übung haben, hier ein paar Vorschläge.

*Der wichtige Tip*

- Folgende Themen können ein anregendes Gespräch in die Gänge bringen:
  Hobbys, Sport, Reisen, Kino/Theater/Konzerte, Beruf, aktuelle Themen.

- Folgende Themen sollte man gegenüber Fremden *nicht* anschneiden:
  Politik, gesellschaftspolitische »Reiz«-Themen, Betriebsinterna, Religion, Krankheiten, persönliche Probleme.

- Die wichtigste Grundlage für ein gutes Gespräch ist: *zuhören können.*

## WICHTIGE FAMILIENFESTE UND -FEIERN

Gegenüber »normalen« Festen oder Veranstaltungen gelten für Familienfeiern ein paar Unterschiede, die jeweils charakteristisch für diese oder jene

Feierlichkeit sind. Darauf soll in diesem Kapitel im einzelnen eingegangen werden.

Zuvor zu den *Gemeinsamkeiten der Familienfeste:* Als erstes ist hier zu nennen, daß man den Gästen keine gewöhnlichen Einladungen zukommen läßt, sondern man verschickt »Familienanzeigen«.

## Familienanzeigen

Wenn ein großes Familienereignis ins Haus steht – oder aber bereits eingetreten ist – ist es hierzulande allgemein üblich, dieses Ereignis per Anzeige bekannt zu machen. Das betrifft folgende Familienereignisse:

- Verlobung,
- Hochzeit,
- Geburt eines Kindes oder mehrerer Kinder,
- Trauerfall.

Dabei gibt es unterschiedliche Verbreitungsmöglichkeiten, die auch ihren Sinn haben.

- Mittels einer *Zeitungsanzeige* macht man der Nachbarschaft und der Gemeinde, in der man lebt, das bevorstehende oder bereits eingetretene Ereignis bekannt.
- Die *Familienanzeige,* die in der Regel per Post verschickt wird, hat zweierlei Zwecke zu erfüllen:
  1. dient sie der Bekanntgabe des Ereignisses wie die Zeitungsanzeige, nur werden die Adressaten auf diese Weise *persönlich* informiert;
  2. wird die Familienanzeige – versehen mit einem entsprechenden Zusatz – als *Einladung* zu einer Familien- oder Trauerfeier genutzt.

## Wichtige Familienfeste und -feiern

Man kann eine solche Familienanzeige auch als Klappkarte mit *zwei Versionen* drucken lassen:

- alle Anzeigen werden auf die rechte Seite der aufgeklappten Karte gedruckt;
- zusätzlich wird eine entsprechende Anzahl von Karten auf der linken Seite der Karte mit der Einladung zur Hochzeitsfeier oder zur Trauerfeier bedruckt – so kann man zwei Fliegen mit einer Klappkarte schlagen.

*Familienanzeige und Einladung*

Der Text für diese Einladung braucht nicht die Anforderungen einer formellen Einladung zu erfüllen. Es braucht nur daraus hervorzugehen, wo sich die Gäste nach der Kirche oder nach dem Friedhof einzufinden haben. Bei Hochzeiten kann man dann noch etwas ausführlicher sagen, was die Gäste erwartet. Bei einer normalen Trauerfeier ist das nicht nötig, weil man sich damit sowieso nach dem regionalen Brauchtum richtet.

Zu der *Einladung zur Hochzeitsfeier* einige Beispiele:

1. Eine etwas förmlichere Version

   *»Wir würden uns freuen, wenn Sie/Ihr
   ................. (Name/n)..................
   ...........................................
   diesen Tag mit uns feiern würden/t. Nach der Trauung begeben wir uns ins Hotel ... zu einem kleinen Empfang und einer festlichen Kaffeetafel. Daran schließt sich später ein Abendessen an.
   Wir bitten höflich bis zum ... um Mitteilung, ob Sie/Ihr unserer Einladung folgen können/t.«*

2. Eine unkomplizierte, jugendlichere Version:
*»Nach der Kirche gehen wir alle in die Gaststätte ..., um unsere Hochzeit zu feiern. Wir würden uns riesig freuen, wenn Ihr mit dabei sein könntet.
Bitte gebt uns ganz schnell Bescheid, ob wir mit Euch rechnen können.«*

Selbstverständlich kann man diese oder ähnliche Einladungen *auch handschriftlich* auf die Anzeigen schreiben; in jedem Fall kommt natürlich noch die persönliche Anrede hinzu.

Das gleiche gilt auch für die *Trauerfeier*.

Hier ein Beispiel:

*»Nach der Trauerfeier auf dem Friedhof bitten wir unsere engsten Verwandten und Freunde zu einer Kaffeetafel in das Hotel ...«*

Ein sehr *wichtiger Unterschied* zu allen anderen Einladungen sollte unbedingt beachtet werden:

- Man darf in diesem Fall nicht um Rückmeldung bitten. Das wäre ganz schlechter Stil. Für die Planung von Trauerfeiern gelten sowieso andere Bedingungen. Im Normalfall muß sie sehr kurzfristig erfolgen; allein deswegen muß man sich eben mit einer geschätzten Zahl begnügen. *(Siehe dazu Abschnitt »Trauerfeier« weiter unten.)*

Zu den christlichen Einsegnungen, wie *Taufe, Kommunion* bzw. *Konfirmation* werden keine Familienanzeigen veröffentlicht. Einladungen dazu werden normalerweise mündlich ausgesprochen.
*Form und Inhalt* der Familienanzeigen sind seit

# Wichtige Familienfeste und -feiern

jeher dem Zeitgeist unterworfen. Sie sind einerseits von dem gerade herrschenden Geschmack abhängig, andererseits natürlich auch davon, was für einen gesellschaftlichen Stellenwert eine Hochzeit oder gar eine Verlobung in der jeweiligen Zeitepoche haben. Um sich über den gegenwärtig herrschenden Zeitgeschmack zu informieren, braucht man nur einen Blick in einige Wochenend-Ausgaben verschiedener Tageszeitungen zu werfen. Dort findet man genügend Anregungen für eine eigene Anzeige – und eine Reihe abschreckender Beispiele, wie man es bestimmt nicht machen möchte.

Eines kann man allgemein dazu sagen: Die Geburt eines Kindes ausgesprochen humoristisch darzustellen, entspricht – völlig unabhängig vom »Zeitgeist« – nicht dem guten Geschmack. Denn das Kind wird ja einmal älter, und dann könnte es die witzige Anzeige vielleicht als kränkend, garantiert aber als peinlich empfinden. Auch waren die Verlobungsanzeigen in früheren Zeiten noch gemeinsame Bekanntmachungen beider Elternpaare. Das wirkt in unserer modernen Zeit albern, weil es unglaubwürdig geworden ist. Und bei Vermählungsanzeigen entsprach das bei uns – anders als in Frankreich und in mehreren anderen europäischen Ländern – in diesem Jahrhundert schon nicht mehr der gut-bürgerlichen Tradition.

## Verlobung

Wenn man mal der Frage auf den Grund gehen wollte, warum plötzlich und anscheinend völlig anachronistisch wieder Verlobungen gefeiert werden, käme man vielleicht auf ein paar unromantische, weil stink-materielle Gründe, wie zum Beispiel: Geschenke. Vielleicht stößt man hier oder da auch auf ein bißchen Romantik. Am einleuchtendsten ist noch die Begründung, daß man ein schönes Fest feiern möchte, bei dem beide Familien sich kennenlernen können, ohne daß man deswegen gleich zu heiraten braucht.

Tatsache ist, daß zu früheren Zeiten die Verlobung ein festes Eheversprechen bedeutete, das man deshalb »groß« feierte, damit man sich einem größeren Kreis von Bekannten und Verwandten vorstellen und als zusammengehörig darstellen konnte. Man war mit der Verlobung fest vergeben – und es durften fortan kleine, »harmlose« Zärtlichkeiten miteinander ausgetauscht werden.

*Vorbereitung des gemeinsamen Hausstandes*

Die praktische Begründung war darin zu sehen, daß die Verlobungszeit, die in der Regel ein Jahr dauerte, zur Vorbereitung des gemeinsamen Hausstandes gebraucht wurde. Das betraf die Wohnung, die Aussteuer, die berufliche Etablierung (für ihn) – und für sie Koch- und Babywickelkurse u. a. m.

Die ideelle Begründung war die, daß sich das Paar innerlich prüfen sollte, ob es den »Bund fürs Leben« auch wirklich glaubte miteinander durchstehen zu können. Aber so frei für eine solche Prüfung war man nun auch wieder nicht. Wenn man sich – bei negativem Prüfergebnis – einvernehmlich trennte, ging das noch mit der Rückgabe der Geschenke (an die- oder denjenigen, von dessen »Seite« die Geschenke kamen – schlauerweise nie an die Geber selbst) glimpflich ab. Sobald aber nur einer von beiden absprang, war Schadensersatz fällig. Und zwar waren die im Hinblick auf den gemeinsamen Hausstand getätigten Ausgaben in vollem Umfang zu ersetzen.

Ganz teuer wurde es noch bis 1972 für ihn, wenn die beiden sich die Verlobungszeit mit »Ehe-Zärtlichkeiten« vertrieben hatten. Dann mußte er, falls er die Verlobung lösen wollte, einen ganz schönen Batzen »Kranzgeld« bezahlen – nicht nach Belieben oder der Menge der erhaltenen Liebkosungen, sondern nach Einkommen; dem seinen, versteht sich.

Wenn man sich also den traditionellen Sinn der Verlobung vor Augen führt, kann man sich schon fragen, was das Ganze heute noch soll. Aber schlimmer noch: weil sowohl die sittliche wie auch die gesellschaftliche – also die gesamte inhaltliche – Begründung entfallen ist, ist es ausgesprochen unsinnig, eine Verlobungsfeier anders zu gestalten als eine ganz normale Party.

Die traditionelle Verlobungsfeier wurde von den *Eltern der Braut* ausgerichtet. Bei der Verlobungsfeier lernten diese – im Normalfall – die Familie des Bräutigams zum ersten Mal kennen. Das war wiederum wichtig, um die prestigeträchtige Aussteuer auch »standesgemäß« vorbereiten zu können. Da das stets erhebliche Investitionen bedeutete, diente eine große Verlobungsfeier auch dazu, den sozialen Druck auf den Bräutigam mit Hilfe vieler Zeugen ganz schön zu erhöhen, damit der so eine Verlobung nicht auf die leichte Schulter nahm.

Gegenwärtig gibt es in bürgerlichen Kreisen keine vergleichbaren Begründungen für das Ritual einer Verlobungsfeier mehr; deswegen gibt es auch keinerlei Vorschriften, die sich traditionell begründen ließen. Das heißt, jedes Paar ist frei, daraus zu machen, was ihm gerade Spaß macht. Die »Verlobungsfeier« kann heutzutage unter der Beteiligung von null bis unendlich vielen Gästen stattfinden. Sofern man Lust hat, daraus eine Mini-Hochzeit zu machen, kann man die Informationen aus dem folgenden Abschnitt hinzuziehen.

## Hochzeit

Es ist immer noch so: die eigene Hochzeit bedeutet für die meisten Menschen den schönsten Tag ihres Lebens – zumindest einen der schönsten Tage. Außerdem ist es immer noch so, daß die meisten Männer gern zu einer Hochzeit eingeladen werden – und die Frauen sind einfach verrückt darauf; die Autorin eingeschlossen. Das kommt vielleicht mit daher, daß das in unserer Zeit ausgesprochen seltene Ereignisse sind.

*Gründliche Vorbereitung*

Wie dem auch sei. Eine Hochzeit ist ein zu wichtiges Ereignis, als daß man sich nicht *enorm gründlich* und *enorm lange* darauf vorbereiten sollte.

In der heutigen Zeit ist es meist gar nicht mehr durchführbar, wie in früheren Zeiten in die Vorbereitungen für eine Hochzeit ein Jahr zu investieren. Manche Leute heiraten jetzt im Schnellverfahren, sowohl was die Kennenlernzeit als auch was die Hochzeitsvorbereitungen anbetrifft.

Will man aber eine »große« Hochzeit feiern, dann braucht man schon eine Menge Zeitvorlauf – und auch eine Menge Geld. Das ist aber durchaus nicht neu; gerade auf dem Land, und gerade

## Wichtige Familienfeste und -feiern

in bescheidenen Verhältnissen, werden Hochzeiten gefeiert, daß es einem die Sprache verschlägt. Ganz zu schweigen von den unbeschreiblichen Drei-Tages-Festen, die Hochzeiten in Südeuropa oder auch in Ländern anderen Religionen bedeuten. Unsere Norm-Hochzeiten sind im internationalen Vergleich eher spärlich bis beschämend.

Glücklicherweise gibt es in unserem Land gegenwärtig aber auch viele phantasievolle Hochzeiten – ohne jegliches Protokoll.

Das fängt schon beim Gottesdienst an, den die Hochzeitsgäste und die Hochzeitszuschauer gemeinsam mit dem Brautpaar zu einer fröhlichen Hochzeitsfeier machen. Der Hochzeitsschmaus wird ohne große Restauration von Freunden und Familie hergestellt. Doch das »Mischungsprinzip« wird auch hier für die Tischordnung beibehalten, inklusive der Respektierung der Familienränge – das gehört sich nun einmal so.

Zu den festen Grunddaten einer Hochzeit gehören dann doch einige Punkte, die bedacht werden müssen:

🕐 Am Anfang steht ein großes Stück Papier, auf das alle erdenklichen Punkte »geschmiert« werden, die beiden zum Thema Hochzeitsfeier einfallen. Dieser »*Denkzettel*« mündet danach so schnell wie möglich in
- eine große, gut durchdachte *Checkliste* mit allen erdenklichen Organisationsschritten, am besten zeitlich gestaffelt; das Dringendste kommt – mit Schluß-Datum – nach

*Der wichtige Tip*

oben, und das, was bis zum Schluß Zeit hat, nach unten.
- Der *Termin* sollte so früh wie möglich mit den Eltern abgestimmt werden, denn auch Eltern haben wichtige berufliche Verpflichtungen, die langfristig festliegen.
- Die Ehe muß angemeldet werden.
- Den gesetzlichen Vorschriften entsprechend muß man seine Ledigkeit nachweisen, also gegebenenfalls seine Scheidungs-Urkunde vorlegen.

Während einer Zeit von maximal sechs Monaten muß man geheiratet haben, sonst wird die Anmeldung ungültig.

**Rechtzeitige Anmeldung beim Pfarrer**

- Bei einer kirchlichen Trauung sollte sich das Paar frühzeitig dem Pfarrer/Pastor der Kirchengemeinde vorstellen.

Dabei gibt es einige graduelle Unterschiede zwischen katholischen und evangelischen oder freikirchlichen Trauungsvorbereitungen. In jedem Fall sollte ein Paar sich *rechtzeitig* bei seinem Pfarrer zu einem Gespräch anmelden. Da geht es nicht nur um die Unterweisung und gemeinsame Vorbereitung auf die Aufgaben einer christlichen Ehe. Dort wird dann auch der gesamte *»Fahrplan«* einer christlichen Trauung in Ruhe besprochen werden.

Dazu gehört auch,
- daß die Kirche zu dem gewünschten Datum zur Verfügung steht;
- welche Musik gewünscht wird und wer sie darbieten soll;

## Wichtige Familienfeste und -feiern

- welche Lieder gesungen werden sollen;
- ob ein Text- oder ein Liedblatt für die Hochzeitsgäste hergestellt werden soll;
- nach welchem Ritual die Zeremonie ablaufen soll – regional gibt es da schon große Unterschiede; die größeren Unterschiede findet man gegenwärtig jedoch in der Auffassung von einer christlichen Trauung.

Darüber muß gesprochen werden.

- Die *Gästeliste* muß erstellt werden; dabei ist es höflich, die engsten Verwandten schon frühzeitig darauf hinzuweisen, daß sie ein bestimmtes Datum nicht anderweitig mit Terminen belegen sollten.

- Die *Räumlichkeiten* für die Hochzeitsfeier müssen gesucht und reserviert werden.

- *Musik* muß so langfristig wie möglich organisiert werden, sofern sie von Musikern dargeboten werden soll; eine gute Band hat langfristige Termine. Für Musik von Recordern kann man sich länger Zeit lassen.

*Langfristige Organisation der Musik*

- Das *Brautkleid* und der *Hochzeitsanzug* für den Bräutigam sollten in Ruhe ausgesucht bzw. bei einem Schneider oder einer Schneiderin bestellt werden. Das gilt selbstverständlich auch für alle anderen notwendigen Bekleidungsstücke, Schuhe und Accessoires. (*Zur Bekleidung siehe Kapitel 4*)

- Der *Friseur*/die *Friseurin* sollte rechtzeitig für die Hochzeitsfrisur gebucht werden. Er/sie ist es auch, der für das Stecken des Brautschleiers zuständig sein wird.

- Sind die *Ringe* schon da? Wenn nicht, sollten sie rechtzeitig bestellt werden, damit Zeit für die Gravur bleibt.

- Wenn alles Wichtige erledigt ist, kann man eine Liste mit *Geschenkwünschen* zusammenstellen. Diese Liste bekommt ein Mitglied einer der Familien – oder auch jeweils einer Familie – in die Hand gedrückt. Und nun werden alle Eingeladenen und solche Freunde, Nachbarn und Bekannte, die dem Paar etwas schenken wollen, an diesen »Geschenklistenverwalter« verwiesen. Der kann dann klären, wie Schenker und Geschenkwünsche sinnvoll zusammenkommen.
  *Wohlgemerkt:* Dieses ist die einzig feine Art des Schenkens.

**Möglichst keine Geschenktische**

Alle anderen Vorschläge – etwa, sich mit Hilfe von Geschenktischen in Haushaltswarengeschäften oder selbst zusammengestellten Katalogen alle persönlichen Überlegungen oder gar Nachfragen vom Hals zu halten – ist zwar eine von der Haushaltswarenbranche geschickt plazierte Marketing-Idee, aber den Menschen mit Stil sträuben sich dabei die Haare. Nicht nur die unpersönliche, kommerzielle Art und Weise, mit Geschenken umzugehen, verstößt gegen die guten Sitten – und gegen allen Sinn des persönlichen Schenkens. Wenn man schon materialistisch denkt: wieso braucht ein junges Paar nur Töpfe, Teller und Pfannen? Weshalb braucht es – wie es dieses Verfahren unterstellt – keine Tisch- und Haushaltswäsche, keine Kunstgegenstände, nichts für die Reise ... und keine Bücher?

Ich bin immer wieder verwundert, daß so viele Menschen auf diesen Werbetrick hereinfallen; neuerdings auch selbsternannte Benimmhelfer.

*Übrigens:*
- Geschenke sollten vor den Augen der Gäste ausgepackt werden;
- dabei sollte – wenn's geht: freudig – zur Kenntnis genommen werden, von wem welches Geschenk ist.

Der *spontane Dank,* den das Paar gleich schon einmal abstatten kann, wiegt sehr viel mehr als der obligatorische Dankesbrief hinterher. (Der muß trotzdem geschrieben werden.) Der Glanz in den Augen des Brautpaars, das sich über ein überraschendes Geschenk freut, ist der schönste Dank für denjenigen, der sich damit etwas Mühe gemacht hat.
Bei vielen Hochzeiten ist die Auspack-Aktion, wie eine Unterhaltungsnummer, ein Höhepunkt der ganzen Feier.
Die beste Zeit zum Auspacken ist vor dem Abendessen.

- Die Anzeigen müssen fertiggestellt, gedruckt und verschickt werden. *(Näheres siehe oben.)*

- Der *Brautstrauß* und die *Tischdekoration* sollten so rechtzeitig bestellt werden, daß der/die Florist/in nicht in Zeitdruck gerät.

- Sobald man eine genauere Vorstellung davon hat, wie viele Gäste kommen werden, muß man das *Hochzeitsmenü* bestellen. Hier allgemein etwas zu raten, ist ein Unding, denn es gibt zu viele unterschiedliche Vorstellungen dazu. Nur ist es wichtig zu beachten, daß das Menü mit dem gesamten Stil der Hochzeitsfeier im Einklang ist. Zum Beispiel wäre es nicht so toll, wenn die Braut einen Traum von Kleid trägt, die Trauung in einer alten Schloßkirche stattfindet, der Domkapellmeister spielt die Orgel – und anschließend gibt es Rippchen mit Kraut in einer Dorfgaststätte.

Zur Dorfgaststätte mit deftigem Menü paßt die rustikale, ländliche Hochzeit, bei der die Braut ihren Kranz von ihren Freundinnen selbst geflochten bekommen hat – oder die das wenigstens noch selbst könnten – und wo viele alte Bräuche noch lebendig sind. Zum Beispiel auch: das Entführen der Braut u. a. m.

- Nun kommt das Thema, das immer wieder große Kopfschmerzen bereitet: die *Tischordnung* muß erstellt werden.

### Die Tischordnung für eine Hochzeitstafel

Wie für alle großen Familienfeiern, so gilt für die Tischordnung einer Hochzeit ganz besonders ein grundsätzlich übergeordnetes Prinzip:

- Die beiden Familien (Sippen) sollen gemischt werden.

Das ist nicht nur eine Tradition, sondern das hat auch Sinn. Denn in den allermeisten Fällen ist das die einzige Gelegenheit, bei der sich die Großfamilien einmal kennenlernen können.

Die *Rangliste,* die für jede Tischordnung maßgebend ist, wird bei Familienfeiern anders als bei offiziellen Veranstaltungen erstellt.

## Wichtige Familienfeste und -feiern

Bei Familienfeiern wird die *Rangfolge* durch *Verwandtschaftsgrad* und durch *Alter* bestimmt.

Beispiel einer Rangfolge:
1. das Brautpaar,
2. die Eltern: a) der Braut – b) des Bräutigams,
3. die Geschwister von a) und b) nach Alter mit ihren (Ehe-)Partnern,
4. die Großeltern von a) und b) nach Alter der Großväter,
5. die Paten von a) und b) nebst Partner/innen.

Das sind die Vorgaben der traditionellen Rangfolge für die Tafel; dazu kommt noch der *Pfarrer* – eventuell mit seiner Frau (gilt nur für Protestanten) –, der in der Regel mit eingeladen wird. In den meisten Regionen ist es die Gepflogenheit, daß der Pfarrer diese Einladung aber nur auf den Nachmittag bezieht und nicht bis zum Abendessen bleibt.

*Tischordnung für Hochzeitstafel*

## Offizielle und private Anlässe für Gastlichkeit

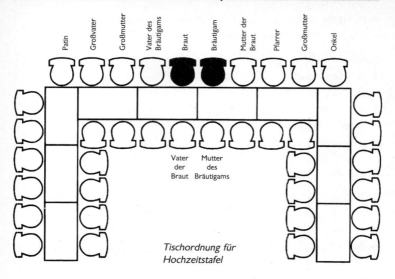

*Tischordnung für Hochzeitstafel*

Bereits vorhandene *Kinder des Brautpaars* kennt das traditionelle Protokoll nicht. Deswegen können die Kinder – falls sie noch klein sind – dorthin plaziert werden, wo sich jemand um sie kümmern kann; damit das Brautpaar wenigsten an seinem Hochzeitstag mal in Ruhe essen kann. Das gilt auch für die anderen kleinen Gäste.

Alle anderen Gäste sollte man nun mit Fingerspitzengefühl und unter Berücksichtigung des Prinzips: »meine Tante, dein Onkel/deine Tante, mein Onkel« plazieren; das gleiche Mein-dein-Misch-Prinzip bezieht sich auch auf die Freunde.

Wenn man dann auch noch alle Leute so gut kennt, um sie so zusammenzusetzen, daß sich zwischen ihnen eine angeregte Unterhaltung ergeben könnte, dann wird es bestimmt eine tolle Hochzeitsfeier!

## Wichtige Familienfeste und -feiern

- *Tischkarten* müssen geschrieben und das *Placement* (= Sitzplan) vorbereitet werden, wie bei einem »normalen« Fest *(siehe oben)*.

- Was die allgemeine Tischkultur betrifft, so gibt es keinen Unterschied zu einer Tafel für ein »normales« stilvolles Essen *(siehe dazu Kapitel 7)*.

### Zum Ablauf der Trauung

Für den Ablauf einer Trauungszeremonie haben sowohl die regionalen Bräuche als auch die landsmannschaftlichen Traditionen der Familien absoluten Vorrang; und die besonderen Wünsche des Brautpaars – selbstverständlich. Erst danach kann man sich an einigen allgemeinen Regeln orientieren.

*Einige Tips*

- Die Gäste und Zuschauer sollen bereits in der Kirche versammelt sein, bevor die Familien und – zuletzt – das Brautpaar die Kirche betreten.
- Im allgemeinen führt in den deutschen Landen der Bräutigam seine Braut selbst in die Kirche. In anderen Ländern ist es oft der Brautvater.
- Sobald das Brautpaar die Kirche betritt, stehen alle auf.
- Nach der Trauung treten die Gäste in den Gang und bilden ein Spalier für das Brautpaar.
- Alles andere bezüglich des Ablaufs verabredet das Brautpaar mit dem Pfarrer.

*Sonstiges, was zu bedenken ist*
- Sobald sich alle Gäste und das Brautpaar nach der Trauung dort versammelt haben, wo gefeiert wird, sollte der *Brautvater* mit einem Glas Sekt oder Champagner die Gäste begrüßen.

- 🕐 Praktischerweise macht er dabei die Gäste darauf aufmerksam, wo der Aushang mit der Tischordnung zu finden ist, an dem sie sich orientieren können.
- 🕐 Danach ist es Sache der *Brautmutter,* zu Tisch zu bitten.
- 🕐 Der spontane, direkte Dank beim Auspacken der Geschenke ersetzt nicht das schriftliche Dankeschön, das – nach den Flitterwochen – geschrieben werden muß; am schönsten handschriftlich.

*Die häufigsten Fehler*

- 🕓 Geschenke »vom Tisch« oder aus dem »Katalog« werden gebracht, aufgebaut und ... abgehakt. Kein Mensch freut sich so richtig – weder die »Besteller« noch diejenigen, die die Bestellung ausgeführt haben.

    Diese Art des Schenkens ist ganz schlechter Stil – vorausgesetzt, man gehört nicht zu den Leuten, die im Jogginganzug einkaufen gehen. Dann wäre es passend und o. k.

- 🕓 Uneingeschränkt gilt der gleiche Vorbehalt, wenn Herren – nebst Bräutigam sogar – im Smoking in der Kirche erscheinen.

    Neuerdings gibt es Ratgebende, die so etwas vorschlagen, so nach dem Motto, man kann heute auch mit einem Smoking in die Kirche – natürlich kann man. Weil es einem, Gott sei Dank, in einem freien Land niemand verbietet – genausowenig wie Leggings für die Braut oder Jeans zu einem Abendessen.

    Es ist weiter nichts als eben *nur* eine blamable Peinlichkeit.

## Wichtige Familienfeste und -feiern

### Taufe / Konfirmation / Kommunion

Diese freudigen Familienfeiern, bei denen Kinder im Mittelpunkt stehen, werden im allgemeinen nicht nach den strengen Regeln eines Protokolls organisiert, sondern viel familiärer und ungezwungener. Eher spielen in manchen Regionen noch landsmannschaftliche Gebräuche eine stärkere Rolle.
Einige Punkte kann man in jedem Fall beachten:

- Die Tischordnung ist im Prinzip die gleiche wie bei der Hochzeit.
- Wie bei der Hochzeit begrüßt der Vater die Gäste – nur ist er eine Generation jünger als der Vater bei der Hochzeit.
- Selbstverständlich kann auch die Mutter oder der Großvater die Begrüßung übernehmen.

*Der wichtige Tip*

### Silberne und goldene Hochzeit

Es ist wirklich faszinierend, in wie vielen unterschiedlichen Arten und Stilen in Deutschland Hochzeitsjubiläen gefeiert werden. Hier zeigt sich eindrucksvoll die ganze kulturelle Vielfalt unseres Landes – oder besser gesagt: unserer vielen Landsmannschaften. Weil diese Feiern zur soundsovielten Wiederkehr des Hochzeitstages nie einen offiziellen Anstrich erhalten haben, konnten sie sich dem ganzen Etikette-Brimbamborium seit jeher entziehen. Jedes Paar konnte und kann seine Silberhochzeit so feiern, wie es will. Als einzige Voraussetzung ist allgemein üblich – aber auch das ist eigentlich nicht mehr Bedingung –, daß das Paar noch zusammen ist.

Man kann seine *Silberhochzeit* zum Beispiel feiern

**Silberhochzeit**
- wie die Wiederholung der »Grünen« Hochzeit, mit so vielen der Original-Gäste, wie noch aufzutreiben sind.
- als eine wunderschöne Familienfeier im engsten Kreis; da gehören allerdings einige Kinder – vielleicht auch schon Enkel? – dazu.
- wie ein schönes, ungezwungenes Fest mit viel Familie und vielen Freunden.
- indem man seine Freunde zu einem schönen, etwas ausgefallenen Ort einlädt – zum Beispiel an ein Wasser oder in einen Naturpark.
- indem man mit seinen Freunden drei Tage feiert. Dazu muß man normalerweise die Unterbringung vor Ort nur organisieren, denn bezahlen sollten die Gäste ihr Quartier eigentlich selbst.
- indem man ein elegantes Dinner in einem Hotel gibt, für so viele Gäste, wie man sich leisten kann. Man kann dazu durchaus nur ein Freundespaar, aber auch 100 Freunde und Verwandte einladen.
- indem man zu zweit verreist – und sei es auch nur einige Kilometer von zu Hause weg.

Alles ist möglich – und alles ist richtig.

Wenn die Ehe bis dahin überwiegend glücklich bis sehr glücklich war, dann hat man auch Grund, ein freudiges und fröhliches Fest zu feiern. Falls sie sich gerade mal bis zu diesem Datum geschleppt hat, kann so ein schönes Fest vielleicht für die nächsten 25 Jahre Schwung geben. Wer weiß?
Nur eines wäre kein guter Stil: die Silberhochzeit zu nutzen, um seine Geschäftsinteressen zu pflegen. Wenn man also nur deswegen dieses ganz

private Jubiläum feiern will, um seine Geschäftsfreunde einzuladen – quasi: damit man einen Grund hat –, dann wäre das eine recht peinliche Veranstaltung. Denn eine geschäftlich genutzte Silberhochzeit ist für jeden ein untrügliches Zeichen dafür, daß auch diese Ehe wohl eher auf einer geschäftlichen als auf einer emotionalen Grundlage beruht. Natürlich gibt es das auch – dann kann man es selbstverständlich auch so feiern. Nur als Geschäftskosten sollte man seine Silberhochzeit nicht abzusetzen versuchen. Das wäre dann doch des schlechten Geschmacks zuviel.

Bei der *goldenen Hochzeit* ist dann doch alles ein wenig anders. Einerseits hat das »Jubelpaar« normalerweise nicht mehr so große Lust, große Feste zu feiern. Die Frage nach der glücklichen Ehe ist auch schon längst geklärt – und zwar positiv. Andererseits ist es eben ein recht seltenes Fest und verlangt schon deswegen ein ganz anderes Programm.

*Goldene Hochzeit*

Nun gibt es für die Feier der goldenen Hochzeit auch ein paar traditionelle Zeremonien, die regional bzw. landsmannschaftlich unterschiedlich sind.

- Bei den einen steht der gemeinsame Kirchgang im Mittelpunkt;
- bei den andern ist es der Wunsch, möglichst viele – am besten alle – Kinder, Enkel und Urenkel zusammen zu bekommen.
- In letzter Zeit hat sich wohl nicht vermeiden lassen, daß örtliche Politiker eine Chance zur Selbstdarstellung in der Presse sehen, wenn sie dem »Jubelpaar« einen Blumenstrauß oder ähnliches bringen. Auch das gilt es einzuplanen. Manche kommen ja auch wirklich gern.

Insgesamt sollten die Vorbereitungen, wenn immer es deren Gesundheitszustand erlaubt, zusammen mit dem alten Ehepaar durchgeführt werden – und nicht über deren Köpfe hinweg. Häufig ist es so, daß die aktive Generation, der diese gesamte Organisation zufällt, sich nicht genügend Gedanken darüber macht, wie ungeheuer stolz so alte Leute sind, diesen Tag gemeinsam erleben zu können. Sie fühlen sich von Gott ausgezeichnet und besonders privilegiert. Und es wäre schön, wenn die Jungen das verstehen könnten, und wenn sie respektvoll mit der Würde der alten Herrschaften umgehen würden.

## GEBURTSTAGE / JUBILÄEN

Nur um Mißverständnisse zu vermeiden: Es handelt sich hier nicht um ganz normale Geburtstage. Die kann man natürlich so feiern, wie man es am liebsten hat. Wie man inoffiziell und unter Freunden Geburtstag feiern soll, ist selbstverständlich in allererster Linie eine Frage der Phantasie und des persönlichen Stils – und nicht der Etikette.
In diesem Kapitel geht es einzig und allein um große, sogenannte »runde« Geburtstage und um Jubiläen, die man gewissermaßen öffentlich feiern muß.
So unterschiedlich die Gepflogenheiten, so unterschiedlich sind die Möglichkeiten der Form, in der Geburtstage und Jubiläen offiziell begangen werden können.

Hierzu einige Beispiele für herausragende Geburtstagsfeiern und besondere Jubiläen:
- Vormittagsempfang,
- Schiffsausflug, evtl. mit der ganzen Belegschaft,

- Brunch verbunden mit einer Ausstellung oder einer Darbietung von Kleinkünstlern,
- festliches Abendessen mit anschließendem Tanz – zwischendurch einige Auftritte von Kleinkünstlern.

Gegenwärtig hat es sich eingebürgert, daß die Geburtstagsgäste schon mit der Einladung gebeten werden, anstelle persönlicher Geschenke eine Spende zugunsten von Künstlern oder Wohltätigkeitsorganisationen in einem Kuvert mitzubringen oder zu überweisen. Vom Stil her zweifelhaft, ist es zweifelsohne wenigstens »praktisch«.
Im übrigen gelten alle anderen Anregungen und Höflichkeitsregeln wie für alle Einladungen *(siehe oben)*.

## ÜBERNACHTUNGSGÄSTE / LOGIERBESUCH

Nichts ist in unserer Zeit einfacher und unkomplizierter, als Leute bei sich übernachten zu lassen: Matte oder Matratze auf den Boden, der mitgebrachte Schlafsack drauf und fertig. So geht es normalerweise bei jungen Leuten zu – und das ist wunderschön so.
Nur die ältere Generation hat schon immer aus Übernachtungsgästen – früher hieß das: Logierbesuch – Prestigeobjekte zu machen verstanden. Es ist folglich nicht zu beschreiben, was den Übernachtungsgästen alles geboten werden kann. Von separaten Gästezimmern über ganze Appartements mit Bad bis zum extra Besuchstrakt des Hauses oder halt auch des Schlosses.

Nun ja. Zwischen beiden Extremen bewegt sich gegenwärtig der Normalbürger, wenn er Besuch bekommt, der ein paar Tage bleiben will.

**Gastrecht**

Ganz zweifellos ist das Gastrecht eines der ältesten Rechte der Zivilisation. Und die Art und Weise, wie zuvorkommend und freigebig man mit seinen Gästen umging, war in früheren Zeiten entscheidend für den Ruhm und die Ehre des Hauses. Je großzügiger und aufwendiger man seinen Gast behandelte, desto größer war das Ansehen; man kennt vieles davon aus den Liedern und Balladen der Minnesänger und mittelalterlichen Balladensänger.

Da wurde dem Gast die Ehre angetragen, als erster das Wildbret zu tranchieren – das heißt, er durfte den Braten anschneiden. Dieser Braten kam in der Regel als vollständiges Tier auf den Tisch, das als Schwein, Rebhuhn oder Reh noch gut zu erkennen war. Der Gast wurde mit den teuersten Speisen und den besten Weinen der Zeit verwöhnt, und wenn er sich zurückziehen wollte, bekam er auch noch die Wahl, ob er die Mutter oder die Tochter mit ins Bett haben wollte. Das war nicht immer eine leichte Wahl, wie man heute glauben würde. Denn die Lebenserwartung der Frauen lag damals bei Mitte Dreißig. Gäbe es den Brauch noch, bei solch einer Alternative käme mancher Gast heute ganz schön ins Grübeln. Selbstverständlich reisten damals nur Männer allein – das nur für die emanzipatorisch berechtigte Frage, wie man es denn mit weiblichen Gästen gehalten hatte: war nichts.

Von diesen Dingen sind wir nun nicht nur im Detail, sondern auch in der Auffassung sehr weit weg. Der Gast ist im Normalfall nicht die wunderbare Unterbrechung unseres eintönigen Lebens, weswegen man seiner Ankunft geradezu entgegenfiebert. Heute fiebert kein Mensch mehr – man gibt sich *Mühe* – im wahrsten Sinne des Wortes. Und da es in unserer multikulturellen Gesellschaft ebenso viele unterschiedliche Gewohnheiten gegenwärtiger Gästebewirtung wie unterschiedliche Lebensformen und Lebensstandards gibt, kann und sollte man keine Einheitsratschläge zu geben versuchen.

Eines ist natürlich schon wahr: ein Logierbesuch bekommt einen intimen Einblick in die Lebensweise seiner Gastgeber. Vielleicht ist man deswegen heute etwas vorsichtiger, *wen* man bei sich übernachten läßt. Andererseits ist es schade, daß das unkomplizierte Umgehen mit Übernachtungsgästen sich mit fortschreitendem Erwachsensein verliert. Was tun?

- Der Übernachtungsgast wird als zeitweiliges Familienmitglied betrachtet.
- Übernachtungsgäste aus der engeren Bekanntschaft oder Verwandtschaft genießen nicht nur Gastrecht, sondern können durchaus auch zur Erledigung kleinerer Pflichten mit herangezogen werden. (Brötchen und Zeitung holen, Kind in Kindergarten bringen usw.)
- Gegenwärtig scheint es sich einzubürgern, daß Verwandte oder nahe Bekannte anbieten, ihr eigenes Bettzeug mitzubringen, wenn sie zum Beispiel nur eine Nacht bleiben wollen und sowieso mit dem Auto kommen.

*Der wichtige Tip*

- Handtücher und Bettwäsche schleppt man im Zeitalter von Wasch- und Trockenmaschinen nicht mehr mit sich rum; die stellen die Gastgeber selbstverständlich zur Verfügung.
- Von diesen familiären Gästen darf man heute erwarten, daß sie vor ihrer Abreise die Bettwäsche abziehen und das Bettzeug zum Lüften aufdecken.
- Bekannte läßt man so wenig wie möglich selbst machen. Das hängt entscheidend davon ab
  - ob es Personal im Haus gibt,
  - wer die Arbeit sonst machen müßte,
  - wie der Gast sich »anstellt«.
- Wildfremde oder Urlaubsbekanntschaften sollte man nur nach gründlicher Vorüberlegung bei sich übernachten lassen. Auf jeden Fall soll man mögliche Risiken vorher auszuschalten suchen.
- *Nie* sollte man sich gegen sein Gefühl dazu überreden lassen, jemanden bei sich zur Übernachtung einzuladen, den man nicht genug kennt.

Natürlich muß sich jeder Gast für die genossene Gastfreundschaft *bedanken,* und zwar in zweifacher Weise:

1. Normalerweise bringt er ein Gastgeschenk für die Hausfrau und eine Kleinigkeit für die Kinder der Familie mit.

2. Nachdem er wieder bei sich zu Hause ist, schreibt er ein kleines Dankeschön auf eine Karte oder einen netten Brief.
Soviel Zeit muß sein!

# Wir sind eingeladen

## Zusagen / Absagen

Sobald man von jemandem eine offizielle und *persönliche* Einladung erhalten hat, ist es nicht mehr egal, was man damit macht. Schon allein durch die Tatsache, daß sie ihre Einladung schriftlich machen, signalisieren die Gastgeber, daß die Veranstaltung nach der Etikette ablaufen soll, das heißt, nach den derzeit geltenden Regeln korrekter Umgangsformen.

Diese Regeln legen nun einmal ziemlich genau fest, was man als Empfänger einer formellen Einladung zu tun hat. Das bedeutet gleichzeitig, daß *alles,* was der Eingeladene auf Grund dieser Einladung tut – oder auch läßt –, als bestimmtes Signal interpretiert wird. Das ist übrigens in allen Ländern der Fall.

- *Persönliche Einladungen* müssen stets beantwortet werden.
  Eine Einladung nicht zu beantworten, ist ein unmißverständlicher Ausdruck von Mißachtung.
  Wenn man die erhaltene Einladung in den Papierkorb wirft, ohne sich beim Einladenden zu melden – also weder zu- noch abzusagen –, dann bedeutet das:
  »Ich lege weder Wert auf diese spezielle Einladung noch möchte ich von dieser Person – oder Institution – jemals wieder eingeladen werden.«
- Eine Einladung sollte stets in der gleichen Form beantwortet werden, in der sie an einen gerichtet wurde. Das heißt, eine *telefonische* Einladung kann man ruhig telefonisch beantworten,

*Der wichtige Tip*

eine *schriftliche* Einladung sollte jedoch ebenfalls schriftlich beantwortet werden – es sei denn, auf der schriftlichen Einladung ist ausdrücklich (etwa durch die Angabe einer Telefonnummer) eine telefonische Antwort erbeten.

- Man sollte sich mit der Zusage oder Absage nicht allzuviel Zeit lassen, denn die Gastgeber sind froh, zu einem möglichst frühen Zeitpunkt einen Überblick über ihre Gästeliste zu erhalten. Der mit »U. A. w. g. (= *U*m Antwort *w*ird *g*ebeten) bis zum ...« angegebene Tag ist der letzte Termin und sollte nicht überschritten werden.

**Persönliche Antwort**

- Persönliche Einladungen müssen auch *persönlich* beantwortet werden; man sollte sie also nicht von seiner Sekretärin »im Auftrag« erledigen lassen.
- Sollte man eine *handgeschriebene* Einladung erhalten – das gilt heute als höchste Form persönlicher Aufmerksamkeit –, so ist ein besonders guter Stil, diese ebenfalls handschriftlich zu beantworten.
- Wenn man einer Einladung nicht nachkommen will oder kann, ist es ein Erfordernis der Höflichkeit, rechtzeitig abzusagen, und diese Absage plausibel zu begründen.

Hat man sich dazu entschlossen, eine Einladung anzunehmen und freundlich zugesagt, wird man sicherlich gut daran tun, diesen Termin sofort in seinem Terminkalender festzuhalten. Darüber hinaus sollte man aber auch gleich sicherstellen, daß man die Einladungskarte zu dem Zeitpunkt der Veranstaltung griffbereit hat, denn man wird sie noch

# Wir sind eingeladen

brauchen. Nicht nur Ort und Zeit der Veranstaltung will man kurz vor dem Termin nochmals überprüfen, vor allen Dingen hat man in der Zwischenzeit vielleicht vergessen, was man zu diesem Anlaß *anziehen* sollte.

## Pünktlichkeit – was heißt denn das genau?

Die von Deutschen so hochgeschätzte Pünktlichkeit ist ein sehr relativer Begriff. Deswegen kann eine Einladung manchen zur Verzweiflung bringen, der nicht genau weiß, was in diesem oder jenem Zusammenhang pünktlich bedeutet. Also muß man schon etwas ins Detail gehen.

Zuerst ist es wichtig, den Termin auf der Einladung nochmals genau anzusehen.

- Ganz einfach ist es, wenn auf der Einladung steht:
  »Beginn 11.30 Uhr, um pünktliches Erscheinen wird gebeten.«
  Das ist gleichbedeutend mit 11.30 s. t., das heißt: *auf die Minute pünktlich.*

- Schwieriger wird es schon, wenn hinter der angegebenen Uhrzeit nichts, oder aber »c. t.« steht. Denn jetzt gilt es zu beachten, daß Pünktlichkeit – in diesem Fall ein relativer Begriff – richtig anzuwenden ist. Das »c. t.« (= lateinisch: cum tempore), das sogenannte »akademische Viertel«, bedeutet in manchen Zusammenhängen ca. 15 Minuten, in anderen aber bis zu einer Stunde oder sogar mehr.

*»cum tempore«*

**Der wichtige Tip**

🕐 Sollte also die Uhrzeit mit dem Zusatz »c. t.« versehen sein oder aber die Uhrzeit ohne einen Zusatz angegeben sein – wie es bei fast allen Abendveranstaltungen der Fall ist –, gilt im allgemeinen folgende Regel:
- Je kleiner der Kreis der erwarteten Gäste, desto kleiner ist die Zeitspanne, die man zwischen der angegebenen Uhrzeit und dem eigenen Eintreffen verstreichen lassen darf.
- Je größer der Kreis der Eingeladenen, desto größer ist die Zeitspanne, die man zur Verfügung hat.

*Hierzu einige Beispiele*

• *Vormittagsempfang*

Beginn: 11.00 Uhr s. t.
Bei dieser Veranstaltung möchte man, daß die Gäste um 11.00 Uhr bereits alle versammelt sind. Bei S.-t.-Veranstaltungen muß man zum angegebenen Zeitpunkt bereits Platz genommen haben. Man sollte also *eher etwas früher* da sein als auch nur eine Minute zu spät (da könnte man zum Beispiel mitten in eine Begrüßungsrede hineinplatzen).

• *Akademische Feier*

Beginn: 11.00 Uhr *c. t.*
Hier kann man davon ausgehen, daß die Veranstaltung präzise eine Viertelstunde nach der angegebenen Zeit anfängt. Auch in diesem Fall sollte man lieber etwas früher als zu spät eintreffen. Im allgemeinen beginnen jedoch auch Akademische Feiern *sine tempore* (deshalb sollte man sich anhand der Einladung nochmals vergewissern).

## Wir sind eingeladen

- Einladungen zum *Brunch* oder *Lunch*

Beginn: 11.30 Uhr
Hierbei handelt es sich meist um einen kleineren Kreis von Eingeladenen, deshalb sollte man sein Eintreffen möglichst eng an den angegebenen Zeitpunkt legen.

- Bei *Abendeinladungen* sind die Einladungen zu einem Bankett, Dinner oder festlichen Büfett anders zu handhaben als Einladungen zu einem Ball usw.

Beginn im allgemeinen 19 Uhr oder 20 Uhr.

- *»Gesetzte Essen«*, das heißt Essen mit einer Tischordnung, beginnen weitaus pünktlicher als Bälle.

Meistens ist das aber auf der Einladung genau beschrieben, deshalb sollte man unbedingt die Zeitangabe genau beachten. Ein Bankett sieht jedoch im allgemeinen zuerst die persönliche Begrüßung durch die Gastgeber vor, so daß es – je nach Zahl der geladenen Gäste – eine geraume Zeit dauern kann, bis sich alle Gäste versammelt haben.
In den Fällen, in denen kein anderslautender Vermerk hinter der Uhrzeit steht, richtet man sich nach der angegebenen Faustregel.

- Die Unpünktlichkeit mancher Leute. Vermeidbare Unpünktlichkeit wird eindeutig der Kategorie »schlechtes Benehmen« zugeordnet.
- Bei Einladungen zum Essen – vor allem bei Privateinladungen – zu spät zu kommen – also mehr als eine Viertelstunde nach dem angege-

***Die häufigsten Fehler***

benen Zeitpunkt. Das gilt als ungehobelt und rücksichtslos.

☻ Bei Privateinladungen auch nur eine Minute vor dem angegebenen Zeitpunkt einzutreffen. Das kann peinlich werden.

### Bekleidung

**Bekleidungsvorschlag**

Obwohl in Kapitel 4 bereits ausführlich erläutert, sei es hier nochmals hervorgehoben: Wenn man eine Einladung zu einer gesellschaftlichen Veranstaltung erhält, auf der ein Bekleidungsvorschlag vermerkt ist, so muß man diesen »Vorschlag« als bindend betrachten. Und zwar unabhängig davon, ob er sich als Bekleidungsvermerk schriftlich auf der Einladung befindet oder ob er mündlich geäußert wurde. Sollte man/frau wirklich nicht das Entsprechende anzuziehen haben, so sagt man höflich ab.

Die Bekleidung der Gäste ist Bestandteil des Stils der Veranstaltung, den zu bestimmen das Recht der Gastgeber ist. Verletzt man diesen Stil, sei es, daß man »overdressed« oder aber »underdressed« ist, so gilt dies als grobe Unhöflichkeit gegenüber den Gastgebern – und als sehr schlechte Manieren.

*(Ausführliches zu Bekleidungsvorschriften in Kapitel 4)*

Man sollte auf jeden Fall beachten, daß die gewählte Bekleidung für den ganzen Abend gilt. Das bedeutet, daß keinerlei Erleichterungen erlaubt sind. Das ist für Damen normalerweise kein Problem (bis auf die Abendschuhe, die von Stunde zu Stunde enger werden). Aber auch den Herren ist es nicht erlaubt, ein Kragenknöpfchen zu öffnen oder gar in Gegenwart von Damen ihr Jackett auszuziehen. Die oft gehörte Volksregel: »Der Hausherr gibt das Zeichen für das Ablegen der Jacketts« verstößt ohne Zweifel gegen die Etikette und sollte *nie* in offizieller Gegenwart von Damen Anwendung finden!

### Was darf man als Gast?

Also, von wegen Gast-Recht! Bei genauerem Hinsehen stellt man schnell fest: eigentlich ist es mit dem Gastrecht nun wirklich nicht weit her, denn der Gast darf so gut wie gar nichts. Keinesfalls kann er zu einer offiziellen Einladung hinkommen und sich ungehemmt seinem Amüsement widmen. Er ist vielmehr an eine Reihe von Vorschriften gebunden, die ihm die Etikette oder sagen wir: der Gute Ton auferlegt.

Das fängt bereits mit der *Begrüßung* an:

- Der Gast begrüßt stets *zuerst die Gastgeberin, dann den Gastgeber* – und dann erst anwesende Freunde und Bekannte.
- Fremde Gäste werden im allgemeinen erst nach Vorstellung durch die Gastgeber begrüßt.
- Bei größeren Gesellschaften kann man sich durchaus auch *selbst vorstellen,* und man sollte es sogar tun, wenn man mit anderen Gästen ins Gespräch kommt oder kommen möchte. Dieses gilt auch für Damen!
- Bei Paaren stellt der Herr seinem/n Gesprächspartner/n erst sich und dann seine Frau/Partnerin vor. *(Näheres über Vorstellen in Kapitel 2)*

***Der wichtige Tip***

*Einige Tips zur Verabschiedung*

- Ein Gast verabschiedet sich von den Gastgebern in der gleichen Reihenfolge wie bei der Begrüßung – vorausgesetzt, man verabschiedet sich noch offiziell – also:
  - zuerst bei der Gastgeberin, dann beim Gastgeber.

- Dabei bedankt man sich kurz für den anregenden oder den gelungenen oder den wunderschönen Abend und die Mühe, die die Gastgeber sich ihren Gästen zuliebe gemacht haben.

- Von Freunden und Bekannten kann man sich entweder vor der Tür verabschieden, wenn man gemeinsam geht, oder bereits vorher auf unauffällige Art und Weise.

- Es ist das *Privileg eines Ehrengastes,* sich von den Gastgebern »bemerkbar« zu verabschieden. Das geschieht oftmals auch mit einem großen Trara, an dem alle Gäste beteiligt werden.

- Wenn ein ganz normaler Gast sich vorzeitig verabschiedet, sollte er so wenig Aufsehen erregen wie irgend möglich. Es wäre eine grobe Unhöflichkeit gegenüber den Gastgebern, andere Gäste nur dadurch zum Gehen zu veranlassen, daß man zum Aufbruch »bläst«.

- Sollte man aus *besonderen Gründen* veranlaßt sein, früher aufbrechen zu müssen, so ist es eine *Höflichkeitspflicht,* die Gastgeber *vor* dem Fest davon zu informieren.

- Sonst muß man gute, akut eingetretene Gründe haben, die es entschuldigen würden, daß man –

ohne vorher Bescheid gesagt zu haben – eine Party frühzeitig verläßt. (Das wären zum Beispiel: Es ist einem vom Essen schlecht geworden – die Wehen setzen ein – oder Oma ist aus dem Fenster gefallen.)

- Alles andere wird dann schon schwieriger, weil es ungeheuer unhöflich ist, ein Fest oder ein Abendessen vorzeitig zu verlassen.
  Der beste Zeitpunkt, an dem man zu gehen hat, läßt sich nur für hochoffizielle Banketts festlegen:
  – Man bleibt mindestens drei, höchstens vier Stunden.

- Für alle anderen Abendessen, für Bälle und Feste gibt es keine offizielle Verweildauer – außer der, die unsere Eltern uns schon früher mit auf den Weg gegeben haben: Bleib nicht bis zuletzt.

*Nicht bis zuletzt bleiben*

Bei gesellschaftlichen Veranstaltungen wie auf privaten Festen ist es bei uns Gepflogenheit, daß den Schluß stets ein Kreis von Freunden bildet – der sogenannte »harte Kern«. Da wird dann – unter Vernachlässigung aller Förmlichkeiten – *unter sich* noch ein wenig »gemütlich« zusammengesessen.
Als Neuling muß man aber erst einmal zu dem »harten Kern« hinzugebeten werden. Das geht dann etwa so: »Ach, müssen Sie unbedingt schon nach Hause? Bleiben Sie doch noch einen Moment, und setzen Sie sich zu uns.« – *Achtung:* Ohne den zweiten Satz ist das weiter nichts als eine freundliche Verabschiedung.

**Die wichtigsten Regeln für das gute Benehmen als Gast**

🌑 *Als Gast sollte man stets*
- dem *Bekleidungsvermerk* auf der Einladung folgen, denn er hat das Gewicht einer absolut bindenden Vorschrift *(Erläuterungen dazu in Kapitel 4).*
- *pünktlich* erscheinen (wie oben beschrieben).
- dem Gastgeber vorher mitteilen, wenn man vorhaben sollte, eine – wenn auch nur kurze – *Tischrede* zu halten. Der Gastgeber hat die Aufgabe, die Reihenfolge der Reden festzulegen, und wird deshalb auch dankbar für den Hinweis sein.
- sich *unauffällig* verhalten.
- *Zurückhaltung* gegenüber anderen Gästen üben – selbst wenn man nun die Gelegenheit zu haben glaubt, diesen oder jenen Prominenten endlich einmal näher kennenzulernen.
- höflich *zuhören* – selbst wenn die Geschichte, die man gerade in aller Ausführlichkeit erzählt bekommt, nicht im geringsten interessant ist.
- ein *Trinkgeld* hinterlassen, wenn die Veranstaltung unter Mithilfe von Personal durchgeführt worden ist.
- sich am nächsten Tag für die Einladung *bedanken.*

*(Näheres siehe weiter unten)*

🌑 *Als Gast sollte man nicht*
- in *»unpassender«* Kleidung erscheinen, das heißt, weder overdressed noch underdressed.
- von sich aus einen weiteren Gast mitbringen, *ohne* von den Gastgebern ausdrücklich dazu aufgefordert worden zu sein.

- unaufgefordert Platz nehmen.
- als erster sich an die Tafel setzen – ausgenommen, man ist der Ehrengast (die Gastgeberin nimmt stets als erste Platz).
- als erster trinken (der Gastgeber erhebt stets als erster sein Glas).
- als erster essen (die Gastgeberin gibt stets das Zeichen zum Essensbeginn).
- als erster das Wort an die Gäste richten (das ist dem Gastgeber vorbehalten).
- als erster rauchen – es sei denn, es wird extra dazu aufgefordert, daß jetzt geraucht werden darf. *(Näheres über Rauchen in Kapitel 2)*
- einen oder die Gastgeber »mit Beschlag belegen«, das heißt, sie nicht in allzu lange Gespräche verwickeln (weil die Gastgeber sich um alle Anwesenden in gleicher Weise zu kümmern haben).
- die Gelegenheit dazu ausnützen, anwesende Fachleute zu konsultieren, um dadurch Geld zu sparen. Es gilt heute als *tabu,* Rechtsanwälte, Ärzte, Bankiers und andere Fachleute auf einer Party um einen fachlichen Rat anzugehen, für den man normalerweise Honorar bezahlen müßte.
- zu laut werden.
- so viel trinken, daß die erforderliche Selbstkontrolle nachzulassen droht.

*Keine anwesenden Fachleute konsultieren*

## Wie man sich bedankt

Unerläßlich ist es für einen Menschen mit gutem Benehmen, sich nach *jeder* Einladung bei den Gastgebern für deren Gastfreundschaft zu bedanken.

In seiner Form richtet sich der Dank nach der vorangegangenen Veranstaltung.

In anderen Ländern – zumindest auf den Britischen Inseln und in Skandinavien – ist ein kurzes Schreiben die obligatorische Voraussetzung dafür, jemals wieder in diesen Kreis eingeladen zu werden. Bei uns wird diese Regel zwar nicht so streng eingehalten, doch entspricht sie auch hier nach wie vor einem *Gebot der guten Manieren*.

Wie entrichtet man nun diesen Dank?

**Der wichtige Tip**

- Nach einem kleinen Abendessen unter Freunden genügt ein kurzer Anruf am nächsten Tag.
- Dieses Telefongespräch sollte aber nur kurz sein – man bedankt sich für den netten Abend ... man ist gut nach Hause gekommen –, denn es wäre unschicklich, die Gastgeber in allzu lange Gespräche zu verwickeln, weil sie ja noch eine ganze Reihe solcher Anrufe zu erwarten haben. (Dabei nicht vergessen, die korrekten Anrufzeiten zu beachten! *Siehe Kapitel 5*)
- Man kann natürlich auch in diesen Fällen eine Briefkarte schicken; erforderlich ist ein solches Briefchen dann, wenn man die Gastgeber telefonisch nicht erreichen konnte.
- Nach einer größeren Einladung muß man sich auf jeden Fall schriftlich bedanken. Dazu schreibt man einige kurze Zeilen des Dankes auf eine Briefkarte oder auf seine Visitenkarte, die man dann in einem Kuvert an die Gastgeber schickt; eine Postkarte sollte man dafür nicht verwenden.
- Nicht vergessen, sich auch im Namen seiner Frau/Partnerin bzw. seines Mannes/Partners zu bedanken!

# GESCHENKE

Das Überbringen von Gastgeschenken gehört zu den ältesten Kulturtraditionen auf der ganzen Welt, und doch sind Geschenke weder überall angebracht, noch sind sie beliebig auszuwählen. Auch hier gilt es manche Einschränkungen gegenüber der ungezügelten Phantasie zu beachten. Andererseits sind Phantasie und Fingerspitzengefühl die wichtigsten Voraussetzungen dafür, daß das Geschenk ein Erfolg wird. Das Beruhigende dabei ist, daß es keineswegs immer der materielle Wert ist, der den Wert eines Geschenkes ausmacht.

*Der wichtige Tip*

- ❶ Eines der wichtigsten *Tabus* ist zuallererst zu beachten:
- ❶ Man darf nicht den Empfänger des Geschenks selbst nach seinen Wünschen fragen; man muß sich also immer »hintenherum« erkundigen.

Ein Geschenk sollte stets
- dem *Anlaß* angepaßt sein;
  zum Beispiel macht man zu einem »runden« Geburtstag ein etwas größeres Geschenk als zu einem gewöhnlichen Geburtstag.
- der Persönlichkeit der/des Beschenkten entsprechen;
  dieses ist gewiß der schwierigste Punkt, da er voraussetzt, daß man über die Interessen und Vorlieben, sicher auch über die Lebensweise des- oder derjenigen Bescheid weiß. Am einfachsten ist es, wenn man auf ein ausgeprägtes Hobby stößt, zu dessen Ergänzung sich in den meisten Fällen ein Geschenk finden läßt.

- der persönlichen Beziehung zu der/dem Beschenkten angemessen sein;
damit ist gemeint, daß in der Regel die Größe eines Geschenks mit der Nähe einer Freundschaft oder zu einem Bekannten zunimmt.

Ein Geschenk sollte nie
- zu üppig sein;
das könnte aufdringlich oder gar anbiedernd wirken.
- *zu* persönlich sein;
es kann nämlich als peinlich empfunden werden, wenn ein Geschenk *zu intime* Kenntnisse der Vorlieben und Schwächen des Beschenkten verraten sollte. Deshalb sollte man bei der Auswahl des Geschenks immer mitbedenken, daß es vor den Augen aller Gäste ausgepackt werden kann – und eigentlich auch sollte.
- zu verpflichtend sein;
es wäre nicht angenehm, wenn sich der/die Beschenkte mehr Sorgen darüber machen muß, womit man sich für ein so großzügiges Geschenk revanchieren sollte, als sich unbeschwert zu freuen.
- ein Werbegeschenk – womöglich noch mit Firmenaufdruck – sein;

*Auf keinen Fall Werbegeschenke*

das Überreichen von Werbegeschenken als Gastgeschenke ist die pure Peinlichkeit. Damit wäre der gute Zweck, nämlich dem/der Beschenkten eine Freude zu machen, zur Selbstdarstellung verkommen.

Wenn man in einen Privathaushalt eingeladen wurde, zu dem auch kleinere Kinder gehören, sind kleine Mitbringsel für die Kleinen durchaus angebracht und gern gesehen. Jedoch sollte man sich vorsichtshalber erkundigen, ob man überhaupt Süßigkeiten mitbringen darf, ehe man sich damit bei den Gastgebern in die Nesseln setzt. Problemloser ist es jedenfalls, altersgemäße Bücher mitzubringen, die es heute in sehr guter Qualität und für jede Altersstufe gibt, oder Holzspielzeug für die ganz Kleinen.

Über die Art und Weise, wie man *Geschenke verpacken* soll, stehen sich gegenwärtig zwei unterschiedliche Auffassungen konträr gegenüber:

- während die konservative Meinung davon überzeugt ist, daß eine aufwendige Verpackung den Wert eines Geschenkes erhöht,
- ist eine umweltorientierte Meinung absolut gegenteiliger Ansicht. Hier wird in aufwendiger Verpackung die Vergeudung von Rohstoffen (Holz) einerseits und die Belastung der Umwelt durch Müll anderseits angeprangert.

Es ist wohl im Einzelfall zu entscheiden, welcher Auffassung man zuneigen will. Denn unbestreitbar sieht ein aufwendig verpacktes Geschenk ästhetisch schöner aus als ein schlichtes. Andererseits ist der Anfall an Müll nach der Auspackaktion eines großen Geburtstags durchaus erschreckend.

🕮 Bei *offiziellen Geschenken,* mit denen man gleichzeitig einen repräsentativen Zweck zu erfüllen hat – zum Beispiel bei Geschenken, die man im Auftrag eines Unternehmens, einer Institution oder eines Vereins zu überreichen hat –, sollte man die Verpackung ebenfalls repräsentativ gestalten.

*Der wichtige Tip*

- Bei Geschenken, die *rein privat* zu überreichen sind, kann man
  - entweder auf die Verpackung ganz verzichten oder
  - die Verpackung mit Hilfe eigener Fantasie mit verwertbaren, quasi kleinen Sekundär-Geschenken verpacken, wie zum Beispiel Taschentüchern, Geschirrtüchern, (Stoff-)Servietten, Tischdecken usw.
- Generell ist eine aufwendige Verpackung *out*.

Für alle Gastgeschenke gilt, sie nach Möglichkeit *in Gegenwart der Gäste* auszupacken, denn der Schenkende möchte am liebsten mit eigenen Augen sehen, ob sein Geschenk Freude gemacht hat. Eine passende Situation dazu ergibt sich immer, man muß sie nur ins Auge fassen. Gleichfalls kann man sich bei dieser Gelegenheit spontan für das Geschenk bedanken, bei großen Geschenken enthebt es einen jedoch nicht der Verpflichtung, dies auch noch einmal schriftlich zu tun.

## WANN SCHENKT MAN BLUMEN?

Zu allen *privaten Essenseinladungen* oder anderen *Privateinladungen,* bei denen den Gästen etwas zu essen geboten wird – darunter fällt auch der Kaffeeklatsch und die Einladung zum Tee – sind frische Blumen immer angebracht. Dieser Grundsatz ist so ziemlich alles, was von dem alten Brauch noch erhalten geblieben ist, das Drumherum – wer, wem, wann und wie Blumen überreicht, das hat sich im Laufe der Zeit erheblich geändert.

## Wann schenkt man Blumen?

*Der wichtige Tip*

- ❧ Nach heutiger Etikette bekommt die- oder derjenige die Blumen überreicht, der für das Essen verantwortlich zeichnet. Das heißt im besonderen, daß in den Fällen, in denen ein Hobbykoch Gäste zu sich einlädt, es der Gastgeber ist, der die Blumen überreicht bekommt.
- ❧ In der überwiegenden Zahl der Einladungs-Fälle ist es in unseren Landen immer noch die Dame des Hauses, der von dem Herrn des eintreffenden Paares die Blumen überreicht werden.
- ❧ Es müssen allerdings *immer Schnittblumen* sein – als Strauß oder Gesteck.
- ❧ Blumentöpfe oder Topfpflanzen überbringt man nur auf besonderen Wunsch.
- ❧ Das Einwickelpapier muß *vor dem Überreichen* entfernt werden. Man knüllt es zusammen, und die Gastgeberin oder ein dienstbarer Geist wird einem das Papierknäuel dann schon aus der Hand nehmen.
- ❧ Blumen, die in transparenter Folie verpackt oder mit einer schönen Papiermanschette versehen sind, werden vor dem Überreichen *nicht* ausgepackt.
- ❧ Heute bürgert es sich immer mehr ein, die Blumen bereits am Vormittag des Einladungstages in das Haus der Gastgeber zu schicken. Diesem Strauß sollte man seine Visitenkarte mit einer handgeschriebenen Zeile beifügen, die zum Beispiel besagen könnte, daß man sich auf den Abend freue.
- ❧ Sollte man zu einer kurzfristigen *Absage* gezwungen sein, kann man diese Nachricht zusammen mit einem Blumenstrauß ins Haus schicken lassen.

- Auf jeden Fall sollte bei den ins Haus geschickten Blumen aus den beigefügten Zeilen *eindeutig* zu erkennen sein, ob es sich dabei um Vorfreude oder um eine Absage handelt.
- Sollte man keine Möglichkeit gefunden haben, Blumen vorher zu schicken oder selbst mitzubringen, kann man die Blumen durchaus auch noch am nächsten Tag (aber keinesfalls später!) – zusammen mit einem kurzen, handgeschriebenen Dankeschön auf der Visitenkarte oder einer Briefkarte – der Gastgeberin zustellen lassen.

*Wann bringt man keine Blumen?*
- Zu Einladungen in ein Restaurant – in diesem Fall sollte man die Blumen den Gastgebern *vor* der Veranstaltung ins Haus schicken;
- bei Kondolenzbesuchen;
- als Ehrengast;
- zu beruflichen Besprechungen, Sitzungen, Interviews usw.

## DER BALL

Hier soll die Rede sein von den ganz normalen Bällen, von denen es in jeder Stadt in der Ballsaison mindestens einen oder mehrere gibt. Wir reden hier *nicht* von den großen, kommerziellen Bällen, die in einigen Großstädten wie Berlin, Frankfurt oder München jährlich stattfinden, wozu auch die »Bundes«-Bälle zu rechnen sind. Diese Bälle werden gegenwärtig auch unter dem Begriff *Gala* zusammengefaßt.

**Der Ball**

Angenommen, jemand kommt neu in eine Stadt, woran kann er/sie sich denn orientieren, zu welchem Ball man/frau denn gehen könnte – und zu welchem Ball man unbedingt gehen sollte? Im allgemeinen sind es nur ein paar Indikatoren, nach denen man das Niveau eines Balles beurteilen kann:

- Nur ein klein wenig sind der Veranstaltungsort und das Ambiente maßgebend.
- Die Frage, wieviel Eintritt man bezahlen muß, kann man quasi vergessen, das ergibt gegenwärtig überhaupt keinen Anhaltspunkt mehr.
- Wesentlich wichtiger ist da schon die Frage, wer der Veranstalter des Balles ist.
- Viel entscheidender ist jedoch die Frage: wer geht dahin?

Denn in ihrem Ablauf sind alle Bälle in etwa gleich, nur der Stil kann sehr unterschiedlich sein – und der Stil sind die Gäste.

*Unterschiedlicher Stil der Bälle*

Es ist das kulturelle Niveau der Ballbesucher, das den Stil eines Balles prägt. Und so ist jeder Veranstalter daran interessiert, daß der von ihm ausgerichtete Ball derjenige ist, wo man hingeht. Und es ist durchaus nicht so, daß es dafür eine Art Abonnement für die Veranstalter gibt: das launische Publikum wechselt gern. Mal sind es die Bälle zugunsten einer karitativen Organisation, mal sind es große Sportclubs oder auch Standesorganisationen, die exklusive Bälle ausrichten. Auf jedem dieser Bälle werden die Besucher meist via Tombola – für einen sozialen Zweck – ganz schön zur Kasse gebeten.

Der allgemeine, allen Bällen gemeinsame Zweck ist seit eh und je: sehen und gesehen werden.

Der Stil der einzelnen Bälle ist so unterschiedlich, daß man sich durch die ortsansässigen, regelmäßigen Ballbesucher vorher über Einzelheiten informieren läßt, falls man sich noch nicht auskennt.

**Smoking bzw. Ballkleid**

- Üblicherweise tragen die Herren einen Smoking und die Damen natürlich ein Ballkleid. *(Näheres dazu in Kapitel 4)*

Die Gepflogenheit der »*Pflichttänze*« ist gegenwärtig etwas in Bewegung geraten. Früher bedeutete es eine absolute Anstandspflicht eines jeden Herrn, mit *jeder* Dame am gleichen Tisch (mindestens) einmal zu tanzen.

Heute ist diese »Pflicht« bei weitem nicht aufgehoben, wie manch einer meint, nur etwas eingeschränkt bzw. modifiziert. Maßgebend ist auch hierfür ganz dezidiert der Stil einer Ballveranstaltung.

Ist es ein Ball der gehobenen Kategorie bzw. eine geschlossene Gesellschaft, dann gelten dafür folgende Regeln:

- Falls man sich zu einem Ball bereits mit Freunden verabredet hat oder man kennt seine Tischnachbarn schon, dann begrüßt das hinzukommende Paar stets die bereits anwesenden Tischnachbarn, bevor es Platz nimmt.
- Kennt man niemanden, so macht sich das neu an den Tisch kommende Paar selbst mit den Paaren bekannt, die bereits am Tisch Platz genommen haben.

  Der Herr stellt erst sich selbst, dann seine Partnerin vor, und die Tischnachbarn erwidern die Vorstellung *(Vorstellung wie in Kapitel 2 beschrieben)*.

## Der Ball

- Bei Bällen dieser Kategorie ist es nach wie vor Pflicht, mit jeder Dame am gleichen Tisch mindestens einmal zu tanzen – neuerdings unter folgenden Bedingungen:
Sofern der Veranstalter die Musiker angewiesen hat, in der ersten Stunde »Pflichttänze« zu spielen – normalerweise
  - zwei Tänze von je drei Minuten Länge;
  - sofern der Tisch nicht zu groß ist, das heißt: maximal zehn Personen;
  - sofern Damen es wünschen.

- ◉ Auf vornehmen Bällen wird jeder Herr ein Auge darauf haben, daß nie eine Dame allein am Tisch zurückbleibt. Droht eine solche Situation, bleibt der Herr solange mit zwei Damen sitzen und verschiebt den geplanten Tanz.

*Tabu*

Für *öffentliche Bälle* aller Art gelten weniger die Vorschriften der Etikette. Das Verhalten wird viel mehr durch den persönlichen Stil und die Erziehung der oder des einzelnen bestimmt. Es ist keinesfalls verkehrt, sich auch bei diesen Bällen korrekt an die Vorschriften der Etikette zu halten. Üblich ist hier jedoch eher das nicht so förmliche Auftreten.

Ohne jeden Zweifel gibt es auch für öffentliche Bälle *Mindestforderungen guten Benehmens:*

- sich beim Eintreffen bei den unmittelbaren Tischnachbarn bekannt zu machen
- und mit der Tischnachbarin, die man nicht selbst mitgebracht hat, auch einmal zu tanzen.

## THEATER / OPER

**Veränderter Bekleidungsstil**

Was war ein Besuch der Oper früher für ein Ereignis! – Und heute? Nun, man geht nicht gerade so gekleidet in die Oper oder ins Theater, wie man momentan vom Einkaufen kommt. Aber es ist schon so, daß sich der Stil der Bekleidung im allgemeinen grundsätzlich verändert hat. Dies ist wiederum eine Konsequenz aus der veränderten gesellschaftlichen Einstellung zum Besuch von Theater und Oper.

Unsere Opernhäuser haben also bewußt die »Schwellenangst« vor einem Besuch von Opernaufführungen abgebaut. Deswegen gehen in unseren Zeiten auch wesentlich mehr junge Leute in Oper und Theater als zu früheren Zeiten. Diese Leute kleiden sich »normal« – und (fast) niemand nimmt heute mehr Anstoß daran. Aber es bedurfte schon eines längeren Lernprozesses, bis auch unsere traditionellen Opernbesucher nicht mehr das gesellschaftliche Ereignis und ihre Garderobe in den Vordergrund stellten, sondern begriffen, daß man auch in etwas einfacherer Bekleidung Freude an der Musik und Spaß an einer gelungenen Aufführung haben kann.

Was soll eine Dame/Frau anziehen, wenn sie heute abend ins Theater oder die Oper gehen möchte?

*(Hinweis: Zu den Bekleidungsvorschriften für Opern- und Theater-Premieren siehe Kapitel 4)*

### Zum Theaterabend:

Die Bekleidung an einem »normalen« Theaterabend ist heute sehr vom Alter abhängig: Je jünger die Frau ist, um so legerer kann sie sich anziehen; je älter sie ist, um so offizieller sollte sie sich kleiden. Im allgemeinen zieht man sich fürs Theater nicht mehr besonders festlich an, sondern formell. Das bedeutet: *nicht in »Freizeit«-Kleidung.*

**Zum Opernabend:**
Die Kleidung der Besucher von Opernaufführungen ist gegenwärtig sehr, sehr unterschiedlich. Zum einen ist auch hier die Bekleidung altersabhängig. Jüngere Leute haben recht viel Freiheit in der Wahl ihrer Kleidung. Erwachsene Operngäste stellen sich dagegen mehr auf die jeweilige Aufführung ein. Eine moderne Oper sieht mehrheitlich modern gekleidete Besucher – wie übrigens auch das Musical und die Operette. Einer klassischen Oper paßt sich das Publikum in der Regel auch in der Kleidung an und trägt formellere Kleidung. Zum anderen gibt es dann noch gewaltige Stilunterschiede zwischen den einzelnen Städten: Große Städte neigen mehr zur großen Garderobe, Provinzstädte dagegen mehr zu provinziellerer Kleidung. Mit Ausnahmen, versteht sich! Alles klar ... oder? Und das gleiche gilt dann auch für Konzerte.

*Der wichtige Tip*

- Wenn man, um an seinen Platz zu kommen, sich an einer Reihe von Besuchern vorbeischieben muß, so kehrt man den Leuten das Gesicht zu – und das Gegenteil der Bühne.
- Wenn andere Besucher aufstehen, um einen besser vorbeilassen zu können, ist es *unverzichtbar,* sich bei ihnen zu bedanken.
- Sitzt man bereits, so steht man auf, um andere durchzulassen.

- ⓘ Sollte man *zu spät* kommen – das heißt, wenn die Türen bereits geschlossen sind –, bleibt einem nur übrig, vor der Türe auf die erste Pause zu warten. Es muß dies nicht zwangsläufig die erste »große« Pause sein, bei der die Türen zum Foyer geöffnet werden. Man sollte mit den Türschließer/innen Kontakt halten, daß sie einen auch schon bei einer »kleinen« Pause zwischen den Akten hereinlassen.
- ⓘ Falls man doch noch schnell reingelassen wird, obwohl »es« – ganz gleich ob Oper, Theaterstück oder Konzert – schon angefangen hat, darf man sich nur auf Zehenspitzen zu einem nahegelegenen freien Platz begeben und sich dort bis zur nächsten Pause niederlassen; erst dann geht man zu seinem Platz.
- ⓘ Vor allem berechtigten Eigeninteresse rangiert immer: man darf auf keinen Fall die anderen Theaterbesucher stören.

*Sehr peinlich* ist der Anblick von Menschen,
- die anderen Theaterbesuchern das Hinterteil zudrehen, während sie sich an ihnen vorbeischieben;
- die noch nicht einmal danke sagen, wenn jemand für sie aufsteht. Oft sind es dieselben,
- die zu spät kommen und trotzdem unbedingt auf *ihren* Platz wollen – vor allem mitten in einer Reihe.

Und unangenehm fallen auch solche Besucher auf, die spät kommen und dann laut die Treppen herunter trampeln.

## TRAUERFALL / KONDOLENZ

Warum haben wir es nur verlernt, mit Todesfällen umzugehen? Weil wir es verlernt haben, mit Sterbenden umzugehen. So einfach ist die Antwort.

Weil wir alte und gebrechliche Menschen aus unserem täglichen Leben »entfernen«, sind sie nun so weit in die Ferne gerückt, daß es uns fremd, ja unheimlich ist, wenn jemand stirbt. Auf jeden Fall ist es für uns so ungewohnt, daß wir unsicher sind und nicht mehr wissen, was man in so einem Fall tun soll. Was tut man, wenn ein Nachbar stirbt, was tut man, wenn ein Freund plötzlich tot ist? Zuerst einmal sind wir völlig hilflos.

Weil das ein allgemeines Problem unsere Zeit ist, will ich versuchen, einige allgemeine Hinweise zu geben – mit folgender, ausdrücklicher Einschränkung:

- Besser als alle Ratschläge von außen ist das, was man von Herzen und aus echtem Mit-Leiden für die Trauernden tut. Die wichtigste Frage kann nicht sein: was erwartet man von mir? Denn das ist die Frage, die sofort unsicher macht. Die Frage muß heißen: was erwarte ich eigentlich von mir, was kann ich tun?

*Echtes Mit-Leiden*

Nun zu den *äußeren* Begleitumständen, die das eigentliche Thema dieses Buches sind.

Wenn es einen Trauerfall in der Familie gibt, sind so viele formelle und auch administrative Dinge zu bedenken und zu erledigen, daß man für die eigentliche Trauer – heute nennt man das »Trauerarbeit« – überhaupt keine Zeit oder gar Muße findet. Wie es sich von selbst versteht, ist das die Zeit, in der man noch nicht einmal so viel seelischen wie praktischen Beistand braucht. Und da kann eigentlich jeder helfen.

Von wem auch immer Hilfe möglich ist, sie sollte zunächst bei den unerläßlichen Laufereien beginnen, die vor allem dann notwendig werden, wenn der Tod zu Hause eingetreten ist. (Wenn jemand im Krankenhaus stirbt, werden von dort aus schon viele dieser Dinge erledigt.)

**Notwendige Formalitäten**

*Zu benachrichtigen* sind – nach der Familie, selbstverständlich –

- das zuständige Standesamt,
- das Beerdigungsinstitut, das den/die Verstorbene/n wäscht und in den Sarg legt,
- der Pfarrer, der die Aussegnung vornehmen soll (in manchen Gegenden ist es Brauch, daß Verstorbene, bevor man sie für immer aus dem Haus trägt, »ausgesegnet« werden),
- die Nachbarn und engsten Freunde, die bei der Aussegnung zugegen sein sollen,
- bei Jüngeren: der Arbeitgeber und alle anderen Leute, die vergeblich auf denjenigen warten,
- die Versicherungen, wie zum Beispiel Krankenkasse, Rentenversicherung, evtl. Lebensversicherung, vor allem solche Versicherungen, für die nun eine Zahlungsverpflichtung entfällt (sonst müssen die Hinterbliebenen unberechtigt bezogene Renten u. ä. gnadenlos zurückzahlen),
- die Friedhofsverwaltung wegen der Grabstelle,
- die Gärtnerei wegen des Blumenschmucks für den Sarg und der Handsträuße für die Familie,
- und noch mancher andere mehr – da muß man gemeinsam gut überlegen.

## Trauerfall / Kondolenz

Weitere Hilfe wird benötigt
- bei der Formulierung der Todesanzeige, die dann zur *Zeitung* und ggf. zur Druckerei gebracht werden muß;
- bei dem Adressenschreiben für die Anzeigen; dabei gleich sicherstellen, daß die Adressenliste, die man für diesen Zweck zusammengestellt hat, auch noch für die Danksagungen auffindbar sein wird;
- bei der Klärung der – in dieser Situation sehr lästigen – Kleiderfrage. Da kann man evtl. den Leidtragenden – vor allem, wenn Kinder dabei sind – ein bißchen zur Hand gehen, um das Passende in Schwarz zu finden;
- nach ca. einer Woche, wenn die gleiche Schreibarbeit für die Danksagungen nochmals wiederholt werden muß.

Es ist nicht nur eine Frage der Menge, ob man es schafft, Danksagungen persönlich zu schreiben, oder ob man sie drucken lassen muß – ein persönlicher Dank ist natürlich schöner.

- Sollte man gedruckte Danksagungen verschikken, so ist es üblich, bei besonders Nahestehenden ein paar persönliche Worte unter den vorgedruckten Text zu schreiben.
- Mit dem Versenden der persönlichen Danksagungen kann man sich ein bißchen mehr Zeit lassen als mit den gedruckten.

### Die Trauerfeier

Viele Menschen – Städter hauptsächlich – wissen nicht, wie man sich verhält, wenn man zu einer Beerdigung gehen muß. Da wissen die Leute, die auf dem Land leben, in der Regel etwas besser

Bescheid. Denn auf dem Dorf und in der Kleinstadt geht man viel öfter zu einer Beerdigung von Nachbarn, Schulkameraden, Vereinskameraden oder von jemandem, dem man die letzte Ehre geben möchte, weil man ihn schätzte.

Für alle, denen Beerdigungen und offizielle Trauerfeiern nicht so geläufig sind:

**Der wichtige Tip**

- Zu dem angegebenen Zeitpunkt der Trauerfeier müssen die Trauergäste bereits in der Kirche oder der Kapelle versammelt sein.
- Es wird allgemein als Ausdruck sehr schlechter Manieren empfunden, wenn jemand zu einer Trauerfeier zu spät kommt.
- Kränze und Trauergebinde läßt man vom Blumengeschäft am zweckmäßigsten gleich dem Beerdigungsinstitut zustellen.
- Man kann Kränze und Gebinde durchaus auch selbst mitbringen; dann übergibt man sie vor der Kapelle dem Friedhofspersonal. Einer dieser Männer wird dann den Kranz oder das Gebinde bei dem aufgebahrten Sarg arrangieren.
- Handsträußchen, die in der Regel nur drei oder fünf Blumen enthalten, behält man bei sich, um sie später in das offene Grab zu werfen.
- Die drei Schaufeln Sand, die man am Grab auf den Sarg wirft, entsprechen christlicher Tradition, sie symbolisieren die Dreieinigkeit.
- Wer es nicht mag, muß das nicht tun. Man kann auch so in einem Augenblick des Gedenkens verharren und dann lieber das Handsträußchen als letzten Gruß hinabwerfen.

*(Zur Trauerkleidung und Bekleidung anläßlich von Beerdigungen siehe Kapitel 4)*

**Kondolenz / Kondolenzbriefe**

Die (Un-?)Sitte, noch am Grab die Kondolationen entgegenzunehmen, ist auf dem Land eigentlich noch überall Tradition. Dazu verhält man sich nach seinem persönlichen Taktgefühl – und für gewöhnlich *nicht nach der Etikette*. Die spielt erst bei Staatsbegräbnissen eine Rolle. Und dort heißt es dann nicht mehr Beerdigung, sondern »Beisetzungsfeier«.

Bei der mündlichen Kondolation gegenüber Hinterbliebenen kann man eigentlich gar nichts falsch machen, weil hier alle ehrlichen Worte, die eine persönliche Betroffenheit und Anteilnahme ausdrücken, prinzipiell angebracht und richtig sind.

Zur Not kann man sich auch mit einem kurzen »Mein herzliches Beileid« begnügen.

Schwieriger wird es für manche bei *schriftlichen Kondolenzen,* dazu ein paar Hinweise.

- Wenn man jemandem aus seiner persönlichen Bekanntschaft sein Beileid schriftlich auszudrücken hat, ist es zweifellos richtiger, einige *persönliche Worte der Betroffenheit und Trauer* zu finden. Das ist wesentlich besser, als auf gedruckte Karten zurückzugreifen.
- Je mehr man bei einem Kondolenzschreiben auf eingefahrene Floskeln verzichten kann, um so glaubwürdiger werden diese Worte.
- Je einfacher die Sprache, desto mehr erreicht ein Kondolenzbrief die Herzen der Trauernden und kann vielleicht wirklich trösten. Musterbriefe abzuschreiben ist absurd.
- Kondolenzbriefe schreibt man stets mit der Hand.

*Der wichtige Tip*

- Man schreibt auf ein Blatt weißes Papier mit einem Stift – falls griffbereit: einem schwarzen – oder einem Füllfederhalter. (Der schwarze Rand ist das äußere Zeichen für die Todesanzeigen.)
- Vorgedruckte Kondolenzkarten nimmt man nur für solche Kondolationen, die *mehr förmlich als persönlich* gemeint sind.

# 7. KAPITEL

# TISCHSITTEN UND ESSKULTUR

## DIE TISCHDEKORATION

Der alte Spruch »Der Mensch ißt auch mit den Augen« ist noch viel wahrer, als manch einer glaubt. Das Ganze hat mit der Ästhetik unserer Kultur zu tun; anders gesagt, wir mögen halt nicht wie die Tiere essen, so wie wir auch nicht wie die Tiere lieben wollen. Kultur ist immer etwas komplizierter. Und die Tischkultur enthält eine Menge Dinge, die man gar nicht essen kann – oder zumindest nicht essen sollte.
Bei allen Kulturgegenständen oder kulturbedingten Formen gibt es immer wieder Leute, die das alles für unnötig halten, weil es nicht praktisch ist. Das stimmt, nötig ist es nicht – meistens ist es auch noch ausgesprochen unpraktisch –, aber es ist halt schön. Und deshalb verleiht es denjenigen Menschen Ansehen, die dafür einen Sinn haben.
Das »Essen mit den Augen« fängt bereits mit der Tischdekoration an. Dafür sind heutzutage folgende Elemente üblich:
- Eine schöne Blumendekoration aus frischen Blumen;
  dabei kann es sich einmal um ein Gesteck handeln, bestehend aus

- frischen Blüten und Zweigen,
- Zweigen und Früchten, zum Beispiel im Winter,
- einer Kombination von Kerzen und Blüten,
- niedrigen Vasen mit frischen Blumen,
- ganz kleinen Tischvasen, die nur eine Blüte aufnehmen können und die
  vor jedes Gedeck gestellt werden;

- oder eine Blumendekoration aus Seidenblumen mit Zweigen und Früchten, entsprechend der Jahreszeit;

- dazu Kerzen aller Arten und Formen,

da sind der Phantasie nun wirklich keine Grenzen gesetzt, das kann eine einzelne Kerze pro Tisch oder auch jeweils ein mehrarmiger Leuchter sein.

Größere Blumenarrangements und die Kerzen werden so plaziert, daß sie in der Mitte oder an mehreren Stellen des Tisches etwa gleichmäßig angeordnet werden. Man sollte darauf achten, daß die Gestecke genügend Platz haben.

Der gehobenen Tischkultur entsprechen nach wie vor
- ein schönes Service aus Porzellan,
- silbernes Besteck,
- Kristallgläser (die aber auch glänzen sollten)
- und – selbstverständlich – Stoffservietten.

*Tabu*

⊕ Weder Küchengeschirr noch Töpfe und Schüsseln aus Edelstahl gehören auf den festlich gedeckten Tisch.

## Die Tischdekoration

# Drei Beispiele für dekorative Servietten-Arrangements

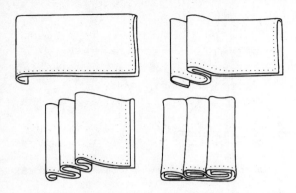

1. Die Serviette legt man nach unten zu einem Rechteck zusammen und faltet die linke Seite etwa zweifingerbreit nach hinten, dann kniffen;
2. die rechte Seite legt man in einer etwa zweifingerdicken Falte darüber;
3. das gleiche nochmals wiederholen;
4. das übriggebliebene rechte Ende wird nach hinten umgeschlagen, so wird daraus ein kantiges Rechteck.

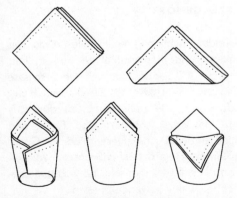

1. Die Serviette wird zu einem Quadrat gefaltet, an dem die offene Ecke oben ist;
2. mit einem etwa zweifingerbreiten Abstand zur Spitze wird die untere Ecke nach oben gelegt;
3. die seitlichen Ecken werden ineinandergesteckt;
4. dann wird die Serviette umgedreht und hingestellt oder auch hingelegt:
5. nun kann man noch zwei der vorderen Stofflagen nach unten falten.

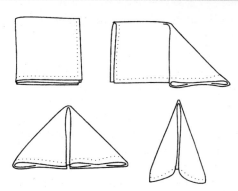

1. Die Serviette wird zum Quadrat gefaltet, schön geknifft und wieder zum Rechteck auseinandergelegt;
2. die oberen Ecken werden entlang der Mittellinie nach unten gelegt (nicht kniffen);
3. die seitlichen Ecken werden aufeinandergelegt;
4. und dann kann die Serviette aufgestellt werden.

## TISCHMANIEREN UND ALLES, WAS DAZU GEHÖRT

Zwei Grundbedingungen regeln alles, was mit Tischmanieren und Essensaufnahme zu tun hat: der *ästhetische Anblick* und das völlig *geräuschlose Essen*. Daß die Ästhetik für das Essen in einer Gemeinschaft eine große Rolle spielt, ist durchaus nicht neu – das war schon immer so. Der große Unterschied zu den Tischmanieren früherer Generationen kommt allein daher, daß unsere Vorstellungen von dem, was ästhetisch und was unästhetisch ist, sich gewaltig gewandelt haben.

Während unsere Altvordern es noch völlig in Ordnung fanden, mit einem mitgebrachten Messer sich ein Stück von dem gebratenen Wildbret abzuschneiden, mit den Händen zu essen und sich beiläufig die Finger an einem Lappen abzuwischen, haben sich spätere Generationen immer weiter von dieser natürlichen Art der Nahrungsaufnahme entfernt. In jeder Epoche wurde »plötzlich« der Anblick eines so essenden Menschen *peinlich*. Der Grund dafür war, daß sich das ästhetische Empfinden mit der Zeit verfeinert hatte. Und jeder, der den neuen Zeitstil nicht mitmachte, wurde ein »Bauer« geheißen – was soviel bedeutete wie »unkultiviert und grob«.

Die gleiche Entwicklung haben die Geräusche genommen, die früher so bei Tisch üblich waren. Im Vergleich zu heute muß das auf jeden Fall munter zugegangen sein! Denn bis zur Gegenwart sind alle erdenklichen Geräusche vom Tisch total verbannt worden. So ein offizielles Essen, Bankett oder Dinner hat sich bei uns zu einer weihevollen Zeremonie entwickelt, die heutzutage in (fast) absoluter Geräuschlosigkeit vor sich zu gehen hat. Diese feierliche Stille während eines offiziellen Essens empfinden viele Menschen – auch in unseren europäischen Nachbarländern – als sehr lästig. Aber das ist eben Kultur!

*Geräuschlosigkeit beim Essen*

Um es noch einmal in aller gebotenen Klarheit zu sagen:
- Wer heutzutage bei Tisch einen unästhetischen Eindruck macht oder während des Essens Geräusche produziert, ist bei kultivierten Leuten absolut unten durch.

Die gegenwärtig als korrekt angesehenen Regeln der Tischmanieren lassen für eine »natürliche« Nahrungsaufnahme keinen Spielraum mehr. Fast jeder Handgriff muß von klein auf gelernt werden.

Und wohl denen, deren Mutter in bezug auf die Essensgewohnheiten ihrer Sprößlinge kein Pardon kannte. Diese »geplagten« Kinder sind später gut dran. Denn es war von je her so: Je mehr ein Mensch gelernt hat, sich beim Essen korrekt zu benehmen, desto höher ist sein persönliches Ansehen.

Daran kann man schon allein deswegen nichts ändern, weil das die internationalen Regeln der Oberschicht/en sind. Diese Standards gelten weltweit bei den Leuten, die die Macht besitzen, sich andere nach ihren Maßstäben aussuchen zu können.

Immer noch – und heute mehr denn je – werden wichtige Positionen in Industrie- und Wirtschaftsunternehmen erst nach einem gepflegten, gemeinsamen Essen vergeben. Dabei ist der sogenannte »Check mit Messer und Gabel« schon manchem zum Verhängnis geworden. Die Unternehmen *müssen* großen Wert auf die korrekten Tischmanieren ihrer Führungskräfte legen, um nicht als »völlig hinter dem Mond« dazustehen. Und das kann sich im heutigen Wettbewerb keiner leisten. Es hat also auch berufliche Gründe, wenn man sich immer wieder darüber vergewissern sollte, was heutzutage unter korrekten Tischmanieren zu verstehen ist – und was nicht. Selbstverständlich dient das aber auch dem privaten Ansehen.

*Korrekte Tischmanieren vor allem bei Führungskräften*

## Korrekte Haltung und Etikette bei Tisch

Folgende Grundregeln sollte man *immer* beachten, ganz gleich wo und mit wem man ißt.

**Tischmanieren und alles, was dazu gehört**

- Man sollte sich stets aufrecht hinsetzen, mit ungefähr einer Handbreite Abstand zum Tisch. Wenn man nicht so weit vom Tisch abrückt, bleibt die Sitzhaltung von ganz allein aufrecht.
- Die Unterarme dürfen nie auf dem Tisch liegen. Die Grenze für die Hände ist dort, wo die Hemdenmanschetten anfangen; hilfsweise nimmt man seine Uhr als Grenze – die darf schon nicht mehr auf dem Tisch liegen.
- Die Richtung, in der die Arme während des Essens in den Schultergelenken bewegt werden dürfen, geht nur leicht nach vorn und dann wieder zurück, das heißt, stets parallel zum Körper.
- Nie dürfen die Arme seitlich vom Körper weggeführt werden. So eine Art »Ententanz«-Armbewegung wirkt bei Tisch nicht die Spur fröhlich, sondern nur äußerst peinlich.
- Ebenso ist es nicht erlaubt, während des Essens die Ellenbogen aufzustützen.
- Man »verbeugt« sich grundsätzlich nicht vor seinem Teller. Alles Eßbare wird mit der Hand und mit Hilfe einer Gabel oder eines Löffels zum Mund transportiert. Ein größeres »Entgegenkommen« des Kopfes ist ganz schlechter Stil.
- Selbstverständlich – und das erwähne ich hier nur einmal für Anfänger und Menschen aus anderen Kulturen – darf man bei uns *nicht*
  - mit offenem Mund kauen,
  - zuviel auf einmal in den Mund stopfen – den Mund zu voll zu nehmen, davor warnt auch das Sprichwort,
  - schmatzen, schlürfen (nur bei Austern erlaubt),

*Der wichtige Tip*

- mit vollem Mund sprechen,
- an den Zähnen ziehen

● und auch nicht rumspucken (dieses ist ein Hinweis für Chinesen).

**Etikette-Regeln**

Das sind die Grundregeln »anständigen« Essens. Jetzt folgen noch einige *Etikette-Regeln,* das heißt, Regeln für das feinere Essen.

● Es ist eine alte Tradition, daß der *Gastgeber* oder der ranghöchste Herr als erster das Glas erhebt und mit einem kurzen Begrüßungswort das Zeichen zum Trinken gibt.

● Die Gastgeberin bzw. die ranghöchste Dame am Tisch ist für das Zeichen zum Essensbeginn zuständig. Nachdem sie sich vergewissert hat, daß alle Gäste ihr Essen vor sich haben, kann sie dies mit einem kurzen Kopfnicken tun, sie wird dabei zum Besteck greifen und selbst zu essen anfangen.

● »Guten Appetit« zu sagen ist unter Freunden und im Kollegenkreis nach wie vor freundlich. Bei allen offiziellen Anlässen und gegenüber Fremden klingt es dagegen als zu familiär und wird deshalb als unpassend empfunden. Der Appetit fremder Leute hat einen nicht zu interessieren.

● Der *Tischherr* rückt seiner Tischdame den Stuhl zurecht und setzt sich selbst *nach ihr.*

● Steht eine Dame von der Tafel auf, so *erheben* sich möglichst die beiden links und rechts neben ihr sitzenden Herren, auf jeden Fall aber der *Tischherr.* Die gleiche Geste wiederholt sich, wenn die Dame an den Tisch zurückkehrt; sodann rückt er ihr wieder den Stuhl heran.

# Tischmanieren und alles, was dazu gehört

- *Tabu:* Ein Herr setzt sich in Begleitung einer Dame nie zuerst, und er darf auch *nie* im Sitzen einer Dame den Stuhl zurechtrücken.
- *Völlig daneben* ist, bei Tisch »Mahlzeit.« zu sagen *(siehe dazu auch Kapitel 2 und weiter unten).*
- *Zahnstocher* kann man diskret und nicht zu ausführlich hinter der davorgehaltenen Hand benutzen. Zahnseide wird dagegen besser im Waschraum benutzt.
- *Lippenstift* darf nach der Mahlzeit am Tisch nachgezogen werden; gründlichere Restaurationsarbeiten sollten jedoch nur im Waschraum vorgenommen werden.
- *Geraucht* werden darf grundsätzlich erst nach dem Dessert. Zwischen den Gängen zu rauchen gilt heute mehr denn je als sehr unerzogenes Benehmen.

  *Ausnahmen* bilden hierin nur sehr ausgedehnte Dinners (von ca. vier bis fünf Stunden Dauer), hier darf frühestens nach dem Sorbet, das meist nach dem ersten Fleischgericht gereicht wird, geraucht werden.
- Heutzutage erfordert es der Gute Ton, seine Umgebung *vorher* zu fragen, ob das Rauchen nicht stört; sollte dies der Fall sein, so bleibt einem nur übrig, kurz nach draußen zu gehen *(siehe dazu auch Kapitel 2).*

**Nicht zwischen den Gängen rauchen**

## Die Handhabung des Gedecks

- Die *Serviette* wird einmal entfaltet auf den Schoß gelegt.
- Man tupft sich mit der Serviette die Lippen ab, ehe man das Glas an die Lippen führt.

Bei dieser Vorschrift geht es darum, das Glas vor fettigen Markierungen zu schützen, was den ästhetischen Anblick sehr stören würde. (Damen mit Lippenstift sollten mit der Serviette keine »Grundreinigung« vornehmen, ein wenig Lippenstift an der Serviette läßt sich dagegen kaum vermeiden.)

Die Serviette ist ein traditioneller *Kulturgegenstand* und nur noch in geringem Maß ein nützlicher Schutz gegen Flecken auf der Kleidung. Weil die Handhabung der Serviette jedoch einen hohen symbolischen Wert hat, ist der »automatische« Griff zur Serviette von großer Bedeutung.

**Benutzung der Serviette**

Leute, die ihre Serviette nicht benutzen, stehen mit beiden Füßen recht auffällig im Fettnäpfchen. Das wird nämlich als Zeichen dafür gewertet, daß jemand den Umgang mit Servietten von klein auf nicht gewöhnt ist – was den Verdacht erweckt, aus einer Familie zu stammen, die anstelle einer Serviette zum Mundabwischen immer den Ärmel benutzt.

- Das *Besteck* wird möglichst geräuschlos gehandhabt.
- Löffel und Gabel werden zum Mund geführt – nicht umgekehrt(!).
- Den Löffel steckt man mit der Spitze nach vorn in den Mund; bei uns wird die Suppe nicht seitlich vom Löffel gesogen (wie in Großbritannien).
- Die Gabel können wir sowohl mit dem Gabelrücken nach oben als auch wie ein Schäufelchen benutzen. Man soll die Gabel auf keinen Fall überladen, damit man keinen zu vollen Mund riskiert.

# Tischmanieren und alles, was dazu gehört

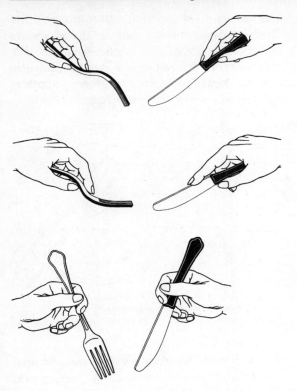

*Richtige Besteckhaltung*

*Falsche Besteckhaltung*

*Falsche Besteckhaltung*

🕮 Das *Messer* sollte nur zum Schneiden fester Speisen gebraucht werden. Speisen, die man auch mit der Gabel abtrennen kann, brauchen nicht geschnitten zu werden. Wo immer es notwendig ist, kann das Messer als »Schieberchen« benutzt werden, das heißt, das Messer hilft, die Speise auf die Gabel zu bugsieren.

🕮 Nie und nimmer darf man ein Messer in den Mund stecken oder ablecken.

*Tabu*

**Besteck als Hilfsmittel einer Zeichensprache**

Das Besteck dient gleichzeitig als Hilfsmittel einer *Zeichensprache,* die international die gleiche ist und überall in der gleichen Weise verstanden wird. Man zeigt mit der Anordnung des Bestecks dem Personal – oder privat den Gastgebern –, ob man noch etwas essen möchte oder nicht:

*Links – offenes Besteck heißt: bitte nachlegen*
*Rechts – geschlossenes Besteck heißt: ich bin fertig*

- *offenes Besteck* (= Messer und Gabel gekreuzt) heißt: »*bitte nachlegen*« bzw. ich bin noch nicht fertig;
- *geschlossenes Besteck* (= Messer und Gabel parallel) heißt: »*ich bin fertig*«.

- Messer, Gabel und Löffel sind nur als Eßwerkzeuge, also für die Zerkleinerung der Nahrung bzw. deren Transport zum Mund gedacht – nicht aber, um damit zu gestikulieren, eigene Argumente zu unterstützen oder ähnliche abenteuerliche Aktionen zu unternehmen.

## Tischmanieren und alles, was dazu gehört

- Niemals darf benutztes Besteck auf das Tischtuch zurückgelegt werden! **Tabu**

- Man kann sein benutztes Besteck an den Tellern ablegen, die zum eigenen Gedeck gehören. Wenn man momentan keinen Teller zur persönlichen Verfügung hat, muß man das Besteck solange in der Hand behalten. Dabei ist es wesentlich, das Besteck möglichst flach, parallel zur Tischplatte zu halten und nicht gen Himmel zu richten.

- Man darf nicht seinen Teller von sich wegschieben, wenn man fertiggegessen hat. **Tabu**
- Niemals die Teller der Mitgäste stapeln und weiterreichen! Das ist Sache des Servicepersonals.

- Das *Gedeck* entspricht der vorgesehenen Speisenfolge: *links* neben dem Mittelteller (= großer flacher Teller) – oder auch Platzteller genannt – steht der *Brotteller*, der nach den Vorspeisen abgeräumt wird.
- Dann kommt der *Salatteller* an die Stelle des Brottellers, also *links* vom Mittelteller.
- Das Besteck wird jeweils rechts und links neben dem Hauptteller angeordnet; das Besteck für den Nachtisch liegt über dem Teller.
- Man benutzt die einzelnen Besteckteile in der *Reihenfolge von außen nach innen*.

- Bei einem korrekten Service werden sämtliche Teller
  - *von rechts* gereicht und auch von rechts abgedeckt, von rechts wird eingeschenkt;
  - *von links* bekommt man nachgelegt oder die Platten angereicht, von denen man sich selbst bedienen soll.

# Tischsitten und Eßkultur

*Einfaches Gedeck für Suppe, Hauptgericht, Nachtisch*

*Gedeck für Vorspeise, Hauptgericht und Nachtisch*

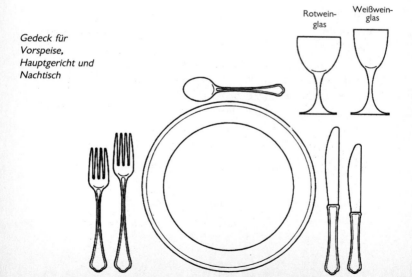

# Tischmanieren und alles, was dazu gehört

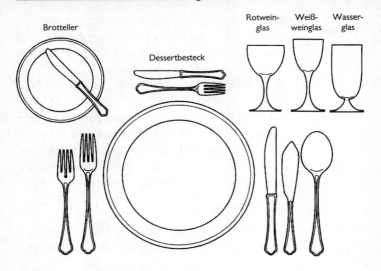

*Gedeck für Suppe, Fischgericht, Hauptgericht, Nachspeise*

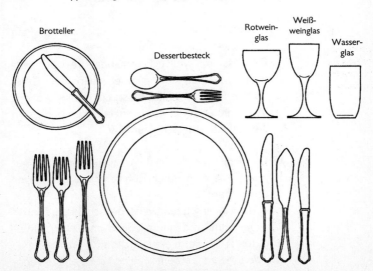

*Gedeck für großes Menü: Vorspeise, Fischgericht, Hauptgericht, Dessert*

- Die *Gläser* sind in gleicher Weise angeordnet; sie werden *von rechts nach links* gebraucht, das Glas für das Getränk des Hauptgerichts steht dabei oberhalb des Mitteltellers.
- *Langstielige Gläser* müssen grundsätzlich am Stiel *angefaßt* werden.

In Kontinentaleuropa legen vor allem kultivierte Menschen erheblichen Wert auf eine Weinkultur. Das ist auch der Grund dafür, daß das Weinglas bzw. das Sekt- oder Champagnerglas, selbst wenn es bereits benutzt wird, einen ästhetischen Anblick bieten soll.

Deswegen werden

**Gläser stets am Stiel anfassen**

- Weingläser und Sekt- oder Champagnergläser stets am Stiel angefaßt, weil durch Fingerabdrücke der Anblick eines Glases stark in Mitleidenschaft gezogen wird;
- die Lippen jedesmal mit der Serviette abgetupft, bevor man *während eines Essens* einen Schluck trinkt.

Ein Glas, das voller Fingerabdrücke oder fettverschmiert ist, stört ganz erheblich den ästhetischen Eindruck. Hier ist so ein Punkt, wo sich Weintrinkerkultur von Biertrinkergewohnheiten auf Anhieb unterscheiden läßt.

- Die *Fingerschale* wird zu allen Gerichten gereicht, die man unter Zuhilfenahme der Finger *essen muß;*
  - die Fingerspitzen werden nach Bedarf darin getaucht und anschließend mit einer *zweiten*(!) Serviette abgetrocknet.
- *Alle Speisen, zu denen keine Fingerschale geboten wird, müssen mit Besteck gegessen werden!*

## Tischmanieren und alles, was dazu gehört

Die einzige Ausnahme bildet das Brot, das zu jedem Menü gereicht wird.

- Das *Brot* wird in mundgerechten Stücken abgebrochen, dann kommt – nach Belieben etwas Butter drauf, und anschließend wird das Brotstückchen in den Mund geschoben.
- Auf keinen Fall darf man das ganze Brot oder ein halbes Brötchen völlig bestreichen und dann abbeißen.
- Brot oder Brötchen ganz oder eine Hälfte bestreichen und dann abbeißen darf man *nur* beim Frühstück!

- Wenn es wirklich offiziell wird: Der *Suppenteller* wird zum Aufnehmen des Suppenrestes nicht geneigt; dadurch erübrigt sich auch die Frage, ob man den Suppenteller nach vorn oder hinten kippen darf – man darf gar nicht!
- Die *Suppentasse* darf sowohl geneigt und ausgelöffelt als auch an einem oder beiden Henkel/n zum Mund geführt werden, und der Rest darf dann ausgetrunken werden.

*Nicht den Suppenteller kippen*

- Zu einem *Kaffeegedeck* gehören: Tasse, Untertasse, Kuchenteller nebst Kaffeelöffel und Kuchengabel; außerdem eine kleine Kaffeeserviette aus Stoff oder eine hübsche, dünne Papierserviette.
- Zu einem *Teegedeck* gehören Teetasse und Untertasse nebst Teelöffel; eventuell auch noch kleine Gebäckschälchen.
- Die *Untertasse* ist ein unverzichtbares Zubehör der Kaffeetasse sowie der Teetasse.

Deswegen wird
- die Tasse stets zusammen mit der Untertasse zum Ein- oder Nachschenken angereicht;
- die Tasse stets zusammen mit der Untertasse vom Tisch genommen, wenn man etwas entfernt von seinem Gedeck – etwa an einem Couchtisch – sitzt.

👍 Der Kaffeelöffel wird nur zum Umrühren benutzt, und dann wird er sofort wieder auf die Untertasse *zurückgelegt.*

👎 Niemals darf beim Trinken ein Kaffee- oder Teelöffel noch in der Tasse sein.

*Tabu*

👎 Es gilt als Kulturlosigkeit, Tee aus Kaffeetassen zu trinken oder umgekehrt.

## WIE ISST MAN WAS?

Bei einigen – alltäglichen wie besonderen – Speisen gibt es immer wieder Unsicherheiten darüber, wie man was zu essen hat. Manche Veränderungen, die in die sogenannte »gute Gesellschaft« schon längst Einzug gehalten haben, bekommen andere erst eine Generation später mit. Es sind auf nationaler wie auf internationaler Ebene die »großen Gesellschaften«, die Banketts und Dinners, die die Kompetenz zu Veränderungen besitzen (auf keinen Fall sind es sogenannte – und auch noch selbsternannte – »Fachausschüsse«). Modernisierungen werden immer nur in Nuancen vorgenommen, radikale Reformen finden hier selbstverständlich nicht statt. Sie würden als auffallend und deshalb als ungehörig registriert.

Veränderungen ergeben sich im Laufe der Zeit aber auch aus ganz praktischen Gründen. Wenn beispielsweise neue Materialien, Legierungen oder sonstige Erfindungen technische Veränderungen bewirken und dadurch alltägliche Instrumente revolutionieren, dann verändern sich natürlich auch die Verhaltensweisen, die nur durch das frühere Material zu begründen waren. Dafür das klassische Beispiel: die Messerschneide aus Edelstahl, die nichtrostende »Nirosta«-Klinge.

Einzig und allein deswegen, weil früher die Messerklingen aus rostendem Stahl bestanden, wurde es für eine ganze Anzahl von Speisen zum Tabu – also praktisch verboten –, sie mit dem Messer zu schneiden. Das hatte auch seinen guten Grund, denn der Stahl nahm manchen Geschmack sofort an und gab ihn an andere Speisen weiter, wie zum Beispiel vom Fisch zur Kartoffel. Oder Eiweiß und Säure setzten chemische Reaktionen in Gang, die gesundheitsschädigend waren. Das war der einzige Grund dafür, warum man früher folgende Speisen nicht mit dem Messer zerkleinern bzw. schneiden sollte:

| Kartoffeln, | Fisch, |
|---|---|
| Spargel, | Salat. |

Das wirklich Erstaunliche ist, daß es ein bis zwei Generationen dauert, bis auch die breite Öffentlichkeit von der Änderung Kenntnis erhält. Schlimmer aber noch sind die älteren Herrschaften, die Damen und Herren »alter Schule«, die davon ausgehen, die materialtechnisch begründeten Tischmanieren seien gottgewollt. Sie ändern ihre Gewohnheiten selbstverständlich nie.

## Tischsitten und Eßkultur

Nun zu einigen Zweifelsfällen der Tischmanieren.

**Wie ißt man was?**

- *Abendbrot* – das bei uns üblicherweise aus kalter Wurst- und Käseplatte mit etlichen Unter- und Beilagen besteht, wird mit Messer und Gabel gegessen. Ganz korrekterweise darf man nichts mit den Fingern anfassen oder transportieren. Allerdings gehört es zu den kleinen Sünden, wenn man beim Bestreichen mit Butter oder ähnlichem das Brot mit spitzen Fingern festhält.
Genauso ißt man auch die *Kalte Platte*.

- *Artischocken* – die Blätter werden einzeln mit den Fingern abgezupft (Fingerschale!), in Sauce gestippt und dann mit der fleischigen Seite durch die Zähne gezogen, so daß man nur noch das Blatt mit einigen trockenen Fasern in den Fingern hält; dieses legt man dann am Tellerrand ab. Von dem nun übriggebliebenen Artischockenboden hebt man das »Heu« ab, legt es ebenfalls beiseite und ißt dann den Boden mit Messer und Gabel.

**Schlürfen erlaubt!**

- *Austern* – werden heute schon vorbereitet serviert, so daß man sie nur noch – je nach Geschmack – mit Zitrone (finde ich unverzichtbar) oder Tabasco (finde ich gräßlich) zu beträufeln braucht, ehe man sie mit der Schale (vorsichtig, damit das Wasser nicht überschwappt) zum Mund führt und – zusammen mit dem Seewasser – ausschlürft. Das Austern-Essen ist übrigens eine der wenigen Gelegenheiten, bei denen man noch Geräusche produzieren darf: man darf schlürfen!

## Wie ißt man was?

- *Avocados* – werden meistens, in Hälften gefüllt, als Vorspeise gereicht; man ißt den Inhalt mit einem kleinen Löffel aus und das Avocadofleisch bis auf die äußere Haut; die Avocado wird dabei mit der Hand festgehalten.

- *Dekoration* – wie zum Beispiel Salatblätter, Tomaten- und Gurkenscheiben, Petersilie, alle Arten von Kräutern – kurzum alles das, was auf dem Teller dekorativ arrangiert wurde, kann grundsätzlich gegessen werden – und zwar ratzeputz, wenn man will! Nur bei Blumendekorationen ist etwas Vorsicht geboten.

- *Ei* – wird im gekochten Zustand aus einem Eierbecher gegessen, dabei kann man die Schale mit dem Eierlöffel aufklopfen und abpellen. Man darf das Ei aber auch mit dem Messer »köpfen«, den oberen Teil dann abheben und auslöffeln. Das Ei wird nicht aus dem Becher genommen.
*Rührei* – wird nur mit der Gabel, Rührei mit Schinken mit Messer und Gabel gegessen.

- *Fisch* – wird bei uns »in der Regel« mit dem Fischbesteck gegessen. Wenn es kein Fischbesteck gibt, ist heute gar nichts dagegen einzuwenden, Fisch ganz normal mit Messer und Gabel zu essen. Das frühere Verwenden von zwei Gabeln ist heute nicht mehr erlaubt.
Alle *marinierten* Fische, zum Beispiel alle Arten eingelegter Heringe, und *geräucherte* Fische, wie Aal, Lachs usw. werden mit Messer und Gabel gegessen.

**Fischbesteck**

- *Geflügel* – wird ab einer praktikablen Größe (etwa ab Schnepfen) grundsätzlich mit Messer und

Gabel gegessen, auf jeden Fall Hähnchen und Hühnchen. (Dies gilt natürlich *nicht* für das Verspeisen von Brathendln in Festzelten und bei ähnlichen volkstümlichen Gelegenheiten.) Zum *Miniatur-Geflügel* wird stets eine Fingerschale gereicht.

• *Hummer* – als Vorspeise: meist wird ein halbierter Hummerschwanz gereicht, dessen Fleisch man problemlos mit Messer und Gabel aus dem Panzer essen kann. Als Hauptgericht erfordert er schon etwas mehr Mühe: er wird als »ganze« Hälfte serviert, der man mit einigen besonderen Instrumenten zu Leibe rücken muß – das sind Hummergabel, Hummerzange und – unausweichlich – die Finger (daher: Fingerschale!). Mit der Zange werden die Scheren geknackt, die Beine an den Gelenken gebrochen, das Fleisch wird dann mit der Hummergabel herausgeholt. Man darf auch an den Beinchen saugen und das Fleisch herauszuzeln, und dadurch (wiederum erlaubte) Geräusche machen.
*Die gute Nachricht:* – Ohne rot zu werden, kann man sich den Hummer heutzutage vom Oberkellner aus dem Panzer lösen lassen oder bereits von der Küche vorbereiten lassen. Man sollte es nur gleich mit der Bestellung sagen. Das ist alles.

**Kartoffeln und das Messer**

• *Kartoffeln* – können heute problemlos mit dem Messer geschnitten werden (siehe oben), sofern es nötig ist. Sitzt man mit der älteren Generation zu Tisch, kann man sich ja ganz diskret mit dem Messer der Kartoffel oder dem Knödel nähern, weil die alten Herrschaften das noch als Stilbruch empfinden.
*Folienkartoffeln* – werden mit einem kleinen Löffel aus der Schale gegessen.

## Wie ißt man was?

*Pellkartoffeln* – hält man mit der Gabel in der Hand und schält sie mit dem Tischmesser; das ist zwar etwas mühsam, aber es geht.

*Kartoffelknödel* – werden nur noch von ganz alten Herrschaften mit der Gabel auseinandergezupft. (Das ist o. k. bei Topfenknödeln oder ähnlichen Süßspeisen.) Für eine ästhetische Handhabung von Knödeln empfiehlt sich zum mindesten ein erster Anschnitt mit dem Messer, damit einem nicht der mit einer Gabel angedrückte Knödel durch die Soße in unkontrollierbare Richtungen saust.

- *Kaviar* – wird mit normalem Besteck gegessen. Man bricht von dem dazu gereichten Toast jeweils ein Stückchen ab, bestreicht es mit etwas Butter und legt sich mit dem Messer etwas Kaviar drauf, den man mit Zitronensaft beträufelt und dann in den Mund schiebt. Man kann auch jeweils ein Toaststückchen und eine Gabel voll Kaviar nacheinander essen. Dazu passen ebenfalls Plinsen (oder: Blini), das sind kleine, russische Pfannkuchen, die sich wachsender Beliebtheit erfreuen.

*Tabu:* Keineswegs sollte man sich eine »Kaviarstulle« machen; das heißt also: man darf nicht die ganze Scheibe Brot mit Butter bestreichen, mit Kaviar belegen und dann abbeißen. Das ist barbarisch!

**Auf keinen Fall eine »Kaviarstulle«**

- *Krabben* (= Scampi) sollten – korrekterweise – mit Messer und Gabel gegessen werden. Dazu wird zuerst der Kopf abgetrennt und dann, ganz vorsichtig, mit dem Messer der Panzer seitlich weggehoben und das Krabbenfleisch aus dem Panzer herausgelöst. Da das nicht so ganz einfach ist, hier der ganz »*heiße Tip*«: Man lasse sich vom Kellner eine Fingerschale und eine zweite Serviette bringen und begebe sich mit den Fingern an das »Krabbenpulen«. So hat man eine gute Chance, die Krabben auch noch warm verspeisen zu können.

Für das korrekte Essen mit Messer und Gabel auch noch ein Tip: üben, üben, üben ...

*Krabbencocktail* – ist unkompliziert zu essen: man löffelt ihn mit einem kleinen Löffel oder einer Kuchengabel aus der Schale. Selbstverständlich haben diese Krabben ihren Panzer bereits vorher abgelegt.

- *Krebse* – sind bereits aus den Schalen gelöst, wenn sie als Vorspeise gedacht sind, und werden mit den verschiedensten Saucen gereicht, so daß man sie nur mit einer kleinen Gabel zu essen braucht.

Als Hauptgericht ist das »Krebsessen« jedoch eine sehr aufwendige Sache. Zuerst wird man mit einem Lätzchen oder einer in den Hals gesteckten Serviette vor dem stark färbenden Krebssaft geschützt. Dann muß man sich selbst mit den Fingern, mit Krebsmesser und Gabel an die Arbeit machen: man bricht den Krebsen zuerst den gekrümmten Schwanz ab, und dabei kann das Fleisch schon zum Vorschein kommen; tut es das nicht, muß man mit dem Krebsmesser die Unterseite des Schwanzes aufschneiden, um an das Fleisch zu gelangen. Mit dem Loch in der Schneide des Krebsmessers knackt man die Beinchen auf und zuzelt sie aus. Mit den Krebsscheren verfährt man in gleicher Weise wie mit den Hummerscheren. *Obligatorisch:* Lätzchen oder große Serviette, Fingerschale, Schale für die Abfälle und zusätzliche Serviette.

- *Langusten* – werden heutzutage schon von der Küche vorbereitet, ehe man sie serviert bekommt. Von der Languste kann man nur das Schwanzfleisch essen, Scheren sucht man bei dem Tier vergeblich. Im Hinblick auf die Beilagen werden sie wie Hummer gegessen.

- *Muscheln* – werden mit einem Schalenpaar, das wie eine Zange gehandhabt wird, aus der Schale gegessen. Für die erste Muschel benutzt man die Gabel und den Löffel für den Sud, der wie Suppe gegessen werden kann. Auch hierfür: Fingerschale und Extra-Serviette.

- *Obst* – wird mit einem kleinen Obstbesteck gegessen, oder aber mit Messer und Gabel. Sollte es sich um Obst handeln, das man nur unter Zuhilfenahme der Finger essen kann (zum Beispiel Weintrauben), ist eine Fingerschale mit zusätzlicher Serviette erforderlich.

- *Salat* – kann man heutzutage ganz normal mit Messer und Gabel essen. Zu große Salatblätter, Tomatenscheiben und was sonst noch zu zerkleinern ist, kann man mit dem Messer schneiden, wenn es nötig ist. Es besteht keinerlei Grund mehr für die althergebrachte Vorschrift, große Salatblätter um die Gabel zu winden; darunter leidet stets die Kleidung – wegen unseres üppigen Umgangs mit dem Salatdressing (zu deutsch: Salatsoße).

- *Schnecken* – benötigen wieder ein besonderes Besteck: Schneckenzange und die kleine Schneckengabel. Mit der Schneckenzange wird das Schneckenhaus festgehalten, während man mit der kleinen Gabel das Schneckenfleisch herausholt.

Dazu werden kleine Stückchen Brot oder Toast gegessen, die man in die flüssige Butter oder den Sud eintauchen kann, bevor man sie ißt. Zur Erinnerung: *Brot brechen, nicht abbeißen.*

**Spaghetti ohne Löffel essen**

• *Spaghetti* – werden nur mit der Gabel gegessen, auf die man jeweils drei bis vier Nudeln am Tellerrand – ohne Zuhilfenahme eines Löffels (!) – aufwickelt. Der zusätzliche Gebrauch eines Löffels ist eine Erfindung der Italiener für die ersten deutschen Touristen nach dem Krieg. Es macht daher einen außerordentlich spießigen Eindruck, den Löffel als eine Art »Schieberchen« zu benutzen. Ebenso sollte man Spaghetti keinesfalls mit dem Messer kleinschneiden. (Üben lohnt sich!)

• *Spargel* – wird mit dem Messer geschnitten, das entspricht heute der Etikette; die ältere Art, den Spargel mit zwei Fingern zum Mund zu führen, ist nur noch vereinzelt anzutreffen (Fingerschale notwendig).

**Tabus**

◐ Es ist *nicht erlaubt,*
- irgend etwas auf dem Teller auf Vorrat zu zerkleinern,
- Kartoffeln bis zur Unkenntlichkeit zu zermantschen,
- mit Kartoffeln und Soße eine Pampe herzustellen – auch nicht mit Vanilleeis und Schokoladensoße.

So gern das auch manch einer macht. Es wirkt absolut ätzend und unästhetisch auf die Umsitzenden, die eigentlich mit Appetit essen möchten.

# BANKETT UND BÜFETT

Größer kann man sich den Unterschied nicht denken als zwischen dem Stil eines Banketts und dem eines Büfetts.
Als *Bankett* bezeichnet man ein Festmahl mit offiziellem Charakter. Dafür sind sowohl eine Tischordnung streng nach protokollarischer Rangordnung – mit oder ohne Damen – und hochoffizielle Tischreden mit Toast auf den Ehrengast und dessen artiger Erwiderung charakteristisch. Ein Bankett gibt man zu Ehren eines Staatsgastes oder wegen anderer großer Anlässe. Da bietet man auf, was Küche und Keller zu bieten haben; da wird zur Bedienung pro Gast ein Kellner gerechnet; da dauert das Essen nicht unter fünf Stunden.

Ganz anders das *Büfett*. Was gibt es da allein schon für Unterschiede in bezug auf den Stil und das kulinarische Niveau! Und sie nehmen gegenwärtig unheimlich zu. Keiner weiß so recht, ob es nur an dem notorischen Personalmangel liegt oder ob es tatsächlich als ein Entgegenkommen für die Gäste gedacht ist, die sich aussuchen können, wieviel sie wovon essen möchten?
Ganz offensichtlich nimmt aber auch die Anzahl derer zu, die sich bei einem Büfett gut benehmen und es nicht mehr mit einem Mensa-Essen verwechseln. Aber einige Fragen sind wohl immer wieder aktuell.

- ⓘ Das *Büfett* muß immer von jemandem eröffnet werden. In der Regel sind das der Gastgeber oder die Gastgeberin. Man darf als Gast also keinesfalls gleich auf ein Büfett losstürzen, nur weil man hungrig ist.

*Der wichtige Tip*

- Ein Büfett stellt enorme Anforderungen an die Selbstbeherrschung des einzelnen. Denn man muß – in einer guten Mischung aus wohlanständiger Bescheidenheit und legitimem Hunger – den geeigneten Moment aussuchen, um sich irgendwann einmal in der Schlange hinten anzustellen. Nur Gebrechliche und Behinderte haben das Privileg, vorzugehen; keinesfalls »Prominente«.
- Wenn man sofort darauf achtet, wo das Besteck und die Servietten liegen – ob am Platz bereits eingedeckt oder an dem Büfett-Tisch zur Selbstbedienung – kann man sich oft einen Weg sparen.
- Gewöhnlich nimmt man zuerst einen – meist einen kleinen – Teller für die kalte Vorspeise, mit der man sich in der Regel selbst bedienen muß.
- Nun kommt der sprichwörtliche »zweite Gang«. Das heißt wirklich: man geht ein zweites Mal, nimmt sich einen neuen Teller, um sich das Hauptgericht zu holen.
- Falls es sich um ein warmes Hauptgericht handelt – meist mit mehreren Möglichkeiten –, ist oft auch Personal da, das einem die gewünschte Portion auf den Teller legt.
- Achtung: Wenn da jemand mit einer hohen weißen Mütze auf dem Kopf hinter dem Büfett steht, ist das meistens ein Koch. Und der steht deswegen da, damit man sich mit den warmen Speisen nicht selbst bedient.
- Für den Nachtisch muß man sich dann schon ein drittes Mal hinbemühen – mit einem frischen Teller, versteht sich.

## Bankett und Büfett

- Als Gast läßt man seinen benutzten Teller am Platz stehen und nimmt sich stets einen neuen Teller für jeden Gang.
- Ein Gast geht nie mit einem gebrauchten Teller erneut zum Büfett.
- Sollte der gebrauchte Teller vom letzten Gang nicht in der Zwischenzeit abgeräumt worden sein, während man sich erneut ans Büfett begeben hat, stellt man seinen Teller auf dem Tisch zur Seite.
- Schmutzige Teller trägt ein Gast nur in Jugendherbergen, in der Mensa, bei McDonald's und in ähnlichen Etablissements selbst weg.
- In der Betriebskantine, bei Freunden und überall dort, wo kein Personal zur Verfügung steht, trägt er seinen abgegessenen Teller natürlich selbst weg.

*Nur mit einem frischen Teller zum Büfett*

- Es verstößt gegen die Regeln des guten Benehmens, wenn man
  - sich zwei Gänge gleichzeitig auf den Teller lädt, zum Beispiel Vorspeise und Hauptgericht,
  - seinen Teller zu voll lädt,
  - zu viel auf seinem Teller übrig läßt, das dann weggeworfen werden muß,
  - im Gehen oder Stehen noch oder schon wieder kaut,
  - im Stehen oder Gehen trinkt,
  - mit benutzten Tellern herumläuft,
  - sich vordrängelt – das wird dann richtig peinlich.

*Tabus*

(Hinweis: Zum Frühstücksbüfett siehe Kapitel 9)

## TRINKSITTEN / ALKOHOL

Nichts ist einfach, wenn es einmal irgendwo formgerecht zugeht, auch das Trinken nicht. Gerade bei der Trinkerei hielten die Deutschen in bezug auf das Brimbamborium einstmals die Weltspitze. Heute hat sich das im großen und ganzen auf ein normales – das heißt: internationales – Maß eingependelt. Große Trinkgelage oder strammes Bechern ist eigentlich nur noch kleinen Zirkeln reaktionärer Studenten vorbehalten.

Aber es bleiben natürlich noch ein paar Vorschriften übrig, die man tunlichst beachten sollte, wenn man hier oder dort wieder eingeladen werden möchte. Dabei gehört es zu den traditionellen Grundregeln, daß alles, was mit Trinken und Getränken zu tun hat, Sache des Hausherrn ist. Nicht nur, daß er vorher für genügend Getränke zu sorgen hat. Bereits bei der Begrüßung der Gäste und an der Tafel gibt *er* stets das erste Signal zum Trinken. Das heißt logischerweise, daß es zu den groben Verstößen gegen das gute Benehmen zu rechnen ist, wenn ein Gast als erster trinkt.

Bei einer Einladung oder Veranstaltung, die sich nach den korrekten Formen richtet, sind folgende Regeln zu beachten:

***Der wichtige Tip***

- Alle Trinkzeremonien sind bis heute immer noch auf den Hausherrn fixiert.
- Da die Dame des Hauses für alle Angelegenheiten des Essens zuständig ist, tritt sie im Zusammenhang mit Trinken nur unter zwei Bedingungen vor ihren Gästen als erste in Erscheinung:

## Trinksitten / Alkohol

- wenn es keinen Hausherrn gibt oder
- wenn sie Gastgeberin einer beruflichen Einladung ist.

*(Näheres dazu im Abschnitt »Arbeitsessen«)*

🕀 Der Hausherr begrüßt mit dem ersten Schluck seine Gäste. Die günstigste Gelegenheit dazu ist der Aperitif – etwa Sekt oder Champagner –, den man im Stehen einnimmt. Dabei trinken die Gäste meist gleich mit.

*(Näheres dazu in Kapitel 6)*

🕀 Bei einem offiziellen Empfang oder vor einem offiziellen Essen darf kein Gast vor dem Hausherrn etwas Alkoholisches trinken.

🕀 Bei größeren Privateinladungen nippen die Gäste schon an ihrem Glas, das ihnen im Foyer gereicht wird, während sie auf die nach und nach eintreffenden Gäste warten. Aber auch hier: der erste offizielle Schluck ist das *Privileg des Hausherrn.*

🕀 An der Tafel erhebt der Gastgeber erneut als erster sein Glas und trinkt auf das Wohl der Gäste, den Ehrengast, das Gelingen des Abends, oder auf sonst etwas. Traditionell ist dieses erste Glas ein Glas Wein.

*Mit dem ersten Schluck auf den Hausherrn warten*

- »Zutrinken« oder »Zuprosten« wird heute mit dem Wort *»Zum Wohl«* ausgedrückt, und dann trinkt man einen Schluck aus seinem Glas. Danach nickt man – noch mit dem erhobenen Glas in der Hand – dem/der oder den anderen zu.

  Wenn einem von jemandem zugeprostet wird, so erhebt man sein Glas, erwidert den Gruß mit einem »Zum Wohl!« und trinkt dann selbst einen Schluck. Danach muß man nochmals mit dem Glas in der Hand dem/der anderen zunicken und dabei demjenigen in die Augen schauen.

Beides – das aktive und das erwiderte »Zum Wohl!« – wird aber nicht über mehrere Leute hinweg durch den Saal gerufen. Wenn jemand zwei, drei Plätze entfernt sitzt, dann nickt man nur freundlich mit dem erhobenem Glas in der Hand – und dann nochmals, nachdem man einen Schluck getrunken hat.

Bei hochoffiziellen Gelegenheiten müssen die Herren der rechts und der links neben ihnen sitzenden Dame jeweils einmal zugetrunken haben – nach beschriebenem Verfahren.

- Diese ganze Zuprost-Zeremonie war bis vor kurzem an die Bedingung geknüpft, daß man ein alkoholisches Getränk zur Verfügung hatte. Das ist heute auf die hochoffiziellen Veranstaltungen beschränkt.
- *Bier* ist jedoch in diesem offiziellen Zusammenhang nach wie vor »nicht gesellschaftsfähig«; das bedeutet: man trinkt sich gegenseitig nicht mit Bier zu oder erhebt auch nicht ein Glas Bier auf jemanden. Und trotzdem gibt es für jeden Bier, der es mag – nur halt »inoffiziell«.

Gegenüber nichtalkoholischen Getränken hat sich das Trinkverhalten jedoch geradezu rasant geändert: Heute darf man jedem und jeder auch mit einem alkoholfreien Getränk zuprosten, und kein Mensch nimmt Anstoß daran.

Da es immer mehr Menschen gibt, die alkoholische Getränke ganz ablehnen – zum Beispiel, wenn sie hinterher Auto fahren müssen –, wäre es ja ganz eigenartig, wenn sie von den Artigkeiten der Gesellschaft deswegen ausgeschlossen würden.

- Es gehört nach wie vor zum guten Ton, bei jedem Zutrinken, nach dem Trinken sein Gegenüber und seine Nachbarn rechts und links mit dem Glas in der Hand zu grüßen; selbstverständlich schaut man sich dabei gegenseitig in die Augen.
- Bei jedem »Glas-Erheben«, »Zutrinken«, Danken usw. hält man das langstielige Glas stets am Stiel und erhebt es etwa auf Kinnhöhe.

**Tabus**

- Als Gast sein Glas als erster zu erheben.
- Nach dem Trinken das Glas sofort abzustellen, ohne dem anderen mit dem erhobenen Glas nochmals zuzunicken.
- Mit ausgestrecktem Arm sein Glas zu erheben – das ist eine Geste für sehr späte, *bier*selige Stunden.
- *Völlig daneben:* »Prost«, »Prosit«, »Na denn ...« zu rufen.

# IM RESTAURANT

Im allgemeinen richtet sich das Verhalten der Gäste ganz enorm nach dem Stil des Restaurants. Es wäre völliger Unsinn, wenn man sich in seiner Eckkneipe oder jeder x-beliebigen Pizzeria streng nach Etikette verhalten würde. Das wirkt eher lächerlich als imposant. Allerdings gibt es auch unter den italienischen Restaurants einige, die vom

Gast sowohl ein korrektes Benehmen als auch vorzügliche Tischmanieren erwarten dürfen.

Denn wirklich wichtig wird das korrekte Verhalten erst in den Restaurants der gehobenen Gastronomie und Hotellerie, wo ein Fauxpas dann gleich mehrfach »bewundert« wird. Aber mal ganz abgesehen von dem Stil des Restaurants, wir fühlen uns einfach in jeder Situation besser, wenn wir Bescheid wissen. Darum hier ein paar Besonderheiten zum Thema Restaurant.

*Der wichtige Tip*

➀ Nur in Deutschland(!) betritt der Herr vor der Dame eine Gaststätte oder ein Restaurant; überall sonst auf der Welt läßt der Herr der Dame auch beim Betreten eines Lokals den Vortritt.

Böse Zungen behaupten, daß die alten Germanen sich in den Gasthäusern stets zu prügeln pflegten und hierin der eigentliche Grund für diese Sitte zu suchen sei. Bei uns müsse der Mann vorsichtshalber erst nachsehen, ob noch Stühle fliegen, ehe er eine Frau hineinführt. Wohlmeinende begründen das damit, daß der Herr sich erst einmal davon überzeugen solle, ob er das Lokal der Dame zumuten könne.

- Beim Verlassen eines Lokals geht *sie vor ihm* heraus, wobei der Herr der Dame die Tür aufhält. Das ist die Regel.
  Die Praxis ist aber meistens ganz anders. Da in Deutschland eine Gaststättentür laut Gesetz nach außen aufzugehen hat – meist ausgestattet mit einem automatischen Türschließer, der nur

schwer zu überwinden ist –, wäre die konsequente Befolgung dieser Höflichkeitsregel oftmals mit einer zirkusreifen Leistung des Mannes verbunden. Wenn er nun aber artistisch nicht besonders gut geschult ist, sollte
- der Herr beim Verlassen des Lokals lieber vor der Dame durch die Tür gehen und sie ihr dann aufhalten.

- Vor dem Betreten eines Restaurants sollte ein Herr den oder die notwendigen Knöpfe seines Jacketts schließen, weil man nie mit offenem Jackett ein Lokal betreten sollte.
- Mit Händen in den Hosentaschen ein Lokal zu betreten, gilt überall auf der Welt als ein Zeichen *besonders schlechter Manieren.*
Damit und auch mit einem geöffneten Jackett drückt man unmißverständlich seine blanke Mißachtung sowohl gegenüber den anwesenden Gästen als auch gegenüber dem sich bemühenden Personal aus. Und das tut ein feiner Mensch nicht.

- Man sollte nicht auf einen freien Tisch losgehen, sondern abwarten, ob ein/e Kellner/in die Aufgabe hat, die Gäste zu einem Tisch *zu geleiten.* Das bedeutet, daß man kurz nach dem Betreten des Restaurants einen Moment auf seinem Weg innehält, um sich einen Überblick über den Stil des Restaurants zu verschaffen. Niemand ist dazu verpflichtet, einen Platz anzunehmen, der ihm nicht zusagt.
- Selbstverständlich kann man den Kellner höflich fragen, ob man nicht auch hier oder dort sitzen könne. Wird das verneint, bleibt einem nur

*Nie mit Händen in den Hosentaschen*

übrig, entweder den angebotenen Tisch zu akzeptieren – oder zu gehen.

Es wäre ein ganz schlechter Stil, sich mit einem Kellner oder einer Kellnerin in eine Debatte über die Tischreservierungen einzulassen oder deswegen den Geschäftsführer kommen zu lassen.

***Sich aus dem Mantel helfen lassen***

- Ein Herr hilft seiner Begleiterin stets selbst aus dem Mantel und beim Weggehen auch wieder hinein, dabei nimmt er – mit einer freundlichen Geste – dem hilfsbereiten Kellner den Mantel der Dame aus der Hand. Ihm selbst ist dann der Kellner beim Ablegen oder Anziehen des Mantels behilflich.

  Dahinter steht die alte Tradition der Oberschicht, daß es fremdem Personal nicht gestattet war, eine Dame anzufassen. Deswegen hätte früher nämlich kein Herr zugelassen, daß ein wildfremder Kellner seine Begleiterin anfaßt. – Das sehen manche Herren eben auch heute noch so. – Und ich lasse mir diese höfliche Geste des Helfens gern gefallen, weil ich darin weder mangelnden Respekt noch eine andere Herabsetzung erkennen kann. (Das ist eine Erläuterung für diejenigen jungen Frauen, die sich nicht aus dem oder in den Mantel helfen lassen wollen.)

- Bei einem formgerechten Essen sollte ein Herr sich jedesmal erheben, wenn seine Begleiterin oder eine Tischnachbarin vom Tisch aufsteht oder sich zu setzen anschickt.

- Seiner Tischdame rückt er auch den Stuhl zurecht, das heißt, er zieht ihn beim Aufstehen

# Im Restaurant

etwas weg, und er schiebt ihn für sie heran, wenn sie sich setzt. (Umgekehrt wäre es nicht empfehlenswert.)

- Die Bestellung des Menüs erfolgt in erstklassigen Restaurants immer noch *durch den Herrn* – allerdings wird diese Regel heute nicht mehr so streng gehandhabt wie früher.

**Bestellung durch den Herrn**

Selbstverständlich kann die moderne Frau auch in Begleitung eines Mannes selbst bestellen und mit dem Kellner klären, auf welche Art sie dies oder das zubereitet haben möchte. Allerdings kann sie nach wie vor – wenn sie Lust dazu hat – auch das vornehm-umständliche Verfahren wählen, indem sie ihrem Begleiter sagt, was sie sich von der Karte ausgewählt hat, und er teilt es dann dem Ober/der Oberkellnerin mit. Geschulte Kellner in einem exklusiven Restaurant wenden sich sowieso immer noch zuerst an den Herrn.

Darin ist nun ebenfalls nicht in erster Linie eine Nichtachtung von Frauen zu sehen. Diese Gepflogenheit kommt vielmehr daher, daß es sich früher für Bedienungspersonal absolut nicht »schickte«, an eine Dame das Wort zu richten. Und ebensowenig hatte sie vom Personal Notiz zu nehmen.

- Einer Frau von heute eine Speisekarte ohne Preise – eine sogenannte »Damenkarte« – in die Hand zu drücken, bedeutet einen *absoluten Mißgriff.*

**Tabu**

Dabei handelt es sich unbestreitbar um die alte Art und Weise, Frauen zu entmündigen. Das findet eine emanzipierte Frau heutzutage gar nicht mehr witzig. Schon gar nicht, wenn sie gerade ihre Geschäftspartner einladen will; aber auch ganz privat nicht, hauptsächlich wenn sie selbst das Dreifache von dem Typ verdient, mit dem sie einmal essen geht – und das ist oft genug der Fall.

**Der wichtige Tip**

① Wenn einer Frau eine sogenannte »Damenkarte« geboten wird,
- sollte sie entweder den/die Kellner/in bitten, ihrem Mann diese Karte zu geben, weil er ihr Gast sei und sie Angst hätte, daß ihm beim Anblick dieser Preise der Appetit vergeht; oder
- sie bittet den Oberkellner an den Tisch und befragt ihn – natürlich unauffällig, aber durchaus nachhaltig – warum man *ausgerechnet ihr* diese Karte gegeben habe. Er möge ihr doch bitte erklären,
- ob sie persönlich so aussähe, als könne sie der Wahrheit nicht in die Augen sehen oder
- ob er generell immer noch glaube, Frauen würden von Männern halt eingeladen werden, und deswegen sollten sie nicht erfahren, wieviel sie heute dem Kavalier wert seien?
- ob er schon einmal Frauen gesehen habe, die über mehrere eigene Geschäfts- wie Privatkonten verfügten oder
- ob man in dieser Gegend Frauen generell für infantil halte.

Die Antworten sollten eigentlich für die Frage entscheidend sein, ob man/frau in diesem Restaurant bleibt oder »ein Haus weiter« geht – das heißt:

## Im Restaurant

das Lokal wechselt. Es ist nicht wichtig, auf welche Weise eine Frau auf so eine preislose Speisekarte reagiert – wichtig ist, daß sie sie *auf keinen Fall akzeptiert!*

*Aussuchen des Weins* ist für immer mehr Mitmenschen zu einer Art Kulthandlung geworden, die einige Kenntnisse voraussetzt. Wenn man/frau nicht – oder noch nicht – unter die Weinkenner/innen zu rechnen ist, ist es absolut unerläßlich, sich den Rat einer Fachkraft einzuholen. Auch das ist bei den Kennern eine ungemein zeitaufwendige »Zeremonie«. Das eigentliche Problem entsteht erst dann, wenn die Kellnerin keine Fachkraft ist und der Kellner auch keine Ahnung hat.

Anders gesagt: Gegenwärtig kann man bei uns nur in wirklich guten Restaurants geschultes Personal erwarten – und das hat dann auch seinen Preis. Sonst ist man/frau oftmals besser dran, wenn man die Weinkarte selbst studiert, die in der Regel nach Weiß- und Rotweinen und nach Regionen angeordnet ist.

Zu allen Fragen des Weins – auch: welcher Wein am besten zu welchem Menü paßt – gibt es eine Reihe guter, informativer Bücher.

***Welcher Wein zu welchem Menü?***

- Die alte »Faust«-Regel: »Weißer Wein zu weißem Fleisch« und »roter Wein zu rotem Fleisch« ist heutzutage nicht mehr »automatisch« angebracht.

- Die Auswahl der Weine, die entsprechend zu allen Gängen des Menüs zu treffen ist, hat sich bis heute ungemein verfeinert und beruht auf einem enorm verbreiterten Angebot von Weinen aus aller Welt.

Weine aus Australien sind keine Seltenheit mehr; Weine aus Kalifornien oder aus Südafrika sind bereits eine ernstgenommene Konkurrenz für die französischen und italienischen Weine. Auch in Deutschland gibt es Anbaugebiete, die entweder den Westdeutschen unbekannt oder den Ostdeutschen fremd sind – was zum Beispiel das Saale-Unstrut Gebiet für die einen, ist das Saar-Ruwer Anbaugebiet für die anderen. Wer soll da noch durchblicken? Eigentlich nur noch der Fachmann bzw. die Fachfrau.

In der gehobenen Gastronomie kümmert sich ein *Sommelier* (den gibt es auch schon weiblich) um die alkoholischen Wünsche der Gäste. Ein Sommelier/eine Sommelière hat eine langjährige Spezialausbildung genossen; man erkennt die Sommeliers an dem silbernen Probierlöffel, der an einer dicken Silberkette um ihren Hals hängt. Da ist man natürlich in besten Händen.

*»Probierschluck«*

- Für das Probieren des Weins hat die Gastronomie gegenwärtig eine ganz pragmatische Regel gefunden: wer bestellt, bekommt auch den *Probierschluck* eingeschenkt.

Natürlich wird in einem guten Lokal und in Zweifelsfällen vorher gefragt, ehe eingeschenkt wird. Es ist heute keinesfalls ein Verstoß gegen den Guten Ton, wenn ein Herr den Kellner bittet, seine Begleiterin den Wein probieren zu lassen. Noch vor wenigen Jahren wäre ein Oberkellner oder ein Sommelier bei einem solchen Ansinnen glatt in Ohnmacht gefallen.

Beim *Probieren des Weins* geht es hauptsächlich um die Beantwortung zweier Fragen:

# Im Restaurant

- »Korkt« der Wein?
- Hat der Wein die richtige Temperatur?

Falls man/frau sich nicht ganz sicher ist, ob der Wein nach Korken oder immer »so komisch« schmeckt, gibt es ein ganz einfaches Verfahren; davon machen gerade die geübten Weinkenner souverän Gebrauch:

- Man bittet den Weinkellner, diesen Wein mitzukosten, weil man sich nicht ganz sicher sei, ob er leicht korkt oder ob das der Eigengeschmack sei (der kann vom Faß herrühren).

Der/die Weinkellner/in wird daraufhin *in Gegenwart des Gastes* einen Schluck probieren und entweder feststellen: »Jawohl, Sie haben recht, der Wein korkt etwas« oder: »Ich kann nichts Ungewöhnliches an diesem Wein bemerken«. Wie auch immer die Antwort ausfällt – im Normalfall akzeptiert man diese Expertise. Es ist nicht die feine Art, sich mit dem Weinkellner herumzustreiten. Andererseits ist es für ein gutes Haus keine Frage, daß es im *Zweifelsfall* eine neue Flasche bringen läßt.

- Kinder sind ganz gewöhnliche Gäste, nur etwas kleiner.

Das gilt – bedauerlicherweise – nach wie vor hauptsächlich für das Ausland und kaum für das Inland. Die deutsche Gastronomie leidet international unter einem schlechten Ruf allein durch die Tatsache, daß sie so eklatant kinderfeindlich ist. Dabei muß man zu ihrer Verteidigung sagen, daß sie meistens nur das Abbild unserer kinderfeindlichen Gesellschaft ist. Im ganzen Land sieht und

*Kinderfeindliche Gastronomie*

hört man Kinder halt nicht gern, wieso sollte es ausgerechnet in einem Lokal anders sein?

Da wird in einem Restaurant doch eher ein ungezieferträchtiger Hund unter dem Tisch als ein lebhaftes Kind am Tisch geduldet. Das hat mit den Jahren mit dazu beigetragen, daß in deutschen Restaurants eine Art Friedhofsruhe herrscht.

In den anderen europäischen sowie in den amerikanischen Ländern – vor allem in Südamerika – sind Kinder nicht nur eine Selbstverständlichkeit, sie werden sogar besonders zuvorkommend behandelt. Kinder werden schnell und zuerst bedient, und sie bekommen in der Regel das zu essen, worauf sie Appetit haben. Beides ist hierzulande sehr, sehr selten. Da gibt es gerade mal ein Kinderstühlchen und einen Kinderteller – und den offensichtlich auch nur, weil er von Senioren gern genommen wird.

**Der wichtige Tip**

- Ein Kind ist ein *Gast*, nur ein etwas kleiner.
- Je nach Alter des Kindes oder der Kinder sollten die Eltern sich schon vorher ein paar Gedanken darüber machen, wie der Restaurantbesuch für den Sprößling ablaufen soll.
- Eltern tun gut daran, ihrem Kind nicht ausgerechnet in einem Lokal neue Gerichte vorzusetzen oder solche, die ungewöhnlich aussehen oder die Fantasie des Kindes zu sehr beschäftigen – Gerichte zum Beispiel, denen man noch ansieht, was für ein liebenswürdiges Tier sie mal waren (zum Beispiel ein Fisch, ein Hühnchen usw.).
- Wie jeder weiß, macht das *Bewegungsbedürfnis von Kindern* auch in einem Restaurant keine

# Im Restaurant

Pause. Deswegen sollten kluge Eltern dafür Vorsorge treffen. Entweder
- jemanden mitnehmen, der zwischendurch mit dem Kind ein bißchen spazierengeht, oder selbst ab und zu mit ihm rausgehen oder
- das Kind zwischen den einzelnen Gängen des Menüs sich bewegen lassen.

- In einem »normalen« Lokal sind Kinder auch von den anderen Gästen als eine Selbstverständlichkeit anzusehen.
- In teuren und exklusiven Restaurants kann man erwarten, daß Eltern von recht kleinen Kindern einen *Babysitter* mitbringen, der sich mit dem Kind/den Kindern beschäftigt.

Es ist kein Scherz, darüber können ausländische Besucher und Geschäftsleute sich nicht genug wundern: Nur in Deutschland dürfen in Lokale und Restaurants Haustiere mitgebracht werden – nicht in alle, aber in manche. Das ist in guten Restaurants im Ausland *aus hygienischen Gründen* absolut undenkbar und muß gar nicht mehr extra verboten werden.

*Nicht unbedingt Hunde ins Restaurant mitnehmen*

- Hunde, Katzen, Bisamratten, Kaimane, Schlangen und andere »Lieblinge« der Deutschen gehören nicht in ein Lokal.
- Auch ein Hund, der die meiste Zeit still unter einem Tisch oder Stuhl liegt, kann für andere Gäste eine Zumutung bedeuten. Und das tut man nicht.

Für das *Bezahlen der Rechnung* gibt es heute recht unterschiedliche Formen, je nach dem Stil und der

Klasse des Restaurants – oder dem persönlichen Stil der Gäste.

- In exklusiven Häusern, in denen Gäste wie Personal auf die traditionelle Etikette Wert legen, bekommt der- oder diejenige die *Gesamtrechnung* gereicht, der dem Oberkellner einen entsprechenden Wink gegeben oder die Rechnung verlangt hat.
- Wenn eine Dame die Einladende ist, sollte sie in der gleichen Weise verfahren und dem Kellner rechtzeitig sagen: »Die Rechnung nachher bitte zu mir.«
- Wenn man mit einer Gruppe von Leuten zusammen ißt, für die mitzubezahlen man keinen Anlaß hat, dann sollte man – am besten gleich bei der Bestellung – dem/der Kellner/in sagen, daß von dieser Gruppe jeder für sich bezahlt. Das erspart die nervende Auseinander-Rechnerei am Schluß.
- Wenn zwei befreundete Paare zusammen essen gehen, macht es einen besseren Eindruck, wenn eine/r die Gesamtrechnung bezahlt und die Paare dann jeweils die Hälfte des Betrags übernehmen.

*Besser zunächst die Gesamtrechnung bezahlen*

Es sieht manchmal schon recht spießig aus, wenn offensichtlich befreundete Paare hinterher noch längere Zeit dasitzen und präzise auseinanderdividieren: »Also, du hattest die Suppe, dafür hatte ich einen Salat, und die Gundel hatte auch einen Salat, das Hirschsteak hatte der Karl, halt mal, mein Salat war aber dabei ...« Das ist dann für alle Umsitzenden recht unterhaltsam und aufschlußreich.

# TRINKGELDER

Im allgemeinen gibt man für jede direkte Dienstleistung ein Trinkgeld, zum Beispiel Taxifahrern, Friseur/innen, Garderobenfrauen/männern, dem Hotelpersonal usw.
Bei uns hat das Trinkgeld so etwa die Bedeutung einer persönlich bemessenen und angemessenen Lohnzahlung:

- Je mehr man mit einer erbrachten Dienstleistung zufrieden ist, um so höher kann man das Trinkgeld bemessen,
- je schlechter man bedient wurde, um so geringer fällt das Trinkgeld aus.

Das Schwierige daran ist, hierbei das Maß zu finden. Denn wenn man
- ohne Gründe für eine Unzufriedenheit zu wenig gibt, steht man schnell als knickerig da.
- ohne besondern Grund zuviel gibt, wird man als unerfahrener Idiot oder als Angeber angesehen.

Wer aber bestimmt nun das »richtige Maß«?
Es ist sicherlich hilfreich, wenn man sich mal die Löhne aus dem gastronomischen Gewerbe oder aus der Hotelbranche näher anschaut. Diese Niedriglohngruppen – und dazu zählen auch die Löhne der Friseurlehrlinge – sind bestimmt nicht dazu angetan, daß jemand davon übermütig werden könnte. Das besondere an diesen Branchen ist, daß ein imaginäres Trinkgeld, das sich der/die Lohnempfänger/in erst noch persönlich verdienen muß, bereits hochgerechnet als Gesamtlohn angesetzt wird. Hier ist der Kunde nun de facto in

*Das richtige Maß*

der Rolle des Arbeitgebers, der den Lohn – in Form eines Trinkgeldes – zu zahlen hat. Dieser »Lohnzuschuß« ist in all den Fällen angebracht, wo man mit der erbrachten Leistung zufrieden ist. Ich finde es sogar gar nicht übel, daß ich mit Hilfe des Trinkgeldes unmißverständlich klar machen kann, ob ich mich korrekt bedient sehe oder nicht.

- Wenn mir die angehende Friseurin mit anhaltender Freude Wasser über das Gesicht laufen läßt – dann gibt es eben diesmal nix.
- Wenn ich im Hotelrestaurant stundenlang herumstehen muß, bis mir jemand freundlicherweise einen Tisch zuweist – dann gibt es eben nix.
- Wenn der Kellner so lange mit dem Nachlegen oder dem Wein-Nachschenken wartet, bis mir Hunger und Durst vergangen sind – dann gibt es eben nix.

***Der wichtige Tip***

☝ Ist man zur Zufriedenheit bedient worden, dann gibt man gegenwärtig an Trinkgeld:

☝ Im *Restaurant* ca. 7 Prozent bis 10 Prozent der Rechnung – je höher die Rechnung, um so geringer der Prozentsatz – und das *zusätzlich* zu dem bereits in der Verzehrrechnung enthaltenen Trinkgeld.

☝ Dem/r *Taxifahrer/in* ca. 10 Prozent der Rechnung – mal ein bißchen mehr, mal ein bißchen weniger – je nach der Höflichkeit des Fahrers in bezug auf Tür-Aufmachen, Gepäck-Verstauen usw.

☝ Für *Haarewaschen* gibt man immer ungefähr so viel wie für das Tragen von mehreren Koffern. (Früher galten 10% der Friseurkosten als übli-

# Trinkgelder

ches Trinkgeld, dieser Prozentsatz hat mit der enormen Kostensteigerung in diesem Handwerk nicht mehr mithalten können.)

- Dem *Zimmermädchen* ca. DM 2,– bis 5,– pro Tag – je nach Hotelstandard = Arbeitsaufwand der Mädchen und Dauer des Aufenthalts: je länger man logiert, um so geringer ist der Tagessatz.

*(Zu weiterem Hotelpersonal siehe Kapitel 9)*

- Bei *Privateinladungen* sollte man nicht vergessen, für das Bedienungspersonal ein angemessenes Trinkgeld hinzulegen;
- das gleiche gilt bei Privatübernachtungen – der »Logierbesuch« hinterläßt ein Trinkgeld für die Haushaltshilfe.

Das alljährliche Trinkgeld zu Weihnachten oder Neujahr erhalten bei uns
- der Postbote,
- der/die Zeitungszusteller/in,
- die Müllmänner,
- der Friseur/die Friseurin, bei denen man Stammkunde ist.

*Kein* Trinkgeld gibt man
- Geschäftsinhabern, Gastwirten usw.,
- Stewards und Stewardessen der Airlines (Schiffstewards dagegen erhalten Trinkgelder)
- und allen Leuten, die uns einmal einen Gefallen tun.

Im *Zweifelsfall* ist das persönliche Dankeschön viel sympathischer als jedes Trinkgeld.

## ARBEITSESSEN UND GESCHÄFTSESSEN

Arbeitsessen ergeben sich oftmals ungeplant, aus rein zeitlichen Gründen, oder sie werden mit in die Tagesordnung eines Konferenztages eingeplant. Sie finden in der Regel zur Mittagszeit statt und werden oft mit dem englischen »Lunch« bezeichnet – was ein Hinweis auf ein eher karges Mittagessen ist. Zu einem Arbeitsessen kann man sich im hauseigenen Mitarbeiterkasino zusammensetzen oder auch in ein nahegelegenes Restaurant gehen.

Ganz gleich, wo man sich zu einem Arbeitsessen zusammensetzt; es ist streng genommen immer ein *offizielles Essen,* weil man ja nicht privat daran teilnimmt, sondern als Repräsentant/in des Unternehmens. Trotzdem spielt hier die *offizielle Etikette* keine Rolle. Und zwar deswegen nicht, weil der Zweck dieses gemeinsamen Essens nicht etwa die Pflege gesellschaftlicher Kontakte und privater Freundschaften ist, noch sonst ein gesellschaftlicher Zweck dahintersteht. So ein Arbeitsessen dient in der Regel Werbezwecken, der Imagepflege oder der Verbesserung des Klimas für einen geschäftlichen Abschluß. Aus diesem Grund ist die Vorbereitung für ein solches Arbeitsessen minimal. Es ist weder eine Tischordnung zu bedenken noch sonstige Vorgaben der offiziellen Etikette.

Für *Frauen* bedeutet die Teilnahme an Arbeitsessen wie auch an Geschäftsessen, daß sich zwei Verhaltensstandards wieder einmal in die Quere kommen. Wie soll sich eine Frau denn in dieser Situation bei Tisch verhalten? Wie die Dame als Gast-

## Arbeitsessen und Geschäftsessen

geberin, oder wie die Mitarbeiterin, die inmitten von gleich- oder höherrangigen Leuten sitzt?

Relativ einfach wird sich diese Situation eigentlich nur für eine Führungsfrau lösen: Sie übernimmt ganz selbstverständlich die gleiche Rolle bei Tisch, die sie auch aus ihrem Privatleben gewöhnt ist. Schwieriger wird es für junge Mitarbeiterinnen, die sich in diese Situation erst hineinzufinden haben. Und viel Unsicherheit besteht oft auch bei langjährigen Chefsekretärinnen, obwohl dazu gar kein Grund bestünde.

Für die vielen Fragen zu Arbeits- und Geschäftsessen gibt es eigentlich eine einfache Antwort: Alles, was man von der einzigen oder von der ranghöchsten *Dame* bei Tisch erwartet, ist folgendes:

Sie soll das Zeichen zum Essensbeginn geben, indem sie zum Löffel oder zur Gabel greift – und das bei jedem Gang.

Das ist alles. Denn die Regeln der offiziellen Etikette sind bei dieser Art Essen aufgehoben und damit auch die sonstigen Vorschriften für die Dame als Gastgeberin.

Bei aller informellen Art des Arbeitsessens steht jedoch eines außer Frage:

- Die guten Tischmanieren und die Eßkultur jedes oder jeder einzelnen stehen auch bei einem Arbeitsessen auf dem Prüfstand.

Für das *Geschäftsessen* gelten besondere Regeln:

- Der Gastgeber oder die Gastgeberin überläßt es normalerweise den Gästen, das Menü selbst auszuwählen.

  Jedoch sollte man auf jeden Fall den Gästen

*Der wichtige Tip*

**Preisrahmen angeben**

einen Wink geben, in welcher *Preiskategorie* sie sich bewegen dürfen. Das kann man entweder
- dadurch, daß man das eine oder andere Gericht empfiehlt, das man dann schlicht zur »Spezialität des Hauses« erhebt;
- oder man verkündet für alle hörbar, was man für sich selbst zu bestellen gedenkt.

Das ist nicht unhöflich, sondern wird in der Regel von den Gästen als taktvoller Wink verstanden und dankbar zur Kenntnis genommen.

🕮 Gibt man keinen solchen Hinweis, darf man sich nicht wundern, wenn manch ein Gast »heute eigentlich gar keinen rechten Hunger« hat. Ganz übel ist es, wenn man den Gästen keinerlei Hinweise gibt, sie ausgiebig bestellen läßt, und für sich selbst dann zuletzt bestellt – zum Beispiel: »Ich nehme Hering nach Hausfrauenart und ein Mineralwasser.« Na, dann auf gute Geschäfte!

🕮 Die *Getränke* sollte dagegen die Gastgeberin bzw. der *Gastgeber* selbst auswählen – natürlich nach Verständigung mit den Gästen.

🕮 Es ist heutzutage keinesfalls unhöflich oder gar ein Verstoß gegen die guten Manieren, wenn man für sich ein alkoholfreies Getränk bestellt.

🕮 Sollte ein/e Gastgeber/in das Menü für ein Arbeits- oder Geschäftsessen bereits im voraus auswählen wollen, sollte man auf einige kritische Punkte bei der Menüauswahl achten und sie rechtzeitig bedenken. Zum Beispiel
- werden strenge Vegetarier weder Fleisch noch Fisch essen, und viele essen auch keine Eier;

## Arbeitsessen und Geschäftsessen

- dürfen Muslime, Juden und Mitglieder einiger christlicher Religionsgemeinschaften, wie die Siebenten-Tags-Adventisten, kein Schweinefleisch essen;
- gibt es Religionen, deren Angehörige keine Innereien essen dürfen;
- dürfen Juden *nur* »koscheres« Fleisch und nie Schweinefleisch essen.

***Religiöse Tabus beachten***

- Während des Tages sind Gastgeber neuerdings mit alkoholischen Getränken äußerst vorsichtig – es sei denn, jeder der Gäste wird von seinem Chauffeur erwartet.
- Bei *Arbeits- und Geschäftsessen* fallen in aller Regel die Rolle des Gastgebers und der Gastgeberin in einer Person zusammen. Das bedeutet, daß der/die Einladende sowohl zuerst das Glas erheben als auch das Zeichen zum Essensbeginn geben muß.
- Mit besonderer Aufmerksamkeit sollte der/die Gastgeber/in darauf achten, daß die Gäste zu ihrer vollen Zufriedenheit bewirtet werden. Eventuell notwendige *Reklamationen* gegenüber dem Wirt sollten Gastgeber nie dem betroffenen Gast überlassen, sondern selbst erledigen.
- Bei der Bewirtung von *ausländischen Gästen* sollte man auf deren nationale Besonderheiten und religiöse Tabus achten, über die man sich vorher erkundigt.

*(Zu Gästebewirtung siehe auch Kapitel 8)*

## KANTINE / MITARBEITERKASINO

Zu diesem Thema ist eigentlich nur soviel zu sagen:

- An den Tischmanieren und dem Benehmen beim Essen ist die wahre Kinderstube der Mitarbeiter/innen zu erkennen. Das gilt auch bis ganz oben.
- Wer glaubt, daß er mit seiner unästhetischen Esserei nicht darauf Rücksicht zu nehmen braucht, welchen Anblick er/sie anderen dabei bietet, der darf sich nicht wundern, wenn er dann auch im Betrieb nicht gerade als sehr kollegial eingestuft wird.
- Wer wegen seiner schlechten Tischmanieren in der Kantine einen Imageverlust erleidet, muß sich in der Firma ganz schön anstrengen, um den daran gekoppelten Autoritätsverlust wieder wettzumachen.
 Das gilt in besonderer Weise – aber bestimmt nicht ausschließlich – für Führungskräfte.
- Die Tischmanieren sind so ziemlich die einzigen Benimmregeln, die ein Mensch nie ablegen sollte, zu Hause nicht – und nicht in der Kantine.
- Auch hier gilt es heutzutage als schlechter Stil, zum Essen »Mahlzeit« zu sagen. Dieser Zuruf, der bei Wiederkäuern angebracht ist, gehört korrekterweise nur noch auf die Alm.

*»Mahlzeit« ist verpönt*

# 8. KAPITEL

# ERFOLGREICHES VERHALTEN IM BERUF

## UNTERNEHMENSKULTUR

Was versteht man eigentlich unter diesem Begriff, den so viele gegenwärtig in ihrem Gebrauchswortschatz haben, unter dem aber jeder etwas anderes zu verstehen scheint? Bei einer repräsentativen Umfrage zum Begriff »Unternehmenskultur« hat bei über 1000 Unternehmen aller Größen und Branchen folgende Definition die meiste Zustimmung (97,9 Prozent) erhalten:

> »Unternehmenskultur ist ein Begriff, mit dem die Gesamtheit der Denk-, Verhaltens- und Arbeitsweisen in einem Unternehmen umschrieben wird. Er umschließt Elemente, wie zum Beispiel Ziele, Werte, Führung, Organisation, Struktur, Personalpolitik, aber auch Produkte und angewandte Technik.«

Wenn man diesen Begriff nun in die Praxis umsetzen will, kommt man nicht um die Tatsache herum, daß die jeweils praktizierte Unternehmenskultur abhängig ist von dem persönlichen Kulturverständnis derjenigen, die dieses Unternehmen führen. Und *höfliche Umgangsformen* sind das glaubwürdigste Zeichen dafür, daß wir einen kultivierten Menschen vor uns haben.

Aber nicht genug damit, daß wir den höflichen Menschen für »feiner« und dadurch meist auch für sympathischer halten als einen unhöflichen. Die guten Manieren sind ebenso entscheidend dafür, ob wir jemandem höhere Sachkompetenz unterstellen oder wenig Zutrauen zu seinen Fähigkeiten haben. Die Gründe hierfür liegen zwar zunächst im psychologischen Bereich, haben aber auch viel mit unserer Kulturtradition zu tun.

Eine Unternehmenskultur, die von der Höflichkeit und den guten Manieren der Vorgesetzten geprägt ist, wirkt sich fraglos ungeheuer motivierend auf die Betriebsangehörigen aus. Wenn man höflich und mit gegenseitigem Respekt miteinander umgeht, erleichtert das nicht nur erheblich die Identifikation mit dem Unternehmen, die Arbeit macht auch Freude. Darüber hinaus ist es eine Tatsache, daß nur diejenigen Mitarbeiter/innen ihre Kunden wichtig nehmen, die sich selbst wichtig genommen wissen. Deshalb ist ein höflicher Umgangsstil auch bestimmend für das positive Image eines Unternehmens.

**Vorbildfunktion des Vorgesetzten**

Ein weiteres, recht erstaunliches Ergebnis ist bei diesen Untersuchungen herausgekommen: die Vorbildfunktion der Vorgesetzten reicht ungeheuer weit. So färben nicht nur simple Gepflogenheiten des Chefs ab, auch seine psychische Grundverfassung macht in dem Unternehmen »Schule«. So wird sich der Optimismus des/der Chefs/Chefin ebenso durch das ganze Unternehmen bzw. die ganze Abteilung fortsetzen, wie auch eine etwaige Übellaunigkeit für die ganze Umgebung prägend wirkt. Ganz selbstverständlich ist, daß sich auch die Manieren und der Umgangston von Vorgesetzten als Vorbild auswirken. Niemals wird ein Chef höfliche Mitarbeiter erwarten dürfen, wenn er selbst nicht höflich ist.

## ÜBER DEN UMGANG MIT VORGESETZTEN UND MITARBEITERINNEN

Neuere Untersuchungen von Wirtschaftsinstituten sind zu dem Ergebnis gekommen, daß die Tätigkeit von höheren Führungskräften zu 40 bis 80 Prozent aus Kommunikation besteht. Das wichtigste Instrument der Kommunikation ist das Gespräch, das in einer ganzen Reihe von betrieblichen Zusammenhängen, vielleicht gerade den schwierigsten, nicht durch andere Kommunikationsmittel zu ersetzen ist. Das ist so bei der vertraulichen Bereinigung persönlicher Kontroversen, bei Verhandlungen und dem komplizierten Aushandeln von Geschäften.

Obwohl es zu den alltäglichen Aufgaben gehört, ist das *Erteilen von Anweisungen* oftmals ein kritischer Punkt im Führungsstil manches/r Vorgesetzten.

① Anweisungen sollten stets
  – *durchführbar* sein – denn man verliert an Glaubwürdigkeit, wenn man Dinge zu tun verlangt, die gar nicht durchführbar sind;
  – *verstehbar* sein – es liegt oftmals an der Art sich auszudrücken, daß Vorgesetzte nicht verstanden werden, und wer traute sich schon zuzugeben, daß er von all dem nichts verstanden hat;
  – *kontrollierbar* sein – weil nur durch die Kontrollierbarkeit die Möglichkeit zum Lob eröff-

*Der wichtige Tip*

net wird, und das ist wiederum sehr wichtig im Hinblick auf die Motivation der Mitarbeiter/innen;
- *begründet* werden – dadurch wird dem/der Mitarbeiter/in die Möglichkeit des Mitdenkens gegeben, was ebenfalls für die Motivation von großer Bedeutung ist;
- *höflich formuliert* werden – damit sich der/die Mitarbeiter/in als Person respektiert sehen kann und sich nicht herabgewürdigt fühlt.

Zu dem korrekten Verhalten von Vorgesetzten gehören noch weitere Selbstverständlichkeiten, die anscheinend hie oder da in Vergessenheit geraten oder unbekannt geblieben sind.

Die Art und Weise, in der jemand mit seinen MitarbeiterInnen umgeht, ist in unserer Zeit wieder das bestimmende Maß für Führungsqualitäten. Dabei werden ein menschenwürdiger Umgangston und die korrekte Haltung gegenüber MitarbeiterInnen als Grundvoraussetzung für Mitarbeiterführung angesehen. Daß die Mitarbeiterin oder der Mitarbeiter sich als Person ernstgenommen und respektiert sehen kann, ist nämlich eine unerläßliche Voraussetzung für die Bereitschaft, Verantwortung zu übernehmen.

*Korrekte Haltung und menschenwürdiger Umgangston*

Zu den *Mindestanforderungen* gehören gegenwärtig:
- *Stets*
  - *Bitte* und *Danke* sagen – soviel Zeit muß sein!
  - mit Namen anreden;
  - in korrekter Haltung sitzen – korrekt bedeutet nicht stramm, sondern nur das Gegenteil von leger oder nachlässig;

- die Tür für *jeden* Nachkommenden aufhalten;
- sich für eine versehentliche Unhöflichkeit entschuldigen.
- Und: *Jede Unhöflichkeit erfordert eine Entschuldigung.*
  Das gilt auch und gerade für Chefs, weil es – mit Recht – als ein Zeichen persönlicher Souveränität verstanden wird.

🚫 Sich in Gegenwart von MitarbeiterInnen gehen zu lassen. *Tabu*

🚫 Ganz *proletenhaftes Benehmen* ist: in Anwesenheit der Sekretärin oder von Besuchern die Füße auf den Schreibtisch zu legen.

Das ist eine gern geübte Haltung einiger West-Manager in Ostdeutschland und hat wesentlich zur »Beliebtheit« der Wessis im Osten beigetragen. Eine deutlichere Geste der Mißachtung gibt es bei uns kaum.

### Die interne Hierarchie

Wenn man sich heute in der deutschen Wirtschaft umschaut, wird man feststellen, daß die Mehrzahl der Unternehmen nach wie vor hierarchisch strukturiert ist. Das heißt, es gibt ein klar definiertes Oben und Unten. Die Rangfolge bestimmt sich aus dem Maß der Verantwortung für das Gesamtunternehmen. Obwohl das so ist, geben sich einzelne Unternehmen und Unternehmer die größte Mühe, diese Rangunterschiede nicht allzu deutlich sichtbar werden zu lassen. Die Chefs geben sich kumpelhaft, Schulterklopfen inklusive.

Wehe den Mitarbeitern oder Mitarbeiterinnen, die darauf in der Weise reinfallen, daß sie annehmen, sie könnten ebenfalls einen kumpelhaften Ton anschlagen!

Es gibt gar keinen Zweifel darüber, daß es ganz bestimmte Verhaltensweisen gibt, die man sich gegenüber Vorgesetzten nicht erlauben sollte. Ob man es nun zugibt oder nicht, jeder Mensch entwickelt ein sehr sensibles Gespür für die Art und Weise, in der seine MitarbeiterInnen ihm begegnen. Ein eindeutiges Indiz dafür ist natürlich die Haltung der anderen in der persönlichen Begegnung, ob damit die Rangfolge respektiert wird oder eben nicht.

***Glaubwürdige Umgangsformen***

Gute Umgangsformen gelten nur dann als positiv, wenn sie glaubwürdig sind; das heißt zweierlei:

- zum einen sollen sie eine wirklich vorhandene Achtung vor dem anderen authentisch wiedergeben;
- zum anderen sollen sie aber auch zum Stil dieses Menschen passen, also der zu ihm gehörende Ausdruck von Achtung vor seinem Gegenüber sein.

Die guten Manieren dürfen auch in beruflichen Zusammenhängen nie den Anschein bewußt eingesetzter Strategien erwecken – obgleich sie es oftmals halt doch sind.

***Der wichtige Tip***

ⓘ Niemals sollte man/frau sich seinem Chef oder seiner Chefin gegenüber eine lässige Haltung herausnehmen; also nie
– die Hände in die Hosentasche/n stecken, wenn man mit ihm/ihr redet;

- beim Sitzen »alle viere« von sich strecken;
- im Sitz eines Sessels oder eines Stuhls »verschwinden«.

☝ Zum Chef/zur Chefin geht *Mann* stets in »geordneter« Kleidung:
- Der Kragenknopf ist vorher zu schließen;
- die Krawatte ist hochgezogen;
- über die Haare kann er sich auch noch schnell streichen.

Frauen sind darin nicht so nachlässig wie Männer und haben ein besseres Gespür dafür, mit ihrer Kleidung Achtung auszudrücken.

Die Grenze für die eigene Höflichkeit ist auf jeden Fall bei persönlicher Herabsetzung oder Mißachtung zu ziehen.

## PÜNKTLICHKEIT – ODER: ANDERER LEUTE ZEIT

Es ist gut möglich, daß der Begriff »Pünktlichkeit« und alles das, was damit zu tun hat, in absehbarer Zeit seine jetzige Bedeutung verliert. Es kann sein, daß sich sogenannte Arbeitszeitberater mit ihren Argumenten durchsetzen, die Arbeit der Menschen – vor allem der Büromenschen – nicht nach Anwesenheitszeiten auszurichten, sondern nach Aufgaben, die sie zu erfüllen haben. Die Zeit, die sie dann dafür brauchen, sollen die Beschäftigten so flexibel gestalten können, wie es ihren Bedürfnissen entspricht – zum Beispiel in bezug auf Familie und ihren optimalen Arbeitsrhythmus. Das Ziel einer solchen Arbeitszeiteinteilung soll sein, mit möglichst wenig Zeit möglichst viel zu erreichen.

Bis das einmal soweit ist, hat der *Arbeitsfaktor Zeit* noch eine andere Bedeutung – da heißt Arbeit vor allem: *Anwesenheit* am Arbeitsplatz. Wer da ist, ist fleißig; wer pünktlich da ist, ist sehr fleißig ...

Aber es gibt einige wenige Betriebe, bei denen wird auch die Arbeitszeit des Managements miteingerechnet. Da werden nicht endlose Zeiten ineffizient abgesessen, wegkonferiert oder von umständlichen Dienstwegen gestohlen. Diese Unternehmen, die unter »Zeitmanagement« nicht nur den Umgang mit dem eigenen Terminkalender, sondern auch mit den Kalendern anderer Beschäftigter verstehen, sind gegenwärtig noch sehr darauf angewiesen, daß verabredete Zeiten eingehalten werden. Dort bedeutet Unpünktlichkeit wirtschaftlichen Schaden.

Im Augenblick müssen wir in Wirtschafts- und Industrieunternehmen von folgenden Grundregeln ausgehen:

*Der wichtige Tip*

- Pünktlichkeit bedeutet im beruflichen Zusammenhang das Einhalten einer verabredeten Zeit, auf die wiederum andere ihre Zeitplanung abgestellt haben.
- Unpünktlichkeit heißt somit, daß man eine feste Verabredung nicht einhält – sei sie nun generell oder im besonderen getroffen worden.
- Deswegen wird Unpünktlichkeit bei uns wie der Bruch eines Versprechens gewertet.
- *(Wie bereits in Kapitel 2 erwähnt)* Unpünktlichkeit kostet viel Geld.

① Aber vor allem kostet das Wartenlassen andere Leute viel Nerven, weil es Menschen frustriert und Planungen durcheinanderwirft.

① Andere Leute warten zu lassen läßt darauf schließen, daß man diejenigen, die man warten läßt, nicht besonders hoch schätzt. Deswegen ist das Wartenlassen so ungeheuer frustrierend.

Es gibt eine ganz besondere Kategorie von Dienstleistungsunternehmen, bei denen gehört das Wartenlassen zur Verdienstmethode – das sind die *niedergelassenen Ärzte (siehe dazu auch Kapitel 5)*. Das ist ein einmaliges Verfahren, das zweifelsfrei auf Mißachtung anderer Berufe schließen läßt. Die niedergelassenen Ärzte in Deutschland gehen bewußt achtlos mit der Arbeitszeit anderer Menschen um, zugunsten einer lückenlosen Effizienz ihrer eigenen Arbeit.

*Wartenlassen als Verdienstmethode*

Anders gesagt: Es ist einem Arzt/einer Ärztin in der Regel ganz gleich, wie hochbezahlt die Arbeit einer Patientin oder wie hoch der Verdienstausfall eines Freiberuflers gerade ist, während die Patienten ihre Arbeitszeit im Wartezimmer eines Arztes absitzen. Die niedergelassenen Ärzte in Deutschland richten ihre eigene Arbeit so ein, daß es immer der Patient ist, der warten muß. Sie haben mit der Dreifachbelegung der einzelnen zu vergebenden Termine ein Verfahren erfunden und perfektioniert, das ihnen eine optimale Einkommenssicherung ermöglicht. Indem der Arzt sicherstellt, daß niemals er es ist, der vielleicht einen Moment auf einen Patienten wartet, erwirtschaftet er sich einen Akkordlohn. Daran wäre überhaupt nichts auszusetzen, wenn das Verfahren – in seiner Radi-

kalität und Rücksichtslosigkeit der Durchsetzung –
nicht auf Kosten der beruflichen bzw. existentiellen
Interessen anderer ginge. Man kann in der Regel
davon sprechen, daß hier eine hochbezahlte Berufsgruppe ihr Fach-Monopol auf einem Dienstleistungssektor voll ausnutzt, der für kranke Menschen lebenswichtig ist.

Das erzeugt ungeheure Frustration bei all denjenigen, die noch Wichtigeres zu tun haben, als sich auf einen Arztbesuch zu freuen. Wie bereits angedeutet, gibt es einige Unternehmen, die lassen nachrechnen, welche *Kosten durch Unpünktlichkeit* verursacht werden. Es ist bisher noch nicht nachgerechnet worden, wieviel Geld die Volkswirtschaft im ganzen und die einzelnen Unternehmen und kleinen Unternehmer im besonderen für das ärztliche Verdienstsystem der vollen Wartezimmer draufzahlen müssen.

**Kosten durch Unpünktlichkeit**

*(Zur grundsätzlichen Bedeutung der Pünktlichkeit siehe Kapitel 2)*

## DAS GRÜSSEN

Ganz generell begrüßt man in seiner beruflichen Umgebung die Menschen auch nicht viel anders als im Privatleben *(Näheres dazu in Kapitel 2)*. Einige wichtige Unterschiede gibt es allerdings zu berücksichtigen.

- Obwohl man die meisten der KollegInnen und MitarbeiterInnen meist schon lange kennt und so gut wie jeden Morgen sieht, darf die Begrüßung grundsätzlich nicht so vertraulich ausfallen wie zu Hause.

## Das Grüßen

- Da gibt es ganz bestimmte *Rangfolgen* in der Firma, die, je nach Betriebsklima, eine offensichtlich zu beachtende, eine unterschwellige, eher verdeckte Rolle oder – was selten der Fall ist – wirklich keine Rolle spielen.

- Dazu kommen im Unternehmen noch zu beachtende Unterschiede durch *Dienst-* oder natürliches *Alter* usw.

Alles das fließt in die Begrüßungsrituale im Betrieb ein. Deswegen gibt es doch einige beachtenswerte Unterschiede zwischen privater und beruflicher Begrüßung.

☺ Im Gegensatz zu früher spielt die Rangfrage bei der Begrüßung *im Vorübergehen* nicht mehr die große Rolle:
– Grundsätzlich grüßt derjenige zuerst, der den anderen zuerst sieht, das gilt für Vorgesetzte in gleicher Weise wie für Frau oder Mann.

☹ Allerdings sollte *nie* ein Jüngerer »warten«, bis ein Älterer ihn grüßt, ebenso ein/e Mitarbeiter/in nicht, ob der Chef zuerst grüßt – wenn es die Situation erlaubt, sollte immer noch der/die *Rangniedere die oder den Ranghöhere/n zuerst grüßen.*

☺ Wer einen Raum betritt, in dem sich bereits andere befinden, grüßt grundsätzlich als erste/r.

☺ Wird man in Betriebsräumen (auch von Fremden) gegrüßt, so erwidert man stets den Gruß: »Guten Morgen, Herr ... *(Name!)*, Frau ... *(Name!)*« – sofern bekannt, versteht sich.

☺ Mit Handschlag sollte man – wenn überhaupt – nur den/die *engsten Mitarbeiter/in* begrüßen,

*Der wichtige Tip*

zum Beispiel seine Sekretärin. Denn dieses Handgeben ist ein Ritual, das sich nur schwer verändern läßt. Wen man einmal einige Tage hintereinander per Handschlag begrüßt hat, den muß man fortan tagtäglich so begrüßen – bis einer von beiden aus der Firma ausscheidet.

Normalerweise gibt man seinen KollegInnen nur vor Urlaubsantritt die Hand, und dann noch einmal, wenn man wiederkommt. Das ist so das Übliche.

- *Namen! Namen! Namen!* Der eigene Name ist das liebste Wort jedes Menschen. Das gilt natürlich auch für KollegInnen und MitarbeiterInnen. Deswegen sollte man nicht vergessen, sie bei der Begrüßung mit Namen anzureden – mit dem richtigen, wenn's geht.
- Alle (ca.) *volljährigen Frauen* werden heute mit der Anrede: »*Frau ...*« angesprochen, ohne Rücksicht darauf, ob sie einen Trauschein haben oder nicht. Das gilt selbstverständlich auch für Kolleginnen.

*»Fräulein« nicht mehr üblich*

- Die Anrede »Fräulein« darf heute nur noch *auf ausdrücklichen Wunsch* der Angesprochenen verwendet werden. Das ist manchmal noch bei Damen der Fall, die schon seit 67 Jahren mit »Fräulein« angeredet werden, die möchten sich nicht mehr umgewöhnen.
- Männer stehen bei der *Begrüßung durch Handschlag* grundsätzlich vor jeder/jedem *auf* – auch vor KollegInnen. Wenn man aus sachlichen, arbeitsbedingten Gründen bei einer solchen Begrüßung sitzenbleiben möchte, erfordert das eine kurze Entschuldigung.

- Für Frauen gilt bei der beruflichen Begrüßung dasselbe: sie stehen ebenfalls beim Handschlag auf.
- Für Herren zur Erinnerung: bei einer ausführlicheren Begrüßung ist der Jackettknopf zu schließen – und alle Hände aus den Taschen!!

- *Völlig daneben:* »*Mahlzeit*« als Gruß zwischen KollegInnen!

- Man sagt »Guten Tag«, »Grüß Gott«, »Hallo«, »Moin« oder »Moin-moin« (in HH), »Wie geht's?«, »Alles klar?« und ähnliches – nur nicht »*Mahlzeit*«. Auch *nicht* beim Betreten der Kantine. Und Herren sollten eigentlich davor zurückschrecken, sich beim Besuch der »Naßzellen« ein aufmunterndes »Mahlzeit« zuzurufen.

## ANREDE MIT NAMEN

Schon in privaten Zusammenhängen ist es ungeheuer wichtig, Menschen mit ihrem Namen anzureden. Um wieviel wichtiger ist das erst bei geschäftlichen Begegnungen! Wie aber kommt man zu den Namen von Gesprächspartnern und Besuchern? Vorausgeschickt, daß es stets auf die Situation und auf den Rang der beteiligten Personen ankommt, gibt es dazu ein paar allgemeine Hinweise.

- Unterstellt man in etwa *Gleichrangigkeit,*
  - dann ist die einfachste Art: Man stellt sich selbst vor und erwartet dann vom Gegenüber, daß er/sie sich auch vorstellt,
  - oder man bittet um die Karte des anderen.

*Der wichtige Tip*

- ❶ Besucher *höherer Ränge* können erwarten, daß man sie kennt.
- ❶ Hat man den Namen bei der Vorstellung nicht verstanden, kann man selbstverständlich ein-, zweimal nachfragen;
- ❶ man kann aber auch sagen: Wenn Sie vielleicht Ihre Karte für mich hätten, ich kann Namen besser behalten, wenn ich sie einmal gelesen habe.
- ❶ Wenn man mehrere Leute zum Gespräch erwartet, ist es sehr begrüßenswert, wenn die Sekretärin schon bei der Anmeldung die Karten der Besucher mitbringt und mit den entsprechenden Anmerkungen, wer nun wer ist, die Visitenkarten auf den Tisch legt. Das erleichtert das Ansprechen ungemein und ermöglicht auch, daß man die Besucher gleich mit dem – richtigen! – Namen begrüßt.

*Visitenkarte!*

## EMPFANG VON BESUCHERN

Selbstverständlich sind Besucher nicht überall eine vergleichbare Gruppe von Menschen. So gibt es gravierende Unterschiede zwischen denjenigen, die ein Bankvorstand empfängt, und denen, die den Chef eines kleineren Unternehmens der Baubranche sprechen wollen. Trotzdem:

- Es ist nicht das Niveau der Besucher, das für den Stil des Hauses ausschlaggebend ist, es ist das Niveau des- oder derjenigen, der die Besucher empfängt.
- Also auch im beruflichen Fall heißt das: ausschlaggebend für die Art und Weise, in der

## Empfang von Besuchern

Besucher empfangen werden, ist die persönliche Kultur des – in diesem Augenblick – »Gastgebers« bzw. der »Gastgeberin«.

Das gilt uneingeschränkt auch für Beamte und Behördenangestellte, die sich eigentlich in ihrem Umgang mit Besuchern als Dienstleistungsunternehmen verstehen sollten. *(Siehe dazu Kapitel 5)* Hier wirkt sich das Beispiel des Behördenleiters noch entscheidender für Motivation oder Frustration aus als in der Wirtschaft. Und die drückt sich – für jeden Besucher sichtbar – in dem Stil aus, in dem der/die einzelne auf die Besucher zugeht.

*Der wichtige Tip*

- Man sollte einen eintretenden Besucher *sofort zur Kenntnis nehmen* und – wenn es irgend möglich ist – *sofort* begrüßen.
- Im Normalfall steht man zur Begrüßung eines Gastes auf – auch Frauen stehen auf – und reicht dem/der Eingetretenen die Hand.
- Beim Eintreten einer Person höheren Ranges – sei es aus der obersten Führungsebene des eigenen oder eines anderen Unternehmens – wartet man ggf., bis einem die Hand gereicht wird.
- Wenn man sich dem Besucher mit Namen vorstellt – obwohl evtl. der Name bereits an der Tür steht – kann man damit erreichen, daß der Besucher/die Besucherin sich ebenfalls vorstellt.
- Falls man gerade ein Telefongespräch führt, das nicht sogleich unterbrochen werden kann, muß man dem Eingetretenen mit Augen und Gesten einen Platz anbieten und ihn auffordern, sich zu setzen. In so einem Fall ist *sofort* nach der

Beendigung des Gesprächs eine *Entschuldigung* erforderlich.

- Sodann ist es unbedingt höflich, den Gast aufzufordern, den Mantel abzulegen. Ein Mann ist dem Besucher beim Ablegen behilflich, eine Frau sollte das nicht tun; sie kann den Gast auffordern, ihr den Mantel zu geben. Sie kann das etwa so formulieren: »Wenn Sie ablegen möchten, können Sie mir gern Ihren Mantel überlassen.«
- Eine Frau – ganz gleich, ob es sich um eine Führungsfrau, Büromanagerin oder Sekretärin handelt – sollte nur wesentlich älteren Damen und Herren beim Mantelablegen behilflich sein.
- Es ist völlig korrekt, den Besucher freundlich um seine Visitenkarte zu bitten, falls einem sein Name nicht schon geläufig ist.
- Es ist ganz schlechter Stil, gleich mit der Tür ins Haus zu fallen, zuvor sollte man an folgende Aufmerksamkeiten denken:
  - Getränk anbieten,
  - etwas leichte *Konversation* betreiben. Zum Beispiel:
    »Hatten Sie eine gute Fahrt?«
    »Wie gut kennen Sie unsere Stadt?« und ähnliches.

***Die häufigsten Fehler***

- Man läßt eintretende Besucher stehen, ohne von ihnen Notiz zu nehmen.
- Jemand begrüßt seinen Besucher erst einmal mürrisch.
- Es wird gerade ein Telefongespräch geführt und einfach weiter telefoniert, ohne dem Eingetretenen mit Augen und Gesten einen Platz anzubieten und ihn aufzufordern, sich zu setzen.

- 🌑 Es wird »vergessen«, sich *sofort* nach der Beendigung eines unvermeidbaren Telefongesprächs bei einem eingetretenen Gast für die Verzögerung zu entschuldigen.
- 🌑 Bei der Begrüßung des Besuchers wird sitzengeblieben, obwohl es durchaus auch möglich gewesen wäre, respektvoll aufzustehen.
- 🌑 Ein/e Besucher/in wird in »Hut und Mantel« sitzen gelassen, obwohl das Gespräch längere Zeit in Anspruch nimmt.
- 🌑 Es werden Besucher mit flapsigen Redensarten begrüßt, wie zum Beispiel: »Ich heiße Schmidt und Sie herzlich willkommen.«
- 🌑 Besucher werden als austauschbare Objekte behandelt, indem man es umgeht oder vergißt, den Gast stets mit seinem Namen und ggf. mit seinem Titel und Namen anzureden.

### Der gefällige Arbeitsplatz

Der Raum und das Ambiente, in denen Besucher empfangen werden, spielen eine entscheidende Rolle für das Image eines Unternehmens. Das erste Bild, welches sich einem Besucher bietet, ist ganz entscheidend für das »Klima«, also die Atmosphäre. In einer positiven Büroatmosphäre läßt sich erwiesenermaßen viel leichter Vertrauen fassen. Und jeder zieht seine Rückschlüsse auf den persönlichen Stil desjenigen, der in diesem Büro »zu Hause« ist.

- 🌕 Für den ersten Eindruck ist ein *ordentlich aussehender Schreibtisch* wichtiger, als man gemeinhin glaubt. Dazu gehört auch, daß *keine*

*Der wichtige Tip*

*internen Unterlagen* aufgedeckt herumliegen. Dabei geht es nicht nur um den Eindruck der äußeren Ordnung, sondern auch um die Vertrauenswürdigkeit in die generelle »Ordnung«, das heißt auch in die fachliche Kompetenz des »Schreibtischinhabers«.

- Die Sitzmöglichkeiten für Besucher und die »Besucherecke« verraten, ob man Gästen – insbesondere dann, wenn sie dort einen Augenblick warten müssen – generell Aufmerksamkeit entgegenbringt. Es ist ratsam, sich einmal mit »fremden« Augen in seiner täglichen Umgebung so umzusehen, wie die Besucher das tun. Alsdann sollte man prüfen, was in der Besucherecke fehlt.

- Für einen guten Stil sprechen folgende »Kleinigkeiten«:
  - ordentlich ausgelegte *Fachzeitschriften* und neueste Ausgaben der wichtigsten Wirtschaftszeitungen und -zeitschriften;
  - ein kleiner *Strauß frischer Blumen* – es kann auch eine einzelne Blume sein (es ist also keine Frage des Geldes).

- Für Besucher sollten etwas geschmackvollere und natürlich saubere Kaffeetassen für Kaffee und Teetassen für Tee vorgesehen sein, wenn man solche Getränke anzubieten hat.

- Die Gläser für die anzubietenden kalten Getränke müssen *blank* sein.

**Unternehmenskultur der Firma**

- Es geht bei diesen Dingen wirklich um die Unternehmenskultur des Hauses und den persönlichen Stil des einzelnen Mitarbeiters bzw. der einzelnen Mitarbeiterin. Es sind auch alles nur »Kleinigkeiten«, die aber entscheidend sind.

## Empfang von Besuchern

- Ein Schrank für die Besuchermäntel macht in der Regel einen besseren Eindruck als eine offene Garderobe.
- Im Sekretariat ist ein separater Schrank für die Büromanagerin/Sekretärin unbedingt notwendig, damit dort sowohl ihre Schuhe zum Wechseln, die Haar- und die Kleiderbürste sowie der Einkauf aus der Mittagspause – vor fremden Blicken geschützt – ordentlich untergebracht werden können.
- Nach Möglichkeit ein *geschmackvoller* Wandschmuck. Das kann durchaus auch ein gutes Poster sein.

- Folgende Äußerlichkeiten lassen auf schlechten Stil schließen – das betrifft auch Behörden(!):
  - Eine chaotische Unordnung auf dem Schreibtisch;
  - Kaffeetasse auf den Akten;
  - bis auf einen kurzen Stummel verdrehte Telefonschnüre;
  - Besucherstühle, die erst von Papierstößen befreit werden müssen;
  - schmutzige Aschenbecher;
  - unappetitlich wirkendes oder angeschlagenes Geschirr;
  - Tee, der in Kaffeetassen serviert wird;
  - trübe oder befaßte Gläser;
  - Winterstiefel, die in einer Büro-Ecke stehen;
  - Straßenschuhe, die unter dem Schreibtisch stehen;
  - Handtaschen unter dem Schreibtisch;
  - Einkaufstüten in einer Ecke des Büros;

*Die häufigsten Fehler*

- Kollegenpostkarten als einziger Wandschmuck;
- verblühte, schlecht riechende Blumen oder Plastikblumen in Preßglasvasen;
- schlechte Luft.

**Abholen an der Pforte**

Sofern der Weg nicht offen zugänglich und eindeutig ist, sollte man Besucher an der Pforte abholen oder abholen lassen.

*Die häufigsten Fehler*

- Man läßt Besuchern von einem mürrischen Pförtner komplizierte Wege beschreiben und schickt sie dann wie Pfadfinder allein los.
- Der Pförtner meldet den/die Besucher/in telefonisch an und verballhornt dabei den Namen in mehrfachen Variationen. Der Besucher merkt sofort, wie wenig man in diesem Unternehmen auf seinen Besuch Wert legt, sonst hätte man den Pförtner kurz vorher darüber informiert, wie der Besucher heißt, den man erwartet.
- Man läßt einen Besucher länger warten als unbedingt notwendig. Die Zeit, die der Weg bis zur Pforte beansprucht, kann der Besucher bei seinem Weg zum Ziel dann nämlich selbst nachvollziehen.

## DAS ERFOLGREICHE GESPRÄCH

Es gibt eine Reihe einfacher Regeln, deren Beachtung Geschäftsgespräche von vornherein günstig beeinflussen können. Zum Beispiel:

## Das erfolgreiche Gespräch

- Man sollte eine möglichst positive Gesprächsatmosphäre herstellen *(siehe oben).*

- Man sollte niemanden im Mantel sitzen lassen; stilvoller ist es in jedem Fall, wenn der Besucher seinen Mantel bereits im Vorzimmer ablegen kann und man ihm dabei behilflich ist; oft empfiehlt es sich auch, etwas zu trinken anzubieten.

- Man sollte räumlich eine gleiche Gesprächsebene herstellen.

Es ist wichtig, dem Gesprächspartner ebenfalls einen *Platz anzubieten,* wenn man selbst während der Unterredung sitzt, denn man sollte es vermeiden, auf sich heruntersehen zu lassen. Aus diesem Grund ist es schon überhaupt nicht günstig, jemandem deshalb keinen Platz anzubieten, weil man ihm unangenehme Dinge zu sagen hat. Denn der schaut dann die ganze Zeit auf einen »herab«. Will man seinen Gesprächspartner nicht zum Sitzen auffordern, sollte man selbst auch *stehenbleiben.*

- Man sollte deutliches Interesse am Gegenüber zeigen.

Diese Regel bezieht sich sowohl auf *Gesten* wie auch auf *Höflichkeitsformeln.* Gemeint ist das unverbindliche, höfliche Interesse, das man jedem Menschen entgegenbringen sollte, mit dem man etwas zu tun hat.

Als Beispiel ist hier der *Handschlag* zu nennen, der bei uns nach wie vor als höfliche Geste gilt und formal sowohl Anfang als auch Ende eines Gesprächs markiert. Durch den Händedruck erhält man darüber hinaus ein ganzes Bündel an Informationen, das man meist unbewußt aufnimmt.

*Händedruck nicht vergessen*

Zu den verbalen Höflichkeitsgesten gehört zum Beispiel Gästen gegenüber eine Frage wie: »Hatten Sie eine gute Fahrt hierher?« oder »Haben Sie uns leicht gefunden?« u. a. m.

- Man sollte in der Körperhaltung sich dem Gegenüber zuneigen.

Wie schwierig das in einem angeregten Gespräch auch sein mag, man sollte doch versuchen, auf seine Körpersprache zu achten. Das empfiehlt sich besonders dann, wenn man einem Gesprächspartner gegenüber Vorbehalte hat – wenn man ihm gegenüber also »abgeneigt« ist. Damit das nicht sofort kenntlich wird, sollte man sich ihm bewußt »zuneigen«.

- Man sollte stets mit *Namen* anreden!

Es ist in diesem Buch schon mehrfach darauf hingewiesen worden, wie wichtig der eigene Name für jeden Menschen ist. Sogenannte »Verkaufskanonen« wissen das. Es ist aber auch ein Gebot der Höflichkeit, wenn immer es angebracht ist, alle Gesprächspartner mit ihren Namen anzureden. Das bezieht sich auf Kunden, Geschäftspartner, Lieferanten – und auf die eigenen MitarbeiterInnen selbstverständlich auch!

- Man sollte das Lächeln nicht vergessen!

Gewiß ist es nicht für sämtliche Gesprächssituationen passend; man sollte sich jedoch darüber im klaren sein, daß ein freundliches Lächeln Vertrauen erwecken und wesentlich dazu beitragen kann, eine gespannte Atmosphäre zu entspannen. Lächeln tut weder weh, noch vergibt man sich damit etwas.

Nicht zu verwechseln mit permanentem, grundlosem Grinsen. Das nervt.

- Man sollte gut zuhören können und ausreden lassen.

Die knapp zur Verfügung stehende Zeit hindert einen oft daran, jemandem zuzuhören, der sich etwas ausführlich ausdrückt. Und diese »geopferte« Zeit empfindet man besonders dann als schmerzlich, wenn man schon im voraus weiß, was der-/diejenige sagen will. Trotz alledem: Die glaubwürdigste Art, einem Menschen zu zeigen, daß man ihn wichtig nimmt, ist die, daß man ihm zuhört und ihn nach Möglichkeit ausreden läßt.

*Ausreden lassen*

- Man sollte bei einer Gesprächsunterbrechung sich beim Gesprächspartner entschuldigen.

Das gilt für *jede Art von Unterbrechung*, ob jemand hereinkommt oder anruft. Selbstverständlich ist diese höfliche Geste – unabhängig vom Status des Gesprächspartners – jedermann/jederfrau gegenüber angebracht.

## ANKLOPFEN

Anklopfen ist eine *Geste des Respekts und der Höflichkeit.* Im Normalfall kann man im Anklopfen auch keineswegs eine unterwürfige Geste sehen, sondern eigentlich das Gegenteil: es ist eine Geste der Souveränität. Weil nur der-/diejenige den Lebens- oder Arbeitsraum eines andern Menschen respektiert, der sich seiner selbst sicher ist. Anders gesagt: wenn ich selbst Wert darauf lege, daß meine »Distanzzone« geschützt und beachtet wird, dann habe ich auch ein Gefühl für die »Gebiete« anderer Menschen. Also dringe ich bei niemandem ungefragt und überfallartig ein. Auch nicht im Beruf, wo es sich nicht um Privaträume, sondern um beruflich genutzte Räume handelt.

Sicherlich ist die ursprüngliche Bedeutung des Anklopfens eine Bitte um Einlaß oder eine Bitte um die Erlaubnis, eintreten zu dürfen. Dazu gehört natürlich auch, daß diese Bitte irgendwie beantwortet wird: entweder mit einem: »Herein« oder: »Einen Augenblick bitte« oder ähnlichem. Das ist auch nach wie vor in privaten Zusammenhängen korrekt. Zum Beispiel wird Hotelpersonal nach dem Anklopfen stets auf Antwort warten; und nur wenn niemand antwortet, wird das Zimmermädchen vorsichtig eintreten. Personal in Privathäusern verhält sich ebenso.

Auch in beruflichen Zusammenhängen geht es im Grunde um diese Erlaubnis einzutreten, weil kein höflicher Mensch ohne eine Erlaubnis in einen Raum eindringt, dessen Besitzer nicht er, sondern ein anderer ist. Der einzige Unterschied zu dem privaten Verhalten ist, daß man quasi die Erlaubnis zum Eintreten bereits voraussetzt. Deswegen braucht man im Normalfall nach dem Anklopfen nicht mehr eine erneute Erlaubnis abzuwarten, sondern kann sodann eintreten.

Für den internen »Hausgebrauch« sollte man *Vereinbarungen über das Anklopfen* treffen, die im gesamten Unternehmen einheitlich gelten sollen, so daß es nicht von Abteilung zu Abteilung unterschiedliche Gepflogenheiten gibt. Dazu kommt dann noch die Frage – eine Frage der Unternehmenskultur –, ob Rangunterschiede auch durch solche Gesten wie Anklopfen sichtbar gemacht werden müssen. Das heißt, ob man erst ab einer bestimmten Führungsebene anklopft oder ob man den Respekt vor jedermann/frau durchgängig praktiziert. Entscheidend ist also die Vorgabe durch die Unternehmensleitung.

Ganz generell kann man zum Anklopfen folgendes festhalten:

- Es ist höflich, wenn man als *Unternehmens- oder Betriebsfremde/r* in ein Büro eintreten will, vorher kurz anzuklopfen, bevor man eintritt; normalerweise wartet man nicht auf ein »Herein!«.
- Es ist höflich, aber nicht nötig, auch bei Behörden vorher kurz anzuklopfen, bevor man zu der gewünschten Stelle reinstürmt. Weil die Stelle – obgleich ein Dienstleistungsbetrieb für die BürgerInnen – von Menschen besetzt ist. Und Menschen sollte man halt immer mit Höflichkeit begegnen.
- Es ist höflich, wenn man auch als Betriebsangehöriger an der Tür von KollegInnen ebenfalls kurz anklopft.

*Der wichtige Tip*

## RAUCHEN IM BETRIEB

Zu diesem Thema kann man nur eine Momentaufnahme wiedergeben. Weil sich die Gewohnheit des Rauchens derart auf dem Rückzug befindet – mehr oder weniger freiwillig(!) – kann das gegenwärtige Fazit morgen schon überholt sein.

Allerdings werden folgende Grundsätze auch morgen noch ihre Gültigkeit haben:

- Man sollte stets darum bemüht sein, andere Menschen nicht durch selbstproduzierten Rauch zu behelligen.
- Ganz übel ist es, wenn Chefs – Chefinnen sind dafür weniger bekannt – die Abhängigkeitssituation ihrer MitarbeiterInnen dergestalt ohne Skrupel ausnutzen, daß sie ihnen nur die Alternative bieten: entweder den Rauch des Chefs zu ertragen oder sich einen anderen Job zu suchen.

*Gegenwärtig* gelten für Raucher im allgemeinen folgende Regeln, die von Betrieb zu Betrieb oder von Behörden jeweils variiert oder ganz anders gehandhabt werden können.

**Der wichtige Tip**

🕭 Ein *generelles Rauchverbot* gilt für
Besprechungen    Sitzungen
Konferenzen      Seminarräume
die Toiletten

🕭 Auf *bestimmte Zonen beschränkte Raucherlaubnis* kann es in
Kantinen         Kasinos
Großraumbüros    Aufenthaltsräumen geben

🕭 An *bestimmte Bedingungen gebundene Raucherlaubnis* kann es in einzelnen Büros geben,
- wenn kein anderer durch Rauch behelligt wird – das heißt, auch die eigene Sekretärin nicht!
- wenn ein Büro so gut zu lüften oder belüftet ist, daß etwaige Besucher nicht in rauchgeschwängerter Luft empfangen werden.

## KORREKT ANGEZOGEN INS BÜRO

Eine »Fußnote« einmal ganz oben: Es gibt eigentlich nur wenige Menschen, die es sich leisten können, auf ihr Äußeres *keinen* Wert zu legen: die Genies! Denen wird nämlich alles »verziehen«.

Alle anderen Menschen sind einer ganz eng vorgegebenen Kleiderordnung unterworfen, ob sie es nun wahrhaben wollen oder nicht. Sogar die »Nicht-Seßhaften«. Sie müssen darauf achten, daß ihre Kleidung so ordentlich und sauber ist, daß sie nicht – allein aufgrund ihres äußeren Erscheinungsbildes – die »Öffentliche Ordnung stören«, wie es in der Amtssprache heißt. Unsere »Öffentliche Ordnung« mag die Kleidung halt sauber und adrett; wer nicht will oder womöglich keine hat: stört.

*Kleiderordnung*

Das ist eine ganz, ganz alte Geschichte: Immer diente Kleidung auch dazu, Unterschiede in der Schichtzugehörigkeit äußerlich sichtbar zu machen. Früher haben die Adelsherren durch strenge Verbote geregelt, was Nichtadelige tragen durften, und was nicht – zum Beispiel Pelze u. a. m.

Und dann gab es noch die traditionelle Berufskleidung der einzelnen Zünfte, von denen einige bis heute überliefert sind, wie zum Beispiel die schwarze Zimmermannskluft oder die Pepita-Hosen der Bäcker und die hohen Mützen der Köche.

Auch in unserer Zeit sind für bestimmte Berufe einheitliche Formen von Bekleidung – also »Uniformen« – vorgeschrieben, wie zum Beispiel bei Luftverkehrsgesellschaften. Die Uniformen der Militärs gehören natürlich auch dazu. Die Absicht ist überall die gleiche: Jeder Mensch soll die Träger einer bestimmten Uniform einer bestimmten Berufsgruppe, einem Unternehmen oder einer Nation unverwechselbar zuordnen können.

Nun sind es aber nicht nur »Uniformen« im herkömmlichen Sinn – mit vielen Goldknöpfen und anderem Klimbim –, mit denen wir es heute zu tun haben. Jede Berufssparte hat praktisch ihre eigene Bekleidungs-»Uniformität«. Der Unterschied liegt nur darin, daß jede Branche zwar den *Stil* festlegt, das einzelne Kleidungsstück kann sich aber jede/r aus dem Üblichen selbst auswählen. Und so kann auch heute jeder Mensch gleich sehen, wer ein/e Bankangestellte/r und wer Journalist/in ist, wer in der Modebranche arbeitet und wer ausschließlich mit Computern zu tun hat.

**Festgelegter Stil jeder Branche**

Das eigentlich Erstaunliche ist erst, daß man die *Führungskräfte* nicht mehr nach Branchen und Institutionen unterscheiden kann. Sie sehen überall auf der Welt so einheitlich gekleidet aus, daß man den internationalen »business suit« auch für eine Art Uniform halten kann. Übrigens gibt es etwas Vergleichbares für Managerinnen: es ist das Kostüm, entweder sportlich oder in einer Variante des »Chanel-Kostüms«.

Welcher Bekleidungsstil nun jeweils für die MitarbeiterInnen eines Unternehmens verbindlich ist, wird in aller Regel schon durch die Bekleidungsgepflogenheiten der jeweiligen Branche vorgegeben. Darüber hinaus kann und darf die Geschäftsleitung festlegen, wie sie die Bekleidung ihrer Mitarbeiter und Mitarbeiterinnen wünscht. Allgemeine Standards für eine betriebliche Kleiderordnung müßten eigentlich für alle erdenklichen Branchen getrennt

**Korrekt angezogen ins Büro**

aufgeführt werden, denn zu unterschiedlich ist der Stil (und der Kundenkreis) der verschiedenen Wirtschaftszweige. So gibt es Berufszweige, in denen man sich betont modisch kleidet, in anderen gibt man sich leger, und wieder andere legen besonderen Wert auf konservative Korrektheit der Kleidung. Bei den nachfolgend angeführten Beispielen werden die Maßstäbe der *formellen Kleidung* zugrundegelegt, das heißt, sie gelten für die Wirtschaftszweige, Unternehmen und Institutionen, in denen auf *traditionelle Bekleidung* Wert gelegt werden muß.

Als Grundregel sollte man beachten, daß der gute Stil stets *dezent* und unauffällig ist; daher sollte die Kleidung nicht *zu* auffällig oder *zu* modisch sein und einen gepflegten Eindruck machen.

*(Näheres zur korrekten Bekleidung in Kapitel 4)*

*Formelle Kleidung für Herren heißt:*
- Anzug oder auch kombinierter Anzug, je nach Mode;
- Oberhemd mit Kragen/extra Manschettenknöpfe können, müssen heute aber nicht mehr sein;
- Krawatte, die nicht zu »laut« sein sollte, eventuell auch Einstecktuch, das immer mal wieder in Mode kommt;
- Saubere, *blank geputzte,* dunkle Schuhe:
  - braune Schuhe nur tagsüber,
  - hellere Schuhe höchstens zu einem hellen Sommeranzug;
- *Dunkle* Socken, passend zum Anzug. (*Weiße* Socken gehören *nicht* zur formellen Kleidung!)

**Tabus der offiziellen Herrenbekleidung**

- *völlig out:* weiße Socken;
- *Jeans;*
- herunterhängender Hosenaufschlag;
- einige Zentimeter zu kurze oder bodenlange Hosen;
- kurze Hosen aller Art;
- handgestrickte Socken;
- Tennisschuhe;
- Sandalen;
- Schuhe mit dicken Kreppsohlen.

**Der wichtige Tip**

- Zu Hause sollten Schuhspanner benutzt werden, damit die Schuhe keine »Sorgenfalten« bekommen.
- *Schmuck,* der im Berufsalltag getragen werden kann:
  - eine Uhr;
  - maximal zwei Ringe, wenn einer davon der Ehering ist;
  - Krawattennadel oder -spange;
  - Manschettenknöpfe;
  - Armbänder sind ausgesprochene Geschmackssache.
- (Noch) *nicht überall* akzeptiert:
  Ohrringe oder Ohrstecker und Nasenflügelbrillant.

Für *erfolgreiche Frauen* ist es selbstverständlich, daß sie sich im beruflichen Alltag nicht in der gleichen Weise kleiden oder zurecht machen, wie sie es in ihrer Freizeit tun oder wenn sie abends ausgehen. Es gilt nämlich als nicht besonders guter Stil, wenn eine Frau während ihrer Arbeit auffallenden Wert auf die Betonung ihrer körperlichen Reize legt. Selbstverständlich ist damit nicht gemeint, daß sie in »Sack und Asche gehüllt« ins Büro gehen muß. Eine erfolgreiche Frau wird erst abends ausgesprochen weiblich wirken wollen, während sie im Berufsalltag ihrer Kleidung lieber einen etwas sachlichen Touch gibt.

Bei den nachfolgend angeführten Beispielen werden – wie bei den Herren – die Maßstäbe der formellen Kleidung zugrunde gelegt; sie gelten also für alle die Unternehmen und Institutionen, in denen auf formell korrekte Bekleidung Wert gelegt wird.

*(Näheres zur korrekten Bekleidung in Kapitel 4)*

*Formelle Kleidung für Damen heißt:*
- Kostüm oder dezentes Kleid;
- ein gutsitzender Hosenanzug;
- an Bluse oder Kleid *stets* (mindestens) kleiner Ärmel;
- gepflegte Schuhe mit beliebiger Absatzhöhe, im Stil jedoch passend zum Kleid;
- unverzichtbar(!): Strümpfe/Strumpfhosen – bei *jeder* Temperatur.

**Tabus der offiziellen Damenbekleidung**

- nackte Beine;
- *unvollständige Strümpfe,* wie Kniestrümpfe oder Söckchen, aus dünnem Strumpfhosenmaterial;
- Mini-mini-Röcke;
- Kleider oder Blusen mit großem Dekolleté;
- Spaghetti-Träger;
- simple T-Shirts;
- auffallend durchsichtige oder wallende Kleider;

- so enge Röcke oder Hosen, daß es aussieht, als müßten die Nähte beim nächsten Hinsetzen krachen;
- Freizeitkleidung wie Radlerhosen, Leggings oder ähnliches;
- Jeans;
- ungepflegte Schuhe mit beschädigten oder schiefen Absätzen.

**Der wichtige Tip**

- Im beruflichen Alltag sollte die erfolgsorientierte Frau mit Schmuck eher sparsam umgehen als zuviel anlegen.

*(Näheres zum Thema Schmuck in Kapitel 4)*

## TELEFONIEREN (BERUFLICH)

Einen wesentlich größeren Zeitraum als der persönliche Umgang mit Besuchern und Kunden beansprucht normalerweise das Telefonieren. Es ist also »tägliche Übung«, sollte man meinen. Erstaunlicherweise geben aber gerade Telefongespräche immer wieder Anlaß zu Mißverständnissen. Oder sie tragen sogar dazu bei, daß ein Unternehmen einen ausgesprochen schlechten Ruf bekommt. Man sollte also schon ein paar Worte darüber verlieren.

Die *Visitenkarte eines Unternehmens* ist der erste persönliche Eindruck oder die erste telefonische Antwort der- oder desjenigen, der als erster das ankommende Telefongespräch entgegennimmt. Also ist es wichtig genug, um sich wieder einmal einige Grundkenntnisse ins Gedächtnis zu rufen,

## Telefonieren (beruflich)

falls sie im Laufe der täglichen, nervenden Routine verlorengegangen sein sollten.

- Bei jedem Telefongespräch ist die Kommunikation allein auf die Sprache reduziert und auf die Sprache angewiesen.

*Auf Sprache reduzierte Kommunikation*

Alle anderen Mittel der Verständigung, die uns bei einer persönlichen Begegnung zur Verfügung stehen, wie zum Beispiel Gestik, Lächeln(!), Haltung usw., entfallen bei dem rein akustischen Kontakt. Andererseits benötigen wir immer eine ganze Reihe von Informationen, die uns dabei helfen müssen herauszufinden, um wen es sich bei einem unbekannten Gesprächspartner überhaupt handelt. Bei einem persönlichen Kontakt können wir anhand von Kleidung, Haltung und Umgangsformen – der sogenannten *persönlichen Ausstrahlung eines Menschen* – nach unserer Erfahrung urteilen und meistens ganz gut einschätzen, mit wem wir es zu tun haben. Bei dem Telefongespräch entfallen alle diese Informationen. Als Einordnungshilfen haben wir nur noch die *Stimme*, den *Akzent* und die *verbalen Höflichkeitsformen* zur Verfügung.

Es versteht sich also von selbst, daß bei einem Telefongespräch *jedes einzelne gesprochene Wort* wesentlich mehr Bedeutung bekommt als bei einem persönlichen Gespräch. Aus diesem Grund sollte man seiner Wortwahl besondere Aufmerksamkeit widmen. Höflichkeitsgesten müssen durch Worte ausgedrückt werden, um verstanden zu werden. Aber auch flapsige Bemerkungen bleiben stehen, die man bei einem persönlichen Kontakt mit einem Lächeln sofort entschärfen kann. In dieser Situation kann man sofort eine Korrektur oder Interpretation nachschieben, wenn man *sieht*, daß das Gegenüber die Bemerkung in den falschen Hals bekommen hat. Das fällt beim Telefongespräch alles weg.

**Der wichtige Tip**

- Als *AnruferIn* sagt man
  - zuerst Name, Firma »guten Tag«, dann:
  - »Ich/wir hätte/n gern Herrn/Frau ... gesprochen, können Sie mich *bitte* verbinden«;
  - »*danke*«, wenn jemand einen Kontakt hergestellt hat;
  - *generell bitte* und *danke* (nicht vergessen!).
- Bei Anrufen *in Privathaushalte* sollten nach Möglichkeit die korrekten Privat-Telefonzeiten beachtet werden. Das heißt, ohne sehr wichtigen Grund sollte man niemanden *zwischen 13 und 15 Uhr* zu Hause anrufen.
- In den südeuropäischen Nachbarländern gelten *Tabuzeiten* oft auch für den *Geschäftsverkehr*. In der Ost-Schweiz findet man Anrufe zwischen 12 und 14 Uhr, in der Französischen Schweiz und im Tessin zwischen 13 und 15 Uhr rücksichtslos; häufig wird innerhalb dieses Zeitraums gar nicht abgenommen. Und in Frankreich gibt es zwischen 13 und 16 Uhr eine je nach Region unterschiedliche Tabuzeit von ca. zwei Stunden.
- Der oder die *Angerufene*, der/die Gespräche von außen entgegennimmt, sagt
  - *Firma* und »*Guten Tag*« (Antwort der Telefonzentrale),
  - *Firma*, ggf. *Abteilung* und den *eigenen Namen* (bei Durchwahl).

Die Reihenfolge ist beliebig, allerdings sollte die erste Antwort keinesfalls zu lang werden, auch deshalb nicht mit Vornamen und Nachnamen melden.

- Es empfiehlt sich, besondere Anweisungen an die Telefonzentrale zu geben, besonders höflich zu sein und eine/n Anrufer/in möglichst nie vergeblich anrufen zu lassen. Dafür gibt es eine Reihe von Möglichkeiten. Man kann
  - die Durchwahlnummer des gewünschten Teilnehmers geben;
  - anbieten – anhand einer Liste, die nicht nur alphabetisch, sondern auch nach Abteilungen geordnet ist –, den Anrufer mit jemandem aus der gleichen Abteilung zu verbinden usw.
- Auf jeden Fall sollte folgende Antwort Standard sein:
  »Der gewünschte Teilnehmer meldet sich nicht, kann ich Ihnen vielleicht weiterhelfen?«

- Flapsige Redensarten sind unbedingt zu vermeiden, weil sie am Telefon sofort unverschämt klingen, zum Beispiel:
  - »Rufen Sie später noch einmal an!« (hier fehlt das »Bitte«, daher klingt es wie ein Befehl!);
  - »Gute Frau...« (ist ungezogen distanzlos);
  - »Das habe ich Ihnen schon einmal gesagt« (heißt soviel wie: »Schwer von Begriff sind Sie auch noch«);
  - »Sie hören mir gar nicht zu« (ist ein ungehöriger Tadel);
  - »Haben Sie das verstanden?« (bedeutet: »Ich vermute, Sie sind dumm«).

*Tabu*

## DAS HANDY

Der Umgang mit dem »Handy« stellt die Etikette vor eine neue Herausforderung. Diese moderne Errungenschaft hat – neben einer Reihe wirklicher Vorzüge für Leute, die permanent erreichbar sein müssen – einen großen Nachteil: sie kann in sehr ungehöriger Weise stören.

Nach einer ersten Phase, in der das »neue« Gerät dazu benutzt wurde, um Aufmerksamkeit zu erregen, hat sich die allgemeine Benutzung dieses Kommunikationsgerätes gegenwärtig auf seine vernünftige Nutzanwendung reduziert. Wenn bei uns jemand mit einem Handy herumläuft, kann man davon ausgehen, daß es sich um jemanden handelt, der wegen maximaler Ausnutzung seiner Arbeitszeit dauernd erreichbar sein muß. In der Regel werden Handybenutzer heute als bedauernswerte Zeitgenossen angesehen, über deren Zeit andere verfügen.

Sowohl die technischen Sonderausrüstungen als auch die besonderen Schwierigkeiten, die diese Geräte verursachen, weil sie eine unangenehme Störquelle für alle möglichen funkgesteuerten Apparate und Installationen sind, sollen in diesem Zusammenhang unberücksichtigt bleiben. Hier geht es einzig und allein um die Frage, wie man die Störung anderer, unbeteiligter Menschen auf ein unvermeidbares Minimum reduzieren kann.

*Der wichtige Tip*

① Das Mitführen des Handys sollte auf das unbedingt *notwendige Mindestmaß* beschränkt werden.

**Das Handy**

- Man sollte sicherstellen, daß das akustische Signal nicht Unbeteiligte behelligt oder jemanden bei der Andacht, Konzentration oder Stille stört.
- Wenn man telefonieren will oder angerufen wird, geht man mit dem Handy in einen Nebenraum, auf Flure oder ins Freie.
- Im Zug geht man zum Telefonieren auf den Gang oder in den Zwischenbereich zwischen den Waggons.
- Gibt es wichtige Gründe, in Gegenwart anderer das Handy eingeschaltet zu lassen, wenn es zum Beispiel als Babysitter oder Notruf für Kranke usw. dient, sollte man seine Umgebung darüber *informieren* und für eine mögliche Störung bereits im voraus um Entschuldigung bitten.

*Tabu*

- Es ist ein völliges Unding, wenn *Veranstaltungen* durch jemanden gestört werden, der als Zuschauer oder Zuhörer nebenbei telefoniert.
- Es ist äußerst unfein, in Gegenwart anderer zu telefonieren, weil man sie dazu nötigt, Gespräche mitzuhören, die sie nicht hören wollen.

Jeder Mensch mit Taktgefühl fühlt sich peinlich berührt, wenn er ungewollt Telefongespräche anderer mithören muß.

- Wer am Tisch eines Restaurants telefoniert, kann sicher sein, daß man ihn für aufdringlich und sehr schlecht erzogen hält.

## TELEFAX / ANRUFBEANTWORTER

Das Telefax ist auf dem guten Weg, ein weitverbreitetes Kommunikationsmedium zu werden. Es hat unschlagbare Vorteile: es ist billiger als ein Telefongespräch und schneller als ein Brief. Allerdings hat es auch einen großen »Nachteil«: Menschen, die nur noch das Telefonieren gewöhnt waren, müssen wieder schreiben lernen. Damit das den »modernen Analphabeten« nicht so schwer wird – das sind diejenigen, die trotz abgeschlossenen Hochschulstudiums kein Wort mehr ohne ihre Sekretärin zu Papier bringen können –, braucht man für die Fax-Sprache nur reduzierte Texte.

Das meiste steht schon auf dem Fax-Brief-Kopf:

Fax-Nachricht

Absender mit oder ohne
Postanschrift
Telefon Nummer
Telefax Nummer

Fax-Nr.:
Empfänger:
Fax besteht aus insgesamt      Seite/n

Datum:

Der eigentlich Text braucht dann nur eine kurzgefaßte Mitteilung zu sein, die weder einer formellen Anrede noch einer ausgefeilten Syntax oder vollendeter Sätze bedarf.

Man braucht auch nicht mit »Sehr geehrte/r ...« anzufangen, sondern kann kurz schreiben:

**Telefax / Anrufbeantworter**

- »Herrn Gerd Köhler:
  Ihre Bestellung ist eingetroffen und liegt für Sie bereit.
  MfG
  Veronika Schnitt-Gurke«

Selbstverständlich kann man die gleiche Mitteilung auch ganz anders faxen, zum Beispiel:

- »Guten Morgen, lieber Herr Köhler,
  ist es bei Ihnen auch schon so heiß, oder haben Sie von dem Gewitter heute nacht etwas Erfrischung abbekommen?
  Ich wollte Ihnen schnell mitteilen, daß Ihre Bestellung nun endlich eingetroffen ist; Sie können sie jederzeit abholen. Auch über Mittag ist jemand da.
  Mit freundlichen Grüßen
  Veronika Schnitt-Gurke«

*Der wichtige Tip*

- 👉 Geschäftliche Fax-Mitteilungen lassen meist auch etwas Spielraum für kurze atmosphärische Klimaverbesserungen.
- 👉 Es ist sehr zu empfehlen, per Fax keine vertraulichen Mitteilungen zu schicken, sofern man nicht ganz sicher ist, daß tatsächlich ausschließlich der Empfänger Zugang zu dem Faxgerät hat. Zwar unterliegen Telefaxbriefe offiziell dem Briefgeheimnis, wer aber will dafür garantieren, wenn mehrere Leute in dem Büro arbeiten?
- 👉 *Sehr wichtig:* es ist nicht ratsam, über Vorgänge zu sprechen, die man nur als eine Fax-Mitteilung – unbefugt – zu Kenntnis genommen hat. Das ist strafbar.

🕭 *Absolute »Rohrkrepierer«* mit einem garantierten Negativ-Effekt sind die seitenweise nachts verschickten Werbe-Faxe. Nachdem viele Leute darüber erbost waren, morgens ins Büro zu kommen und wichtige Mitteilungen hatten sie nur deswegen nicht erreichen können, weil Reklame-Faxe die gesamte Papierrolle nachts aufgebraucht hatten, wurde kürzlich per Gerichtsbeschluß diese Art der Belästigung gestoppt: Solche »aufgedrängte Reklame« verstoße gegen das Gesetz gegen unlauteren Wettbewerb, entschied das Landgericht Nürnberg-Fürth.

Der geschäftlich genutzte *Anrufbeantworter* wird in der Regel nur dann eingesetzt, wenn die Sprech- bzw. Öffnungszeiten vorbei sind oder bei Unternehmen mit Gleitzeit, wenn wirklich niemand im Büro ist. Anrufbeantworter laufen zu lassen, nur damit man in Ruhe gelassen wird, wäre eine Ungezogenheit.

Der Anrufbeantworter kann in unterschiedlicher Weise eingesetzt werden:

- zur einseitigen Nachrichtendurchsage, zum Beispiel von Öffnungszeiten oder von weiteren Telefonnummern, die der Anrufer zu diesem Zeitpunkt erreichen kann; oder
- zur Aufnahme von Nachrichten, die nach einem Signalton vom Anrufer auf das Band gesprochen werden können.

Während bei der ersten Verwendungsart kaum Schwierigkeiten in der Benutzung auftreten, gibt es in bezug auf die zweite Nutzung immer mal wieder Probleme. Die rühren daher, daß manche

Menschen sich genieren, etwas aufs Band zu sprechen. Da das Phänomen bekannt ist, versucht man eben, den kleinen Text so nett und persönlich wie möglich zu gestalten. Auch für den geschäftlichen Umgang mit dem Anrufbeantworter gilt ungefähr das gleiche, was ich schon bei der privaten Nutzung ausgeführt habe: man muß sich nicht unbedingt an die vorgeschlagenen Texte der Post bzw. Telekom halten.

*Der wichtige Tip*

- ① Der Text auf dem *Firmen-Anrufbeantworter* sollte folgendes enthalten:
  - Name, Unternehmen, Telefonnummer;
  - mit einer kleinen Entschuldigung eingeleitete Information darüber, von wann bis wann der Anschluß nicht erreichbar ist oder
  - ab wann der gewünschte Teilnehmer wieder erreichbar sein wird;
  - ggf. andere Nummer für dringende Nachrichten;
  - für den Anruf sich bedanken. Nicht vergessen!
- ① Bei der Möglichkeit, eine Nachricht zu hinterlassen, sollte der Text zusätzlich enthalten:
  - eine freundliche Aufforderung, die Nachricht dem Band anzuvertrauen;
  - den Hinweis darauf, erst nach dem Signalton zu sprechen.
- ① Der Anrufbeantworter sollte einen Endtext automatisch vorsehen, durch den der Teilnehmer darauf hingewiesen wird, wann das Gerät abschaltet.
- ① In geschäftlicher Kommunikation ist es unangebracht, Musik auf den Anrufbeantworter zu

spielen, weil es unnötigerweise Zeit der Anrufer kostet.
- *Ausnahme:* Erkennungsmusik (»Trailer«) von Sendeanstalten, bekannten Produkten oder ähnlichem.

# BRIEFE

Es gibt unendlich viele Handreichungen zur Formulierung von Geschäftsbriefen – inklusive Legionen von Computerprogrammen mit allen erdenklichen Briefmustern, die man nur aufzurufen braucht. O. k., was ist also das Problem?
Das Problem ist das unbezweifelbare Defizit an persönlicher Kommunikation und freundlicher Hinwendung zu jemandem, mit dem man in irgendeiner geschäftlichen Verbindung steht. Deutsche Manager, Beamte, Angestellte, Geschäftsleute – alle tun sie so, als müßten sie sich unaufhörlich eine unbestechliche Neutralität gegenüber den sie umgebenden Menschen bewahren, die sie aus diesem Grund nur als Objekte, Fälle, Vorgänge oder ähnliches wahrnehmen dürften.
Wenn man in der gegenwärtigen Epoche, die so intensiv auf »Zeitmanagement« fixiert ist, alle die Möglichkeiten verschüttet bzw. nicht wahrnimmt, die ein persönlicher Brief bieten kann, dann hat man den Zweck der ganzen Rationalisierungsbemühungen irgendwie mißverstanden – nämlich höhere Effizienz der Arbeit. Keine abstrakte Strategie ist in der Lage, das gleiche an Motivation gegenüber Geschäftspartnern oder MitarbeiterInnen zu leisten wie ein persönliches Wort. Und das

**Briefe**

kann auch einmal ein geschriebenes Wort sein. Natürlich sollte man dabei nicht vergessen, daß das geschriebene Wort nicht so leicht zurückzunehmen ist wie das gesprochene.

Trotz vieler Computerprogramme hier ein paar Hinweise auf die wesentlichen Punkte moderner Korrespondenz.

- ⊕ Der sogenannte Betreff wird nur noch durch eine Zeile über der Anrede angegeben,
  - nicht mehr durch das Kürzel »Betr.:« eingeleitet,
  - auch nicht mehr unterstrichen.
- ⊕ Die unpersönliche *Anrede* im Geschäftsbrief lautet stets:
  - »Sehr geehrte Damen und Herren,«
  - nicht mehr »Sehr geehrte Herren!«
- ⊕ Für die (seltene) unpersönliche *Anrede in der Einzahl* gibt es *nur* folgende Möglichkeit:
  - »Sehr geehrte Gnädige Frau, sehr geehrter Herr,«
  - *Tabu:* »Sehr geehrte Dame« (peinlich).
- ⊕ Nach der Anrede wird ein Komma gesetzt, *nicht* mehr ein Ausrufezeichen.
- ⊕ *Floskeln* sollte man möglichst vermeiden; sie sind nichtssagend und machen einen unintelligenten Eindruck.

*Der wichtige Tip*

- ⊖ verabredungsgemäß, wunschgemäß
- ⊖ in der Anlage, anliegend
- ⊖ anbei, beigefügt
- ⊖ nachstehend, untenstehend
- ⊖ bezugnehmend, bezüglich, diesbezüglich
- ⊖ in Beantwortung, hinsichtlich

*Tabu-Wörter und Floskeln*

- entgegensehend, baldigst
- baldmöglichst usw. usw.

Diese Wörter und Floskeln sollte man durch ganz normale, höfliche Formulierungen ersetzen. Je unverkrampfter die Ausdrucksweise, desto besser.

- Die *Grußformel* am Ende eines Briefes lautet normalerweise:

»Mit freundlichen Grüßen« oder »Mit freundlichem Gruß«.

**Tabu-Formeln**
- »Hochachtungsvoll« und
- »Mit vorzüglicher Hochachtung«

- Abkürzungen sollte man nur für sehr wenige Begriffe verwenden und dann nur in der zur Zeit korrekten Form:

| | |
|---|---|
| Zu Händen von ... | – z. H. Herrn Max Mayer |
| Mit freundlichen Grüßen | – MfG (für Faxbriefe) |
| o. a. | – oben angegeben |
| ggf. | – gegebenenfalls |

Ein Beispiel:

*Carl Schneider GmbH*
*z. H. Frau Beate Fromm*
*Postfach 10 12 24*

*64287 Darmstadt*

*Ihr Schreiben vom 19.02.1995*

*Sehr geehrte Damen und Herren,*

Sowohl Anschrift, Anrede als auch der Text werden *linksbündig* geschrieben.

**Anschriften / Anrede**

Bei jeder *Anschrift* ist zu beachten, daß im »Normalfall« nach wie vor zuerst der Mann und dann die Frau benannt wird, während die Reihenfolge in der Anrede umgekehrt ist. Diese Regel wird gegenwärtig jedoch in der Weise modifiziert, daß immer der- oder diejenige zuerst benannt wird, dem in erster Linie das Schreiben oder die Einladung gilt. Wenn also eine Einladung in erster Linie an eine Frau des öffentlichen Lebens gerichtet ist, dann wird sie jetzt auch auf der Anschrift als erste genannt und dann erst der Ehemann oder Partner.

Für Ehepaare sind heute nur noch drei Formen der Anschrift korrekt:

- Herrn Rolf Schmidt und Frau Ute Schmidt
  - das ist die absolut korrekte Anschrift; hier werden sowohl er als auch sie mit ihrem Vor- und Zunamen genannt.
- Herrn und Frau Rolf Schmidt
  - das ist die internationale Form, die im Businessbereich bei uns durchaus üblich ist und sich für Geschäftskorrespondenz heute weitgehend durchgesetzt hat.
- Herrn Rolf Schmidt und Frau Gemahlin
  - das ist die altertümliche Form, die heute langsam ausstirbt; in einem Fall, in dem der Vorname der Frau Schmidt nicht bekannt ist, sollte man allerdings diese Form der Anschrift jeder anderen vorziehen.

*Nicht mehr korrekt:*
- Herrn Rolf Schmidt und Frau
  - das gilt als diskriminierend für die »Frau«, die offensichtlich auswechselbar ist.
- Herrn Rolf Schmidt und Frau Ute
  - erwachsene Frauen nur mit ihrem Vornamen anzuschreiben, gilt als unzeitgemäß und albern.

**Alle offiziellen akademischen Titel in der Anschrift**

In der Anschrift werden alle offiziellen akademischen Titel genannt. Auch Titel aus hohen staatlichen sowie kommunalen Ämtern und hohe Titel aus der Wirtschaft werden genannt. Diese werden – bei Paaren – jedoch nur *dem Titelträger selbst* zugeordnet. *(Beispiele siehe weiter unten.)*

Für hochoffiziellen Schriftverkehr mit Persönlichkeiten des öffentlichen Lebens, denen nach nationalem oder internationalem Protokoll zu begegnen ist, empfiehlt es sich, die protokollarisch korrekten Anschriften nachzuschlagen (zum Beispiel: Graf Finck von Finckenstein: Protokollarischer Ratgeber, Bundesanzeiger, Köln).

Amts-, Funktions- oder Berufsbezeichnungen werden im *Geschäftsverkehr* in der Regel noch in der Anschrift genannt, im privaten Bereich fällt diese »Titelhuberei« dagegen meist unangenehm auf. In diesem Zusammenhang muß man jedoch immer regionale Unterschiede beachten: je nördlicher in der Bundesrepublik, um so sparsamer geht man mit diesen Titeln um; je südlicher, um so titelfreudiger ist man. Und in Österreich gibt's dann auch noch wunderschöne Titel aus dem vorigen Jahrhundert – den Herrn Geheimrat zum Beispiel.

Bei *weiblichen Persönlichkeiten* des öffentlichen Lebens ist auf jeden Fall darauf zu achten, die weibliche Form des Titels bzw. des Amtes oder der Funktion zu verwenden. Amtsträgerinnen wie einen Mann zu titulieren, wirkt heute peinlich. Sicherlich ist diese neue Sprachnorm in manchen Verbindungen noch etwas ungewöhnlich, daher hierzu einige Beispiele für die *korrekte Anschrift:*

- Frau Präsidentin, Frau Staatsministerin, Frau Ministerialdirektorin,
- Frau Regierungsamtfrau, Frau Direktorin etc.

*(Näheres zu weiblichen Berufsbezeichnungen in Kapitel 3)*

Bei Behördenanschriften bleibt die männliche Form erhalten, ganz gleich, welche Person an der Spitze dieser Behörde steht.
- Oberbürgermeister der Stadt Darmstadt

Schreibt man allerdings diese »Spitze« als Person an, so wählt man wieder die geschlechtsadäquate Form. Zum Beispiel:
- Präsidentin des Deutschen Bundestages
  Frau Prof. Dr. Rita Süßmuth
- Oberbürgermeister der Stadt Darmstadt
  Herrn Peter Benz

oder:
- Herrn Oberbürgermeister Peter Benz

*Der wichtige Tip*

- Zwischen Straßennamen und Ort wird ein doppelter Abstand gemacht;
- Der Ort wird nicht mehr unterstrichen;
- Die Postfachnummer schreibt man in Zweierblocks mit Zwischenabstand;

➊ Die Postleitzahl wird ohne Zwischenräume geschrieben.
➊ Die Anschrift wird ohne alle möglichen Einleitungen geschrieben:
– nur: »Gustav Weber GmbH« oder »Habermehl AG«

*Tabu*

➍ An den ...
➍ An die ...
➍ An die Firma ...

Bei der *brieflichen Anrede* von Ehepaaren oder zusammenlebenden Paaren ist die veränderte Reihenfolge zu beachten; hier wird also zuerst die »Sehr geehrte Frau ...« und dann der »Sehr geehrte Herr ...« anzureden sein.

In den meisten Regionen ist dies auch die korrekte schriftliche Anrede für alle Amts- und Funktionsträger, deren Amt oder Funktion nur in der Anschrift dem Namen vorangestellt wird.

Folgende Titel werden dem Namen *immer vorangestellt:*

• Professoren- und Doktortitel;

der Volksmund sagt, diese akademischen Titel seien Bestandteil des Namens. Das ist juristisch zwar nicht korrekt (weil diese Titel in Einzelfällen wieder aberkannt werden können, was auf einen Namen nicht zutrifft), es gilt aber allemal für die höflichen Umgangsformen. Diese beiden Titel werden auch für Frauen noch in der männlichen Form gebraucht.

Der wesentlich feinere Stil ist es, in der brieflichen

Anrede sowohl den Professoren- als auch den Doktortitel auszuschreiben anstatt abzukürzen:

»Sehr geehrte Frau Doktor Schmidt«
»Sehr geehrter Herr Professor Müller«

Als Zeichen besonderer Wertschätzung kann man auch die Formel »Sehr verehrte Frau ...« verwenden.

Bei den nichtadligen, wichtigen Persönlichkeiten, denen nach internationalem Protokoll zu begegnen ist, empfiehlt es sich auf jeden Fall, die protokollarisch korrekten Anschriften und Anreden nachzuschlagen.

Hierzu nur einige Beispiele:

- **Ministerpräsidenten:**

  | | |
  |---|---|
  | Anschrift: | Ministerpräsidenten des Landes Hessen Herrn ... /Frau ... |
  | Anrede, schriftl.: | Sehr geehrter Herr Ministerpräsident/ Sehr geehrte Frau Ministerpräsidentin |
  | Anrede, mündlich: | Herr Ministerpräsident Frau Ministerpräsidentin... |

- **Oberbürgermeister:**

  | | |
  |---|---|
  | Anschrift: | Oberbürgermeister der Stadt... Herrn... /Frau... |
  | Anrede, schriftl.: | Sehr geehrter Herr Oberbürgermeister Sehr geehrte Frau Oberbürgermeisterin |
  | Anrede, mündlich: | Herr Oberbürgermeister... |

- **Bundestagsabgeordnete/Landtagsabgeordnete:**

  | | |
  |---|---|
  | Anschrift: | Herrn Gustav Müller, MdB/ Frau Renate Schmidt, MdB |

  (bei Landtagsabgeordneten steht hinter dem Namen »MdL«)

| Anrede: | Sehr geehrter Herr Müller |
| | Sehr geehrte Frau Schmidt |

- **Universitäts-Rektoren bzw. -Präsidenten:**

| Anschrift: | Rektor/Präsidenten der Universität... |
| | Herrn Professor... |
| Anrede, schriftl.: | Sehr geehrter Herr Professor... |
| Anrede, mündlich: | Herr Professor.../Herr... |

- **Hauptgeschäftsführer der Industrie- und Handelskammer:**

| Anschrift: | Hauptgeschäftsführer der Industrie- und Handelskammer Frankfurt/M. |
| | Herrn... |
| Anrede, schriftl.: | Sehr geehrter Herr... |
| Anrede, mündlich: | Herr... |

## VISITENKARTEN

Die Visitenkarte wurde in der Zeit ihrer Erfindung ausschließlich privat genutzt, als wichtiger Teil eines eingespielten Rituals. Wenn man jemandem einen Besuch abstattete, wurde zunächst stets vom Personal geöffnet. Das Dienstmädchen oder der Diener fragten sodann höflich den Besucher: »Wen darf ich den Herrschaften melden?« Daraufhin legte der Gast seine Visitenkarte (franz.: visite = Besuch) auf das bereitgehaltene kleine Silbertablett; dann verschwand der dienstbare Geist damit, und der Besucher mußte erst einmal warten. Je nach der Begeisterung, die sein Besuch auslöste, wurde er schneller oder weniger schnell von derselben dienstbaren Person mit »die Herrschaften lassen bitten« weitergeleitet. Oder aber, nach ebenfalls geraumer Zeit, wurde ihm die lapidare

Nachricht zuteil: »Wir bedauern außerordentlich, aber die Herrschaften empfangen heute nicht.« Das war's dann wohl.

Selbstverständlich ist das heute etwas anders – wenn auch nicht alles: Auf dieser Visitenkarte stand nämlich nichts außer Titel – sofern vorhanden – und Namen. Und das ist auch das einzige, was auf einer »vornehmen« Visitenkarte von heute stehen sollte – sofern es sich um eine rein privat genutzte Visitenkarte handelt.

Die *geschäftliche Visitenkarte* hat einem weitaus breiter angelegten Informationsbedürfnis zu genügen, und deshalb steht auch wesentlich mehr drauf.

**Der wichtige Tip**

- Die geschäftliche genutzte oder die einheitliche Unternehmens-Visitenkarte enthält in der Regel:
  - Vor- und Nachname, ggf. Titel,
  - Position bzw. Funktion,
  - Abteilung, Firmenanschrift, Firmenlogo,
  - Telefonnummer mit Durchwahl,
  - Faxnummer, evtl. mit Durchwahl,
  - evtl. Privatanschrift – das ist aber nicht obligatorisch.
- Die Angabe der Durchwahlnummer setzt sich immer mehr aus Gründen des Zeitmanagements durch. Die Vermittlung aller Gespräche über das Vorzimmer ist in deutschen Unternehmen zunehmend verpönt, weil sie – in der Summe der täglichen Telefonate – ungeheuer viel Zeit kostet.
- Bei sämtlichen geschäftlichen Begegnungen übergibt man seine Visitenkarte bereits bei der Vorstellung, aus Höflichkeit – und zwar ungefragt,

unkommentiert und selbstverständlich ohne große Geste.
- Wenn man als Besucher, Kunde, Lieferant oder aus ähnlichen Gründen in einem Unternehmen eintrifft, gibt man seine Karte der Sekretärin.
- Wenn man aus *privatem* Anlaß angemeldet werden möchte, braucht man seine Karte nicht abzugeben. In manchen Fällen wäre es aus Gründen des Schutzes der Persönlichkeitssphäre auch gar nicht angebracht. Es geht niemanden etwas an, *wer* der Freund oder nahe Bekannte ist, der den Chef besucht. Man sagt seinen Namen und läßt sich anmelden.
- Bei Kongressen, Seminaren, Meetings kursiert eine wahre Flut von Visitenkarten. Wenn man so eine Veranstaltung besucht, sollte man einen genügend großen Vorrat an eigenen Visitenkarten mitnehmen.
- Bei Entgegennahme von Visitenkarten notiert man sich möglichst bald auf der Rückseite, wann und bei welchem Anlaß man diese Karte entgegengenommen hat. Es gibt auch Alben zur Archivierung von Visitenkarten. Das ist dann mehr oder weniger eine Geschmackssache.

*Tabu*

- Niemals die *Firmen*visitenkarte im Urlaub an Urlaubsbekannte weitergeben!
- Auf keinen Fall sollte man seine Visitenkarte mit Firmenanschrift privat an jemanden weitergeben, den man nicht sehr gut kennt. Das kann unübersehbaren Ärger nach sich ziehen.

## DUZEN / SIEZEN IM BETRIEB

Auf die Frage, ob Duzen im Betrieb angebracht ist, kann es eigentlich nur diese Antwort geben:

- Das Duzen in der Firma ist nach wie vor *problematisch* und erfordert viel Fingerspitzengefühl.

*Der wichtige Tip*

- Die wichtigste Grundregel gilt natürlich auch im Berufsleben:
  Das »Du« wird grundsätzlich von der/dem Ranghöheren dem Rangniederen »angeboten«.
- Innerhalb des Unternehmens gelten *Frauen* nicht im gesellschaftlichen Sinne als höherrangig gegenüber Männern, sondern werden ihrer beruflichen Position entsprechend eingeordnet.
- Ob das »Du« gegenüber KollegInnen und MitarbeiterInnen angebracht ist, hängt ab
  - von dem allgemeinen Umgangston innerhalb der Firma oder der Abteilung,
  - von der Position,
  - vom Typ des/der einzelnen.
- Wenn jemand nun Vorgesetzte/r von MitarbeiterInnen wird, mit denen er/sie sich während der gemeinsamen Ausbildungszeit geduzt hat, sollte man am besten versuchen, dieses Du im Betrieb zu vermeiden.

Es wird grundsätzlich bei uns nicht gern gesehen, wenn Vorgesetzte sich mit ihren MitarbeiterInnen duzen, weil man damit einen Verlust an Autorität verbindet. Das muß zwar nicht zutreffen, es ist jedoch vorsichtshalber angebracht, mit dem früheren Kollegen ein offenes Wort zu reden.

- Zum Beispiel kann man sagen: »Selbstverständlich bleiben wir Kumpels, und du kannst jederzeit zu mir kommen, wenn ich etwas für dich tun soll – aber vor den anderen wäre es mir lieber, wenn wir uns siezen würden. Es kann sonst schnell zu Eifersüchteleien kommen, die uns beiden schaden könnten.«
- Die feinere Art ist in jedem Fall, wenn der ehemalige Kollege seinen neuen Vorgesetzten ohne irgendwelche besondere Bemerkung fortan im Beisein von Dritten siezt.
- Am besten sind die Leute beraten, die sich innerhalb der Firma grundsätzlich mit niemandem duzen – die sind stets auf der sicheren Seite.

*Einseitiges Duzen der Rangniederen ist verpönt*

🚫 *Tabu* ist heute ohne Zweifel: das Du »von oben herab«, das heißt, das einseitige Duzen der Rangniederen, zum Beispiel gegenüber Auszubildenden, jüngeren Frauen und Ausländern. Die Einseitigkeit macht es diskriminierend.

- Erlaubte Ausnahme: *das väterliche/mütterliche Du* gegenüber deutlich Jüngeren, wenn es auf Grund der Situation – und auch der Personen – nicht als Diskriminierung mißverstanden werden kann.

## VORSTELLUNGSGESPRÄCH

Selbstverständlich wird kein Mensch unvorbereitet zu einem Vorstellungsgespräch gehen. Es gibt eine ganze Reihe von Punkten, die man in Betracht ziehen kann, um seine Chancen zu verbessern – die ja so schlecht schon mal gar nicht sein können, sonst wäre man nicht zu diesem Gespräch geladen worden. Was kann man also vorbereitend tun?

- Über folgende Fragen sollte man Erkundigungen einziehen:
  - Die Besitzverhältnisse, das heißt: Wem gehört das Unternehmen oder welche Unternehmen gehören sonst noch zu dieser Unternehmensgruppe?
  - Die wirtschaftliche Situation des Unternehmens;
  - Wie viele Mitarbeiter sind in diesem Unternehmen beschäftigt?
  - Die wichtigsten Produkte bzw. Produktionszweige;
  - Die Unternehmenskultur und das Betriebsklima;
  - Die wichtigsten Namen im Unternehmen.
- Für *Frauen* sehr wichtig:
  - Wie gut sind die Aufstiegschancen für Frauen bzw. wie männlich-chauvinistisch ist diese Firma?
- Diese Informationen kann man sich zum Beispiel über folgende Quellen einholen:
  - die Industrie- und Handelskammer (IHK),
  - »Who is who« der Wirtschaft,
  - Wirtschaftszeitschriften und -zeitungen,
  - die wichtigsten Tageszeitungen dieser Region,
  - kompetente Leute, die man kennt.

*Der wichtige Tip*

Bei einem Vorstellungsgespräch ist meistens der Eindruck während der ersten Minuten entscheidend. Wodurch kann man nun diesen ersten Eindruck zu seinen Gunsten beeinflussen?

Zum einen sagen Körperhaltung und Umgangsformen beim Eintreten und Platznehmen bereits sehr viel aus, zum anderen ist die Kleidung aber immer noch von ganz entscheidender Bedeutung. Manche Bewerber haben von vornherein allein deswegen schlechte Karten, weil sie total falsch angezogen sind.

*Keine allgemeingültigen Bekleidungsvorschriften*

Es wäre zu schön, wenn es nun allgemeingültige *Bekleidungsvorschriften für ein Vorstellungsgespräch* gäbe, dann würde ich sie hier selbstverständlich hinschreiben. So einfach ist es aber nicht. Denn es kommt auf mehrere, sehr unterschiedliche Faktoren an, zum Beispiel

- auf die *Branche;*
- auf die *Gepflogenheiten* innerhalb eines Unternehmens;
- auf den *Standort* des Unternehmens – ob es sich in einer Großstadt, einer kleineren Stadt oder auf dem platten Land befindet.
- Dann kommen noch die regionalen Unterschiede zwischen den einzelnen Bundesländern hinzu.
- Und natürlich ergeben sich die größten zu berücksichtigenden Unterschiede aus der *Position,* für die sich jemand bewerben will.

Unter Berücksichtigung dieser Einschränkungen hier einige Hinweise zur Bekleidung.

# Vorstellungsgespräch

**Der wichtige Tip**

- Mit den üblichen Erkundigungen, die man über das Unternehmen einholt, sollte man sich auch über den *Bekleidungsstil in diesem Unternehmen* informieren.
- Diese Informationen sollten dann in die Entscheidung einbezogen werden, was man zu dem Vorstellungsgespräch anzieht.
- Bei *Produktionsbetrieben* kommt es wirklich darauf an, für *welche Stelle* man/frau sich bewirbt.

**Besser dezent kleiden**

- Für *Frauen,* die sich für eine traditionell von Männern ausgeübte Position bewerben, ist es um ein vielfaches wichtiger, auf eine dezente Kleidung großen Wert zu legen.
- Auch Frauen, die sich für einen traditionellen »Frauenjob« interessieren – wie zum Beispiel Büromanagerin oder Sekretärin –, sollten sich nicht zu auffallend feminin kleiden.
- Im allgemeinen ist für die meisten Wirtschaftsunternehmen und Verwaltungen formelle Kleidung anzuraten.
- In diesen Fällen sollte eine Bewerberin zum Vorstellungsgespräch
  - ein Kostüm oder Jackenkleid tragen,
  - auf jeden Fall mit Strümpfen bekleidete Beine haben,
  - je nach Typ eine Seidenbluse oder eine feine Baumwollbluse unter der Kostümjacke tragen.
- Falls sie noch jünger ist, kann sie durchaus auch ein schönes Marken-T-Shirt mit einem Tuch tragen.

**Tabu-Liste für Bewerberinnen**

- 🔽 zu viel Schmuck
- 🔽 zu viel Make-up.

In so einer Situation bedeutet bei beidem: *Weniger ist mehr!*

Im gleichen Fall sollte ein *Bewerber* zum Vorstellungsgespräch

- einen Anzug oder eine Kombination in gedeckten Farben tragen;
- Hemd mit – geschlossenem – Kragen und eine Krawatte, die nicht zu auffallend modisch ist;
- Socken passend zum Anzug, eher dunkler, aber nie heller als die Hose.

Für *beide Geschlechter* gilt:

- Die Schuhe sollten zwar einwandfrei gepflegt aussehen, sie müssen aber nicht unbedingt neu sein.
- Bei neuen Schuhen ist es vorteilhaft, wenn die Aufkleber des Schuhgeschäfts zwischen Sohle und Absatz bereits entfernt worden sind.

Und noch ein Tip für Damen und Herren:

- Bei solchen Anlässen nimmt man am Morgen *doppelt soviel Deo* wie sonst üblich.

Wenn man also solchermaßen aufs beste vorbereitet hinkommt, geht es nur noch um einige Probleme des persönlichen Auftretens. Was macht man, wenn man ankommt, wie setzt man sich hin und wann? Auch darauf kann man sich vorher zu Hause vorbereiten. Wenn man das alles schon einmal gedanklich durchgespielt hat, gewinnt man für das wichtige Gespräch selbst ungeheuer an Sicherheit.

**Ein paar Tips zum persönlichen Auftreten**

- Wenn man das Gespräch in der kalten Jahreszeit zu absolvieren hat, sollte man auf jeden Fall seinen Mantel oder die dicke Jacke *im Vorzimmer ablegen.*
- Falls man nicht dazu aufgefordert wurde, fragt man selbst höflich nach: »Wo kann ich bitte meinen Mantel ablegen?«
- *Der Geheimtip:* Vor dem Eintreten in das Besprechungszimmer noch einmal unauffällig mit der rechten Hand das Stofftaschentuch kräftig anfassen; das macht die Hand zum Händeschütteln entscheidend trockener.

    *Auf trockene Hände achten*

- Meist wird man durch die Sekretärin in das Chefzimmer hineingeführt. Wenn das nicht der Fall ist, sollte man kurz anklopfen, bevor man eintritt.

    Normalerweise wartet man nicht auf ein »Herein«; da es aber ausgerechnet bei diesem Chef so gewünscht sein könnte, geht man auf Nummer Sicher, wenn man die Sekretärin einfach fragt, wie es in diesem Hause denn üblich sei.

- Man/frau wartet, bis man *die Hand gereicht bekommt,* und streckt seine Hand *auf keinen Fall* jemandem als *erste/r* hin.

    Man/frau setzt sich erst, wenn man dazu aufgefordert wurde,

    - und dann mit einem *Augenblick Verzögerung* erst, nachdem sich der Chef selbst gesetzt hat.

- In bezug auf die Körperhaltung sollte man sich die *Tips in Kapitel 4* noch einmal näher ansehen und durchdenken.
  Gerade hier spielt die Körperhaltung eine mitentscheidende Rolle.
- Man/frau sollte so ausführlich antworten, daß weder der Eindruck eines besonders Maulfaulen noch der einer Plaudertasche entstehen kann.
  »Wie ein Schießhund« auf die Signale achten, wann der Chef das Gespräch für beendet ansieht.
  Dann sollte man ohne Hast aufstehen, sich bedanken und erneut warten, bis man/frau die Hand gereicht bekommt, sich verabschieden und dann gehen.
- Nicht vor Aufregung vergessen, sich höflich von der Sekretärin zu verabschieden!
  Alles das gilt für beide Geschlechter, ohne Unterschied.

## Man/frau sollte auf keinen Fall

- sich in dicken Sachen hinsetzen – es wird einem auch ohne das garantiert noch warm;
- sich bequem hinsetzen und »alle viere« von sich strecken;
- die Füße unter dem Stuhl verknoten oder gar eine Ferse auf das Knie des anderen Beines legen.

# Bewirtung von Geschäftsbesuchern

Was bei einer Bewirtung von Geschäftsbesuch in einem Restaurant zu beachten ist, wurde bereits erörtert, ebenso das Arbeitsessen *(siehe dazu Kapitel »Arbeitsessen und Geschäftsessen«).* Hier geht es nun um die kleinen Aufmerksamkeiten während laufender Besprechungen oder Konferenzen. Das heißt, es handelt sich nunmehr um die unauffällige, aber notwendige Bewirtung von Besuchern, Geschäfts- und Gesprächspartnern usw.

*Der wichtige Tip*

- Für Besprechungen und Konferenzen sollten stets genügend *nichtalkoholische Getränke* vorrätig gehalten werden. Meine Erfahrung hat gezeigt, daß im wesentlichen Unmengen von Mineralwasser – viel mit und wenig ohne Kohlensäure – gebraucht werden. Limonaden aller Art und auch Säfte werden gegenwärtig kaum noch erwartet – es sei denn Cola.
- Die *kalten Getränke* sollte man in reichlicher Anzahl auf dem Konferenztisch in kleinen Gruppen arrangieren, zusammen mit den – zu den Getränken passenden – Gläsern.
- Es empfiehlt sich dringend, den *Zustand der Gläser* sicherheitshalber immer nochmals zu *überprüfen,* damit darauf weder Fingerabdrücke noch Flecken von der Spülmaschine sind!
- Für die *Bewirtung mit Kaffee* bei Besprechungen und Konferenzen im kleineren Kreis gibt es grundsätzlich drei Servierarten, zwischen denen man sich entscheiden kann:

A. Der Kaffee wird frisch zubereitet und von der Sekretärin serviert.

In diesem Fall sollte man vorher geklärt haben, wer der/die Ranghöchste ist, ob es der Chef ist oder ein Gast. Dazu gibt es nämlich keine generelle Regel, das muß individuell geklärt werden. Diese Klärung ist deshalb notwendig, weil der gute Ton in jedem Fall verlangt, daß der oder dem Ranghöchsten zuerst Kaffee eingeschenkt wird.

*Dem Ranghöchsten wird zuerst eingeschenkt*

Das gilt bei Konferenzen mit mehreren Personen allerdings nur für den ersten, bei dem man anfängt. Alle anderen bekommen ihren Kaffee nach der Reihenfolge, in der sie sitzen. Mit der Kaffeekanne herumzusausen und die Rangfolge jeweils durchzudividieren wäre ziemlicher Unfug.

In diesen beruflichen Zusammenhängen sind die evtl. anwesenden Frauen auf derselben Rangstufe eingeordnet wie ihre männlichen Kollegen gleicher Führungsebene. Das heißt, *Frauen* werden hier nicht – wie in der privaten Gesellschaft – bevorzugt bedient.

Diese Version A ist zwar die feinste Art, den Kaffee zu servieren, sie hat jedoch den Nachteil, daß sie zu Gesprächsunterbrechungen führt, die von manchen Gästen als störend empfunden werden.

B. Der Kaffee wird vorher zubereitet und in *Thermoskannen* auf dem Konferenztisch – oder einem Beistelltisch – bereitgestellt.

Diese Art, den Kaffee zu servieren, hat den Vorteil, daß die Konferenzteilnehmer sich nach Herzenslust selbst bedienen können, ohne den Ablauf der Gespräche zu stören oder gar zu unterbrechen. Der einzige Nachteil ist nur, daß der Kaffee nach zwei bis drei Stunden nicht mehr frisch ist.

C. Es werden *Kaffeepausen* vorgesehen, und der Kaffee wird dann in einem anderen Raum bereitgestellt bzw. kann dort serviert werden.

Das ist die gängigste Praxis bei Seminaren und Konferenzen. Diese Kaffeepausen haben zusätzlich den Vorteil, daß sie bei langen Konferenzen oder Seminaren dazu genutzt werden können, den Rauchern Gelegenheit zum Rauchen zu geben. Außerdem kann es nicht schaden, wenn man sich mal die Beine vertreten, Sauerstoff tanken und den Konferenzraum lüften kann.

Der Nachteil ist, daß eine Kaffeepause auf jeden Fall eine Unterbrechung bedeutet. Für ein fortlaufendes Gespräch ist sie also ungeeignet.

*(Zu Geschäftsessen siehe Kapitel 7)*

# DISKRIMINIERUNG VON FRAUEN IM BETRIEB

Es gibt immer noch Unternehmen, die ganz offen Frauen benachteiligen, obwohl es gesetzlich verboten ist. Außerdem ist Frauendiskriminierung ganze Welten von dem entfernt, was man gegenwärtig unter dem Begriff »Unternehmenskultur« versteht. In manchen Branchen sieht es trotzdem so aus, als wollten die Männer nach wie vor am liebsten unter sich bleiben. Da gibt es eine unendliche Reihe kleiner und größerer Nadelstiche und Anspielungen und auch wirklich bösartige Herabwürdigungen.

Wann kann man nun berechtigterweise von *Diskriminierung* sprechen?

- Im rechtlichen Sinn versteht man unter der Diskriminierung eines Geschlechts, wenn von *einem* Geschlecht etwas verlangt wird, was man vom anderen nicht verlangt.

Während es gegen offene Diskriminierung eine Reihe rechtlicher Möglichkeiten gibt – eben weil sie verboten ist –, kann man/frau sich gegen versteckte Herabsetzung meistens schlecht wehren.
Diese *versteckten Formen von Diskriminierung* sind für unzählige Frauen ein alltägliches Ärgernis. Und sie sind weitaus verletzender. Andererseits sind diese Herabsetzungen aber deshalb noch so weit verbreitet, weil die meisten Frauen nichts dagegen tun, weil sie nicht wissen, *wie* sie sich wehren sollen.
Die Formen von versteckter Diskriminierung sind ungeheuer vielfältig. Meist geht es darum, daß man in dieser oder jener Position keine Frau haben will, es aber – wegen des verfassungsrechtlichen Diskriminierungsverbots – nicht offen sagt. Deswegen werden oftmals Bedingungen und Voraussetzungen an die Bewerber/innen geknüpft, die keine »unverzichtbaren Anforderungen« für die Ausübung dieses Berufes darstellen, wie das Gesetz es verlangt.

## Diskriminierung von Frauen im Betrieb

Zum Beispiel:

- Es werden Anforderungen an die Mindestgröße oder Körperkraft oder sonstige physische Voraussetzungen gestellt, die nur Männer erfüllen können. Für die auszuübende Tätigkeit sind sie aber keineswegs notwendig.

- Bei Einstellungsgesprächen wird Bezug auf das Privatleben von Frauen genommen, mit Fragen, die Männern nie gestellt werden würden. Es ist klar, daß diese Fragen auf das *gesetzlich geschützte Privatleben* zielen und in keinem Zusammenhang zu der angestrebten Tätigkeit stehen.

*Fragen ohne Bezug zur angestrebten Tätigkeit*

- Selbst Frauen, die schon auf eine lange Berufserfahrung zurückblicken können, sehen sich herabwürdigenden Bemerkungen über ihr Privatleben ausgesetzt – ganz gleich, ob sie nun verheiratet oder unverheiratet sind, ob sie allein leben oder mit Partner.

- Frauen werden gar nicht erst eingestellt, allein wegen der »Gefahr«, daß sie schwanger werden könnten.

- Manche Chefs verfallen in eine Art Kindersprache, wenn sie einer Mitarbeiterin etwas erläutern. Oder sie erklären qualifizierten Frauen ein Problem in einer Deutlichkeit, die im allgemeinen gegenüber Hilfsschülern angebracht ist. Dieser herablassende Chauvinismus von Chefs kann sehr herabsetzend wirken.

- Erwachsene, unverheiratete Mitarbeiterinnen werden absichtlich mit »Fräulein« tituliert oder unentwegt mit »Mädchen« angeredet. Unverheiratete Mitarbeiter dagegen werden weder mit »Herrlein« angesprochen noch mit »Bub« oder »Junge« angeredet.

In diesen Fällen sollte die junge Frau dem Chef oder der Chefin in aller höflichen Bestimmtheit sagen, daß sie mit »Frau« angeredet werden möchte, wie es allgemein für erwachsene Frauen üblich ist. Der Chef oder die Chefin möchte doch so freundlich sein und diesen Wunsch auch den MitarbeiterInnen mitteilen. Das ist so *selbstverständlich,* daß sie dafür überhaupt keine Begründung braucht.

**Kein »Rockzwang«!**

- Frauen werden unter »Rockzwang« gestellt, obwohl weder der allgemeine Stil noch die sonstige Kultur des Unternehmens bzw. der Unternehmensleitung eine solche Vorschrift rechtfertigen.

Selbst wenn der allgemeine Bekleidungsstil des Unternehmens formell-konservativ ist, rechtfertigt das kein Argument gegen einen schicken Hosenanzug. Deswegen sollte die Mitarbeiterin höflich nach dem wahren Grund fragen, wenn man ihr das Tragen von Hosen generell verbieten will. Sollte der Grund nur darin liegen, daß der Chef ihre Beine gern sieht – ganz gleich, wie er das nun begründet – sollte sie *einfach »Nein!« sagen.*

## Grapscher

Die übelste Form der Diskriminierung von Frauen ist natürlich die sexuelle Belästigung. Und sie ist die perfideste dazu, weil die Frauen in den meisten Fällen in Beweisnot geraten, denn selten gibt es

Zeugen für einen solchen Vorfall. Kein Zweifel, es handelt sich hierbei um eine der schlimmsten Formen von *Mißachtung der persönlichen Würde von Frauen,* und trotzdem kommt das unglaublich oft vor. Erstaunlicherweise ist es in vielen Fällen so, daß Männer diese Tatsache überhaupt nicht begreifen, sondern obendrein der festen Überzeugung sind, die Frau fühle sich durch die Anmache noch geschmeichelt.

Jetzt nehmen sich endlich auch Öffentlichkeit und Gesetzgebungsorgane dieser Problematik an und fordern, die »kollegialen« Grapscher, Anmacher und Belästiger zu bestrafen. Ohne die Aussicht auf eine drohende Bestrafung würde sich an den Gewohnheiten mancher Männer nichts ändern. Manche sehen in Kolleginnen oder Mitarbeiterinnen eine risikolos zu ergatternde Beute, die sie anfassen dürfen, wann immer sie es für richtig halten.

Auch gibt es immer noch Chefs und Kollegen, die sich gar nicht darüber im klaren sind, was sie anrichten. Wie oft halten sie sich noch für besonders jovial oder neckisch, wenn sie Frauen auf diese Weise herabwürdigen – oder sind davon überzeugt, daß die Frauen es sogar toll finden.

In der Vergangenheit haben solche Übergriffe in Tausenden von Fällen damit geendet, daß die Frau gekündigt hat oder ihr sogar gekündigt wurde, wenn sie sich wehrte. Das ist heute nicht mehr so. Wie aber sollte ein Frau am besten auf Herabsetzungen dieser Art reagieren?

**Erfolgreiches Verhalten im Beruf**

***Der wichtige Tip***

- Zu allererst muß sie eines können: *eindeutig »Nein« sagen.*
- Wenn sie es noch nicht kann, muß sie es unbedingt lernen.
- Dann sollte sie demjenigen eindringlich und ernsthaft klarmachen, daß sie sich Angriffe auf ihre persönliche Würde nicht gefallen lassen wird.
- Sie darf sich auf keinen Fall dadurch einschüchtern lassen, daß er sie als »zickig«, »verklemmt«, »Spielverderberin« und so ähnlich bezeichnet. Es gibt auch Fälle, da scheut sich der Grapscher nicht, der Frau gar mit Entlassung oder Versetzung zu einer unangenehmeren Tätigkeit zu drohen.
- Falls sie sich einschüchtern läßt, kann ihr das als stummes Einverständnis ausgelegt werden. Damit hat sie dann nicht nur viel an Respekt eingebüßt, sondern auch an Möglichkeiten, sich juristisch zu wehren.
- Sofern das Unternehmen oder die Behörde eine Frauenbeauftragte hat, sollte die betroffene Frau zuerst mit ihr darüber sprechen und sich beraten lassen.

  Wenn es keine Frauenbeauftragte gibt, sollte sie auf jeden Fall mit ihrer Vertrauensfrau oder einer Frau vom Betriebsrat darüber reden und sich dort Rat holen. Dabei braucht sie nicht zu befürchten, daß das als Klatsch verstanden wird. Dazu nimmt heute jede/r eine solche Angelegenheit zu ernst.
- Sie kann auch den Personalchef oder die Personalchefin um ein persönliches Gespräch bitten und das Problem dann darlegen.

Selbstverständlich gilt das auch vergleichbar für kleine Unternehmen, wo frau sich dann der Chefin (das kann durchaus auch mal die Frau des Chefs sein) oder dem Chef anvertrauen sollte.

Ich will es noch einmal betonen:
*Stillschweigen kann die Bredouille nur verschlimmern,* weil

- Grapscher dann immer unverschämter werden,
- Frauen, die das dulden, für damit einverstanden gehalten werden,
- obendrein die Frau ganz schnell ihren guten Ruf einbüßen kann.

**Auf keinen Fall Belästigungen dulden**

Es bedarf selbstverständlich keiner weiteren Erklärung, daß diese Art des Umgangs mit Mitarbeiterinnen jedem guten Benehmen Hohn *spricht.* Deswegen ist an dieser Stelle auch keine weitere Ausführung an die Adresse der Männer vonnöten. Zweifelsfragen sollten sich auch nicht mehr ergeben. Im Laufe dieses Buches wurde immer wieder angesprochen und klargestellt, was man unter der Respektierung der Würde des/der anderen versteht und wie man seine Achtung gegenüber jedem anderen Menschen ausdrückt.

Berufliche Tätigkeit an sich ist für jede/n schon mühevoll genug. Wer glaubt eigentlich das Recht dazu zu haben, jungen Frauen noch zusätzlich dadurch Streß zu machen, daß er sie durch Anmache oder Angrapsche diskriminiert? – Nur weil sie Frauen sind.

## HERABSETZUNG VON AUSLÄNDERN

*Diskriminierung zum Zwecke der Machterhaltung*

Amerikanische Anti-Diskriminierungs-Gesetze gehen in bezug auf Herabsetzungen von den gleichen Gegebenheiten aus, ob es sich nun um Frauen, um Schwarze oder um Indianer handelt. Es sind die gleichen Machtverhältnisse, die sich gegenüber den Machtlosen diskriminierend auswirken. Es ist die gleiche Ebene der Inhumanität, und deswegen haben sie dafür die gleichen Gesetze.

Damit die Machterhaltung einer gesellschaftlichen Gruppe oder Schicht auch klappt, müssen andere, mit denen man die Macht nicht zu teilen gedenkt, daran gehindert werden, in die Führungsebenen reinzukommen. Früher klappte das über die Bildungseinrichtungen, die nur den Kindern einer gewissen Gesellschaftsschicht vorbehalten waren. In den USA waren das protestantische, weiße Männer. Heute, da Schulen und Hochschulen allen Begabten – also auch Frauen, Schwarzen und Indianern – zugänglich sind, muß man sie mit anderen Mitteln von den Machtzentren fernhalten. Und dafür war und ist Diskriminierung, also Herabsetzung, ein wirksames Mittel. Man erklärt die Leute, die man nicht haben will, entweder für charakterlich nicht zuverlässig oder für emotional nicht belastbar; manchmal sind es angeblich mangelnde Führungseigenschaften und was sonst nicht noch alles.

Weil jedoch alle diese Menschen in einer Demokratie wie den USA das Wahlrecht haben, mußte die Führungselite Gesetze gegen die Diskriminierung ganzer Bevölkerungsgruppen machen. Denn sie muß ja in die politischen Führungspositionen

## Herabsetzung von Ausländern

*gewählt* werden, und zwar durch eine *Mehrheits*entscheidung.

Warum beschreibe ich das so ausführlich? Weil es die gleichen gesellschaftlichen Machtvorgänge und ebenfalls die gleiche Denkweise sind, die sich bei uns gegen Frauen – wie eben beschrieben – und gegen Ausländer richten. Das primitivste und zugleich wirksamste Mittel dafür ist schon immer gewesen, Ausländer als minder-»wertiger« hinzustellen als die Angehörigen der eigenen Nation. Abgesehen davon, daß ausgerechnet wir in Deutschland diese Denkweise schon einmal bis zum bitteren Ende »vorexerziert« bekommen haben und eigentlich alle schlau genug geworden sein müßten zu verstehen, wo diese Denkweise hinführt. Aber leider gibt es immer und in jeder Nation genügend Dumme, die dieser Idee der nationalen Überlegenheit des jeweils eigenen Volkes auf den Leim gehen.

Es ist wirklich eine Idee für Dumme. Jedoch nicht notwendigerweise *von* Dummen, weil diese nationalistischen oder rassistischen Ideen von Leuten dazu benutzt werden, um die Dummen für ihre Machtzwecke zu manipulieren und deren Stimmen zu nutzen, um »legal« zu Macht und dann »an die Macht« zu kommen. Man erzählt den Dummen, die Ausländer seien Schuld an der hohen Arbeitslosigkeit in diesem Land, und wenn sie die Ausländer wegschicken – wie sie sagen »raus«-schicken –, dann gäbe es wieder genug Arbeit. So einfach ist das.

Was ist nun das Dumme an dieser Ausländerfeindlichkeit?

Zum einen herrscht bei vielen jungen Menschen eine unbeschreibliche Unkenntnis, so daß sie eine leichte Beute für Demagogen sind, die sie durch jede Art von Sprüchen manipulieren können. Es herrscht eine tiefe Unkenntnis über die wirtschaftlichen Zusammenhänge in unserem Land. Anscheinend wissen wirklich viele Leute nicht, daß unsere Industrienation auf der einen Seite die Mitarbeit von Menschen aus anderen Ländern absolut notwendig macht und daß wir andererseits wirklich gnadenlos abhängig sind vom internationalen Markt. Beides sind die Eckpfeiler unserer Wirtschaft und unserer Arbeitsplätze.

*Ahnungslosigkeit über Kultur anderer Völker*

Zum anderen haben zu viele Menschen bei uns keine Ahnung über die Kultur, die Ethik, die Moralvorstellungen anderer Völker und Nationen, aus denen Menschen zu uns kommen. Unglücklicherweise trifft diese Unkenntnis bei uns nun zusammen mit einer absoluten Überbewertung von Geld und materiellen Gütern. Und diese beiden Faktoren können jemanden überhaupt erst auf die Idee bringen, »wir« wären etwas Besseres. Dadurch wird diese bedauerliche Unkenntnis dann zur peinlichen Dummheit.

Unser Land ist in der Welt bisher bekannt für seine Kinderfeindlichkeit und für seine Altenfeindlichkeit. Nun kommt noch Ausländerfeindlichkeit hinzu. Für Landsleute, die sich um die Zukunft unseres Landes sorgen, ist unsere Anbetung des Materialismus ein großes Problem und daß wir unsere Familien kaputt und das soziale Gewissen tot gemacht haben. Vor allem auch deswegen, weil wir das alles unseren Kindern vorleben. Sicherlich können nachdenkliche Menschen in all dem nicht so schnell einen Grund dafür finden, warum wir uns gegenüber irgendeinem Volk auf der Welt überlegen fühlen sollten.

## Herabsetzung von Ausländern

Am Arbeitsplatz tritt bei uns Ausländerfeindlichkeit, die sich in Herabsetzung von Kollegen und Kolleginnen aus anderen Herkunftsländern äußert, so selten wie geringfügig auf, daß man in diesen Fällen fast von Ausnahmesituationen sprechen kann. Ganz etwas anderes ist die Diskriminierung von fremdländischen ArbeitnehmerInnen durch hiesige Arbeitslose. Da geht es aber um etwas anderes.

Da geht es darum, daß sozial Schwache gern die Schuld für eigene Not nicht bei »hausgemachten« oder anderen, von ihnen nicht zu überblickenden Umständen suchen, sondern dafür lieber einen Watschenmann – am besten einen »Ausländer« – hernehmen möchten. Der Ausländer, der einen Arbeitsplatz hat, nimmt ihn einem Deutschen weg, der keinen hat – so einfach ist die Rechnung. Und da hört einer natürlich auch nicht mehr zu, wenn man die korrekten Fakten zusammenträgt; zum Beispiel,

- daß wir längst selbst im Ausland niedere Arbeiten verrichten müßten, wenn uns andere »Ausländer« nicht unsere teuren Autos und Maschinen und andere Exportgüter abkaufen würden;

- daß es viele Menschen bei uns gibt, die lieber Arbeitslosengeld beziehen als Arbeiten zu verrichten, für die sich Menschen aus anderen Ländern nicht zu schade sind.

Es ist doch jedem intelligenten Menschen klar, daß zu uns nur in Ausnahmefällen die gutsituierten und hochgebildeten Menschen aus anderen Ländern kommen. Wenn es irgend möglich ist, verläßt kein Mensch seine Heimat, um im Ausland für andere niedere Arbeiten zu verrichten. Folglich ist es auch klar, daß man hier bei uns nicht die Eliten der anderen Nationen als Mitarbeiter zu Gesicht bekommt, sondern daß es die relativ ärmsten und am schlechtesten ausgebildeten Menschen jener Völker sind. Deswegen ist es im allgemeinen nicht gerechtfertigt, daß wir von Arbeitern auf die Kulturstufe ihres Herkunftslandes schließen. Ich bin nämlich auch nicht sehr glücklich, wenn man aus der Art und Weise, wie die Massen deutscher Urlauber in den Erholungsorten Südeuropas auftreten, Rückschlüsse auf die Kultur unseres Landes zieht.

Der bei uns so oft zitierte »Anstand« der Deutschen verlangt – wie natürlich von anderen Kulturvölkern auch –, sich gegenüber Schwächeren großherzig und gegenüber Gästen höflich aufzuführen. Damit ist eigentlich alles zu diesem Thema gesagt.

## MOBBING

Es ist in diesem Kapitel nur eine Fußnote am Schluß. Mobbing kann hier kein Thema sein, weil es so abseits jeglichen Zusammenhangs mit den besprochenen Inhalten ist, nämlich Formen des Anstands und guten Benehmens, deren Hauptzweck es ist, Menschen eben nicht zu frustrieren oder herabzusetzen. Mobbing bedeutet das Gegenteil all dessen.

Es soll hier also nur deshalb erwähnt werden, weil es mit Verhalten zu tun hat – wenngleich mit üblem.

Das Wort kommt aus dem Englischen, abgeleitet von *mob* = Pöbel. Es hat seine Bedeutung gegenüber früher etwas verändert; in seiner ursprünglichen Bedeutung bezeichnete es den »Straßenpöbel«, also das ungebildete und unbeschäftigte Heer der Armen. Heute bedeutet *to mob* soviel wie bedrängen, und man wendet den Begriff hauptsächlich dafür an, wenn der »Mob« über bekannte Leute wie Filmschauspieler, Kronprinzessinnen oder andere Reiche »herfällt«. Wie man also sieht, hat die Bedeutung des Wortes »mobbing« erstens mit pöbelhaftem Benehmen und mit Bedrängen von bewunderten oder beneideten Menschen zu tun.

Das ist nun – übertragen in die Berufswelt – zum Horrortrip für manche Menschen geworden. Vor allem dann, wenn sie – anders als die »VIPs«, die mit Leibwächtern ausgerüstet sich den Mob vom Leib halten können – schutzlos dieser Meute ausgeliefert sind. Übrigens kann es Frauen wie Männer treffen.

Es wäre hier fehl am Platz, eine Liste mit allen bisher bekannten Möglichkeiten aufzuführen, mit deren Hilfe Menschen in ihrem beruflichen Alltag erst fertig und dann krank gemacht werden. Es umfaßt eigentlich alles, was man sich unter menschlichem Negativverhalten vorstellen kann. Das Phänomen ist in der Zwischenzeit so weit verbreitet, daß es eine Reihe von Veröffentlichungen von Experten zu diesem Thema gibt. Sie beschäftigen sich sowohl mit den Formen des Mobbing, mit den Auswirkungen auf den Menschen als auch mit den Ursachen, die jemanden zu einem solchen Verhalten gegenüber seinen KollegInnen bringt. Deswegen werde ich hier keine verkürzenden oder oberflächlichen Hinweise zu diesem komplexen und ernsten Thema geben.

*Mobbing macht krank*

**Der wichtige Tip**

- Sobald es jemandem »dämmert« daß er/sie selbst oder der Kollege vielleicht gerade dabei ist, zum Opfer von Mobbing zu werden, sollte man sich mit allen verfügbaren Mitteln dagegen wappnen.
- Der erste und wichtigste Schritt für diesen Fall ist, sich über alles schnell und gründlich zu informieren, was mit diesem Thema zu tun hat.
- Also geht man zuallererst in seine Buchhandlung und läßt sich die neuesten Bücher zum Thema Mobbing empfehlen.
- Das sollte man schon auf einen Verdacht hin tun, und erst einmal für sich allein. Falls sich der Verdacht – auch anhand der *Fachliteratur* – verstärkt, daß es sich um Mobbing handelt, sollte man schnell handeln; denn Mobbing-Opfer werden krank.

Diejenigen, die sich an diesen schmierigen, perfiden und heimtückischen Attacken gegenüber Kollegen und Kolleginnen beteiligen, werde ich mit diesem Buch nicht erreichen. Es geht mir hier nur um die Zeugen, also diejenigen, die so etwas mitkriegen. Von ihnen sollte man zwar keine Heldentaten verlangen, aber doch soviel an menschlicher Courage und Solidarität mit den Schwachen, daß sie einem Kollegen oder einer Kollegin, der/die zum Opfer von Mobbing geworden ist oder gerade zu werden droht, nach Kräften beistehen.

## 9. KAPITEL

# UNTERWEGS UND AUF REISEN

## AUTOFAHRER UND AUTOFAHRERINNEN

Wenn man es einmal genau wissen will, ob bei diesem oder jenem höflichen Menschen alles an seinen korrekten Umgangsformen »echt« ist oder ob er nur nach außen hin »so tut«, dann sollte man einmal sehen, wie der- oder diejenige sich als Autofahrer/in benimmt. Im Auto kommt anscheinend bei allen Leuten die »Stunde der Wahrheit«, da werden sie »entlarvt«. Man möchte es manchmal nicht glauben, daß plötzlich und auf eine unerklärliche Art und Weise sich sonst ausnehmend höfliche Herren in Berserker verwandeln, sobald sie ihre Autotür von innen zugemacht haben. Und kultiviert auftretende Damen verhalten sich abrupt und ohne weitere äußere Einwirkung wie Steinzeitmenschen, für die das Recht der (PS-)Stärkeren immer noch Vorrang hat.

Welcher Urtrieb sich in solchen Fällen durchzusetzen vermag, ist noch nicht ganz geklärt. Offensichtliche Tatsache ist jedoch, daß er in den Fällen die guten Umgangsformen schnell außer Dienst zu stellen vermag, wo diese nur eine dünn aufgetragene Schicht bilden. Anders ausgedrückt: hier zeigt es sich, wer sich die Höflichkeitsformen nur als Außenhaut übergestülpt hat, in Wahrheit aber keinerlei Rücksicht zu nehmen gedenkt. Auf der anderen Seite zeigt es sich zum Glück ebenfalls, welchem Menschen es Ernst ist mit dem Respekt vor den Interessen des anderen.

Zweifellos ist die Höflichkeit autofahrender Menschen keineswegs anders definiert als die von Fußgängern, Tennisspielern oder Teilnehmern an einem Kongreß – es gelten die gleichen Regeln für gutes Benehmen. An erster Stelle steht auch hier die Rücksichtnahme auf die Interessen anderer.

Es ist immer interessant zu beobachten, welche Menschen sich für höherrangig gegenüber anderen halten und entsprechende Sonderrechte in Anspruch nehmen. Mir ist aber noch nie klargeworden, auf Grund welcher besonderen Leistungen – etwa für die Gesellschaft oder die Menschheit? – sie diese *Privilegien* besitzen sollten. Denn offenbar glauben sie ja, sich nicht – wie alle anderen – an Gesetze halten zu müssen. Steht das nicht auch irgendwo, vor dem Gesetz sind alle gleich – oder? (Grundgesetz Artikel 1)

**Der wichtige Tip**

① Es entspricht dem modernen Verständnis von Höflichkeit – in den Fällen, in denen es *die Verkehrssituation zuläßt* –
- anderen bei Fahrbahnverengungen oder Staus auch einmal Vorfahrt zu gewähren;
- andere bei Ausfahrten einfädeln und bei Einfahrten einbiegen zu lassen usw.;
- Fußgänger über den Zebrastreifen gehen zu lassen (ganz abgesehen davon, daß es auch der Vorschrift entspricht);

- vor dem Abbiegen und bevor man am Straßenrand hält, höflicherweise rechtzeitig den Blinker zu setzen (obwohl es Vorschrift ist), denn es ist eine nervenschonende Orientierungshilfe für die anderen Verkehrsteilnehmer.
- ① Natürlich haben die meisten Verkehrsvorschriften etwas mit gegenseitiger Rücksichtnahme zu tun. Auch deswegen werden sie von gut erzogenen Menschen respektiert.

*Verkehrsvorschriften*

*Als besonders unfein gilt,*

- anderen mal schnell den bereits angestrebten Parkplatz wegzunehmen;
- sich um einen Parkplatz zu streiten, selbst wenn man im Recht ist;
- sich als Autobahn-»Drängler« aufzuführen; solche Leute gelten als Menschen mit besonders schlechten Manieren.

*Als Proletenverhalten gilt,*

- mit aufgedrehten Lautsprechern seines Autoradios oder der Stereoanlage und offenen Fenstern bzw. geöffnetem Dach durch Wohnstraßen zu fahren,
- vor Krankenhäusern, Friedhöfen oder Kirchen zu halten,
- andere Leute mit dem persönlichen Musikgeschmack unausweichlich zu konfrontieren.

Neben diesen »neuen« Mindestforderungen der Rücksichtnahme gibt es natürlich immer noch die »alten« Höflichkeitsregeln für Autofahrer und Autofahrerinnen.

*Erstes Beispiel: Der Ehrenplatz*

Für jede Art von Fahrzeugen mußte der »Ehrenplatz« immer neu bestimmt werden. So war und ist der Ehrenplatz in Kutschen und Kaleschen auf dem Rücksitz mit Blick in die Fahrtrichtung. Also genau so, wie es der Sitzgewohnheit der Königin von England entspricht, wenn sie durch die Straßen Londons fährt. Neben dem Kutscher auf dem Bock saßen in den Zeiten, in denen solche Pferdefuhrwerke das einzige Straßenverkehrsmittel waren, nur noch Bedienstete.

Heutzutage ist es eben eine Frage der Interpretation, ob man das gegenwärtige Auto

- als ein *vornehmes Gefährt* für kultivierte Menschen oder als kommunikatives Verkehrsmittel – selbst im Stau soll man nette Leute kennenlernen können – einschätzt oder
- einfach für ein *simples Transportmittel* hält, das einen – am liebsten schnell – von A nach B zu bringen hat.

Jede dieser Auffassungen hat ihre Konsequenzen für die Sitzordnung.

Nehmen wir den Fall *»Vornehmes Gefährt«*:

- Unter der Vorraussetzung, daß das Auto von einem Chauffeur gefahren wird, ist der Ehrenplatz hinten im Fond.
- Wird das Auto von einem etwa gleichrangigen Fahrer bewegt, so kann der Ehrengast auf dem Beifahrersitz Platz nehmen.
- In Fällen, wo die Rangfrage nicht so einfach zu entscheiden ist, kann man den Ehrengast ganz einfach fragen, wo er denn gern Platz nehmen möchte.

Diese Ehrenplatzfrage wird natürlich nur in offiziellen Situationen wichtig, wenn man einen Ehrengast oder einen Fremden zu fahren hat. Bei Freunden oder Freundinnen, Bekannten oder Kollegen/innen ist es doch viel netter, wenn man freundlich fragt, wo der Fahrgast denn gern sitzen möchte.

*Zweites Beispiel: Das Ein- und Aussteigen*

Nicht nur für offizielle Gelegenheiten gilt die Höflichkeitsvorschrift, allen Mitfahrenden beim Einsteigen ins Auto zu helfen und auch beim Aussteigen wieder behilflich zu sein. Das geht ganz einfach so, indem man seine Hand als eine Art Haltegriff reicht, den der oder die Einsteigende dann ergreifen kann. Denn eine Straßenbahn zum Beispiel hat für diesen Zweck einen Griff, ein Auto bekanntlich nicht. Diese freundliche Einsteig- und Aussteighilfe ist eine so selbstverständliche Geste der Höflichkeit, daß auch die moderne Autofahrer*in* ihren Fahrgästen diese Hilfe anbietet, wenn diese aus Gründen des Alters – seien sie vielleicht ein bißchen alt oder aber ein bißchen sehr jung – oder wegen eines langen oder sehr engen Rockes Schwierigkeiten damit haben.

Nur die Übertreibung macht diese ganz normale Höflichkeitsgeste lächerlich. Wenn sich zum Beispiel jemand ostentativ und ohne ersichtlichen Grund vor der Autotür aufbaut und wartet, bis der Fahrer oder die Fahrerin um das Fahrzeug herumgesaust kommt, um die Wagentür zu öffnen. Diese Geste ist in den USA gebräuchlich; da will sich keine Dame beim Öffnen einer Autotür ihre Fingernägel abbrechen. Deshalb steht sie so lange vor dem Auto oder bleibt so lange im Wagen sitzen, bis ihr der männliche Begleiter die Türe von außen aufgemacht hat. Bei uns gilt diese konsequente Geste gegenüber Frauen als überholt und antiquiert.

Ein Unterschied besteht doch zwischen Autofahrern und Autofahrerinnen (außer dem natürlich, daß Frauen einfach die begnadeteren Autofahrer sind): ein Mann kann ein- und aussteigen, wie er will; eine Frau dagegen sollte – sofern sie ein Kleid oder einen Rock trägt – beim Ein- und Aussteigen darauf achten, daß sie ihre Knie etwas zusammenhält, um unerwünschte Einblicke unter ihren Rock zu vermeiden.

## ÖFFENTLICHE VERKEHRSMITTEL

*Notwendige Einhaltung gewisser Spielregeln*

Wo immer Menschen dazu gezwungen sind, in engen Kontakt zu anderen zu treten, und das auch noch massenweise, ist die Einhaltung gewisser Spielregeln eine unverzichtbare Voraussetzung für das Funktionieren eines solchen Systems. Ganz anders, das heißt viel, viel großzügiger können also beispielsweise die Verhaltensregeln in den Bergen von Kanada oder in anderen dünn besiedelten Gegenden dieser Erde sein. Wir sehen in Ländern mit einer sehr großen Bevölkerungsdichte, wie zum Beispiel Japan, daß die Disziplin und gegenseitige Rücksichtnahme eine Überlebensfrage ist. Deswegen haben sie einen so hohen Stellenwert in der Gesellschaft und werden schon von sehr klein auf eingebimst.

## Öffentliche Verkehrsmittel

Es gibt *keine Sonderregeln* für ein richtiges Benehmen in öffentlichen Verkehrsmitteln. Es genügt die ganz normale Höflichkeit und Rücksichtnahme – so als sei man beim Chef eingeladen oder bewerbe sich um einen Führungsjob. Das ist es, was den feinen Mann und die feine Frau ausmacht.

### Die Rolltreppen

Eltern mit Kinderwagen können ein besonders garstiges Lied von der »Höflichkeit« ihrer Mitmenschen singen. Das gilt für die mangelnde Rücksichtnahme in öffentlichen Verkehrsmitteln genauso wie überall in der Stadt, wo sich viele Menschen bewegen. Auf einer Rolltreppe ist ein Kinderwagen sowieso nur sehr schwierig zu handhaben. Ganz kompliziert wird das Verlassen der Rolltreppe dann, wenn an dem Kinderwagen noch Einkaufsnetze und Taschen hängen. Und das ist meistens der Fall, denn die Mutter oder der Vater werden sich nur wegen dringender Besorgungen mit dem Kinderwagen in die Stadt begeben, bestimmt nicht zum Spazierenfahren.

- Man sollte darauf achten, ob Eltern mit Kinderwagen vielleicht eine hilfreiche Hand gebrauchen könnten; vor allen Dingen beim Verlassen von Rolltreppen könnten sie dafür dankbar sein.
- Als allgemeine Höflichkeitsregel auf Rolltreppen gilt *international: rechts stehen, links gehen.* Ich frage mich manchmal, warum diese Regel der Rücksichtnahme auf ganz Eilige überall auf der Welt klappt, nur in Deutschland nicht.

*Der wichtige Tip*

### Der tägliche Frust in Bussen und Bahnen

Es ist schade – aber man kann sich heute nicht mehr generell anbieten, jemandem die Tasche, den Einkaufswagen oder den Koffer nachzureichen. Es gibt zu viele Taschenräuber in den Städten. Aus diesem Grund sind ältere Menschen oftmals recht mißtrauisch gegenüber dieser Art von Hilfsbereitschaft – und sie haben recht damit. Das, was man tun kann, ist: seinen Arm einem Menschen, der eine schwere Tasche schleppt, als Stütze anbieten. So kann man eventuell doch etwas Hilfe geben, die in vielen Fällen recht notwendig ist.

*Der wichtige Tip*

- ⓘ Mütter oder Väter mit Kinderwagen und Kinderbuggy sind auf die Hilfe anderer regelrecht angewiesen, weil so ein Kinderwagen allein nicht in einen Bus oder in die Straßenbahn zu heben ist.
- ⓘ Es ist nicht nötig, jemandem vorher vorgestellt worden zu sein, um ihm beim Einsteigen oder Aussteigen behilflich zu sein.
- ⓘ Älteren Leuten sollte man beim Ein- oder Aussteigen helfen.
- ⓘ Ganz unbestritten ist es nach wie vor ein Gebot der Höflichkeit, wenn jüngere Leute nicht nur wesentlich älteren Menschen ihren Sitzplatz anbieten, sondern natürlich auch allen anderen, die ihn nötiger haben, wie zum Beispiel Schwangeren oder ArbeiterInnen, die von einem langen Arbeitstag nach Hause fahren.
- ⓘ Kleine Schulkinder haben an ihrem Schulranzen meistens sehr schwer zu tragen. Es ist durchaus menschenfreundlich, einem Schulkind anzubie-

## Öffentliche Verkehrsmittel

ten, sich neben einem noch mit auf den Sitzplatz zu setzen; oder man bietet an, den Ranzen solange zu halten.

👎 Jemand, dem man Vortritt gelassen oder beim Einsteigen geholfen hat, nimmt diese Geste als Selbstverständlichkeit und bedankt sich nicht.

*Der häufigste Fehler*

### Das Reisen in der Eisenbahn

Wer sich darüber im unklaren ist, wie es denn nun wirklich um Rücksichtnahme und Höflichkeit in unserem Land bestellt ist, der reise doch mal einige Stunden mit der Deutschen Bahn. Hier werden alle Zweifel darüber beseitigt, ob wir mit Recht von uns als einer »Ellenbogengesellschaft« sprechen. In der Eisenbahn kann man sie nicht nur sehen, da kann man sie sogar richtig fühlen.

Andererseits, wie sollte man denn nun in einen überfüllten Nahverkehrszug überhaupt hineinkommen, wenn man höflicherweise allen anderen Leuten den Vortritt ließe? Denn bis sich da irgendein ebenfalls höflicher Mensch erbarmt und einen selbst vorläßt, könnte man eventuell etwas zu lange warten müssen. Was ist also in dieser alltäglichen Situation zu tun? Kann man da überhaupt noch höflich bleiben, oder muß man mitschubsen?

Ganz klar: Wenn man in einer Menge steht, die sich dann im gleichen Moment auf ein bestimmtes Ziel – in diesem Fall eine Waggontür – hinbewegt, indem sie von den hinteren auf die vorderen Leute aufgeschoben wird, kann auch der höflichste Mensch nichts anderes tun als mitschieben. Allerdings sollte er den Druck auf die Vorderleute nicht unnötig und aus eigener Kraft noch erhöhen. Und doch gibt es auch in dieser Situation, im entscheidenden Moment des Einsteigens, meistens die Möglichkeit, durch Blickkontakt ein berührungsfreies Einsteigen zu gewährleisten oder gar jemandem hier den Vortritt zu lassen, der vielleicht nicht so behende die hohen Stufen erklimmen kann.

So wie im richtigen Leben gibt es auch in den verschiedenen Eisenbahnklassen unterschiedliche Verhaltensstandards, je nach dem Ausrüstungsstandard, der hier auch »Klasse« heißt. In früheren Zeiten gab es drei Eisenbahnklassen, die in bezug auf die Reisenden, die darin Platz nahmen, auch ziemlich genau der damaligen Klasseneinteilung der Gesellschaft entsprachen. In der 3. Klasse reisten die einfachen Leute, in der 2. Klasse die Herrschaften aus der Mittelschicht und in der 1. Klasse die Reichen und Vornehmen.

Heute hat sich das grundlegend geändert. Hier in Deutschland fahren gegenwärtig alle diejenigen 2. Klasse, denen es darum geht, von A nach B zu gelangen, ohne mehr Geld als nötig dafür ausgeben zu müssen. (Und eine 3. Klasse gibt es bekanntlich schon lange nicht mehr.)

In der 1. Klasse dagegen finden sich in der Regel zwei Kategorien von Reisenden: Erstens Geschäftsleute und Dienstreisende oberer Gehaltsklassen – also Leute, die ihre Fahrkarte nicht aus eigener Tasche bezahlt haben, aber ihrem Unternehmen einiges Geld wert sind. Zweitens Privatreisende, die etwas besser erzogene – vielleicht auch etwas besser angezogene – Mitreisende und eine gepflegtere Umgebung vorziehen und dafür auch einen erheblich höheren Fahrpreis zu zahlen bereit sind.

## Öffentliche Verkehrsmittel

So unterschiedlich diese Äußerlichkeiten zwischen den einzelnen Reiseklassen sind, so unterschiedlich sind auch die Verhaltensmuster, die in diesen oder jenen Eisenbahnwagen gelten. Sicherlich gibt es grundsätzlich keine Klassenunterschiede in bezug auf Zuvorkommenheit und Höflichkeit. Jedoch steht eines zweifelsfrei fest: *in der 1. Klasse fallen Unhöflichkeit und schlechtes Benehmen weitaus stärker auf und erregen mehr unangenehmes Aufsehen als in der 2. Klasse.*

- Es ist selbstverständlich, allen Mitreisenden behilflich zu sein, wenn sie mit dem Gepäck oder wegen der hohen Stufen Schwierigkeiten beim Ein- und Aussteigen haben, und zwar jedem, der diese Hilfe braucht.

*Der wichtige Tip*

- Älteren Leuten das Gepäck zu tragen ist leider(!) nicht mehr so ohne weiteres üblich, weil so mancher ältere Mensch sein Vertrauen in die Höflichkeit junger Leute mit dem Verlust wertvoller Gepäckstücke bezahlen mußte. Aber fragen sollte man auf jeden Fall.

*Vor allem älteren Menschen behilflich sein*

- Wenn man ein Abteil *betritt,* sagt man guten Tag.
- Diesen Gruß kann man auch beim Verlassen des Abteils entbieten, wenn man förmlich bleiben möchte und in der Zwischenzeit kein Wort mit den Mitreisenden gewechselt hat.
- Falls man sich ein wenig unterhalten hat, kann man freundlich eine gute Weiterreise wünschen, bevor man aussteigt.
- Im *Großraumwagen* geht alles noch etwas unpersönlicher zu. Da braucht man außer der- oder demjenigen, der unmittelbar neben einem

sitzt, eigentlich überhaupt keinen mehr zu grüßen. Es ist aber auch keineswegs ein Fauxpas, wenn man den oder die Menschen, die als nächste vor oder hinter einem sitzen, mit einem Kopfnicken grüßt – sowohl beim Platznehmen als auch beim Verlassen des Platzes.

- Daß man älteren Leuten und Damen beim Gepäckunterbringen hilft, ist die selbstverständlichste Höflichkeit, die auch noch am meisten Anwendung findet.

- Für das Gepäck ist die Ablage über den Sitzen vorgesehen. Nur wenn dort kein Platz mehr sein sollte oder der Koffer Übersee-Ausmaße hat, kann man sich andere Abstellgelegenheiten suchen. Dabei ist es natürlich selbstverständlich, daß man darauf achtet, Mitreisende nicht mehr als unvermeidlich zu behindern.

- Wenn jemand bei ganz langen Bahnreisen und wenn er/sie allein im Abteil ist, die Füße hochlegt, hat niemand etwas dagegen – vorausgesetzt, derjenige hat mit Hilfe einer Zeitung oder Decke dafür Sorge getragen, daß der Nächste den Schmutz oder die Creme der Schuhe nicht an seine Kleidung bekommt.

*Nicht die Schuhe ausziehen*

- Es ist nicht die feine Art, sich die Schuhe auszuziehen und dann die Füße auf einen Sitz zu legen. Das ist in der Regel zwar sauberer, aber weder der Anblick noch die sonstigen Belästigungen, die häufig von Füßen ohne Schuhe ausgehen, sind fremden Menschen zuzumuten. Ich selbst habe durchaus Probleme damit, mich auf einen Sitzplatz zu setzen, von dem jemand gerade seine Socken heruntergezogen hat.

## Öffentliche Verkehrsmittel

- Im *Speisewagen* setzt man sich auch zu fremden Leuten an den Tisch. Es reicht, wenn man fragt, ob der Platz frei ist.

  Guten Tag zu sagen ist auch im Speisewagen nicht verkehrt.

  Wenn der Speisewagen stark frequentiert ist und mehr Interessenten als Plätze da sind, hält man sich nach dem Essen nicht mehr unnötig lange am Tisch auf.

  Sich im Speisewagen oder im Bistro selbst ein Getränk zu holen und an den eigenen Platz im Abteil mitzunehmen, ist heutzutage durchaus üblich und kein Fauxpas.

- Gegenwärtig sind die Zugschaffner nicht nur für die Kartenkontrolle, sondern – in einer Reihe von Zügen – auch für das Austragen der Getränke zuständig. Allerdings bringen sie das Getränk meist nur auf Anfrage.

  Ob das nur eine vorübergehende personalsparende Maßnahme ist oder ob das auf Dauer angelegt ist, läßt sich noch nicht beurteilen.

Ein Zeichen sehr schlechter Kinderstube – nach heutiger Sprachregelung: *absolut proletenmäßig* – ist

- im Nichtraucherabteil zu rauchen;
- sein Gepäck in den Gang zu schmeißen, egal, ob dadurch andere Menschen behindert oder zu komplizierten sportlichen Übungen gezwungen werden;
- Abfall oder Verpackungsmüll auf den Boden zu werfen;
- älteren Leuten zuzuschauen, während diese versuchen, ihren Koffer in die Gepäckablage zu heben;

- im vollen Speisewagen nach dem Essen am Tisch noch weiter zu lesen;
- sich auf belegte oder reservierte Plätze zu setzen;
- seine Füße – egal ob mit oder ohne Schuhe – auf den ungeschützten Sitz gegenüber zu legen – das ist einfach *barbarisch*.

## Die Schlafwagen-Etikette

Es ist schon immer etwas Besonderes gewesen, in der Eisenbahn im Schlafwagen zu reisen. Wie man's auch nimmt.

Selbstverständlich ist der Zweck dieser Art des Langstreckenreisens, daß man lang ausgestreckt schlafen kann. Sonst kann man sich auch »Liegewagen« nehmen, liegen kann man dort auch. Und dies angezogen und außerdem billiger. Der Schlafwagen-Reisende will seine Ruhe und etwas Komfort, und dafür bezahlt er auch.

Das Komplizierte daran ist allein die Tatsache, daß er sich evtl. anderen Menschen ausliefern muß. Dann ist er quasi darauf angewiesen, daß sich seine Mitreisenden ordentlich benehmen, soll seine Schlafwagenfahrt nicht zum Horrortrip werden. Das kommt durch die extremen Verhältnisse, unter denen man reist – und ein Ausweichen gibt es nicht.

Am Reisen im Schlafwagen ist das Besondere, daß man/frau
- nur einen sehr kleinen Raum zum Zubettgehen und zum Aufstehen zur Verfügung hat;
- gegebenenfalls diesen kleinen Raum auch noch mit einem/einer oder zwei Fremden teilen muß;
- zum Ausziehen und Waschen auch nicht allein ist;

## Öffentliche Verkehrsmittel

- wegen des Deckenlichts, der Waschbeckenbenutzung und anderen Notwendigkeiten konsensfähig sein muß;
- nur sehr dünne Wände zum Nachbar-Abteil hat – und das kann, unter Umständen, das Unangenehmste sein.

Wenn alles gutgeht, dann kommt man wunderbar ausgeschlafen, frisch gewaschen und wie aus dem Ei gepellt an seinem Zielort an. *Wenn* alles gut geht. Abhängig ist das »Wenn« jedoch von dem guten Benehmen der Mitreisenden. Daher ist auch einleuchtend, daß es für das Verhalten im Schlafwagen gewisse Regeln gibt, die man kennen und beachten sollte.

*Der wichtige Tip*

- ⊕ Schon allein wegen des kleinen Raumes sind gegenseitige *Rücksichtnahme und Diskretion* verstärkt erforderlich.
- ⊕ Man muß sich dem-/derjenigen, mit dem man das Abteil teilt, weder vorstellen noch sonstige Vertraulichkeiten austauschen, aber man muß sich über einige *technische Details verständigen,* zum Beispiel:
  - Wann wird das Deckenlicht gelöscht?
  - Vor welcher Station muß der/die andere aufstehen und sich waschen? Hierbei geht es um die Reihenfolge der Waschbeckenbenutzung, die man verabreden muß.
- ⊕ Selbstverständlich sollte man
  - Musik nur mit Kopfhörer hören;
  - beim Waschen nicht das untere Bett bewässern, vor allem dann nicht, wenn da jemand anderes schon oder demnächst drin liegt;

> – »natürlichen« Körpergeruch vermeiden, aber
> – auch andere Leute nicht mit einer Parfümwolke einnebeln.

*Nicht selbst für Ruhe sorgen*

🕐 Wenn man von Nebenabteilen durch vermeidbaren Lärm gestört wird – Schnarchen und Baby-Geschrei zählen zu den unvermeidlichen Geräuscharten –, dann läßt man den Schlafwagenschaffner kommen und bittet ihn, für Ruhe zu sorgen. *Keinesfalls* sollte man sich als selbsternannter Schlafwagen-Ordner auf den Weg machen.

Will man diesem ganzen Streß von vornherein entgehen, kann man sich selbstverständlich *ein Abteil für sich allein* reservieren lassen. Dann ist man einen Haufen Probleme los. Nur den Schnarcher von nebenan noch nicht; will man den auch noch vermeiden, muß man sich einen ganzen Schlafwagen mieten. Das geht auch. Es ist allerdings recht selten.

## VERKEHRSMITTEL FAHRRAD

Es ist gar nicht mehr zu übersehen, daß das Fahrrad die höchste Steigerungsrate der Zulassungszahlen hätte – sofern man Fahrräder anmelden müßte. Aber nimmt man die Verkaufszahlen und die Zahlen der geklauten Fahrräder zusammen, so läßt sich der Trend des Fahrrades zu *dem* Verkehrsmittel der Zukunft gar nicht leugnen. So weit, so gut.

Und doch ist die Frage berechtigt: Ist das Fahrrad nun ein gutartiges oder ein bösartiges Fortbewegungsmittel?

# Verkehrsmittel Fahrrad

Für die Umwelt ist es gut, sehr gut sogar, das ist gar keine Frage. Aber wie steht es um die Gefährdung des Menschen durch das Fahrrad? Eigentlich denkt man doch, wer Fahrrad fährt, ist ein rücksichtsvoller Mensch, dem das Wohl seiner Mitmenschen und das der Umwelt besonders am Herzen liegt. – Pustekuchen!

## Das Leiden unter Radfahrern

Wer in Fußgängerzonen nicht schon zur blanken Lebensrettung einen kühnen Sprung zur Seite tun mußte, um nicht von einem Radrowdy umgefahren zu werden, der geht wohl nur vom Parkhaus zum Kaufhaus darüber und wieder zurück.

Das soll heißen: Radfahrer haben *selbstverständlich* – wie andere Verkehrsteilnehmer auch – die gesetzliche Verpflichtung, andere Menschen weder zu behelligen noch zu gefährden. Nur, sie tun oft so, als gäbe es für sie weder Verkehrs- noch gar Benimmvorschriften.

Hier geht es aber *nur* um die Benimm-Regeln – und zwar um deren

*1. Teil: Welches Benehmen muß man heutzutage von Radfahrern erwarten?*

Ohne Zweifel wird es mindestens für rüpelhaft gehalten, das Fahrrad als Geschoß gegen andere Menschen einzusetzen.

❶ In Fußgängerzonen rechnen die Menschen nur mit Gefahren, die *maximal mit Fußgängergeschwindigkeit* auf sie zukommen könnten. Auf andere Geschwindigkeiten sind sie nicht gefaßt.

*Der wichtige Tip*

- Sollte ein Radfahrer *schneller als Fußgängergeschwindigkeit* fahren wollen,
  - kann er das auf Radwegen und Straßen tun;
  - muß er auch die Fußgängerzonen meiden, für die es eine Ausnahmegenehmigung für Radfahrer gibt.
- Dafür darf er in einigen Bundesländern bereits Einbahnstraßen in verkehrter Richtung befahren.
- Insbesondere auf allen Wegen, die sich Fußgänger und Radfahrer teilen müssen, ist eine erhöhte Geschwindigkeit nur dann zu verantworten, wenn es keine Fuß- oder Spaziergänger weit und breit gibt.
- Auf Waldwegen und sonstigen Spazierwegen weit weg vom Autoverkehr können Eltern ihre Kinder endlich auch einmal »von der Leine« lassen. Das bedeutet,
  - gerade auf solchen Wegen dürfen kleine Kinder nicht durch Radfahrer gefährdet werden, damit sie nicht auch noch im Wald an der Hand gehen müssen.

Das wäre eine Einschränkung für die Kinder, die durch nichts zu rechtfertigen ist.

**Das Leiden der Radfahrer**

Das Thema Radfahrer hat natürlich noch eine zweite Perspektive: Das ist die Gefährdung des Radfahrers durch andere Verkehrsteilnehmer.

Daher der Benimm-Regeln

*2. Teil: Welches Benehmen müssen Radfahrer von andern erwarten dürfen?*

Auch hierzu gibt es natürlich Gesetze, das ist eine Sache; die Gesetze *aus Rücksicht gegenüber Mitmenschen* – gewissermaßen aus dieser persönlichen Überzeugung heraus – selbst zu beachten, ist offenbar eine ganz andere Sache. Dabei sind die Klagen gar nicht neu, doch das Verhältnis der Autofahrer und der Fußgänger zum Radfahrer scheint nachhaltig gestört – umgekehrt eben auch.

*Der wichtige Tip*

- Genauso rüpelhaft wie der Radlerrowdy benimmt sich ein Autofahrer, der
  - auf Radwegen anhält oder parkt;
  - beim Aussteigen die *Autotür* so unvorsichtig öffnet, daß Radfahrer gefährdet werden;
  - beim Abbiegen nicht auf die Radwege achtet.
- Fußgänger sollten nicht auf Radwegen gehen – ganz abgesehen davon, daß sie es nicht dürfen –, wenn sie einen Bürgersteig benutzen können.
- Radwege sind so eine Art »Autobahn für Radfahrer«, das heißt, sie sind nur von Radfahrern zu benutzen; also
  - nicht von Taxis,
  - nicht von Möbelwagen,
  - nicht von Getränkezulieferern,
  - nicht von Kinderwagen.

## HÖFLICHKEIT ALS FLUGZEUGPASSAGIER

Zu den Lebenssituationen, in denen man schon von weitem Menschen mit guten Manieren von denen mit schlechten unterscheiden kann, gehört ganz eindeutig das Fliegen. Da braucht man gar nicht lange zu beobachten, um herauszufinden, wem es eine Selbstverständlichkeit ist, Rücksicht auf andere zu nehmen und wer nur darauf aus ist, seinen Egoismen freien Lauf zu lassen. Und wenn jemand im Flugzeug gleich mit *Extrawünschen* kommt – Notsituationen natürlich ausgenommen –, so fühlt er sich vielleicht toll. In Wirklichkeit liefert er dabei für die andern einen sicheren Beleg schlechter Erziehung und mangelnder persönlicher Souveränität.

Es gibt einen sicheren Weg, besonders auf langen Flügen die wirklich wichtigen Leute von den angeblichen, den sogenannten »VIPs« (very important persons = sehr wichtige Personen) zu unterscheiden: die großen Persönlichkeiten sind die bescheidenen. Diese Passagiere würden auch nie vergessen, beim Verlassen des Flugzeugs der Kabinen-Crew Dankeschön zu sagen.

Bei der Fliegerei ist es zudem ein Gebot guten Benehmens, die *sicherheitsbedingten Vorschriften* zu respektieren – wie es jeder andere auch tut. Aus Gründen eigener Rücksichtslosigkeit mit dem Kabinenpersonal Streit anzufangen, potenziert noch die Blamage.

***Der wichtige Tip***

- Es hat *Sicherheitsgründe*, weswegen man großes und zu schweres Gepäck nicht mit in die Kabine nehmen soll. Außerdem ist es eklatant rücksichtslos: wo sollen denn die anderen Passagiere ihre Mäntel und Aktentaschen lassen, wenn einer allein bereits das ganze Handgepäckfach belegt hat?
- Es ist ebenfalls sicherheitsbedingt, daß man *Handgepäck* nicht unter oder neben den Sitz

stellen soll; das kann im Notfall zum Geschoß werden oder die Wege zu den Notausgängen blockieren.

- Als drittes Beispiel für die fahrlässige Mißachtung der Sicherheitsbestimmungen ist das zu frühe Lösen der Sicherheitsgurte und das vorzeitige Aufstehen. Es gibt immer wieder Menschen, die glauben, die Durchsage, daß man bis zum völligen Stillstand der Maschine angeschnallt sitzen bleiben soll, sei prinzipiell nur für andere gedacht.

*Sich an die Sicherheitsbestimmungen halten*

- Das Unhöfliche daran ist, daß solche Leute die Kabinen-Crew in Schwierigkeiten bringen, weil die verpflichtet ist, die Befolgung dieser Anweisung durchzusetzen. Jede/r, der etwas Ahnung von den Unfallmöglichkeiten während des Rollens hat, bleibt garantiert angeschnallt sitzen!
- Selbstverständlich kann man auf langen Flügen Wünsche äußern, die sich aber im Rahmen des üblichen halten sollten, und nicht gerade zu einem ungünstigen Zeitpunkt angebracht werden. Ungünstig ist es zum Beispiel
  - wenn gerade die Schwimmwesten vorgeführt werden;
  - wenn Essen serviert wird und die Servierwagen den Gang versperren;
  - wenn der Bordverkauf gerade läuft;
  - wenn der Kapitän wichtige Durchsagen macht.
- Die Kabinentemperatur empfindet man durch die permanente Ventilation schon bei längerem Sitzen, mit Sicherheit aber zum Schlafen als recht kühl. Deswegen ist es empfehlenswert, sich einen Pulli griffbereit ins Handgepäck zu

nehmen, den man dann gegen das Jackett, den Blazer bzw. die Kostümjacke auswechselt. Zum Aufhängen des Jacketts gibt es einen Haken an der Rückhaltevorrichtung des Tisches vor jedem Sitz.

⏺ In vielen Ländern dieser Erde ist es so heiß, daß man bereits »durchgeweicht« ist, bis man im Flugzeug sitzt. Für diesen Fall – und da man im Normalfall einen langen Flug vor sich hat –, hat man ein frisches Hemd/eine frische Bluse im Handgepäck. Der Wechsel geht ganz schnell auf der Toilette vonstatten – und dann bietet man seinen Mitreisenden wieder einen zumutbaren Anblick.

⏺ Während des Fluges läßt sich der *Besuch der Toilette* im Normalfall vorhersehen und ein wenig planen. Es gibt bestimmte Momente, da sollte man es vermeiden, »mal raus« zu müssen. Das gilt vor allem für die Fälle, in denen man den/die Nachbarn darum bitten muß, ihre Tische hochzuklappen, damit man vorbei kann. Solche ungünstigen Augenblicke sind zum Beispiel
- wenn gerade Essen serviert wird;
- wenn der Nachbar noch ißt, das heißt, noch sein Tablett hat;
- kurz vor der Landung (während Start und Landung muß man sowieso angeschnallt am Platz sitzen).

⏺ Jedem und jeder kann es einmal passieren, daß er/sie Probleme mit seinen Magennerven bekommt. Das heißt, es kann einem schlecht werden, vor allem vor der Landung nach langen Flügen, wenn die umgewälzte Luft auch nicht mehr so frisch ist. Für diese Fälle der sogenannten Luftkrankheit ist mit Tüten vorgesorgt, die in der Sitztasche vor jedem Sitz untergebracht sind. Es hat schon von vornherein eine sehr beruhigende Wirkung, wenn man sich gleich davon überzeugt, daß die Spucktüte wirklich da ist.

Sollte die Spucktüte während des Fluges gebraucht werden, so macht man die Tüte nach Gebrauch gut zu und gibt sie einem/r der FlugbegleiterInnen und läßt sich gleich eine neue Tüte geben. Falls man die Tüte erst kurz vor der Landung gebraucht hat, und man kann sie nicht mehr loswerden, so stellt man die zugemachte Tüte unter seinen Sitz.

*Sehr schlechtes Benehmen ist,*

🌀 sich im Abflug-Warteraum mit Vorräten an Snacks und Sandwiches einzudecken. Die auf den Selbstbedienungs-Rondells angebotenen Snacks stellen die Mahlzeit für die kurzen Inlandflüge dar, die wegen der Kürze der Flugzeit an Bord nicht serviert werden kann. Sie sind weder als Mitbringsel noch als Tagesration gedacht. Die Größe des angebotenen Tragebeutels gibt den *maximalen* Umfang dieser Mahlzeit vor;

🌀 am Vordermann vorbei die letzte Zeitung wegzuschnappen oder sich gar mit mehreren Zeitungen zu bedienen. Wer eine bestimmte Morgenzeitung braucht, sollte sie sich am besten vor dem Flug selbst kaufen und es nicht nur auf diverse Freiexemplare an Bord abgesehen haben;

- 🚫 bei vollbesetzten Inlandflügen oder kurzen Europastrecken *Extrawünsche* anzubringen. Bei so kurzen Flugzeiten sind solche Wünsche vom Kabinenpersonal unmöglich für alle Passagiere zu erfüllen;
- 🚫 im *Freizeitlook* in einer Linienmaschine zu reisen. Normale Bekleidung ist sowohl für Damen als auch für Herren der Geschäfts-Anzug bzw. das Kostüm und/oder die formelle Reisekleidung.
- 🚫 *Voll daneben* ist jemand,
  - der beim Einsteigen drängelt;
  - der die Rückenlehne seines Sitzes abrupt nach hinten stellt, ohne darauf zu achten, was hinter ihm los ist. Nach dem Essen kann beim Hintermann das Tablett noch auf dem Tischchen stehen, oder es kann ein Getränk auf dem herausgeklappten Tisch stehen; und das Tischchen ist ja bekanntlich an der Rücklehne des Vordermanns angebracht;
  - der mit durchgeschwitztem Hemd dasitzt;
  - der aufdringlich riecht, ganz gleich, ob der starke Duft aus der Parfümerie oder aus körpereigenen Vorrichtungen stammt.

## IM HOTEL

Es sei vorausgeschickt: *ein Hotel ist nicht gleich dem anderen.* Natürlich gibt es erhebliche Unterschiede. Viele dieser Unterschiede ergeben sich durch ganz objektive Gegebenheiten, die kann man feststellen und dann miteinander vergleichen.

## Im Hotel

Nach solchen objektiven Kriterien werden der Standard bzw. die Klasse eines Hotels ermittelt – nur noch nicht in Deutschland. Anders als in den meisten Ländern Europas gibt es für die deutschen Hotels keine Einteilungen nach Kategorien, die in anderen Ländern meist durch »Sterne« ausgedrückt werden. Bei uns ist man darauf angewiesen, entweder die einzelnen Hotelprospekte zu vergleichen und aus dem Angebot an Fitneß-, Freizeit- oder sonstigen Gesundheitseinrichtungen seine eigenen Prioritäten zu setzen. Oder man vergleicht die Übernachtungspreise der einzelnen Hotels. Damit ist aber nur ein örtlicher Vergleich möglich. Die Preise sagen gar nichts über den internationalen Standard eines Hotels aus.

Jedoch – es ist Hoffnung in Sicht. Die Kriterien für die einzelnen Standards werden zur Zeit erarbeitet.

Bis das mal soweit ist (wobei man sich sowieso fragt, was denn hier so anders sein sollte als im internationalen Hotelvergleich), gebe ich an dieser Stelle einige der *27 Kriterien* wieder, nach denen die Einstufung der *Schweizer Hotels* erfolgt. Daran kann man sich auch bei uns recht gut orientieren. Übrigens erfolgt die Klassifikation der Schweizer Hotels anhand eines 20seitigen Fragenkatalogs und einer »gefürchteten« Inspektion.

## Minimalnormen Hotelklassifikation Schweizer Hotelier-Verein

*Erläuterung:* Die oberste Klasse »***** Luxushotel« und die unterste Klasse »* Einfach Hotel« sind hier nicht aufgeführt.

1) = Geschäftshotel;  2) = Ferienhotel

|  | **** Erstklass | *** Gute Mittelklasse | ** Komfortabel |
|---|---|---|---|
| Verhältnis Personal zu Zimmerzahl | 1) 1 Pers. für 3,7 Z.<br>2) 1 Pers. für 5,0 Z. | 1) 1 Pers. für 5,0 Z.<br>2) 1 Pers. für 7,0 Z. | 1) 1 Pers. für 10 Z.<br>2) 1 Pers. für 15 Z. |
| Portierdienst | 16/24 Std. | 12/24 Std. | auf Verlangen |
| Schuhreinigung | Schuhreinigung oder 1 Schuhputzmaschine pro Etage | 1 Schuhputzmaschine pro 20 Zimmer | 1 Schuhputzmaschine |
| Tischwäsche | Stofftischtuch Stoffserviette | Stofftischtuch oder Stoffset, Stoff- oder Papierserviette | Stofftischtuch oder Stoffset, Stoff- oder Papierserviette |
| Minimalgrößen für 70 % der Zimmer mit Vorplatz ohne Naßzelle | 1) DZ 17 m$^2$/ EZ 12 m$^2$<br>2) DZ 20 m$^2$/ EZ 13 m$^2$ | 1) DZ 14 m$^2$/ EZ 10 m$^2$<br>2) DZ 16 m$^2$/ EZ 11 m$^2$ | 1) DZ 12 m$^2$/ EZ 9 m$^2$<br>2) DZ 13 m$^2$/ EZ 10 m$^2$ |
| Sanitärkomfort*) | 100 % mit Bad oder Dusche/WC | 75 % mit Bad oder Dusche/WC Etagenbad/-WC | 30 % mit Bad oder Dusche/WC Etagenbad/-WC |

# Im Hotel

|  | **** Erstklass | *** Gute Mittelklasse | ** Komfortabel |
|---|---|---|---|
| Gästeartikel gratis | Badehaube, Schaumbad, Papiergesichtstücher, Hygienebeutel, Hotel- und Ortsdokumentation, Korrespondenzmappe | Schaumbad, Hygienebeutel, Hotel- und Ortsdokumentation | Hygienebeutel, Hotel- und Ortsdokumentation |
| Häufigkeit des Wäschewechsels | Bett: jeden 2. Tag Bad: täglich | Bett: 2x pro Woche Bad: täglich | Bett: 1x pro Woche Bad: jeden 2. Tag |
| Waschen und Bügeln der Gästewäsche (ohne Wochenende) | vor 9.00 Uhr abgeben, Rückgabe innerhalb 12 Stunden | Rückgabe innerhalb 24 Stunden | Rückgabe innerhalb 24 Stunden |
| Für den Hotelgast reservierte Sitzplätze in den Speiseräumen | 2) 120% | 2) 80% | 2) 50% |
| Farbfernseher *) | 60% | – | – |
| Mindestgröße der Hotelbetriebe | 35 Gästezimmer | 25 Gästezimmer | 10 Gästezimmer |

*) in % der Zimmerzahl

Alle Klassen ohne Unterschied:
Persönliche Sicherheit im Zimmer und auf dem Hotelareal:
1. Schriftl. Alarmorganisation für Notfälle 24/24 Std., m. internen SOS-Telefonnummern.
2. Pflichtenheft des Sicherheitsbeauftragten.
3. Die Mitarbeiter des Hotels sind über die Sicherheitsmaßnahmen informiert.
4. Die Zugangsbereiche des Hotels werden überwacht und sind nachts geschlossen.

Zum Vergleich die »*Mindestvoraussetzungen für eine Empfehlung*« vom *ADAC:*

- »Mitgliedschaft im ADAC
- mindestens 25 Betten
- einwandfreie, zeitgemäße Ausstattung
- absolute Sauberkeit im gesamten Hotel- und Restaurantbereich
- alle Zimmer mit fließend w. und k. Wasser, Zentralheizung
- 50 Prozent der Zimmer mit Bad oder Dusche
- ausreichende Garagen/Parkplätze (ca. 25 Prozent der Zimmerzahl)«

Ein Prospekt des Hotels ist auch noch einzusenden. Das Empfehlungsschild gibt es dann für DM 50,–.

## Als Gast beim Empfang

Es macht von Anfang an einen hervorragenden Eindruck, wenn man sich bereits beim Betreten eines Hotels zunächst mit einer Art einfühlsamen Interesses auf die »Spielregeln« des Hauses einläßt. Je großzügiger man sich diesen Spielregeln anpaßt, um so souveräner wirkt das eigene Auftreten.
Bereits bei der Ankunft hängt es sehr von der Hotelkategorie ab, ob man sein Gepäck selbst bis zum Empfang tragen sollte oder nicht. Die freundliche Aufforderung, sich zunächst einzutragen, ist eigentlich überall die erste Zumutung, der man sich zu fügen hat. Das macht aber allen gleich »Spaß«, da ist man keine Ausnahme. Richtig schön ist diese Prozedur erst, wenn man todmüde von einer langer Fahrt endlich angekommen ist. In den teureren Hotels ist es dann gleichzeitig

**Im Hotel**

aber auch das letzte, was man tun muß; alles andere wird einem abgenommen – Trinkgelder inklusive.

Hotels der obersten Kategorie legen Wert darauf, dem Gast jeden auch nur erdenklichen Handgriff abzunehmen. Und für den Gast gehört es sich, daß *er sich diese Dienste erweisen läßt*. Selbstverständlich kann man in erstklassigen Hotels davon ausgehen, daß man sein Gepäck auch nicht einen Meter selbst tragen muß. Dann sollte man es auch gar nicht erst versuchen.

- Kommt man in einem *erstklassigen Hotel* mit dem eigenen Wagen an, fährt man – nach Möglichkeit – direkt am Hoteleingang vor, steigt aus und überläßt das Gepäckausladen dem Hotelboy bzw. dem Hausdiener. Der versorgt das Gepäck und bringt es aufs Zimmer.
- Wenn man mit einem Taxi vorfährt, dann läßt man sich nur in den Fällen das Gepäck vom Taxifahrer zum Hotelempfang bringen, falls kein Hotelangestellter dafür da ist. Sollte ein Hotelboy herbeieilen, dann ist es dessen Sache, sich ums Gepäck zu kümmern.
- Bei vielen großen, internationalen Geschäftshotels wird man von Wegweisern zuerst in die Hotelgarage geführt. Von dort muß man in der Regel sein Gepäck selbst bis zum Empfang »schleppen«. In modernen Hotels stehen in der Halle kleine Gepäcktransportwagen zur Verfügung des Gastes.
- Wenn man viel Gepäck hat, sollte man mit dem Hotelboy zusammen in die Hotelgarage zurückkehren und das Gepäck ausladen lassen.

*Der wichtige Tip*

- Wenn das Gepäck auf dem Zimmer angekommen ist, bekommt der Hotelboy ein *Trinkgeld*. Die Höhe dieses Trinkgeldes hängt von der Anzahl der Gepäckstücke und von ein paar weiteren Umständen ab (zum Beispiel Länge des Weges, Freundlichkeit oder Muffligkeit und vieles andere mehr). Ich bemesse das Trinkgeld auch nach der Zeit, wie schnell ich über mein Gepäck wieder verfügen kann, oder ob ich warten mußte.
- Der ungefähre Höchstbetrag fürs Kofferbringen entspricht dem Trinkgeld, das man beim Friseur dem Lehrling fürs Haarewaschen gibt. Alles klar!?

*(Näheres zu Trinkgeldern in Kapitel 7)*

**Die häufigsten Fehler**

- Der Gast erwartet entweder zu viel oder auch zu wenig vom Hotelpersonal, weil er sich nicht über die zu erwartenden Dienstleistungen im klaren ist, die mit dem Standard des Hotels unmittelbar zusammenhängen.
- Erwartet der Gast den Service eines First-Class-Hotels von einem kleineren oder mittleren Hotel, das sich nur durch erhebliche Personaleinsparungen über Wasser halten kann, dann wird er sich schön wundern. In diesem Hotel wird in der Regel vom Gast erwartet, daß er seinen Koffer selbst trägt.

Eine weitere »Spielregel« der Hotels betrifft die *Abreise* des Gastes:
In allen Hotels der Welt ist es eine Herausforderung an die Organisation, einerseits dem abreisen-

# Im Hotel

den Gast genügend Zeit zum Ausschlafen, Frühstücken und Kofferpacken zu lassen, und andererseits dem ankommenden Gast ein gelüftetes, sauberes, mit aller erforderlichen Wäsche neu ausgestattetes Zimmer so früh wie möglich überlassen zu können. Das geht nur, wenn der Gast die *grundsätzliche* Regel respektiert:

- bis 12 Uhr ist das Zimmer zu räumen;
- vor 14 Uhr ist ein Zimmer nicht zu beziehen.

Selbstverständlich gibt es von Hotel zu Hotel kleinere Abweichungen von dieser Faustregel. Deswegen
- erkundigt sich der reiseerfahrene Gast schon bei der Ankunft, um wieviel Uhr er/sie das Zimmer am Abreisetag freizumachen habe.

- Falls der Gast sein Gepäck noch nicht mitnehmen kann – etwa, weil er in dem Hotel ein Seminar besucht oder noch Besorgungen in der Stadt zu erledigen hat –, gibt er sein Gepäck ins *Hotel-Depot*.

Jedes Hotel nimmt das Gepäck gern in Verwahrung, wenn der Gast sein Zimmer rechtzeitig dem Hotel wieder zur Verfügung gestellt hat. Zuständig dafür ist der Portier. Auf alle Fälle sollte man sich eine Quittung oder eine Gepäck-Marke geben lassen.

*Den Portier nach der Gepäckverwahrung fragen*

## Das Hotelpersonal

Es ist eine Tatsache, daß in jedem Hotel die sehr unterschiedlichen und vielfältigen Dienstleistungsbereiche sensibel aufeinander abgestimmt und –

im Normalfall – auch gut aufeinander eingespielt sind. Ein großes Hotel ist durchorganisiert wie ein großes Unternehmen. Das ist manchen Gästen oft nicht so recht bewußt. Daraus können dann eine ganze Palette möglicher Irrtümer folgen. Solch ein Irrtum ist zum Beispiel, beim Zimmermädchen etwas zu trinken zu bestellen oder den Hausdiener um ein frisches Handtuch zu bitten. Das ist etwas ungewöhnlich, aber keineswegs eine Riesenblamage, wie manche Leute meinen. Und peinlich ist so eine Verwechslung schon lange nicht – jedenfalls solange nicht, wie der Gast sich als höflicher Mensch zeigt.

*Unterschiedliche Service- und Verantwortungsbereiche*

Als eine grobe Orientierung über die unterschiedlichen Service- und Verantwortungsbereiche, hier die *wichtigsten zehn Positionen* mit ihren Funktionen. Die gibt es, mehr oder weniger variiert, in allen großen, internationalen Hotels:

- Der *Hotelmanager* = (oft) auch der Geschäftsführer des Hotels
  - hat die Gesamtverantwortung für den Hotelbetrieb.

- Der *Küchenchef* = Chef de cuisine
  - ist ein ganz wichtiger, hochbezahlter Mann (immer noch!); er hat die gesamte Küchenbrigade unter sich;
  - ist verantwortlich für das gesamte Essen, das den Gästen serviert wird; er stellt das Menü zusammen und leitet die Herstellung der Menüs;
  - hat in größeren Hotels einen Stellvertreter, den »Sous chef de cuisine«.

# Im Hotel

- *F&B Manager* = Einkaufschef »*F*ood and *B*everage«
  - ist für den gesamten Lebensmitteleinkauf verantwortlich, in manchen Hotels auch für den Vorrat an sämtlichen Reinigungsmitteln und anderen Verbrauchsgütern.

- Die *Hausdame* = Leiterin Hauswirtschaft
  - bekommt der normale Hotelgast sogar manchmal zu sehen, wenn sie die Zimmermädchen anleitet oder die Zimmer kontrolliert;
  - ist diejenige, an die der Gast sich wenden sollte, wenn er Probleme mit der *Sauberkeit* im Zimmer oder Bad oder mit den Handtüchern oder ähnliches hat.

- Chef der *Haustechnik*
  der Titel beschreibt auch schon die Funktion;
  - ist zwar für alle auftretenden technischen Probleme zuständig – sei es mit der Klimaanlage oder mit dem tropfenden Wasserhahn – an ihn wendet sich der Gast in der Regel aber *nicht direkt*. In den Fällen eines technischen Ausfalls sagt der Gast dem *Portier* oder an der *Rezeption* Bescheid, der gibt die Reklamation dann an den Chef der Haustechnik oder dessen Beauftragten weiter.

- *Sportchef/in* = Leiter/in Fitness-Studio
  - in vielen Hotels auch zuständig für den gesamten Fitnessbereich, die Sauna, das Schwimmbad u. a.;
  - in Ferienhotels verantwortlich für alle sportlichen Angebote für die Gäste.

- *Empfangschef/in* = Chef de réception
  - diese Person ist verantwortlich für den gesamten Gästeempfang, Reservierungen und korrekte büromäßige Abwicklung von Ankunft und Abreise der Gäste.

- *Oberkellner/in* = Chef de Service
  - hat den gesamten Servicebereich im Restaurant unter sich und ist verantwortlich für den einwandfreien Ablauf des Essensservice. In Hotels, in denen es keinen Sommelier gibt, ist der/die Oberkellner/in auch für die Weinberatung zuständig.

- Der *Portier/*die *Concierge*
  - in vielen Hotels der Luxus- und der Ersten Klasse ist er fast der wichtigste Mann: der Portier weiß alles, kennt alles und jeden und kann im übrigen alles organisieren;
  - an ihn/sie wendet man sich, wenn man Theaterkarten braucht;
  - wenn man jemandem etwas bestellen lassen muß;
  - wenn man eine besondere Auskunft über Einrichtungen der jeweiligen Stadt braucht;
  - wenn man Bridge-, Doppelkopf- oder Pokerpartner sucht;
  - er/sie ist für die *Beauftragung der Hausdiener bzw. der Hotelboys* zuständig.

- Die *Kasse*
  - hier zahlt der Gast seine Rechnung vor der Abreise.

Die guten Manieren erfordern zweifelsfrei, daß sich ein Gast gegenüber dem Personal jederzeit höflich und in gewisser Weise auch rücksichtsvoll zu verhalten hat. Sowohl unhöfliches Erteilen von Befehlen als auch distanzloses Anbiedern sind *verpönt*.

**Der wichtige Tip**

- Der allerwichtigste Tip ist der, daß sich ein Gast schon von vornherein darüber Klarheit verschaffen sollte, welchen Komfort er bezahlt und was an Service er von diesem Hotel erwarten kann und sollte *(siehe oben)*.
- Es ist auf jeden Fall empfehlenswert, daß man sich anhand der hotelinternen Telefonliste erst einmal schlau macht, welchen Service man unter welcher Nummer erhalten kann. Im Zweifelsfall ist es immer der *Portier* bzw. ein/e Mitarbeiter/in am Empfang, der einem weiterhelfen kann.

## Korrektes Verhalten im Hotelzimmer

Am liebsten würde man es nicht glauben, was Hoteliers so alles über die Unarten von Gästen zu berichten haben, wenn man sie mal fragt. Aber ich habe lernen müssen, daß das Benehmen so mancher Hotelgäste sehr zu wünschen übrig läßt. Und wenn diese Gäste auch noch Landsleute sind, macht es einen vor Scham wütend.

Es besteht also aller Anlaß, einmal ganz unmißverständlich zu sagen – was jeder Mensch mit Erziehung für selbstverständlich hält:

- Ein Gast kann weder durch einen hohen Zimmerpreis noch durch ein überzogenes Trinkgeld das Recht erkaufen, sich schlecht zu benehmen.

Für einen Hotelaufenthalt gilt selbstverständlich das gleiche wie für alle anderen Lebenssituationen:

- Wer die Arbeit anderer Menschen mißachtet, gilt nicht nur als schlecht erzogen, sondern als primitiv – selbstverständlich gilt das gleichfalls für die Arbeit von Hotelangestellten.

*Rücksichtslose Gäste schaden dem Hotel*

Ein Gast, der sich rücksichtslos verhält, bringt dadurch ja nicht nur seine persönliche Herabwürdigung gegenüber dem Hotelpersonal zum Ausdruck, er setzt doch auch das Niveau des gesamten Hotels herab. Denn die anderen Gäste, zumal solche, die Menschen mit schlechtem Benehmen normalerweise aus dem Weg gehen, möchten mit Leuten dieser Art schon gar nicht unter demselben Dach wohnen. Sie werden also zukünftig dieses Hotel meiden.

Damit ist dann auch schon der Grund genannt, warum Hotelmanager eher an guterzogenen als an gut (Trinkgeld) zahlenden Gästen interessiert sind – sofern beides zusammen nicht zu haben sein sollte. Denn schlecht erzogene Gäste wirken sich unmittelbar geschäftsschädigend aus.

Wie in allen anderen Lebenszusammenhängen ist es für Menschen mit etwas Fingerspitzengefühl eine Selbstverständlichkeit, auch das Hotelpersonal höflich und korrekt zu behandeln. Zu diesem korrekten Behandeln gehört nicht nur, daß man seine Wünsche höflich vorträgt und eventuell notwendige Reklamationen in gleicher Weise höflich vorbringt. Dazu gehört natürlich auch, daß sich der Gast in seinem Verhalten der Kultur des Hauses anpaßt.

# Im Hotel

**Der wichtige Tip**

- Als erste Regel respektiert ein kultivierter Gast selbstverständlich *das Ruhebedürfnis anderer Gäste* – ganz gleich zu welcher Tageszeit. Andere Gäste weder zu stören noch auf sich aufmerksam zu machen, ist eine eiserne Regel vielgereister Menschen.
- Ein Gast, der *länger* als nur eine Nacht in einem Hotel logiert, räumt die benötigte Kleidung und Wäsche in den Schrank.
- Der Gast überläßt das Hotelzimmer dem Personal in einem *aufgeräumten* Zustand.
- Mit dem Schildchen: »*Bitte nicht stören*« bzw. »*Bitte Zimmer aufräumen*« auf der andern Seite kann man sich mit den Zimmermädchen darüber verständigen, wann sie das Zimmer in Ordnung bringen können – und wann nicht. Normalerweise hängt man die »Nicht-stören«-Seite bereits abends nach außen, damit man am Morgen von den Zimmermädchen nicht zu früh geweckt wird. Die »Aufräumen«-Seite hängt man nach außen, wenn man zum Frühstück geht. Wenn's gutgeht, kommt man danach ins frisch gemachte Zimmer.
- Aufgabe des Zimmerpersonals ist nur das Bettenmachen und das Saubermachen von Zimmer und Bad. Außer der Nachtkleidung darf das Zimmerpersonal keine Kleidung der Gäste anfassen oder gar wegräumen.
- Bad und Toilette sind selbstverständlich dem Personal in einem zumutbaren Zustand zu hinterlassen.
- Die Toilettenbürste ist nicht nur für den Gebrauch durch das Reinigungspersonal bestimmt, sondern wird auch vom kultivierten Gast benutzt.

- ◐ Die im Bad dem Gast zur Verfügung angebotenen Kosmetikartikel wie Seife, Duschgel, Badezusatz, Nagelfeile und Duschhaube sind für den persönlichen Gebrauch bestimmt. Angebrochene Fläschchen oder Döschen können bei der Abreise mitgenommen werden; sie werden vom Hotel in der Regel nicht nachgefüllt. Das gilt auch für benutzte Bade- oder Zimmerpantoffeln.
- ◐ Alles an Wäsche und sämtliche Gegenstände, die zum Inventar gehören, dürfen *nicht mitgenommen* werden; das wäre – ohne Einschränkung – *Diebstahl*. (*Siehe dazu Abschnitt »Der diebische Gast«*)

**Handtücher nur zum Abtrocknen benutzen**

- ◐ Es ist ein Zeichen von *Primitivität*, wenn man *Handtücher* zweckfremd gebraucht. Das weiß jeder, der in Verhältnissen aufgewachsen ist, wo der Gebrauch von Wasser und Seife nebst Handtüchern nichts Ungewöhnliches war. Offenbar scheint das nicht mehr bei allen Landsleuten der Fall gewesen zu sein, deswegen einige Zeilen im Klartext:

  *Handtücher sind zum Abtrocknen gewaschener Körper oder Körperteile gedacht.*

  *Tabu:* Handtücher dürfen nicht
  - zum Schmutz-Ranschmieren,
  - zum Schuheputzen,
  - zum Abschminken oder in ähnlicher Weise rücksichtslos gebraucht werden.

- ◐ Die *Minibar* enthält ein günstiges Getränkeangebot – günstig für das Hotel! Ehe man sich ausgiebig daraus bedient, sollte man sich zuerst einmal die Preisliste ansehen. Normalerweise schreibt man die entnommenen Getränke und Knuspersachen auf und gibt den Zettel bei der

Abreise an der Kasse ab. In vielen Hotels gibt es den Vordruck für die Minibar gar nicht mehr, da wird jeden Morgen kontrolliert. Trotzdem ist es zu empfehlen, sich seine Minibarentnahme zu notieren.

*Die peinlichsten Fehler*

- Sich so laut und auffällig zu benehmen, als habe man das ganze Hotel gekauft.
- TV oder Radio so laut zu stellen, daß die benachbarten Hotelgäste dadurch gestört werden.
- Seine Unterwäsche – ganz gleich, ob sauber oder schmutzig – im Zimmer herumliegen zu lassen.
- Den geöffneten Koffer auf dem Boden stehen zu lassen und ihn als Wäschekommode zu benutzen anstatt den Schrank.
- Mit Handtüchern oder Gardinen die Schuhe zu putzen – das war früher einmal die Art einiger Angehöriger von überseeischen Besatzungsmächten, den besiegten Völkern zu zeigen, was man von ihrer Kultur hält. Wer das heute macht, fällt aus jedem Kulturvolk heraus.
- Nicht unterscheiden zu können, was ein dem Gast offeriertes Geschenk des Hauses und was Inventar ist.
- Nicht zu wissen, was kriminell ist.

## Im Hotelrestaurant

Für das Hotelrestaurant gelten natürlich die gleichen Regeln wie für ein separates Restaurant *(siehe Kapitel 7)* – mit einigen Ergänzungen; diese ergeben sich auch aus der Tatsache, daß man hier frühstückt.

## Unterwegs und auf Reisen

**Der wichtige Tip**

- 🛈 Das Hotelrestaurant betritt man jederzeit korrekt gekleidet, sei es zum Frühstück, zum Mittagessen oder am Abend.
- 🛈 Die Kleidung entspricht den Erfordernissen der Tageszeit und ist dem Stil des Hauses angepaßt. Das heißt: je gehobener die Klasse des Hotels, desto formeller ist die Kleidung auch während des Tages.
- 🛇 In guten Hotels geht man weder im Jogginganzug noch im Sportdress zum Frühstück. Ganz *schlimm:* Hausschuhe im Restaurant.
- 🛈 Auf einer Terrasse ist die Kleiderordnung am Morgen und zu Mittag etwas legerer.
- 🛈 Sobald man das Hotelrestaurant betritt, verhält man einen Augenblick, um sich vom Kellner/ der Kellnerin an einen Tisch geleiten oder sich einen Tisch zeigen zu lassen – je nach dem Stil des Hauses.
- 🛈 Der Hotelgast kann seine Rechnung im Restaurant entweder gleich bezahlen oder sie auf die Zimmer-Rechnung setzen lassen.
- 🛈 Falls er von letzterer Möglichkeit Gebrauch macht, sollte er seine Rechnung nach dem Essen *stets* unterschreiben und das entsprechende Trinkgeld gleich dazu legen. Eventuelle Unstimmigkeiten sind bei einem längeren Aufenthalt später kaum mehr nachzuvollziehen.

- 🛇 *Sehr schlechter Stil* ist es, bei jeder Mahlzeit die Rechnung auf das Zimmer schreiben zu lassen, ohne das entsprechende Trinkgeld gleich in bar dazuzugeben.

# Im Hotel

Einige Tips zum Frühstücksbüfett:

👍 Der Gast *sollte* stets
- zuerst Platz nehmen und dann zum Büfett gehen;
- dem Kellner/der Kellnerin zunächst seinen *Getränkewunsch* sagen, wenn er danach gefragt wird – nach gegenwärtiger Gepflogenheit wird ihm *das warme Getränk an seinen Platz* gebracht, Säfte und kalte Milch holt er sich selbst vom Büfett;
- die Kellnerin mit: »Bitte schön!« oder etwas ähnlichem rufen;
- Trinkgeld nach Arbeitsaufwand der Bedienung geben.

👎 Der Gast *sollte nicht*
- Brot oder Brötchen mit der Hand anfassen und dann liegen lassen;
- Brot in der Hand tragen – man legt es auf einen Teller, ein Körbchen oder was dafür vorgesehen ist;
- am Büfett im Stehen bereits etwas essen oder trinken;
- im Stehen oder Gehen etwas kauen – beides ist ungemein *peinlich!*
- die Kellnerin mit »Fräulein!« rufen (sondern: »Bitte schön«);
- seine Kinder rumsausen lassen – das kann teure Zusammenstöße geben;
- im Frühstücksraum rauchen.

👎 Es gibt Leute, die gehen zum Frühstück ins Restaurant wie zu Hause auf den Balkon: leger und in nicht korrekter Bekleidung – womöglich noch in Hausschuhen.

*Die häufigsten Fehler*

- ⓘ Hotelgäste kommen reingelaufen und setzen sich irgendwo hin.
- ⓘ *Ganz schlimm*: Leute stehen kauend und trinkend am Büfett oder laufen so durchs Restaurant.
- ⓘ Ebenso unmögliches Benehmen ist, wenn jemand aus der zweiten Reihe, über andere hinweg, sich etwas vom Büfett *angelt*.

**Reklamationen und Beschwerde**

Selbstverständlich gibt es, selbst im nobelsten Hotel, immer mal wieder einen Grund zu einer Reklamation oder einer Beschwerde. Das ist gar keine Frage. Die einzigen Fragen, die in einer solchen Situation zu stellen sind, können also nur lauten:

- *wie* verfährt der Gast mit solchen Situationen und
- *an wen* wendet er sich?

Wenn immer solche Dinge eine zu verstehende Ursache haben, wie zum Beispiel eine durchgebrannte Birne, ein ausgefallenes TV-Gerät oder ähnliches, sollte man die »Reklamation« als einen *freundlichen Hinweis* formulieren. In jedem guten Hotel wird man sich umgehend Mühe geben, den Fehler zu beheben. Das gilt in gleicher Weise für fehlende Utensilien, die vorzufinden der/die vielreisende Geschäftsmann oder Geschäftsfrau gewöhnt sind, wie zum Beispiel die Duschhaube oder das Duschgel. Auch hier sollte man sich freundlich danach erkundigen, ob die benötigten Utensilien nur versehentlich nicht da sind, oder ob sie in diesem Hotel nicht vorgesehen sind.

**Im Hotel**

Wenn es sich allerdings um gravierende Mängel, sei es des Hotels oder des Personals, handelt, dann kann und sollte man höflich von seinem Recht Gebrauch machen, sich bei dem/der Verantwortlichen zu beschweren.

Natürlich ist es eine nicht zu vermeidende Tatsache, daß so eine unangenehme Angelegenheit wie Reklamation oder Beschwerde eine Sache des Fingerspitzengefühls und – vor allem – der Erfahrung ist. Die hier angeführten Beispiele sollen deshalb nur einen Hinweis darauf geben, wie man sich in Standardsituationen verhalten *könnte*. Aber jede Konstellation ist ein bißchen anders, deswegen kann dem Gast seine persönliche Entscheidung nicht abgenommen oder gar standardisiert werden.

- Der allerwichtigste Tip ist: Ein feiner und erfahrener Gast wird eine Reklamation oder Beschwerde niemals so anbringen, daß andere Gäste etwas davon bemerken, sondern ruhig und *leise*. (Es sei denn, er/sie ist so ungeheuer verärgert, daß die »Sicherungen« der guten Erziehung »durchknallen«.)

  An wen man sich mit Reklamationen am besten wendet, ist dem Abschnitt *»Das Hotelpersonal« (weiter oben)* zu entnehmen.

- Bei den kleinen »Fehlern« in der Technik – wenn zum Beispiel etwas nicht so funktioniert, wie man es erwarten kann – reicht im Normalfall der freundliche Hinweis an den Portier bzw. den Empfang. Der benachrichtigt das technische Personal.

- Die Hausdame bzw. die Gouvernante (die Zuständige für alles, was mit der Zimmerausstat-

*Der wichtige Tip*

tung, dem Bad und der gesamten Reinigung zu tun hat) erreicht man bis in die frühen Nachmittagsstunden über die angegebene Telefonnummer oder einfach auf dem Flur, wenn sie die Zimmer vor dem Gastwechsel inspiziert.

🕭 Bei Beschwerden über andere Gäste kann man sich zunächst ebenfalls an den *Portier* wenden. Wenn er selbst keine Befugnis hat, sich einer solchen Beschwerde anzunehmen, wird er den Gast an die richtige Stelle weiterreichen.

🕭 *Keinesfalls* sollte ein Gast sich auf den Vorschlag einlassen, gegenüber störenden Gästen selbst um Ruhe zu bitten. Das ist ganz unzweifelhaft eine Angelegenheit des Hotels, den Gästen eine ungestörte Ruhe zu verschaffen.

🕭 Erst falls einer solchen Bitte um Ruhe – trotz der geäußerten Beschwerde – nicht nachgegangen würde, so wäre dies ein Grund, den *Manager* zu sprechen. Das trifft natürlich auch dann zu, wenn der Gast vom Portier eine unzumutbare Antwort erhielte.

- Der Hotelmanager (früher hieß er Hoteldirektor) ist eigentlich nur bei zwei Arten von Beschwerden anzusprechen,
  1. wenn man wichtige Gründe hat, sich über das Personal zu beschweren, oder
  2. wenn die Beschwerde so gravierend ist, daß sie nur von der Hotelleitung zu beheben ist.

🕭 Hat man zu viele Mißhelligkeiten in einem Hotel, oder der ganze Stil des Hotels entspricht nicht den eigenen, berechtigten Erwartungen, dann gibt es nur eine feine Art, die Angelegenheit zu erledigen: man wechselt das Hotel.

Nirgendwo auf der Welt ist ein Gast dazu verpflichtet, in einem Hotel zu bleiben, mit dem er nicht zufrieden ist. Der einzige denkbare Grund, der einen in einem solchen Hotel halten könnte, wäre der, daß man an dem Ort kein anderes Zimmer mehr bekommen kann.
Die Begründung dafür, warum man vorzeitig abreist, *kann* man dann höflich abgeben – man muß es aber nicht. Auf keinen Fall wird sich ein wohlerzogener Gast mit Hotelpersonal in Diskussionen darüber einlassen, ob er auch nach deren Ansicht Grund zur Beschwerde hat oder nicht.

Je höher die Klasse des Hotels, um so mehr wird vom Gast erwartet, daß er sich unauffällig benimmt und sich mit seiner Kleidung dem Stil des Hauses anpaßt. Vielgereiste Leute mit souveränem Auftreten vermeiden auch nur das geringste Aufsehen. Auffallen ist äußerst »unschicklich«.

*Die häufigsten Fehler*

- Gäste beschweren sich wegen absolut verzichtbarer Kleinigkeiten.
- Gäste verlangen bei Reklamationen gleich den Hotelmanager zu sprechen, obwohl dieser Beschwerde auch von anderen Angestellten nachgegangen werden könnte. Menschen, die selbst Führungsaufgaben zu bewältigen haben, wissen, daß man sich mit einer Beschwerde zuerst an den zuständigen Mitarbeiter/die zuständige Mitarbeiterin wendet. Erst wenn das nichts nützt, wird der Chef/die Chefin eingeschaltet.

## Unangenehme Gäste

Leider begegnet man unterwegs immer wieder Leuten, die davon auszugehen scheinen, daß sie so eine Art Hauptrolle im Hotel zu spielen haben und daß ganz selbstverständlich das gesamte Personal ausschließlich zu ihrer persönlichen Verfügung bereitgehalten wird. Sicherlich könnten diese Menschen mit Hilfe einer simplen Rechenaufgabe dahinter kommen, wieviel Prozent der konkret anfallenden Personalkosten sie mit dem Zimmerpreis tatsächlich selbst bezahlen – von den allgemeinen Kosten eines Hotelbetriebs mal ganz zu schweigen.

*Mit (Trink-)Geld läßt sich nicht alles erkaufen*

Wie bereits in den vorangegangenen Kapiteln erwähnt, genießt im europäischen Kulturraum nicht derjenige ein hohes Ansehen, der viel Geld hat – ganz gleich, wie er sich aufführt –, sondern derjenige, der genug Geld hat, um es *nicht zeigen* zu müssen. Deshalb ist es schon von Anfang an ein fataler Irrtum, wenn jemand davon ausgeht, er könne sich mit Geld Ansehen kaufen.

Ohne Einschränkungen verlangen die strengen Gesetze der guten Manieren von allen Angehörigen der wirklich »guten Gesellschaft«, daß sie sich unauffällig und vornehm zurückhaltend benehmen. Und aus verständlichen Gründen sind die teuren europäischen Hotels sowohl traditionell als auch aus aktuellem Geschäftsinteresse nach den Standards der soliden und verläßlichen Schicht der alten, reichen Familien ausgerichtet. Führt sich nun jemand auffallend auf oder glaubt, mit (Trink-)Geld bewirken zu können, daß man über sein schlechtes Benehmen hinwegsieht, entlarvt er sich – für alle

## Im Hotel

offenkundig – als ungebildet und schlecht erzogen. Und er erntet allgemeines Naserümpfen – sofern er/sie Europäer/in ist.

Asiaten und arabische Ölscheichs können in Europa zwar noch mit größerem, aber nicht mehr mit uneingeschränktem Nachsehen rechnen.

Aus der Wirklichkeit des Hotellebens ein paar Beispiele für *peinliches Benehmen:*

- wenn ein Gast sich in einem erstklassigen Hotel in Europa so aufführt, als betrachte er das Hotelpersonal wie persönliche Leibeigene oder Menschen einer minderwertigen Kaste;
- wenn ein Gast die Telefonliste nicht richtig lesen kann und wegen irgendwelcher Wünsche an das Hotelpersonal in anderen Zimmern anruft – möglichst noch zu Zeiten, in denen andere Gäste gerade ein Nickerchen machen;
- wenn Gäste laut sind;
- wenn Gäste sich unangemessen gekleidet im Hotel bewegen und damit auffällig den Stil des Hauses mißachten. Zum Beispiel
  - im Jogginganzug oder ähnlicher, legerer Sportkleidung zum Frühstück erscheinen;
  - ohne Krawatte und Jackett zum Dinner auch in solchen Hotelrestaurants Platz nehmen, deren Stil diese Bekleidung eindeutig erfordert;
  - im Sauna-Bademantel und mit Pantoffeln an den Füßen durch die Hotelhalle schlendern.

Natürlich gibt es extra Sporthotels oder Hotels für Badekurgäste, die für die Bequemlichkeit ihrer Gäste besondere Regelungen treffen. Das steht dann im jeweiligen Hausprospekt oder wird auf andere Art bekanntgegeben. Auch sollte man darauf achten, ob für den Besuch der Fitneß- oder Gesundheitszonen ein separater Fahrstuhl vorgesehen ist, wie es in manchen internationalen Hotels üblich ist, damit leichtbekleidete Hotelgäste im Aufzug nicht mit offiziell gekleideten Menschen zusammentreffen.

Es ist immer ein Zeichen von Souveränität, wenn man die Interessen anderer respektiert – niemals ein Zeichen von Schwäche. Und selbstverständlich wird der höfliche Gast seinerseits wesentlich mehr geachtet als der rücksichtslose – übrigens nicht nur vom Personal.

**Der diebische Gast**

Ein Thema mit erschreckend zunehmender Bedeutung ist der Diebstahl zum Schaden von Hotels. In früheren Zeiten war es so, daß Gäste sich vor Dieben in acht nehmen mußten, die von außen in die Hotelzimmer einbrachen oder als Fassadenkletterer durchs Fenster kamen, um reiche Hotelgäste zu bestehlen. Heute ist es offenbar keine Rarität, daß Gäste sich einmieten und dann das Hotel bestehlen. Der wirtschaftliche Schaden, der der Hotellerie jährlich durch Diebstahl entsteht, ist unglaublich hoch. Und es ist außerdem eine Erscheinung, für die man Scham empfindet.

Nun, es ist nicht der eigentliche Sinn und Zweck dieses Buches, Verbrechensbekämpfung zu betreiben. Deshalb ist hier nicht der gezielte Diebstahl durch Kriminelle das Thema. Es geht hier vielmehr um das »Stehlen aus Unwissenheit«, also den *Diebstahl aus Versehen*. Es ist nämlich nicht immer

## Im Hotel

allen Hotelgästen klar, was für sie zur Mitnahme gedacht ist – also als ein Geschenk des Hauses anzusehen ist – und was zum Inventar des Hotels gehört, dessen Mitnahme also unter die Kategorie Diebstahl fällt.

- Grundsätzlich sind alle zur Verfügung gestellten Dinge nur für den Gebrauch durch den Gast bestimmt und *dürfen nicht* aus dem Zimmer bzw. dem Bad oder anderen Hoteleinrichtungen entfernt werden.
- Handtücher, Waschlappen, Bademantel, Fön, Kleenex-Kasten, sämtliche Wäsche, Gläser, Geschirr, Aschenbecher, Radio- und Fernsehgeräte, sämtliches Zimmerinventar wie Möbel, die Bibel und Dekorationsgegenstände gehören dem Hotel und *dürfen nicht mitgenommen werden*. Auch die Schreibmappen gehören zum Inventar des Hotels, der Gast kann nur über den Inhalt dieser Mappen verfügen.
- Aus dem Zimmer ist grundsätzlich nichts zum Mitnehmen gedacht, wenn es nicht offenbar und unmißverständlich dem Gast übereignet worden ist. In manchen erstklassigen Hotels findet der Gast ein Präsent mit einem Begrüßungskärtchen auf dem Tisch und dem Hinweis, daß es sich um ein Geschenk handelt – zum Beispiel: »Mit freundlicher Empfehlung von ...« Das kann man natürlich an sich nehmen.
- Sollte man einen Obstkorb mit Früchten auf seinem Zimmer finden, so ist selbstverständlich nur der Inhalt des Korbs, nicht aber das Besteck, der Obstkorb selbst, der Teller und die Stoffserviette als Gastgeschenk zu betrachten.

*Der wichtige Tip*

- Die einzige *Ausnahme,* die man guten Gewissens als Souvenir mit nach Hause nehmen kann, bilden solche Utensilien, die nach einmaligem Gebrauch nicht mehr wiederverwendet werden dürfen oder die nicht nachgefüllt werden können; das sind zum Beispiel
  - die kleinen Fläschchen mit Dusch- und Bade-Gel, Körperlotion und Shampoo und andere Kosmetikartikel,
  - die kleine Seife, Schuhputzschwamm bzw. -handschuh,
  - Nagelfeile und Duschhaube,
  - benutzte Badezimmerpantoffeln.

*Werbegeschenke dürfen mitgenommen werden*

- Eindeutige Werbegeschenke des Hotels darf man natürlich auch mitnehmen, zum Beispiel
  - den Kugelschreiber mit dem Hotelaufdruck,
  - das Nähzeug und die Streichhölzer.

## BEGEGNUNG MIT SCHLECHT ERZOGENEN MENSCHEN

Nun wäre es ja ganz schön weltfremd anzunehmen, daß alle anderen Leute alle Höflichkeitsregeln und Vorschriften korrekten Benehmens beherrschen und jederzeit und überall anwenden. Schön wär's!

Was aber soll man tun, wenn sich jemand in unserer Gegenwart vorbeibenimmt oder wenn jemandem etwas Peinliches »passiert«?

Auch das ist Realität, und deshalb will ich versuchen, auch auf diese Fragen einzugehen.

Dabei gibt es aber eine Schwierigkeit: Die korrekte Etikette verlangt von uns – sofern wir Zeugen

## Begegnung mit schlecht erzogenen Menschen

eines Fauxpas werden –, so zu tun, als wäre überhaupt nichts geschehen. Man soll also Verstöße gegen den guten Ton prinzipiell nicht zur Kenntnis nehmen, um die unangenehme Situation für den »Unglücksraben« nicht noch zu verschlimmern. So soll man zum Beispiel,

- wenn jemand ein Glas umgeworfen hat, keine Notiz davon nehmen – es sei denn, man hat das Glas samt Inhalt selbst abbekommen. Dann muß man wohl oder übel davon Notiz nehmen – aber in einem korrekten Ton.
- Nehmen wir den Fall, jemand benimmt sich in einer – ich nenne es einmal – *passiven Weise* »vorbei«. Das heißt, er/sie verstößt gegen Regeln des Anstands, wodurch die Situation zwar »peinlich« wird, aber kein anderer dadurch Schaden nimmt.

Solche Situationen ergeben sich zum Beispiel, wenn jemand

- schlecht riecht;
- nicht vollständig angezogen ist – sagen wir mal, ein wichtiger Reißverschluß ist nicht geschlossen;
- zu spät kommt, und es herrscht »Totenstille« usw. usw.

Das sind Situationen, bei denen ist ein Wegschauen beim besten Willen nicht möglich. Und trotzdem gibt es – leider – keine Faustregel, wie man damit umzugehen hat. Denn es kommt nicht nur auf die Situation an, die in tausendfacher Weise variieren kann, sondern hauptsächlich auf die Menschen, die daran beteiligt sind – sei es als »Täter« oder als »Zuschauer«.

*Schlechtes Benehmen möglichst ignorieren*

Manchmal kann es in so einer Situation hilfreich sein,

- mit Humor zu reagieren, oder
- denjenigen oder diejenige zur Seite zu nehmen und ganz taktvoll direkt darauf anzusprechen,
- Brücken zu bauen, wie man demjenigen, der wie ein Iltis riecht, freundlich sagen kann, daß das von ihm benutzte Deodorant wohl nicht ganz ausreicht.

Ebenfalls in die Kategorie der Peinlichkeiten gehört, wenn jemand in beruflichen oder gesellschaftlichen Situationen, die korrekte Bekleidung erfordern, »hemdsärmelig« auftritt, etwa

- in Anwesenheit von Damen oder Vorgesetzten sein Jackett ablegt oder
- mit geöffnetem Jackett und/oder Händen in der Hosentasche einen Raum betritt.

Ob man es demjenigen »schonend beibringt« oder ob man es bei dessen Blamage beläßt, ist ebenfalls eine von Situation und Person abhängige Entscheidung, die man selbst treffen muß. Es gibt auch für diese Fälle keine allgemeingültigen Regeln, *weil es diese Fälle eigentlich nicht gibt.*
Wie verhält man sich aber nun gegenüber einem Menschen, der sich in provozierender Weise, also aktiv, »unmöglich« benimmt, der aggressiv unhöflich, ja unverschämt ist?
In solchen Fällen fordert es sowohl die Etikette als auch die Selbstachtung, daß man diese Situation so schnell wie irgend möglich beendet.

## Begegnung mit schlecht erzogenen Menschen

- Entweder man läßt denjenigen einfach stehen
- oder bittet ihn, den Raum zu verlassen.

Da gibt es kaum eine andere Möglichkeit. Will man seine Selbstachtung behalten – und sich auch den Respekt anderer erhalten –, gibt es auf keinen Fall den Weg, sich auf die gleiche Ebene mit den Unverschämten zu begeben.

## 10. KAPITEL

# SYMPATHISCHES AUFTRETEN IM AUSLAND

## ACHTUNG VOR DEM ANDERSARTIGEN

Jeder Reisende – sei er/sie nun Tourist oder Geschäftsreisende/r – der ins Ausland fährt, weiß, daß er dort wahrscheinlich eine andere Kultur mit anderen Sitten und Gebräuchen antreffen wird. Auf jeden Fall wird man dort anders leben, als er/sie es von zu Hause gewöhnt ist. Es gibt viele Menschen, darunter auch sehr viele Deutsche, die nur deswegen ins Ausland reisen, um diese Andersartigkeiten kennen*zulernen*. Es sind dies Leute, denen geht es um die Erweiterung ihrer Kenntnisse über andere Menschen, es geht ihnen um neue, vielfältige Eindrücke fremder Kulturen. Manchmal geht es ihnen auch darum, längst vergangenen Kulturen nachzuspüren. Davon bekommen diese Menschen das, was man eine Erweiterung ihres Horizontes nennt – also das Gegenteil von dem, was man »ein Brett vor dem Kopf« nennt.

Dieser Gattung von Reisenden braucht niemand zu sagen, daß sie im Ausland Rücksicht auf fremde Kulturen, andersartige Landessitten und unterschiedliche Religionsvorschriften nehmen sollen. Diese Reisenden sind neugierig auf das Fremde, respektieren das fremde Land genauso, wie sie möchten, daß andere das eigene Land respektieren. Also sind sie auch taktvoll.

Es gibt aber noch eine andere Sorte Urlaubsreisende, die nicht ins Ausland fahren, um dort etwas zu lernen. Sie fahren in andere Länder aus ganz anderen Gründen: weil es dort mehr Sonne, mehr Strand, mehr Berge, besseres Wetter und was weiß ich noch gibt, was sie zu Hause nicht haben. Das ist die *Mehrheit.*

Nun trampeln, weiß Gott, nicht alle diese deutschen Touristen durch die Weltgeschichte wie eine Horde Elefanten. Viele sind gut erzogen, respektvoll zu den Gastlandsleuten und so nett, daß man sich dort wünscht, sie würden wiederkommen. Andere aber benehmen sich im Ausland wie zu Hause. Das wäre ja immer noch keine nationale Katastrophe – das eigentlich Schlimme daran ist: zu Hause benehmen sie sich eben auch nicht besonders gut.

**Notwendiges Taktgefühl**

Was soll man denn nun tun, um im Ausland nicht das Horrorbild eines Touristen abzugeben und damit die ganze Nation zu blamieren? Ist es wirklich notwendig, sich den jeweiligen Landessitten weitestgehend anzupassen, oder wäre es nicht angebrachter, sich seiner eigenen Kultur entsprechend auch in anderen Ländern zu bewegen? *Ja und nein* – das Zauberwort heißt: *Taktgefühl.*

Die Traditionen, Sitten und Gebräuche der einzelnen Länder sind genauso unterschiedlich, wie es die Landschaften untereinander sind. Das ist eine einfache Tatsache. Und weil das so ist, kommt kein intelligenter Mensch auf die Idee, die Lebensart, mit der er von Kindheit an vertraut ist, für die *bes-*

## Achtung vor dem Andersartigen

*sere* zu halten. Die meisten Menschen sind stolz auf das Land ihrer Väter, auf das Volk ihrer Herkunft – und jeder Mensch hat das Recht dazu. Deutsche selbstverständlich auch. Aber niemand hat das Recht, sein Land, seine Kultur oder andere »Errungenschaften« als auf irgendeine Weise besser oder anderen überlegen hinzustellen.

Würden wir zum Beispiel unsere deutsche Art, mit Menschen umzugehen, also unsere *Umgangsformen,* anderen gegenüber als besser hinstellen, wäre das sogar noch peinlich falsch. Denn für jede/n Weitgereiste/n – ganz gleich ob Fremder oder Landsmann und Landsfrau – steht zweifelsfrei fest: fast überall auf der Welt sind die Menschen höflicher, als wir es sind.

Ganz generell muß man jedem und jeder Reisenden *dringend* anraten, alle Vergleiche nach dem Motto »bei uns ... und bei Ihnen ...« zu vermeiden. Solche Vergleiche sind schon aus diesem Grund dümmlich, weil es schlechterdings nicht möglich ist, als Fremder den Stellenwert, den eine nationale Eigenheit oder eine Sitte innerhalb eines Landes besitzt, von außen zu beurteilen. Wie zum Beispiel von uns Deutschen Pünktlichkeit und Ordnung sehr hoch eingeschätzt werden, sind bei anderen Völkern Freundlichkeit, Gastfreundschaft, Hilfsbereitschaft und Bescheidenheit sehr hoch angesehen. So, und wer soll nun entscheiden, welche dieser Eigenschaften im direkten Vergleich »besser« ist als die andere??

So selbstverständlich, wie es bei uns ein *Gebot der Höflichkeit* ist, andere Menschen zu respektieren, so selbstverständlich ist es auch, die *Sitten und Normen anderer Völker* zu respektieren.

*Keine Vergleiche mit dem eigenen Land*

Das heißt: man soll sich nicht in verletzender Weise gegen diese Normen verhalten, selbst wenn man es anders gewöhnt ist. Und das erfordert natürlich *einige Kenntnisse* über das Land, vor allem aber sehr *viel Taktgefühl* – das ist eigentlich schon alles.

Für einen Menschen, der sich gern gut benimmt, ist es eigentlich nirgendwo auf der Welt ein Problem, sich einigermaßen richtig zu verhalten. Anders gesagt: wer sich hier nicht wie ein Elefant im Porzellanladen aufführt, wird es im Ausland auch nicht tun.

Es ist gut und richtig, eine eigene nationale Identität zu besitzen. Von allen gebildeten Menschen auf der ganzen Welt wird es akzeptiert und gutgeheißen, daß Menschen unterschiedlicher Herkunftsländer auch unterschiedliche Verhaltensnormen mitbringen. Für eine allgemeine Akzeptanz müssen jedoch zwei Bedingungen erfüllt sein:

- Erstens, man muß sich nach den Vorschriften unserer *guten Manieren* benehmen; das heißt, auf keinen Fall schlechter als man sich zu Hause in guter Gesellschaft benehmen würde.
- Zweitens, man darf durch sein Verhalten nicht gegen Tabus eines Landes *verstoßen* – also gegen Verbote, deren Verletzung Peinlichkeit, Scham oder Wut erregen würden.

Zum Beispiel ist es weder in China noch in Japan erforderlich, auf seine eigene Eßkultur zu verzichten und sich mit Stäbchen abzumühen – ein höflicher Gastgeber wird dem europäischen Gast stets eine Gabel oder einen Löffel reichen. Außerdem wirkt es auf Asiaten peinlich, wenn Europäer mit

Stäbchen umzugehen versuchen, weil sie es für eine Anbiederung halten. Die Beibehaltung der eigenen Eßkultur hat nichts mit Mißachtung anderer Kulturen zu tun, sondern zeugt von eigenem Kulturbewußtsein – genau das ist es, was überall akzeptiert wird.

## TABUS ANDERER RELIGIONEN UND FREMDER KULTUREN

Im allgemeinen sollte man sich vor Auslandsreisen nicht nur über die dort herrschenden Verkehrsregeln informieren, sondern gleichermaßen über *Kulturtraditionen* und *religiöse Vorschriften,* die das öffentliche Leben bestimmen. Das sind grundlegende Voraussetzungen dafür, daß man nicht sofort in alle »Fettnäpfchen« tritt. Darüber hinaus muß man etwas Fingerspitzengefühl walten lassen, um nicht Tabus zu verletzen, die man bei uns nicht gewöhnt ist und daher auch nicht erwartet. Dies gilt in *ganz besonderem Maße für Frauen.*

***Tabus beachten***

## EINSCHRÄNKUNGEN FÜR FRAUEN

Allgemeine Regeln und generelle Aussagen über das korrekte Verhalten von Frauen in der Öffentlichkeit des Auslandes sind aus folgenden Gründen äußerst schwierig:

- Wie auch bei uns sind die Verhaltensnormen für Frauen in fast allen Ländern der Erde in Bewegung geraten. Was heute noch ein ehernes Gesetz zu sein scheint, kann also morgen schon überholt sein.

**Einschränkungen für Frauen**

- In Europa haben wir es heute mit einer Entwicklung zu tun, die ein deutliches Nord-Süd-Gefälle aufweist. Am selbstverständlichsten kann sich die Skandinavierin in der Öffentlichkeit bewegen, und am meisten eingeschränkt ist die Frau in Südeuropa.

- In den arabischen Ländern haben Frauen in der Öffentlichkeit am besten gar nichts zu suchen. Sie sind geradezu mittelalterlich von Verboten und Tabus eingeschränkt.

Sicherlich hat sich eine mitteleuropäische Frau *nicht allen* diesen Einschränkungen zu unterwerfen, wenn sie als Touristin in den Süden reist – und schon gar nicht, wenn sie aus geschäftlichen Gründen in diesen Ländern zu tun hat. Es ist aber eine Frage des Taktes, ob sie sich nun offensichtlich provozierend verhalten will, oder ob sie – so weit ihr das möglich ist – die Sitten des Landes respektiert. Das soll nicht heißen, daß sich eine Europäerin in den arabischen Ländern verschleiern sollte. Aber sie sollte die Körperstellen bedecken, deren Nacktheit andere Völker in ihrer Ehre beleidigen.

In den meisten Ländern, die auf dem Globus südlich von uns liegen, reagiert man sehr allergisch auf die sogenannte »Zurschaustellung« weiblicher Reize. Frauen werden dort sehr konsequent danach eingeordnet, wie sie sich anziehen bzw. verhüllen. Ohne weiteres und unmittelbar wird von ihrer Art der Kleidung auf ihre moralische Haltung geschlossen. Auf diese Vorurteile sollte sich eine

## Einschränkungen für Frauen

Touristin einstellen, denn ändern kann sie selbst an dieser Einstellung gar nichts. Das ist eine Angelegenheit der einheimischen Führungsfrauen. Zur Zeit erleben wir gerade wieder, auf wieviel Haß zum Beispiel Muslima stoßen, wenn sie sich für eine etwas liberalere Haltung gegenüber Frauen einsetzen – von Gleichberechtigung sind die Frauen in manchen Gegenden der Erde noch Lichtjahre entfernt. Dort kämpfen sie augenblicklich erst einmal gegen ihre angebliche *Minderwertigkeit.*

Wie auch immer. Selbstverständlich muß auch die Ausländerin damit rechnen, daß sie zuerst einmal als Frau angesehen und auf Grund ihrer Kleidung eingeordnet wird. In allen Ländern südlich von uns ist die mehr oder weniger spärliche Bekleidung der neuralgischste Punkt des guten Benehmens von Frauen. Ein stetig wiederkehrendes Ärgernis bildet daher das starke Ausziehbedürfnis der Nordeuropäerinnen, von dem diese anscheinend sofort ergriffen werden, sobald sie in südlichen Gefilden angekommen sind.

Es ist jedoch gut möglich, daß dieses zu dem Zeitpunkt überhaupt kein Thema mehr ist, zu dem mein Buch erscheint. Denn schon bald wird das Nacktbadebedürfnis einem Bedürfnis nach Tragen von Togas und Kaftans an den Stränden weichen. Dann werden sich Menschen in der Sonne nur noch vollständig – beduinenmäßig – bekleidet, mit langen Ärmeln und langen Hosen, an die »frische« Luft trauen. Die immer aggressiver werdenden UV-Strahlen der immer dünneren Ozonschicht werden die Hautkrebsgefahr ins nie Dagewesene steigern. Sportliche Bräune wird sehr bald »out«

sein – die »vornehme Blässe« früherer Zeiten wird dafür wieder »in« sein – *müssen!*

**Der wichtige Tip**

- ❶ Frauen sollten sich im Ausland mit etwas Fingerspitzengefühl dafür interessieren, was *nach dortigen Maßstäben* von einer *»anständigen«* Frau an Bekleidung erwartet wird.
- ❶ Auf folgende Bekleidungs- bzw. Entkleidungsarten sollten Touristinnen nach Möglichkeit verzichten:
  - Miniröcke,
  - Shorts,
  - enganliegende lange Hosen,
  - durchsichtige Blusen und Kleider.

## NOTWENDIGES UND NÜTZLICHES

Wenn Landsleute von uns innerhalb Europas auf Reisen gehen, ist es nicht das gleiche, als wenn ein Franzose oder ein Ungar reist: Wir Deutsche schleppen unsere jüngere Geschichte mit, ob wir es nun wahrhaben wollen oder nicht. Und da gibt es auch nur geringfügige Unterschiede, ob wir nun in ein Land der EU reisen oder in ein Land des ehemaligen Ostblocks. Maßgebend für die Einstellung »Deutschen« gegenüber – wenn man es mal anonym und verallgemeinernd nimmt – ist es nach wie vor, ob das Land, das wir gerade besuchen, im Zweiten Weltkrieg Verbündeter Deutschlands war, oder ob es von uns überfallen wurde. Das Bild der Deutschen des Dritten Reiches ist nämlich immer noch in den Hinterköpfen der Menschen, sei es bewußt oder unbewußt. Und so wenig Ahnung junge Griechen, Polen oder Holländer von den geschichtlichen Vorgängen während des Krieges auch haben mögen, das »kollektive Gedächtnis« ihres Volkes hat ein Bild von den Deutschen gespeichert, das immer noch bestimmt ist von der Art und Weise, wie Nazi-Deutsche sich dort aufgeführt haben.

Aus diesem Grund halte ich es für eine Notwendigkeit, sich auch einige Kenntnisse über die jüngere Geschichte dieses Nachbarlandes anzueignen. Weil dort die Gründe liegen, die zur vorherrschenden Einstellung gegenüber unserem Land geführt haben. Diese Kenntnisse bilden eine wichtige Grundlage dafür, um selbst beurteilen zu können, wie man sich als Deutsche/r dort richtig verhält.

### Die politischen Verhältnisse

Gegenwärtig ist es geradezu *lebensnotwendig,* daß man sich über die politischen Verhältnisse des Landes informiert, das man besuchen will.

Für *geschäftliche Auslandsreisen* ist es natürlich wichtig zu wissen:

*Unerläßliche Information über politische Verhältnisse*

- Wer hat das Sagen in diesem Land?
- Wie stabil sind die gegenwärtigen politischen Verhältnisse?
- Wie geht man in diesem Land mit der politischen Opposition um?
- Droht ein Umsturz in diesem Land?

Das sind nur einige Beispiele für die vielen Informationen, die notwendig sind, wenn man sich in anderen Ländern geschäftlich engagieren will.

# Sympathisches Auftreten im Ausland

Wenn man als Tourist/in in ein anderes Land fahren will, muß man/frau schon allein deswegen politisch informiert sein, um nicht zwischen die Fronten eines Bürgerkriegs oder ins Schußfeld irgendwelcher Terroristenfeldzüge oder »Befreiungskriege« zu geraten.

Das trifft nicht nur für etwas weiter entfernte Länder zu, sondern bereits für unsere beliebten Urlaubsländer »nebenan«. Gegenwärtig ist es eine anscheinend sehr wirksame Waffe gegen die Regierenden des eigenen Landes, Besucher aus anderen Ländern zu berauben, zu bedrohen, als Geiseln gefangenzunehmen oder gar zu töten.

Unter dem Vorbehalt, daß es morgen *hier* schon anders und dort gefährlicher sein kann, zählen zu diesen Ländern *augenblicklich:*

- Spanien, der Süden Frankreichs und Korsika,
- Länder Ex-Jugoslawiens,
- Ägypten und Algerien,
- Teile der Türkei.

Hinzu kommen dann noch eine ganze Reihe von Ländern, in denen Touristen, aus Gründen der dortigen Armut und des bei den Touristen vorhandenen oder vermuteten Reichtums, überfallen und ausgeraubt werden – ob mit oder ohne Überleben ist dabei eher zufällig.

Zu diesen Ländern gehören zur Zeit:

- Brasilien,
- Mexiko,
- einige Staaten der USA,
- Jamaika und andere Länder der Karibik
- und Italien.

In Frankreich, Italien sowie in Polen werden *gegenwärtig* mit Vorliebe Touristen-Autos aufgebrochen und ausgeräumt; in Polen werden die Autos meistens auch gleich »mitgenommen«.

## Die Sprache

Natürlich ist auch die Frage nicht ohne Belang, auf welche Sprache man sich einzustellen hat und mit welcher Sprache man sich in einem Land zur Not verständlich machen kann, wenn man die Landessprache nicht beherrscht.

In den *meisten Ländern der Erde* kommt man mit Englisch ganz gut hin.

Das gilt für
- Skandinavien,
- die Staaten der Russischen Republik,
- die meisten Staaten des ehemaligen Ostblocks,
- Großbritannien, USA und große Teile Kanadas,
- den Fernen Osten,
- Liberia, Ghana, Nigeria, Sambia, Simbabwe, Südafrika,
- den Nahen Osten, inklusive Israel.

Eine der meist gesprochenen Sprachen der Welt ist – nach Chinesisch (und Englisch) – *Spanisch*, weil es in den bevölkerungsreichen Ländern Südamerikas gesprochen wird. Das gilt insbesondere für

- Argentinien, Mexiko und die meisten Staaten »Latein«-Amerikas (Ausnahme: Brasilien);
- in Europa spricht man Spanisch nur noch in Spanien selbst.

Auch *Portugiesisch* bringt es auf eine stattliche Anzahl von Ländern, für die diese Sprache Amtssprache ist:

- Außer Portugal sind das noch
- Brasilien
- sowie Angola und Mosambik, die früher portugiesische Kolonien waren.

*Französisch* spricht man – wie bekannt – in

- Frankreich,
- Luxemburg, dem wallonischen Teil Belgiens,
- der West-Schweiz
- und in Teilen Kanadas, hauptsächlich in der Provinz Quebec;

dazu noch in allen afrikanischen Staaten, die früher französische Kolonie waren; so ist Französisch die *Amtssprache* in:

- Senegal, Mali, Niger, Tschad, Burundi, Zentralafrikanische Republik, Kamerun, Gabun, Kongo, Zaire, Ruanda.

Mit Französisch als der *ersten Fremdsprache* des Landes verständigt man sich auch in folgenden Ländern am besten:

- Algerien, Tunesien, Sudan,
- Mauretanien und Madagaskar,
- Syrien und Libanon.

Außerdem ist in vielen Ländern Osteuropas Französisch die beliebteste Fremdsprache der Gebildetenschicht und des alten Adels.

Mit *Deutsch* allein kommt man nicht besonders weit:
- außer in Österreich und
- der Ost-Schweiz

sprechen noch ein paar *alte* Leute in Tschechien (Böhmen), in Ungarn, in Hermannstadt (Rumänien) und im Elsaß Deutsch. Neuerdings wird in Frankreich in den Schulen wieder häufiger Deutsch gelehrt – und auch gelernt!

## Höflichkeitsformen und -formeln

Ich weiß nicht, wie ich es schonender ausdrücken könnte. Meiner Erfahrung nach ist es eine schmerzliche, aber unerläßliche Voraussetzung für gutes Benehmen im Ausland, daß jede/r Deutsche sich stets bewußt ist:
*Wir kommen aus einem der unhöflichsten Länder der Welt.*

Das bedeutet:
- So ziemlich überall auf der Welt ist man höflicher, rücksichtsvoller und zuvorkommender als bei uns.

Dieses sich stets vor Augen zu führen ist deswegen wichtig, damit man für die Höflichkeitsformen anderer Länder überhaupt empfänglich ist und diese *kleinen Signale* überhaupt versteht. Das gilt durchgängig für alle Situationen, wo man es mit Menschen zu tun hat; ein paar Punkte will ich trotzdem herausgreifen.

*Der wichtige Tip*

⊕ Wenn einem jemand an einer Engstelle entgegenkommt, sollte man Platz machen, um denjenigen vorbeizulassen. Das ist überall Standard.
⊕ Man sagt *»Danke«*, wenn man vorbeigelassen wurde.

**Entschuldigung bei Verletzung der persönlichen Distanzzone**

👄 »*Entschuldigung*« (oder etwas ähnliches) sagt man immer schon dann, wenn nur die Gefahr besteht, jemanden berühren zu müssen. Dadurch will man andere Leute höflich veranlassen, einem etwas Platz zu machen, damit man sie nicht berühren muß, zum Beispiel
- wenn man in einem Kaufhaus eng an Leuten vorbeigehen muß,
- wenn man beim Einsteigen in den Bus jemandem eventuell den Vortritt nimmt,
- wenn man im Laden an der Reihe ist, andere aber noch warten müssen,
- wenn man etwas an anderen Leuten vorbeireichen muß, etwa an der Kasse.

Diese Art, für die Verletzung der persönlichen Distanzzone anderer Menschen auch Fremde um Entschuldigung zu bitten, ist fast überall auf der Welt üblich. Dort wird dieses Verhalten als ein Kulturmerkmal angesehen – nur bei uns nicht.

### Unhöflichkeitsformen: der Diebstahl

Hier kommt ein weiterer Merksatz, den jede/r Deutsche sich im Ausland stets bewußt machen sollte:
*Wir kommen aus einem der sichersten Länder der Welt.*

Das bedeutet:
- So ziemlich überall auf der Welt ist sowohl das persönliche Eigentum als auch Leib und Leben etwas weniger geschützt als bei uns – sofern man Deutsche/r ist ...

**Notwendiges und Nützliches**

Auch diesen Satz sollte man sich bewußt vor Augen führen, damit man überhaupt erst einmal einen Blick für die Gefahren bekommt, denen man sich in anderen Ländern aussetzt. Jeder, der schon mehr oder weniger schmerzliche Erfahrungen gewonnen hat, denkt fortan schon von allein daran. Aber man muß ja nun wirklich nicht jede Erfahrung erst selbst machen, um klug zu werden.

Also, man muß schon selbst darauf achten, daß man »unbeschadet« wieder nach Hause kommt – unbeschadet an Leib und Gut. Man sollte wissen, daß deutsche Reisende – als Geschäftsleute allemal, aber auch als Touristen – zu den Reichen dieser Welt gerechnet werden. Dabei spielt es keine Rolle, wie alt sie sind und ob sie sich selbst vielleicht ganz arm vorkommen. Für die Bevölkerung wirklich armer Länder sind wir reich, und damit gehören wir ganz automatisch auch zu den Lieblingsobjekten der Ganoven aller Länder und Völker. Und weil die Ganoven vorzugsweise solche Leute beklauen wollen, wo etwas zu holen ist, und nicht den Einheimischen in leere Taschen fassen, hat unsereins den Eindruck, als gäbe es in diesem oder jenem Land mehr Ganoven als zu Hause. Der prozentuale Anteil der Ganoven an der Bevölkerung ist eher geringer als bei uns. Nur sollte man bedenken: überall auf der Welt gibt es noch mehr Arme, außer in Nordeuropa und Nordamerika.

Es ist ganz zweifellos ein sehr richtiger Rat, daß man vorsichtshalber seine mitgebrachten Güter permanent im Auge behalten sollte, damit einem nichts geklaut wird. Nur funktioniert er leider nicht! Wer will denn schon Tag und Nacht in seinem Auto verbringen oder im Wohnwagen sitzen, nur um sein Eigentum zu schützen? Wer will sein ganzes Gepäck jeden Tag mit an den Strand nehmen, um dann jeweils bei Ebbe oder Flut seine ganzen Sachen vor und zurück zu verlegen? Also, so geht es nicht. Wie aber geht es denn?

*Der wichtige Tip*

- ✆ Es gibt immer wieder Länder, die auf Grund von Umsturz oder Bürgerkriegen noch nicht oder nicht mehr über eine geordnete Staatsgewalt verfügen. Das heißt auch, es gibt keine (verläßliche) Polizei, unter deren Schutz sich Reisende im Notfall begeben könnten. Solche Länder sollte man wirklich meiden.
- ✆ Es gibt Länder, die haben zwar einen Staat mit Gesetzen, nur mit der Durchsetzung hapert es ein bißchen, weil die Polizei korrupt ist. Hier ist der Schutz des eigenen Lebens dann nur eine Frage des Preises. In diese Länder würde ich auch nicht freiwillig reisen.
- ✆ In jeder der riesigen Großstädte dieser Welt gibt es bestimmte Viertel oder Stadtteile, wo sich ein Tourist besser nicht hinwagen sollte. Wenn man dem Reiz des Fremdartigen glaubt nicht widerstehen zu können, sollte man sich auf keinen Fall ohne einheimische Führung – hilfsweise mehrere Leibwächter – dahin trauen.
- ✆ Auf seine Sachen sollte man etwas besser aufpassen, als man es gewöhnt ist – in dem permanenten Bewußtsein, daß die anderen sehr arm sind und man selbst für unermeßlich reich gehalten wird.

**Notwendiges und Nützliches** 487

🕀 In einigen Ländern Südamerikas, im Süden Nordamerikas und im äußersten Süden Europas ist es nicht ratsam, sich beim Autofahren auf der Straße anhalten zu lassen. Ja, sogar das Überfahren einer roten Ampel kann ein geringeres Risiko darstellen, als an der Ampel zu halten und das Risiko eines Raubüberfalls in Kauf zu nehmen. Dies kann dort eine wohlzuüberlegende Ermessensentscheidung sein.

*Noch ein paar kleine Tips*

🕀 In sehr unsicheren Städten sollte man mit von innen verriegeltem Fahrzeug fahren.
🕀 Kofferraum stets abschließen, sonst kann er an einer Ampel schnell geleert werden.
🕀 Beim Parken nicht nur keine Wertsachen im Auto liegen lassen, sondern *überhaupt nichts* Sichtbares.
🕀 Wo man sein Auto am sichersten parken kann, ist nicht immer mit den Parkschildern in Einklang zu bringen. Am besten, man richtet sich nach größeren einheimischen Wagen, egal was für ein Schild dort steht.
🕀 Es gibt Länder, da müßte man sein Auto am besten mit ins Bett, zumindest aber mit ins Hotelzimmer nehmen, damit es am anderen Morgen noch alle wichtigen Bestandteile hat. Wenn das eigene Fahrzeug dafür zu groß ist, sollte man in dieses Land auf jeden Fall mit einem anderen Verkehrsmittel reisen.

## TRINKGELDER IM AUSLAND

Das Trinkgeldgeben wird auf der Welt sehr unterschiedlich gehandhabt. Auf der einen Seite gibt es Länder, dort ist das Trinkgeld quasi Bestandteil des Gehalts – wie zum Beispiel bei uns. Und auf der anderen Seite sind da Länder, bei denen stellt das Trinkgeld eine persönliche Herabsetzung dar. Zwischen diesen beiden Polen bewegt sich nun der weltreisende Tourist, von mehr oder weniger Kenntnissen darüber gestreift, wie man es in diesem speziellen Land mit dem Trinkgeld hält. Eigentlich ist die Chance, etwas total falsch zu machen, recht groß; sie verringert sich aber rapide, sobald man etwas mehr von dem Land weiß.

So ist es in den meisten Ländern dieser Erde nicht üblich, dem Friseurlehrling fürs Haarewaschen ein Trinkgeld zu geben. Auch Taxifahrer bekommen nicht überall auf der Welt nach einer Fahrt noch etwas mehr Geld in die Hand gedrückt.

*Der wichtige Tip*

- Der sicherste Weg, mit dem Trinkgeldgeben keine groben Fehler zu machen, ist der, sich bei einer kompetenten Quelle bereits *vor* der Reise zu erkundigen.
- Zu den kompetenten Quellen zähle ich
  - Geschäftsleute mit einer langjährigen Verbindung zu diesem Land, die schon öfter dort waren;
  - Flugkapitäne, Stewardessen und Stewards von Fluggesellschaften, sofern sie schon oft in diesem Land einen längeren Aufenthalt hatten;

# Trinkgelder im Ausland

- Bekannte, die schon mehrmals in diesem Land waren und die Landessprache verstehen;
- Journalisten, die lange Jahre aus diesem Land als Korrespondenten berichtet haben – das sind für mich die *wirklichen Kenner* eines Landes.

❶ Eine aktuelle Empfehlungsliste für Trinkgelder in einigen europäischen Staaten gibt auch der ADAC heraus, allerdings beziehen sich diese Empfehlungen nur auf Länder, die von Deutschland aus mit dem Auto zu erreichen sind. Nicht erwähnt sind dort skandinavischen Länder.

*Die häufigsten Fehlerquellen sind*

❶ das Reisebüro am Heimatort,
❶ Reiseschriftsteller, die schon tot sind,
❶ Touristeninformationen am Zielort,
❶ der Wirt/die Wirtin des Lokals oder Restaurants,
❶ nette Landsleute, die man dort trifft,
❶ der Friseur.


Im Hinblick auf die *Trinkgelder* in Restaurants und Lokalen gibt es *5 Kategorien,* in die man ganz grob die einzelnen Länder einteilen kann:

1. Es gibt Länder, in denen hält man das Bedienungspersonal für korrekt entlohnt, so daß ein zusätzliches Trinkgeld das Lohngefüge durcheinanderbringen würde. In diesen Ländern zahlt der Gast alles mit der Rechnung bereits mit. Zusätzliches *Trinkgeld möchte man dort nicht.* Jemand, der trotzdem Trinkgeld annähme, würde sein Gesicht verlieren.

Zu dieser Kategorie zählen:
- Japan, China, Neuseeland, Australien und einige der westindischen Inseln.

2. In den Ländern des vormaligen Ostblocks war die frühere, *offizielle* Sprachregelung genauso wie oben. Deswegen gab der Gast dem Kellner das Trinkgeld eben heimlich oder in Form von kleinen Geschenken, wie Feuerzeugen, Kulis, Schokolade, Nylons usw. – falls er einen Grund zur Zufriedenheit hatte. Heute hat man sich in diesen Ländern auch in dieser Frage dem kapitalistischen System uneingeschränkt angeglichen: *Trinkgelder – ja bitte –* wie bei uns.

Das betrifft zum Beispiel:
- Rußland
- Ukraine
- Weißrußland
- die baltischen Staaten
- Slowenien
- Ungarn

3. Bei uns ist in der Regel ein Bedienungsgeld in Höhe von 10–15 Prozent bereits *in der Rechnung enthalten;* das ist aber nur eine Art Grundgehalt. Vom Gast wird erwartet, daß er – je nachdem, wie er mit dem Service zufrieden war – noch etwas drauflegt.
*(Näheres dazu in Kapitel 7)*

4. In vielen Ländern dieser Erde ist das Trinkgeld *nicht in der Rechnung enthalten* und muß vom Gast dazugelegt werden. Faustregel für die meisten dieser Länder: *10 Prozent der Rechnung.*

Dazu gehören zum Beispiel:
- Großbritannien
- Kanada

# Trinkgelder im Ausland

- fast alle Länder Südeuropas
- Die USA haben das gleiche System, jedoch mit dem Unterschied, daß man dort einen erheblich höheren Prozentsatz der Rechnung als persönliches Trinkgeld erwartet: am liebsten 15–20 Prozent.

5. Und dann gibt es noch sehr viele Länder, die haben ein völlig liberales System und überlassen es jedem Gastronomen selbst, die Trinkgeldfrage zu regeln. Die Folge davon ist, daß der Gast von Lokal zu Lokal unterschiedliche Regelungen antreffen kann:

   - entweder ist das Trinkgeld bereits in der Rechnung enthalten, und der Gast kann noch etwas drauflegen, wenn er zufrieden war,
   - oder es ist nicht enthalten, und man erwartet, daß der Gast es dazurechnet.

   Sollte sich kein deutlicher Hinweis auf der Speise- und Getränkekarte oder der Rechnung finden – oder man ist sich nicht ganz sicher, ihn richtig verstanden zu haben –, hilft nur eines: *fragen!*

   *Bei Unsicherheit nachfragen*

   Zu diesen Ländern gehören zum Beispiel
   - Frankreich und
   - die Schweiz.

Die Trinkgelder einer *Schiffsreise* sind bürokratisch geregelt und werden meist schon mit den Preisen für eine Schiffspassage angegeben. Die Trinkgelder zahlt der Passagier insgesamt am Ende der Reise bei der Bordrezeption. Gegenwärtig beträgt die Trinkgeldpauschale zwischen

DM 8,– und 20,– pro Tag, je nach Luxusklasse des Schiffes.

**Tabu**

⊕ Das Bordpersonal von Fluggesellschaften nimmt kein Trinkgeld an; die Crew würde man mit einem solchen Angebot *beleidigen*.

## TISCHMANIEREN ANDERER LÄNDER

Die Anforderungen, die man an die Tischmanieren eines Landesfremden richtet, unterscheiden sich stark im Hinblick darauf, ob jemand in ein Land einwandern möchte oder ob er/sie sich nur für eine kurze Zeit – sei es als Tourist, sei es aus geschäftlichen Gründen – in einem Land aufhält. Wie ich an anderer Stelle bereits ausführlich dargelegt habe, erwartet man von Reisenden nicht, daß sie sich die Tischmanieren des Gastlandes aneignen. Etwas ganz anderes ist es, wenn jemand in das fremde Land einwandern möchte; dann wird man selbstverständlich ein hohes Maß an Anpassungs- und Lernbereitschaft auch in diesen Dingen erwarten.

**Der wichtige Tip**

⊕ Im Ausland sollte man sehr bewußt *ästhetisch korrekt* essen. Man sieht es jemandem an, ob er/sie eine gute Erziehung in diesen Dingen genossen hat oder die Speisen achtlos in sich hineinschaufelt. Es spielt dabei keine Rolle, ob die Handhabung des Bestecks der Landessitte entspricht oder nicht.

## Tischmanieren anderer Länder

- Es ist stets und überall auf der Welt verpönt, ostentativ gegen Tabus der Landessitten *zu verstoßen*, deswegen sollte man etwas darauf achten, *wie* Einheimische mit ihren Speisen verfahren, wenn man gemeinsam mit ihnen speist.
- In *Frankreich* gilt es als barbarisch, wenn man zum Essen nicht genügend Zeit mitbringt oder es gar eilig hat. Essen ist in Frankreich eine kulturelle Veranstaltung, die mit viel Genuß verbunden ist.
- Das gleiche gilt für alle Länder Südeuropas – das fängt in der Schweiz schon an –, in denen die Mittagspause zwei Stunden beträgt, und nicht eine oder gar eine halbe, wie bei uns.
- In *England* sollte man es nach Möglichkeit vermeiden, die Gabel wie eine Schaufel zu handhaben, wenn man sieht, daß die Umgebung die kontinentale Eßmethode nicht gewöhnt ist; Briten verwenden die Gabel stets nur mit dem Gabelrücken nach oben gerichtet. Was sich nicht pieken läßt, wird zwischen die Zinken gequetscht.
- Mit Stäbchen zu essen sollte sich jede/r verkneifen, der sich nur für kurze Zeit in dem asiatischen Land aufhält. Diese Versuche von Europäern werden als *peinliche Anbiederung* an das Gastgeberland empfunden und wirken eher abstoßend – was kein asiatischer Gastgeber seinem Gast je selbst sagen wird.
- In den *USA* brauchen Europäer sich ebenfalls nicht das einzigartige Wechselspiel von Händen, Messer und Gabel anzueignen. Amerikaner akzeptieren völlig die kontinentaleuropäische Art

zu essen. Wer Angst vor einer Maulsperre beim Hamburger-Essen oder andere Schwierigkeiten damit hat, wie unsere behaarten Vor-Vorfahren beidhändig zu essen, kann – und sollte – freundlich um Messer und Gabel bitten. Das ist »voll o. k.«.

## FREMDARTIGE SPEISEN

»Was der Bauer nicht kennt, das (fr)ißt er nicht« lautet ein altes Sprichwort. Da ist bestimmt etwas dran – aber ein Bauer hat sich früher auch nicht auf Reisen in fremde Länder und andere Kontinente begeben. Ganz anders die Deutschen von heute, die angeblichen »Weltmeister« im Reisen. Selbstverständlich gehören zu einem Land seine landestypischen Speisen und seine traditionellen Getränke, die man kennenlernen sollte, wenn man sich für das Land interessiert.

Je weiter man sich aus unserer Region entfernt, oder auch von unserem Kontinent, um so weniger ist man vertraut mit den Speisen des Gastlandes. Das ist ganz selbstverständlich. Wie soll man nun mit den fremdartigen Speisen und den einheimischen Getränken verfahren?

***Der wichtige Tip***

- Wenn immer man das Land kennenlernen möchte, sollte man auch seine Speisen probieren. Viele Köstlichkeiten gibt es auf der Welt, die man sich nicht entgehen lassen sollte, wenn man Gelegenheit zum Kosten hat.
- Wenn man eine Speise überhaupt nicht kennt, läßt man sich zuerst einmal zeigen, *wie* man sie

ißt: in kleinen Stückchen, möglicherweise mit Haut oder Schale oder ohne, kalt oder warm? – und was einem sonst zu erfahren noch wichtig erscheint. Am besten, man läßt es sich vormachen.

- ☝ Wenn man überhaupt nicht weiß, woraus diese Speise besteht, ist es nicht unbedingt nötig, *vorher* zu fragen, was das ist und was da drin ist; Weitgereiste fragen *hinterher!*
- ☝ *Vorsicht* ist bei exotischen Getränken geboten. Da ist unbedingt anzuraten, sich vorher zu erkundigen, was einem da kredenzt wird. Vor allem ist es wichtig zu wissen, ob und – wenn ja: wieviel – Alkohol darin enthalten ist.

# KORREKTE KLEIDUNG

Wenn man aus beruflichen Gründen ins Ausland reisen will, sollte man sich auf jeden Fall über die *landesüblichen Bekleidungsvorschriften* informieren und sie beachten; dies gilt insbesondere

*Strengere Bekleidungsvorschriften*

- für Abendessen,
- für private Einladungen,
- für Besuche von offiziellen Einrichtungen.

In vielen Ländern sind die Bekleidungsvorschriften wesentlich strenger als bei uns. Ganz besonders ernst werden Kleiderordnungen offizieller Kreise dort genommen, wo es noch eine Monarchie gibt. Dort spielen Traditionen eine noch recht erhebliche Rolle.

In diesem Zusammenhang kann man sich bewußt machen, welches Land in Europa die Staatsform einer konstitutionellen Monarchie besitzt – das heißt auch, daß dort ein König oder eine Königin das Staatsoberhaupt ist:

- Norwegen,
- Schweden,
- Dänemark,
- England, das mit Schottland, Wales und Nord-Irland zusammen Großbritannien bildet,
- die Niederlande,
- Belgien,
- Spanien,
- Großherzogtum Luxemburg,
- Fürstentum von Monaco.

Wir sind, wie man sieht, also geradezu umzingelt von Ländern, in denen man auf korrekte Kleidung in offiziellen Zusammenhängen ungemein Wert legt.
In *privaten Zusammenhängen,* oder wenn man als Tourist/in eines dieser Länder bereist, sollte man jedenfalls auf Hinweise dieser Art achten. Ausgenommen also, jemand ist bei Hofe oder in königliche Gärten eingeladen – zum Beispiel gibt es für die Teilnahme an der traditionellen Gartenparty der englischen Königin besondere Kleidervorschriften –, wird man sich in diesen Ländern im Normalfall eher leger kleiden können.

Ganz abgesehen von einigen skurrilen Besonderheiten dieses oder jenes Landes, gibt es für alle Auslandsreisen einige grundsätzliche Regeln, die niemand vernachlässigen sollte:

## Korrekte Kleidung

🕮 Überall auf der Welt wird es als ein Zeichen des Respekts gewertet, sich in der Öffentlichkeit korrekt zu kleiden.

*Der wichtige Tip*

Das heißt insbesondere:

🕮 In *Restaurants* geht man weder in Strandkleidung noch im Jogginganzug, kurzen Höschen oder in anderer Sportbekleidung; Ausnahme: es handelt sich um ein ausgesprochenes *Strand-Restaurant,* ein Bistro oder Café, das direkt am Strand liegt.

🕮 *Stadtbesichtigungen* oder Einkaufsbummel macht man *nicht* im Jogginganzug. Auch kurze Hosen bei Herren wirken dort peinlich. Gegen Bermuda-Shorts ist wesentlich weniger einzuwenden.

🕮 Für Besichtigungen von Heiligtümern oder sakralen Bauten zieht man sich »anständig«, das heißt *respektvoll* an. Insbesondere dort, wo es sich um Bauwerke handelt, die von den dort Lebenden noch verehrt werden, wie zum Beispiel Kirchen und Moscheen.

*Sorgfältige Bekleidung bei Kirchenbesuchen*

Besucht man diese sakralen Bauwerke, kann man es den Touristen an der Bekleidung bereits ansehen, ob sie aus einem Land kommen, in dem man Achtung vor dem Glauben anderer Menschen und ihren heiligen Stätten gelernt hat oder nicht. Ich bin immer sehr erleichtert und froh, wenn Leute, die ich in Strand- oder Sportkleidung in alten Kirchen im Ausland antreffe, nicht meine Landsleute sind – aber sehr häufig bin ich traurig ...

**Die peinlichsten Fehler**

🚫 Herren in kurzen Hosen und Damen mit aufreizend knapper Bekleidung, oder beide in Jogging-Anzügen in
- Kirchen und Moscheen,
- anderen sakralen (heiligen) Gebäuden,
- Schlössern und Museen,
- Restaurants,
- eleganten Geschäften,
- feinen Cafés.

## WANN UND WO TRÄGT MAN FREIZEITKLEIDUNG?

Sicherlich ist es am stilvollsten, zu einer sportlichen Betätigung – und *nur dazu* – die entsprechende Bekleidung zu tragen.

Zu dieser Regel gibt es wenige *Ausnahmen:*

- *Golf-Bekleidung* kann man im Urlaub zu einigen weiteren Gelegenheiten tragen, zum Beispiel
  - zum Stadteinkauf,
  - zu Besichtigungen und Ausflügen,
  - *tagsüber* ins Restaurant – allerdings nicht Bermudas.
  
  (Shorts trägt man zum Golfen *nicht.*)

- *Bade- und Strandbekleidung* soll nur in unmittelbarer Nähe des Strandes getragen werden.

- Wenn man in Strandnähe zum Essen geht, sollte man – selbst dort – einen ästhetisch erträglichen Anblick bieten, das heißt: *nicht im Badeanzug* zum Essen gehen.

## Wann und wo trägt man Freizeitkleidung?

- *Tennisbekleidung* trägt man außerhalb von Tennisanlagen nur noch dann zu anderen sportlichen Betätigungen, wenn sie zweckmäßig ist, wie zum Beispiel zum Minigolf.
  *Niemals:* (Tennis-)Shorts auf dem Golfplatz tragen.

- *Jogginganzüge oder Jogginghosen* mit einem Shirt getragen sind ausschließlich *bei dieser Art sportlicher Betätigung* zu (er-)tragen, wie bei Waldläufen, Strandjogging und ähnlichem.

- Zu irgend welchen anderen Gelegenheiten in dieser Trainingsbekleidung herumzulaufen ist im höchsten Maße peinlich – es sei denn, man hat wirklich nichts anderes anzuziehen –, aber dann fährt man normalerweise ja auch nicht ins Ausland.

*Tabu*

# Stichwortverzeichnis

## A

Abendanzug 135–138, 143, 219
Abendbrot 308
Abendkleid 137, 146
Abholen an der Pforte 360
Abreise 258, 446 f., 450, 454 f.
Absage 259 f., 276
Adelsprädikat 67 ff.
Adelstitel 67 ff., 210 f.
Akademische Feier 136, 262
Alkohol 182, 318–321, 495
Alkoholfreie Getränke 320 f.
Alte Menschen 28–31
Amtsfrau 93
Anklopfen 196, 363 ff., 399
Anrufbeantworter 204 ff., 378–382
Anschrift 209 ff., 220, 385–390
Antrittsbesuch 175 f.
Antwortkarte 152 f.
Anweisungen 97, 343 f.
Anzug, dunkler 135 f., 219
Arbeitsessen 228, 336–339, 401
Arbeitsfaktor Zeit 248
Arbeitsplatz 357–360
Artischocken 308
Arzt 65, 189–194, 349
Arztbesuch 189–194
Aschenbecher 75 ff., 359, 465
Asiaten 183 f.
Aufgebot 242
Aufstehen 55, 99, 281, 324 f., 400, 438
Ausländer 180–185, 410–414
Austern 295, 308
Autofahren 320 f., 487
Automaten 30
Avocado 309

## B

Baguette 177
Bahnreise 424–432
Ball 137, 151, 263, 277 ff.
Bankett 133, 137, 263, 293, 315 ff.
Bankkauffrau 93
Bart 114
Beamte 194 f., 244, 382
Beerdigung 145, 285 f.
Begrüßung, privat 49–60, 99, 251, 263, 266
Begrüßung, beruflich 55, 350–353
Behinderte 34 ff., 316
Behörden 194–197, 359, 365
Beileid 287 f.
Bekanntmachen 60–64
Bekleidungsvermerk 133 ff., 215, 218 f., 264
Bekleidungsvorschlag 133 f., 264
Bekleidungsvorschriften 103, 121–123, 132–157, 218 f., 264 f., 280 f., 396, 495–499
Bekleidungsvorschriften, international 495–499
Belästigung 80 ff., 406–409
Beleidigung 165 f.
Bermudas 497
Berufsbezeichnung 91 ff., 172
Berufskleidung 123–131, 367–372
Besteck 230, 290–306, 311, 313, 465
Bestellen im Restaurant 101, 325 ff., 337 ff.
Besucherempfang, geschäftlich 354–357
Besuchszeiten 187 ff., 201
Bewerberinnen 397 f.
Bewirtung, geschäftlich 401 ff.
Bitte und Danke 44 f., 344, 374
Blini 311
Blumen 189, 274 ff., 286, 289 f., 358
Brautkleid 243
Brautpaar 143 f., 240–249
Briefe, privat 198, 206–209, 211 f., 258
Briefe, geschäftlich 378, 382–390
Briefkopf 207 ff.
Briefpapier 206 f.
Brotteller 301
Brunch 136, 255, 263

# Stichwortverzeichnis

Büfett 263, 315 ff., 457 f.
Bunte Reihe 225
Bus 53, 424 f., 484
Business-suit 124, 135, 368

## C

c. t. (cum tempore) 217, 262
Cocktailparty 136
Cravate blanche 135, 219
Cut/Cutaway 135–139, 145, 219

## D

Damenkarte 325 ff.
Damenrede 232
Danksagung 285
Dekolleté 131, 137, 140
Dekoration 230 f., 309
Dessert 77, 301
Diebstahl 454, 464 ff., 484–487
Diner 137
Dinner 137, 252, 263, 293, 463
Dinnerjacket 135, 137 f., 219
Diskriminierung 71, 98, 394, 403–406, 410–414
Diskriminierung von Frauen 403–406
Distanzzone 363 f., 484
Doktorgrad 209 f.
Doktortitel 209 f., 388 f.
Doppelnamen 64, 66
Duzen 70 ff., 98, 393 f.

## E

Ehrengast 43, 225, 420
Ehrlichkeit 13, 18
Ei 309
Einladung 132–143, 176–179, 213–223, 233–237, 261–270, 385
Eisenbahn 52 f., 73, 425–430
Empfangschef 450
Entschuldigung 39 f., 48, 76, 163 f., 201 f., 345, 352, 357

## F

Fahrrad 432–435
Familienanzeige 234–237
Familienfeste 29, 233–255
Faxgerät (Telefax) 178, 220, 378 ff.
Fettnäpfchen 88, 102, 298, 475
Fingernägel 113, 118 f., 159, 422
Fingerschale 304
Fisch 177, 307, 309, 330, 338
Fliege (= Schleife) 127, 137 f.
Fliegen 435–439
Floskeln 62
Flugreise 435–439
Flugzeugpassagier 435–439
Frack 135, 139, 146, 219
Frauen im Ausland 475–478
Frauenrolle 83–87
Fräulein 65, 85, 87, 89, 172, 352, 405 f., 457
Freizeitkleidung 127, 131, 155 ff., 372, 498 f.
Fremdartige Speisen 494 f.
Frisur 119 f.
Frühstücksbüffet 457 f.
Führungsfrauen 477
Führungskräfte 123 f., 294, 340, 343, 368

## G

Gähnen 159
Gala 146, 276 f.
Gartenparty 139, 496
Gästeliste 178, 224, 243, 260
Gastfreundschaft 200, 258, 269 f., 473
Gastgeber/in 132 ff., 141, 176–179, 214, 220, 223 ff., 228–231, 255–258, 265–270
Gastgeber/in bei Tisch 296, 315, 319, 337 ff.
Gastgeber/in international 474 f., 493
Gastgeschenk 258, 465
Gastrecht 255–258
Gatte 62 f.,
Gattin 63, 215, 221, 232
Geburtstag 216, 254 f.
Gedeck 290, 301 ff., 306
Geflügel 309 f.

Gemahlin 215, 385
Geräuschbelästigung 81 f.
Geschäftsbriefe 378, 382 ff.
Geschäftsessen 336–339, 401 ff.
Geschenke 238 f., 245, 250, 255, 271–274
Geschenkliste 244
Gesellschaftsanzug 135, 138, 219
Gesichtsverlust 184
Gespräche 360–363
Gesprächsatmosphäre 361
Gesprächsführung 360–363
Getränke, private Anlässe 177 f., 189, 230, 318–321, 429, 454 f., 495
Getränke, berufliche Anlässe 338, 358, 401 ff.
Gläser 302 ff., 358 f., 401, 465
Gnädige Frau 65 f.
Goldene Hochzeit 251
Golf 498
Grüßen 49–53, 350–353, 427 f.
Grußformel 384

**H**

Händedruck 25, 54 ff., 113, 361
Händewaschen 118, 168
Handgeben 25, 54 ff., 100, 158, 351 f.
Handkuß 56–59, 65, 100
Handschlag 25, 54 ff., 100, 351 f.
Handschuhe 145, 151
Handy 376 f.
Hauptgericht 310, 312, 316 f.
Hausdame 449, 459 f.
Hausfrau 23 f., 178, 204, 258
Hausherr 23, 142, 178, 318 f.
Haustiere 331
Herrenbekleidung 134–139, 141, 219, 369
Hierarchie 94, 99, 345 f.
Hilfsbereitschaft 423 ff., 473
Hochzeit 151, 216, 234 ff., 240–250
Hochzeitsgeschenke 244 f.
Hochzeitstafel 246–249
Hosenanzug 129, 371, 406

Hotel 235, 252, 440–455, 458–466
Hotel-Depot 447
Hotelklassifikation 442 ff.
Hotelpersonal 331, 335, 364, 444–454, 458–461
Hotelportier 447, 450, 459 f.
Hotelrestaurant 455 f.
Hotelzimmer 451–455, 464 ff., 487
Hummer 310, 312 f.
Husten 159
Hut 145, 149 f.

## I

Identität 28, 103, 474
Image 130, 154, 342, 357
Islam 181 f., 477

## J

Jackett 128, 141 f., 162, 323, 437 f., 463, 468
Jeans 124, 127, 131, 133, 155 ff., 250, 372
Jubiläum 251, 254 f.
Juden 150, 181, 339

## K

Käse 177
Kaffee 149, 178, 305 f., 358, 401 ff.
Kaffeegedeck 305 f.
Kaffeepause 403
Kaffeetasse 305 f., 358 f.
Kaltes Büfett 315 ff.
Kantine 340, 353
Karriere 83, 93–98
Kartoffel 307, 310 f., 314
Kaugummi 159
Kaviar 311
Kellnerin 89, 325 f., 456 f.
Kinder 24, 29, 31–34, 176, 179, 199 f., 248, 251, 253, 258, 272 f., 285, 294, 329 ff., 434, 457
Kindererziehung 32
Kinderkonvention der UN 33 f.
Kinderwagen 423 f., 435
Knoblauch 115, 120

# Stichwortverzeichnis

Körperduft 113
Körpergeruch 112–120, 159, 431
Körperhaare 118
Körperhaltung 36–39, 105–112, 362, 396, 400
Körperpflege 112–120
Körpersprache 36–39, 109, 169, 362
Kommunikation,
 privat 169 f., 173, 193, 197, 382
Kommunikation,
 beruflich 343, 372 f., 382–385
Kommunion 236, 251
Kondolenz 283 f., 287 f.
Kondolenzbesuch 276
Kondolenzbrief 287 f.
Konfirmation 236, 251
Konzert 281
Korrespondenz 197 f., 206 f., 382–385
Kosmetik 116
Kostüm 124, 130, 136, 145, 371, 397
Krabben (Scampi) 311 f.
Kragen 126, 153, 183, 398
Krankenbesuche 187 ff.
Krankenhaus 185–189, 284
Kratzen 159
Krawatte 114, 124, 126 f., 136, 141, 147 f., 152, 156, 369
Krawattennadel 139, 152, 370
Krebse 312
Küchenchef 448
Kulturgesellschaft 15
Kulturnation 14
Kulturtradition 26 ff., 59, 149, 342
Kummerbund 138

## L

Lackschuhe 137
Lächeln 62, 197 f., 362, 373
Lärm 81 f., 173 f., 432
Landsfrau 93, 473
Langusten 313
Leggins 131, 154, 157, 250, 372
Lippenstift 297

Logierbesuch 255–258, 335
Luftkrankheit 438 f.
Lunch 136, 263, 336

## M

»Mahlzeit«-Sagen 164, 340, 353
Make-up 119, 398
Maniküre 120
Manschettenknöpfe 126, 139, 152, 369 f.
Mantelablegen 41 f., 356
Menü 245 f., 305, 327, 338, 448
Minirock 103, 131, 371, 478
Mobbing 414 ff.
Mundgeruch 113, 120
Muscheln 313
Musik 81, 170, 174, 243, 280, 381, 431
Muslime 181 f., 339

## N

Nachbarn 173–176, 178, 321, 438
Nagellack 119
Nasenflügelbrillant 153, 370
Nichtraucher 73 f., 77 ff.
Niesen 159
Notsituation 21

## O

Oberhemd 125 f., 369
Oberkellner/in 450
Obst 313
Öffentliche Verkehrsmittel 422 f.
Ohrring/Ohrstecker 153, 370
Oper 280 ff.
Opernpremiere 146
Overdressed 134, 140, 268

## P

Papierserviette 305, 442
Papiertaschentücher 127, 149
Peinlichkeiten 57, 160–164, 468
Pflichten der Gastgeberin 230

Pflichten des Gastgebers  230
Pflichttanz  279
Placement  226 f., 249
Plastron  139
Politische Verhältnisse im Ausland  480 f.
Privatsphäre  201 ff.
Protokoll  68, 211, 241, 248, 386, 389
Pünktlichkeit  45–48, 185, 261–264, 347–350, 473

## R

Radlerhosen  154, 372
Rad-Rowdy  433
Rangfolge  26 f., 60 ff., 224, 246 f., 345 f., 402
Rangfrage  61 f., 351, 420
Rangordnung  94, 223 ff., 231 f., 315
Rauchen  73–79, 100, 189, 269, 297, 365 f., 403, 429, 457
Rechnung  331 f., 334, 450, 456, 490 f.
Rednerliste  231 f.
Reisegepäck  444–447
Reklamation  449, 458–461
Religion  171, 233
Religiöse Vorschriften  475 ff.
Rollenstandards  24 f.
Rolltreppe  30, 423
Rotwein  327
Rührei  309
Ruhezeiten  173 f., 188

## S

s. t. (sine tempore)  217
Salat  307, 313, 332
Sandalen  127, 370
Scampi (Krabben)  311 f.
Schlafwagen  430 ff.
Schleife (= Fliege)  127, 137 f.
Schlürfen  295, 308
Schlußformel (im Brief)  212
Schmuck für Damen  145, 151 ff., 372, 398
Schmuck für Herren  126, 151 ff., 370
Schnecken  313 f.
Schreibtischordnung  357 ff.

Schuhe  127, 131, 136 f., 142 f., 145, 243, 369–372, 398
Sekretariat  359, 374
Selbstdisziplin  37 f., 158
Serviette  163, 297 f., 304, 312 f.
Sexuelle Belästigung  403–409
Shorts  478, 497 ff.
Siezen  70 ff., 393 f.
Silberne Hochzeit  216, 251 ff.
Sitzordnung im Verkehrsmittel  420 f.
Sitzplatz  40, 424, 428
Small talk  232 f.
Smoking  135, 137 f., 141 f., 144, 146, 219, 250, 278
Socken  126, 136, 143, 369 f.
Sommelier  328, 450
Spaghetti  314
Spalier  249
Spargel  307, 314
Sparschreibung  90
Speisewagen  429 f.
Sportbekleidung  153 f., 497 ff.
Stofftaschentuch  127, 149, 399
Straßenanzug  135 f., 157, 219
Straßenbahn  53, 424
Stresemann  135 f., 138, 141, 145, 219
Strümpfe/Strumpfhosen  130, 136 f., 143, 145, 371
Suppe  231, 305, 332
Suppentasse  305

## T

Tabu-Wörter  383 f.
Tabu-Zeiten Telefon  202
Tabus im Ausland  475
Taufe  236, 251
Tee  274, 305 f., 358 f.
Teetasse  305 f.
Telefax (Faxgerät)  214, 378 ff.
Telefax-Werbung  380
Telefon  199–204, 214, 372–377
Telefonzeiten  199–202, 374
Tennisschuhe  127, 370
Theater  146, 233, 280 ff.

Theaterpremiere 146
Tischdame/Tischherr 225 ff., 296 f.
Tischdekoration 133, 245, 289 f.
Tischkarten 226 ff., 249
Tischmanieren 292 ff., 306 f., 322, 337, 340, 492 ff.
Tischordnung 213, 223–230, 241, 246–251, 315, 336
Tischrede 230 ff., 268
Tischsitten 289–340
Titel (allgemein) 388 ff.
Titel, akademische 66 f., 209 f., 386 f.
Toilettenbenutzung 166 ff.
Toleranz 17, 33, 74
Tourist 471 ff., 480 f., 486, 492, 496
Trauerfall 234, 283 ff.
Trauerfeier 150, 235 f., 285 f.
Trauerflor 145
Trauerkleidung 145, 285
Trauung 143 f., 235 f., 240–246, 249 f.
Treppe 43 f.
Trinkgeld 268, 333 ff., 445 f., 456, 488–492
Trinkgeld im Ausland 488–492
Trinksitten 318–321
Tür aufhalten 42

## U

U. A. w. g. 219 ff.
Übernachtungsgäste 255–258
Umgangsstil 342
Underdressed 134, 140, 268
Understatement 140
Uniform 367 f.
Unpünktlichkeit 45–48, 263 f., 348
Unternehmenskultur 341 ff., 358, 364, 403
Urlaub 157, 169, 392, 496–499

## V

Verabschiedung 266 f.
Verlobung 234, 237–240
Verspätung 45–48, 263 f., 282, 286, 467
Visitenkarte 270, 276, 356, 372, 390 ff.
Vormittagsempfang 136, 254, 262

Vorname  385 f.
Vorsicht  484–487
Vorspeise  310, 317
Vorstellen  60–64, 101 f., 175, 238, 431
Vorstellungsgespräch  394–400
Vorurteile  95, 98, 476 f.

## W

Wahrheit  18 f., 326, 417
Wangenküßchen  59 f.
Wein  71, 89, 178, 319, 327 ff., 334
Weiße Socken  126, 369
White tie  135, 219
Witze  98

## Z

Zahnstocher  297
Zuhören  39 f., 95, 192, 233, 268, 363
Zuprosten  319 ff.
Zusage  259 f.
Zutrinken  319 ff.
Zylinder  145